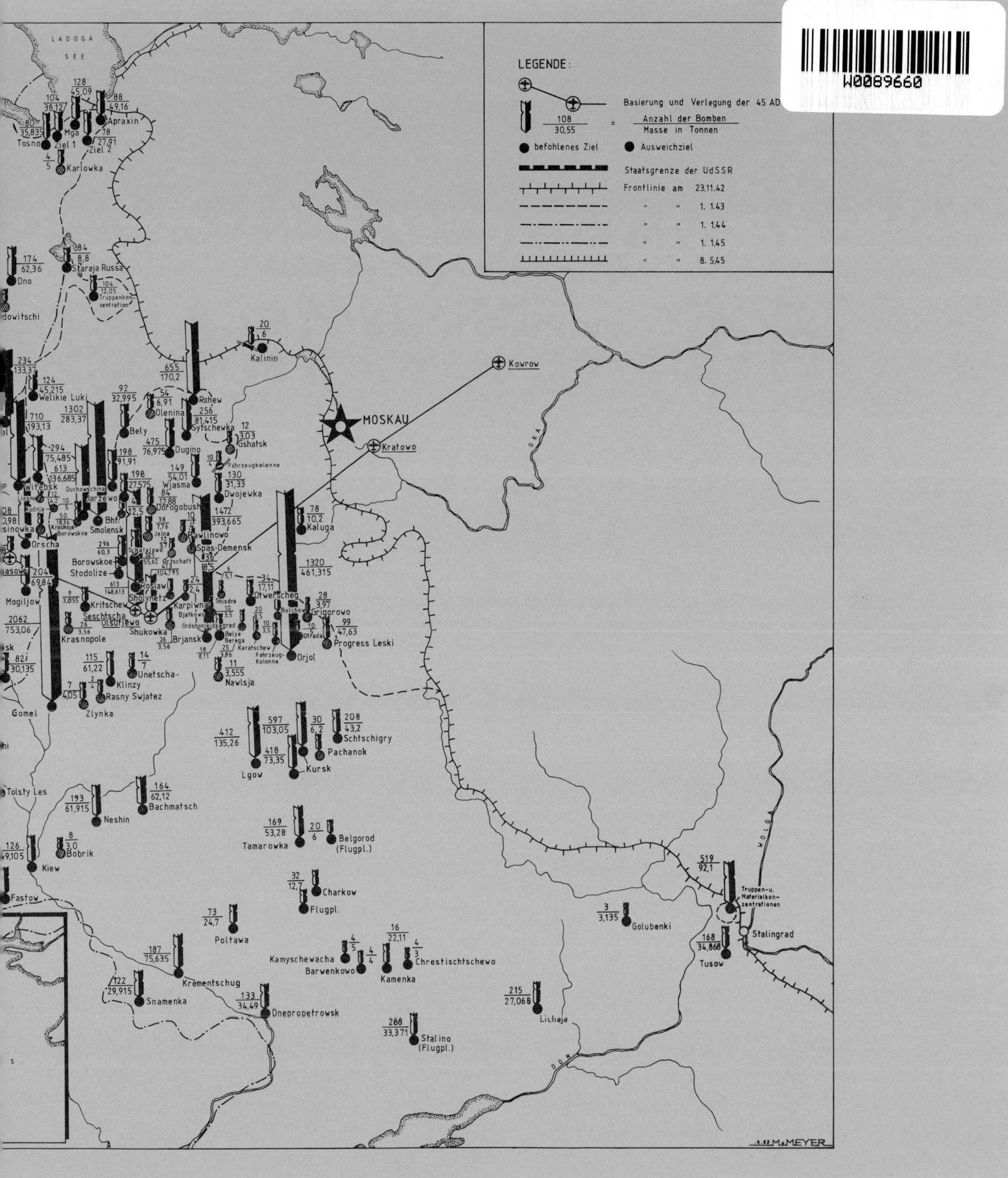

BRANDENBURGISCHES VERLAGSHAUS

Ulrich Unger

Petljakow
Pe-8
Der sowjetische
Fernbomber

Die Abb. auf dem Schutzumschlag
zeigt die Pe-8-Besatzung des
Kommandanten Archarow,
1943, Flugplatz Kratowo

Unger, Ulrich: Petljakow Pe-8. Der sowjetische Fernbomber: von
Ulrich Unger – 1. Aufl. – Berlin : Brandenburg.-Verl.-Haus
1993 – 239 S. ; 353 Abb.

ISBN 3-89488-048-1

1. Auflage
© Brandenburgisches Verlagshaus, Berlin 1993
Printed in Germany
Gestaltung: W. & H. Ritter
Schutzumschlaggestaltung: Günter Hennersdorf
Zeichnungen: Manfred Meyer, Klaus Huhndorf, Wassili W. Solotow, Otto Reich
Gesamtherstellung: Druckerei zu Altenburg GmbH

Inhalt

Über dieses Buch

Am 18. Januar 1993 stand ich fröstelnd an einem vorbereiteten Grab auf einem Moskauer Friedhof. Über dem daneben aufgebahrten Toten zogen schnell die niedrigen Wolken dahin, der Wind zerrte an den Blumen. Die Hinterbliebenen nahmen Abschied; junge kraftstrotzende Männer senkten den Sarg hinab, und schnell hatten sie den Hügel aufgeschaufelt. Etwas abseits feuerte eine kleine Formation der Armee eine Ehrensalve Einzelfeuer aus den Kalaschnikows. Nach dem Vorbeimarsch der Formation bewegten sich die Trauernden langsam dem Ausgang zu. Sie hatten Valentin Iwanowitsch **Akkuratow** die letzte Ehre erwiesen, einem Navigator. Wieder hatte sich die Zahl der Pe-8-Veteranen verkleinert. Ich kannte ihn seit 1985.

Es ist schon erstaunlich, daß mich die Beschäftigung mit der Pe-8-Story letztlich gar auf einen Friedhof geführt hat.

Ursprünglich sollte es einmal ein »typisches Typenbuch« werden: technische Beschreibung, wieviel gebaut, Varianten etc. und fertig. Die Pe-8 schien dafür ausreichend interessant zu sein. Die Probleme begannen mit der Literaturrecherche: Chaos, nichts paßte zusammen und am Ende mehr Fragezeichen als vorher. So ging es also nicht.

Der Ausweg fand sich im persönlichen Kontakt mit den Zeitzeugen, insbesondere den ehemaligen Kampffliegern. So setzten sich die Steinchen langsam zu einem Bild zusammen. Gleichzeitig reflektierte sich in diesen Briefen und Gesprächen aber auch ein Gesellschaftsbild jener Zeit, welches natürlich außerhalb der Grenzen einer reinen Flugzeugbeschreibung lag. So entstand die Idee, nicht nur über das Flugzeug, sondern auch über die Vorgänge um es herum zu schreiben. Das um Archivarbeit erweiterte Ergebnis liegt nun dem Leser vor.

Im Gang der geschilderten Ereignisse scheint ein Widerspruch enthalten: Es ist einfach nicht nachvollziehbar, wie einerseits die Masse der sowjetischen Menschen trotz äußerst bescheidener Lebensbedingungen hingebungsvoll für das Wohl ihres Landes wirkte, andererseits im Lande aber gegen eben diese Menschen brutal mit Mord und Terror vorgegangen wurde. Es war aber so. Als Zeuge dafür zitiere ich A. I. **Schachurin.** Dieser Mann, er spielt im Buch eine Rolle, arbeitete während des gesamten Krieges als Volkskommissar fast täglich mit **Stalin** zusammen und wurde für seine Verdienste mit Folter und Gefängnis »belohnt«. Nach **Stalins** Tod, während des Gerichts über den ehemaligen Minister für Staatssicherheit **Abakumow** und seine Helfershelfer, sagte **Schachurin** aus:

»Ich`hatte damals nicht gesehen, daß eine Bande von Feinden des Sowjetstaates wirkte. Erst später habe ich erkannt, daß mein Fall kein Irrtum war, wie ich damals meinte, sondern ein rechtzeitig ausgeklügeltes System der Denunziation von ehrlichen Sowjetmenschen, ihrer Beschimpfung, ihrer Abschiebung mittels Folter in die Kategorie der Feinde des Sowjetvolkes, der Erfindung von ›Verschwörungen‹ und wiederum Diffamierung und Erschießung …«

Selbst solche Männer erkannten nicht, wie so viele andere auch, die Tragik des realen Sozialismus: den schreienden Widerspruch zwischen offiziellem Anspruch und der durch allmächtige Geheimdienste abgeschirmten Realität.

Bei der Bewältigung des sich vor dem Autor häufenden Materials bahnte sich wie stets in diesen Fällen die leidige Entscheidung an: Was weglassen? Der Streichung fielen weitestgehend die nichtrussischen Quellen zum Opfer. Damit entstand ein Werk, welches die Ereignisse im Wesentlichen aus der Sicht des deutschen Kriegsgegners von einst beleuchtet. Damit soll nicht Einäugigkeit geübt werden, sondern mir scheint, daß damit der Zeitgeist der damaligen Sowjetunion präziser wiedergegeben wird. In der Folge mag einiges ungewohnt anmuten – es ist eben der Bericht aus einem anderen Kulturkreis. So findet sich z. B. im Text auch die damals übliche russische Terminologie wieder. Keine Luftwaffe also, sondern Luftstreitkräfte, anstelle der Staffelführer Staffelkommandeure etc.

Alles, was im Buch vorkommt, ist entweder dokumentarisch, wenigstens aber durch Erinnerungen belegt. Auch die enthaltenen Beschreibungen einiger Flüge sind nicht von mir erdacht, sondern fußen auf Berichten von Beteiligten. Leider war eine durchgängige dokumentarische Belegung noch nicht möglich. Einerseits sind noch nicht alle Quellen auffindbar (wie z. B. das Archiv der ehemaligen Polarluftflotte) oder der Zugang zu ihnen ist erschwert. Andererseits ist die Archivnutzung teilweise einfach nicht bezahlbar. Dem Leser sei mitgeteilt, daß z. B. allein für die leidliche Kopie des Dokuments mit der Unterschrift **Stalins** (Seite 45) schon 50,– $ zu entrichten waren. Um den Preis des Buches nicht ganz ausufern zu lassen, war hier also Beschränkung angezeigt.

Aber auch die trotz der genannten Probleme umfangreiche Archivarbeit und die uneigennützige Hilfe vieler Luftfahrthistoriker in Rußland vermochten noch nicht, die Geschichte der Pe-8 lückenlos zu rekonstruieren. Zu viel ist verloren, vieles seinerzeit nicht aufgeschrieben, zu viele Zeitgenossen schon verstorben. In den Tabellen der Anlage wird der Leser z. B. entdecken, daß in den Werknummern am Ende des Krieges fünf Flugzeuge fehlen – Verbleib nicht aufklärbar. Viele Unklarheiten gibt es bezüglich der Bemalungen, insbesondere der »Nose Art«, die es auch bei den Pe-8 gab. Es soll Eisbären, Gardeabzeichen, Aufschriften und vieles mehr gegeben haben. In das Buch wurde nichts aufgenommen, was nicht belegbar ist. Insofern wären Verlag und Autor dankbar für jeden Hinweis, der neue Fakten zur Geschichte dieses Flugzeuges finden ließe.

Jetzt, ein halbes Jahrhundert entfernt von den recherchierten Ereignissen, ist die Sowjetunion schon in die Geschichte entschwunden, treten die letzten Kriegsveteranen hinter die letzte Linie zurück. Fortbestehen aber wird die wohl bedeutendste Tat in der vielschichtigen Geschichte der Sowjetvölker: ihr Beitrag zum alliierten Sieg über den Faschismus, die Verhinderung der geplanten Ausrottung der ostslawischen Völker. Das dafür vergossene Blut und die ungeheuren Leiden dürfen nicht in Vergessenheit geraten.

Ohne die große Unterstützung vieler Freunde und Helfer wäre die Arbeit nicht zu bewältigen gewesen. Mein aufrichtiger Dank gilt allen, die mich unterstützten. Nur einige wenige können hier namentlich genannt sein: das Konstruktionsbüro »A. N. Tupolew« (ohne dessen Fürsprache sich das Archiv des Ministeriums für Verteidigung nie geöffnet hätte), Herr W. N. **Bytschkow** vom Museum »Prof. N. Je. Shukowski«, die Fliegerkameraden Herr Dr. sc. M. L. **Gallai** und Herr K. P. **Ikonnikow,** die Luftfahrthistoriker Herr K. Ju. **Kosminkow,** Herr G. F. **Petrow** und Herr Dr. sc. G. **Schmitt,** Herr W. W. **Solotow** von der Zeitschrift »Mir Aviacii (Welt der Luftfahrt)«, der auch die farbigen Vierseitenrisse schuf, die Grafiker Herr K. **Huhndorf,** Herr M. **Meyer** und Herr O. **Reich.** Besonderer Dank gilt dem Brandenburgischen Verlagshaus, das mutig das Projekt förderte und ein solch großzügig gestaltetes Buch ermöglichte.

Ihnen, werter Leser, wünsche ich, daß Sie in diesem Buch Neues und Interessantes für sich finden, die Arbeit sich mithin als nützlich erweisen würde.

Ulrich Unger   Berlin, Juli 1993

Erstflug

━━━━━━━━━━━━━━━━

Man schrieb den 27. Dezember 1936. Auf dem verschneiten Moskauer Zentralflugplatz stand am Ende der glattgewalzten Start- und Landebahn ein gewaltiges Flugzeug. In einem Sonnenstrahl blitzte die glatte Aluminium-Beplankung auf, und die vier Kreise der rotierenden Luftschrauben glänzten.

Entlang der geheimsten Start- und Landebahn des Landes waren Leute mit den verschiedensten Meßgeräten postiert, deren Aufgabe es war, alle irgend meßbaren Parameter während des bevorstehenden Startes und der anschließenden Landung zu ermitteln und zu dokumentieren. Unter diesen Menschen befand sich auch ein 22jähriger neuer Mitarbeiter des Zentralen Aero- und Hydrodynamischen Instituts (ZAGI). Hier sein Bericht:

»Das Flugzeug steht unbeweglich am Start. Aber diese Unbeweglichkeit ist nur äußerlich. Wir wissen, daß zu dieser Zeit in der Maschine die gesamte Besatzung – die Piloten **Gromow** und **Rybko,** der leitende Ingenieur **Rachmanin** und der 1. Bordmechaniker **Shilin** – angespannt und mit ganzer Kraft arbeitet …

Eine Minute vergeht, eine weitere – da endlich hebt sich aus dem Schiebefenster des Cockpits eine Hand hoch – der Pilot bittet um die Starterlaubnis. Der Diensthabende am Start schwenkt seine schwarze Fahne (Funksprechverkehr war noch nicht eingeführt). Über das Flugfeld dröhnen die Triebwerke mit Startleistung.

Die Maschine bewegt sich von der Stelle, langsam wächst die Geschwindigkeit … Sanft hebt sich das Heckrad vom Boden … immer schneller wird das Flugzeug … Plötzlich (das passiert stets unerwartet – wie etwa der Schuß für den langsam am Hahn ziehenden Schützen) zeigt sich zwischen den Rädern und der Schneedecke ein Luftspalt … Einige Sekunden Beschleunigung über dem Boden … Und das Flugzeug steigt gleichmäßig nach oben!

Für uns – die Meßgruppe am Start – sind diese Sekunden ziemlich bewegt: wir laufen, messen, fixieren, schreiben in unsere Protokolle – mit einem Wort, wir handeln entsprechend unserer direkten Bestimmung. Als alle Operationen beendet sind und wir uns umschauen können, fliegt die Maschine schon in der großen Platzrunde über dem Flugplatz.

Noch während des Starts, als die Maschine riesige Schneewirbel aufwallend mit Gedröhn an mir vorbeischoß, hatte ich es trotzdem gepackt, die Figuren der Flieger hinter dem Glas des Cockpits zu erspähen. Mein Gott, wie hoch sie sitzen! Gute zwei Stockwerke über dem Boden! Wie wollen sie bloß die Maschine landen?

Es ist nicht verwunderlich, daß es mir damals nahezu rätselhaft erschien, wie man eine derartig gewaltige Maschine weich landen kann. Ich konnte damals nicht wissen, daß es mir in 20 Jahren selbst übertragen sein würde, erstmalig ein Flugzeug in die Luft zu heben, das einige Male schwerer als jenes sein wird, über dessen Erstflug ich hier berichte …

Nach der zweiten Platzrunde fliegt es aus der Ferne zur Landung an. Je näher es kommt, desto mehr konstruktive Details vermag das unbewaffnete Auge auszumachen – schon sind die offenen Klappen des ausgefahrenen Fahrwerks zu sehen, die Rahmen der vorderen Kabine, die Triebwerksgondeln … Die letzten Hindernisse an der Flugplatzgrenze sind überflogen … Ein kurzes Schweben knapp über der Schneefläche – das Flugzeug ist gelandet.

Als unsere Gruppe ihre Messungen zur Landung beendet hatte, war das Flugzeug schon zum Hangar gerollt. Von dort her hörten wir schon den Lärm eines spontanen Meetings: Ich sagte schon, daß der Erstflug eines Prototyps immer ein Festtag ist.«

Der 1973 diesen Bericht über den Erstflug der uns in diesem Buch interessierenden ANT-42 niederschrieb, ist der heute bekannte Flieger, Wissenschaftler und Schriftsteller Mark Lasarewitsch **Gallai.**

Rekapitulieren wir zunächst, wie dieses Flugzeug entstand.

1. Die Entstehung des Flugzeuges

1.1. Die Entwicklung des Prototyps

1931 stellte das Forschungsinstitut der Luftstreitkräfte (NII WWS) den Forderungskatalog für ein neues schweres Bombenflugzeug auf. Zur gleichen Zeit fand die Erprobung des damals die technische Weltspitze verkörpernden viermotorigen Bombers ANT-6 (später in den Streitkräften als TB-3 bezeichnet) statt. Die neuen Anforderungen galten also direkt dem Nachfolgetyp:

praktische Gipfelhöhe	7 000 m
Höchstgeschwindigkeit	250 km/h
Reichweite	1 500–2 000 km
Besatzung	10–14 Mann
Bombenzuladung	10 000 kg

Diese den damals vorherrschenden technischen und taktischen Vorstellungen entsprechenden Daten liefen praktisch auf die Weiterentwicklung des langsamen Bombenflugzeuges mit dickem Profil und hoher Zuladung hinaus. Als Variante zu diesem Bomber wurde ein »schwerer Begleitkreuzer« gefordert, der anstelle der Bomben eine besonders starke Abwehrbewaffnung tragen sollte.

Die Zeit, in der wir uns hier befinden, ist in der Sowjetunion die Zeit der enthusiastischen Erfüllung der ersten Fünfjahrpläne (seit 1929 lief der 1. Fünfjahrplan), d. h. die Zeit der Industrialisierung des Landes.

So sagte z. B. der Volkskommissar für Schwerindustrie G. K. **Ordshonikidse** 1932 bei der Einweihung des Aluminiumkombinates Wolchow, das nach der Inbetriebnahme des dortigen Wasserkraftwerkes entstanden war: »Ihr wißt, Genossen, welche Bedeutung Aluminium für den Flugzeugbau hat. Bis jetzt haben wir Aluminium importiert und haben 700 Goldrubel für jede

Tonne bezahlt. Bald werden wir unser eigenes Aluminiumwerk mit einer Leistung von 20 000 Tonnen im Jahr haben ... Solche Werke werden wir noch im Ural und bei Leningrad bauen ...«

Im militärischen Bereich begann die qualitative Erneuerung und Profilierung der Roten Armee. An ihrer Spitze standen in der Mehrzahl junge Kommandeure, deren militärisches Talent sich in den Schlachten des Bürgerkriegs entfaltet hatte. 1931 wurde M. N. **Tuchatschewski**, 38 Jahre alt, Stellvertreter des Volkskommissars und Vorsitzender des Revolutionären Kriegsrates der UdSSR. Dieser Militär hatte schon 1929 an J. W. **Stalin** und K. Je. **Woroschilow** geschrieben: »... Der Bericht des Stabes der Roten Arbeiter- und Bauernarmee ... ist besonders deswegen schädlich, da er verknöcherten Konservatismus ausdrückt, welcher der progressiven Lösung der neuen, sich aus den Erfolgen der Industrialisierung des Landes und des sozialistischen Aufbaues ergebenden Aufgaben entgegensteht ...« Wohl wissend, wie ein künftiger Krieg verlaufen würde, äußerte **Tuchatschewski**, daß ein neuer Krieg, ein Krieg der Motoren werden würde.

Das Kommando über die Luftstreitkräfte der Roten Armee hatte seit dem Sommer 1931 der erst 35jährige Lette Ja. I. **Alksnis**, ein außerordentlich weitsichtiger und talentierter Kommandeur. Auch er war Mitglied des Revolutionären Kriegsrates.

In der politischen Führung des Landes hatte sich **Stalin** entgegen den Empfehlungen **Lenins** für den Aufbau des Sozialismus mit administrativer Gewalt entschieden. Ausgangspunkt für diese Entscheidung **Stalins** war die Finanzierung der Industrialisierung. Er entschied, diese Mittel von der Bauernschaft zu erpressen. Im brutalen Kampf gegen seine Widersacher strebte er darüber hinaus absolute persönliche Macht an. Das führte zu innenpolitischem Widerstand.

Die eigentlichen Arbeiten an dem neuen Flugzeug begannen 1934 in dem größten Flugzeugkonstruktionsbüro der Sowjetunion. Am 27. Juli 1934 erteilte A. N. **Tupolew**, stellvertretender Chef des ZAGI, der Konstruktionsabteilung für Versuchsflugzeugbau (KOSOS) den Auftrag, mit Untersuchungen für das neue Bombenflugzeug zu beginnen.

A. N. Tupolew, der Leiter der Konstruktionsabteilung (KOSOS) des Zentralen Aero- und Hydrodynamischen Instituts (ZAGI). Foto 1928.
Foto Shukow, Archiv Shukowski-Museum

Für die Projektierung des Flugzeuges wurde am 29. Juli 1934 der Auftrag Nr. 7342 erteilt. Nach dem für den im ZAGI üblichen Register der Abteilung Luftfahrt, Marineluftfahrt und Versuchsbau (AGOS) erhielt daraufhin das neue Projekt die Bezeichnung ANT-42. Im September begannen dann die ersten Arbeiten für den neuen Bomber. Im Oktober stellten die Luftstreitkräfte (WWS) dem ZAGI neue technisch-taktische Forderungen zu:

Einsatzhöhe	13 000–14 000 m
Gipfelhöhe	15 000 m
Höchstgeschwindigkeit	600 km/h

Reichweite in 15000 m Höhe	2000 km
Bombenzuladung	500 kg
Anrollstrecke	400 m
Ausrollstrecke	150 m

Deutlich kommt im Vergleich zu 1931 die neue Vorstellung über den zu erwartenden Luftkrieg zum Ausdruck. Der Schritt vom langsamen Bomber mit großer Zuladung zum schnellen Höhenbomber stand auf der Tagesordnung.

Die sowjetischen Luftkriegstheoretiker hatten damit wichtige Entscheidungen herbeigeführt. Entsprechend gaben die Luftstreitkräfte auch Höhenjäger und Begleitflugzeuge für die Höhenbomber bei der

W. M. Petljakow, führender Konstrukteur des ZAGI, der bisher alle Tragflächen der Flugzeuge des ZAGI konstruiert hatte. Foto 1929.
Foto Shukow, Archiv Shukowski-Museum

Industrie in Auftrag. Im Ergebnis entstanden z. B. die Typen MiG-1, TIS, MiG-5 (DIS-200).

Im letzten Quartal 1934 beendete das ZAGI die erste Berechnung. Am 27. Dezember 1934 bestätigte der Rat für Arbeit und Verteidigung der UdSSR den Vorschlag, die Entwicklung eines Nachfolgetyps für den Bomber TB-3 in den Plan des Versuchsflugzeugbaus aufzunehmen. Einer Finanzierung des Projekts ANT-42 stand damit nichts mehr im Wege.

Folgende Hauptdaten wurden demnach für die ANT-42 definiert:

Triebwerke	4 · M-34FRN
Leistung	4 · 850/950 PS
	(625/700 KW)
Spannweite	39,00 m
Länge	22,85 m
Höhe in Fluglage	7,90 m
Flügelfläche	188,40 m²
Startmasse	18600 kg
Leermasse	13350 kg
Nutzmasse	7250 kg
Höchstgeschwindigkeit	
am Boden	306 km/h
Steigzeit	
auf 5000 m Höhe	20 min
praktische	
Gipfelhöhe	6000–7000 m
Reichweite	1500 km.

Der Ausgang des Jahres 1934 war für die UdSSR auch durch ein Ereignis bestimmt, dessen Tragweite erst viele Jahre später grausame Realität werden sollte. Am 1. Dezember war im Smolny, dem Sitz der Leningrader Parteizentrale, S. M. **Kirow,** Chef der Leningrader Parteiorganisation, durch ein Pistolenattentat getötet worden. **Kirow,** ein Bolschewik Leninscher Schule, und enger Vertrauter **Stalins,** war ein bei den Menschen beliebter Parteifunktionär. Bei der Wahl zum ZK auf dem XVII. Parteitag, Anfang 1934, erhielt er ganze 3 Gegenstimmen, während 300 Delegierte gegen **Stalin** stimmten – also fast ein Viertel der Delegierten. Nur mit einem massiven Wahlbetrug, vermochte **Stalin** den Skandal zu verschleiern. Unmittelbar nach **Kirows** Ermordung wurde auf **Stalins** Initiative ein Beschluß über Veränderungen an der bestehenden Strafprozeßordnung verabschiedet. Dieses Dokument bildete praktisch die Grundlage für den Stalinschen Massenterror der folgenden Jahre. **Kirows** Tod wurde nie vollständig aufgeklärt und blieb eine rätselhafte Affäre. Es wird vermutet, daß **Stalin** seine Hand im Spiel hatte.

Wie der Leser schon festgestellt hat, blieb die vom ZAGI vorgeschlagene Gipfelhöhe

weit hinter den Forderungen der Luftstreitkräfte zurück, die übrigens auf Weisung des Chefs für Bewaffnung der Roten Armee **Tuchatschewski** hin erstellt wurden.

Die technischen Probleme lagen hier in der Luftversorgung der Triebwerke in großer Höhe. Die klassische Lösung bestand in aufladbaren Motoren. In vielen Ländern wurde an Turboladern gearbeitet, und es war eine Frage der Zeit, wann die ersten Höhenmotoren einsatzreif sein würden. Noch fehlte das Material, das widerstandsfähig genug war, im Strom der aggressiven Abgase als Turbine mit akzeptablen Standzeiten zu arbeiten. Aber zum Warten schien keine Zeit mehr.

Viele Ingenieure des KOSOS machten sich an die Lösung des Problems. Analysiert wurden alle Ideen und Vorschläge sowohl durch **Tupolew** selbst als auch durch seinen Stellvertreter W. M. **Petljakow.** Im Grunde genommen wurde eine verblüffend einfache und im Flugzeugbau auch gar nicht so neue Lösung gefunden: Nach dem Vorbild der Bewetterungsanlagen in Bergwerken sollte die ANT-42 einen zentralen Lader erhalten, der alle 4 Triebwerke mit Druckluft versorgte. Als Antrieb sollte der Lader ein eigenes Triebwerk erhalten. Somit wurde die ANT-42 ein fünfmotoriges Flugzeug. Ähnliche Geräte flogen gegen Ende des Ersten Weltkrieges schon an Bord der deutschen Großflugzeuge.

Mit Blick auf diese Lösung bestätigte die Führung der Luftstreitkräfte im Januar 1935 neue technisch-taktische Forderungen in zwei Varianten. Demnach sollte die ANT-42 nunmehr ein Langstreckenbomber zur Objektzerstörung und zum Transport von 50 Luftlandesoldaten werden.

Von diesen Zahlen ausgehend übergab dann das ZAGI der Hauptverwaltung Luftstreitkräfte das Vorprojekt der ANT-42. Darin enthalten waren:
– der Dreiseitenriß des Flugzeuges,
– zwei größere aerodynamische Berechnungen,
– Massetabellen,
  die Ausrüstungsliste und
– die Kurzbeschreibung sowie das Schema der Bewaffnung.

Geplante Daten für die ANT-42
vom Januar 1935

Variante mit Zentrallader
Höchstgeschwindigkeit in

8 000–9 000 m Höhe	370–400 km/h
Reichweite normal	1 200 km
maximal	3 800 km
praktische Gipfelhöhe	11–12 km
Bombenzuladung	2 000 kg
Besatzung	8 Mann
Bewaffnung	3 Kanonen SchWAK
	1 MG SchWAK

Variante ohne Zentrallader
Höchstgeschwindigkeit

in 4 000 m Höhe	330–350 km/h
Reichweite normal	1 500 km
maximal	4 000 km
praktische Gipfelhöhe	6–7 km
Bombenzuladung	2 000 kg.

Unterlagen aus der Dokumentation zum Projekt ANT-42, die das ZAGI 1935 den Luftstreitkräften übergab. Archiv Shukowski-Museum

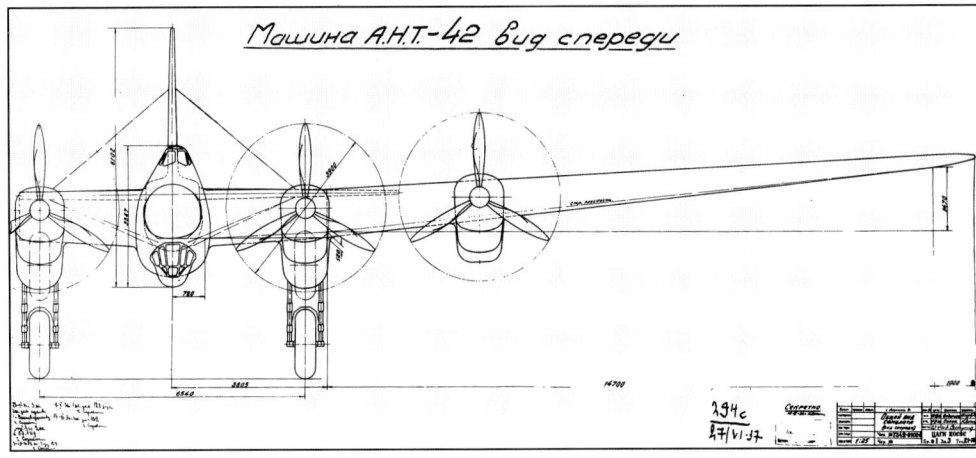

Vorderansicht der ANT-42

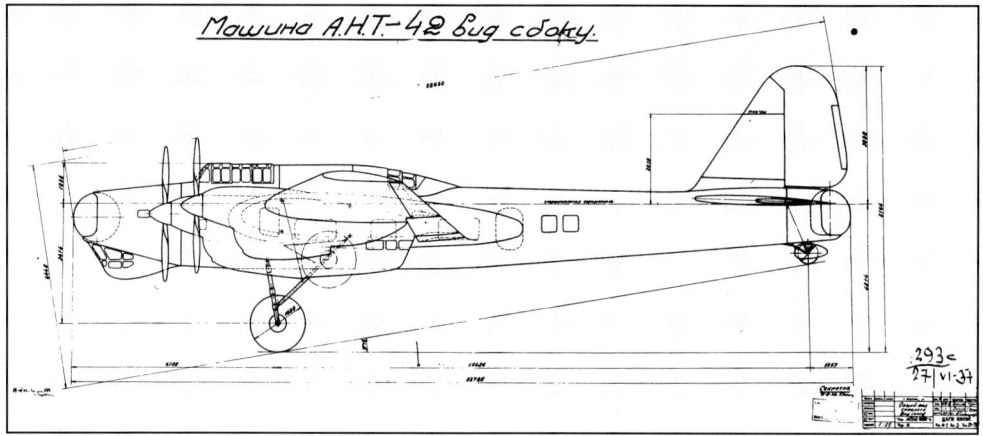

Seitenansicht der ANT-42

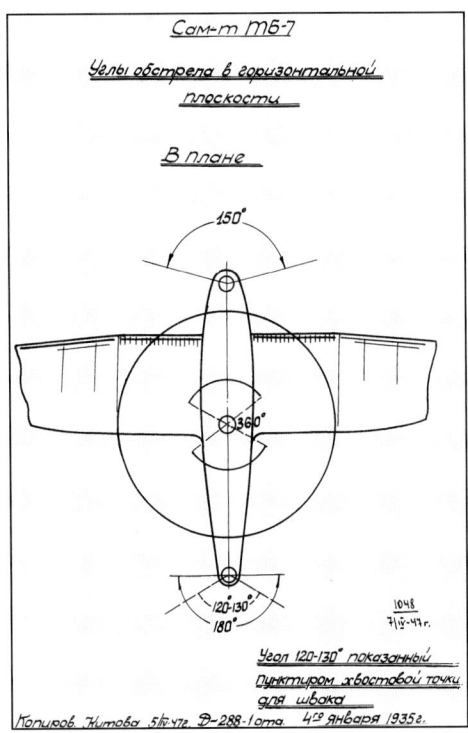

Horizontale Schußwinkel der Abwehrwaffen

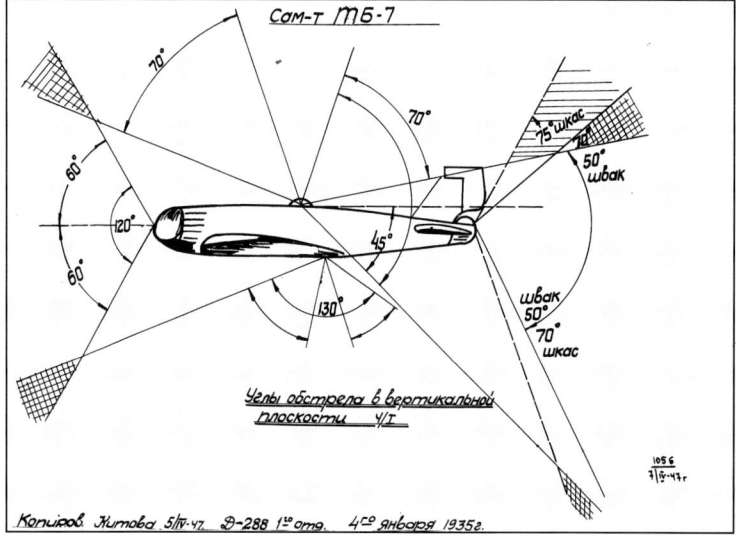

Vertikale Schußwinkel der Abwehrwaffen

Bei der Projektierung der ANT-42 begann die »Firma **Tupolew**«, erstmalig nach einem neuen Schema zu arbeiten. Existierten bis dahin im KOSOS, dem eigentlichen Konstruktionsbüro, Brigaden, welche stets nur bestimmte Baugruppen wie z. B. Rumpf, Triebwerksanlage usw. entwickelten, sollte nun komplexer gearbeitet werden.

Petljakow leitete bis dahin die Brigade Tragwerk. Jetzt wurden diese Brigaden aufgelöst und einzelne kleine Konstruktionsbüros gebildet, die ein Flugzeug eigenständig von Anfang bis Ende entwickeln sollten. Für die ANT-42 wurde also erstmals ein derartiges Team gebildet und es erhielt auch die Nummer Eins: KB-1. Zum Leiter dieses Büros wurde **Petljakow** berufen, damals 44 Jahre alt. Zu seinem Stellvertreter machte **Petljakow** den 37jährigen Ingenieur J. F. **Neswal**. Im KB-1 begannen dann 1935 folgende Gruppen an der ANT-42 zu arbeiten:

Tragflächen-	
mittelstück	– K. I. **Popow**
Tragflächen-	– B. A. **Saukke,**
außenstücke	M. M. **Glinnikow**
Rumpf und	– W. M. **Mjasischtschew**
Leitwerk	J. F. **Neswal**
Motorrahmen	– K. I. **Popow**
Triebwerksanlage	– P. S. **Kotenko,**
	B. S. **Iwanow**
Steuerung	– M. M. **Sokolow**
Fahrwerk	– A. G. **Agladse**
Spezialausrüstung	– B. L. **Kerber**
Bewaffnung	– S. M. **Mejerson,**
	M. S. **Swiridonow**
Festigkeits-	
berechnungen	– V. N. **Beljajew**
Aerodynamik	– W. N. **Matwejew.**

Mit der Gesamtgestaltung des Flugzeuges, insbesondere des Rumpfes, beschäftigte sich traditionsgemäß **Tupolew** selbst. Von morgens an schloß er sich in ein beliebiges Zimmer ein, und jeder Störenfried wurde als solcher – nach Tupolewscher Manier manchmal auch über Gebühr – grob behandelt. Die gesamte Last der laufenden Amtsgeschäfte ruhte in solchen Tagen auf den Schultern seines Stellvertreters A. A. **Archangelski**.

An der Gesamtgestaltung des Flugzeuges wirkte A. N. **Tupolew** natürlich nicht allein.

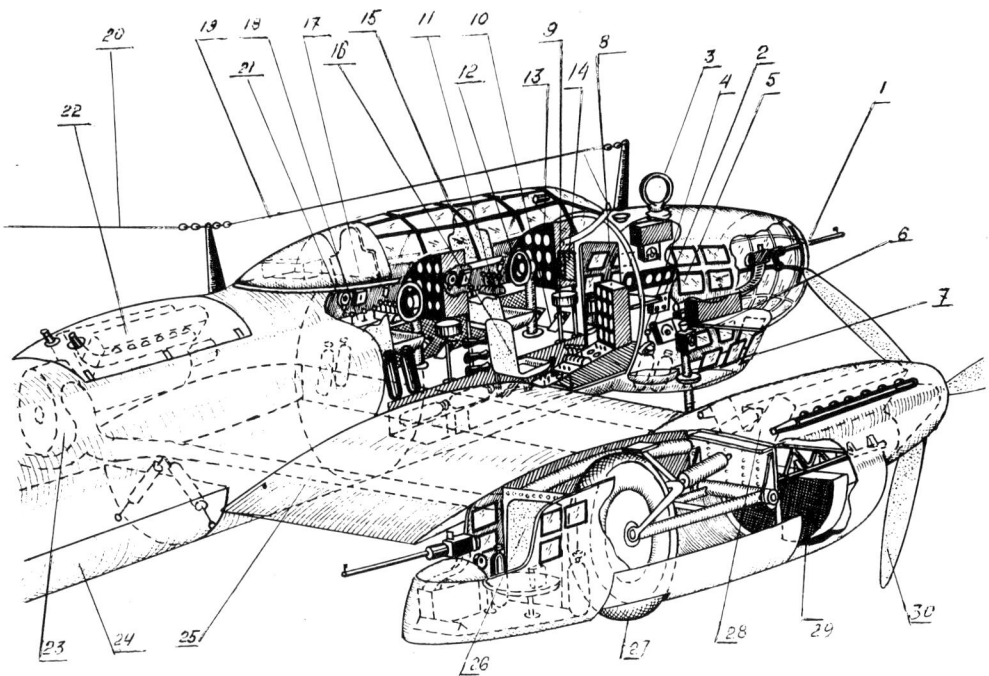

So sah eine der ersten Überlegungen für die Rumpfaufteilung der ANT-42 aus. Archiv Shukowski-Museum

Beteiligt waren auch seine engsten Mitarbeiter **Petljakow** und der Abteilungsleiter allgemeine Projektierung B. M. **Kondorski**. Probleme entstanden aus der absolut geheim zu haltenden Idee der zentralen Laderstation. Grundsätzliche Klarheit hatte man über die Unterbringung der Anlage erreicht: Auf den Tragflügelholmen im Rumpf sollte sie gelagert werden. Diese Unterbringung gewährleistete gute Wartungsmöglichkeiten, günstige Weiterleitung der Druckluft zu den Haupttriebwerken und Baufreiheit im Rumpfunterteil für den Bombenschacht.

Natürlich sollte das fünfte Triebwerk vom gleichen Typ sein: ein Triebwerk M-34 von A. A. **Mikulin**. Aber dieses Triebwerk war zu groß – es paßte in keiner Weise in eine mehr oder weniger akzeptable Rumpfkontur. Letztlich entschied man sich für das kleinere Triebwerk M-100 von W. Ja. **Klimow**, ein Lizenzbau des Hispano-Suiza 12 Ybrs.

Eine erste zentrale Laderstation AZN-1 war im Zentralinstitut für Luftfahrttriebwerke (ZIAM) für eine TB-3 entwickelt und getestet worden. Für die ANT-42 entstand dort nun die Anlage AZN 2. Mit der Entscheidung über den zentralen Lader ergab sich die weitere Rumpfaufteilung wie von

selbst: Der birnenförmige Querschnitt des Rumpfmittelteils erlaubte nun nur noch ein Cockpit mit zwei hintereinander sitzenden Piloten. Diese Anordnung, bei kleineren Flugzeugen allgemein üblich, war für ein

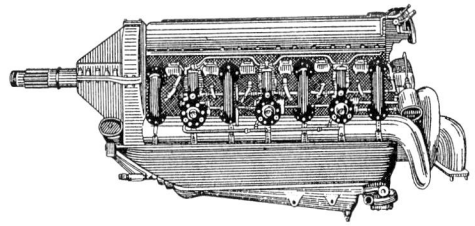

Das Triebwerk M-100, eine von dem Konstrukteur W. Ja. Klimow geleitete Lizenzproduktion des Hispano-Suiza 12 Ybrs

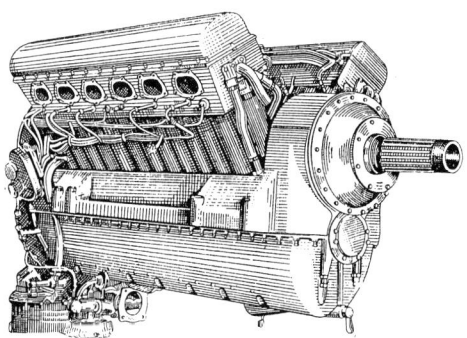

Das Triebwerk AM-34, eine Entwicklung des Konstrukteurs A. A. Mikulin

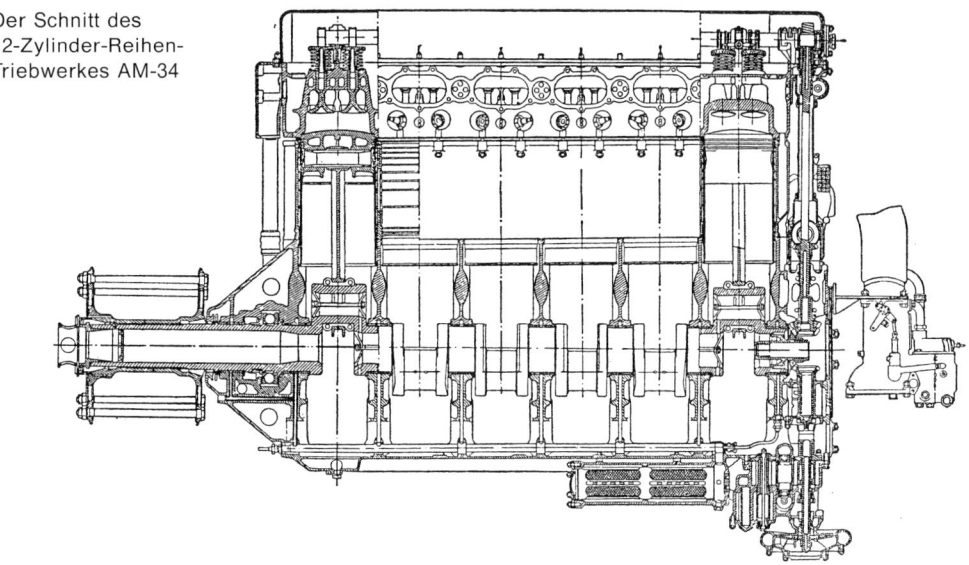

Versuchsflugzeugwerk (SOK) in Betrieb genommen. Im Volkskommissariat erhielt dieses Werk die Nummer 156.

Ein tragisches Ereignis warf das ZAGI zurück. Die Katastrophe traf das ganze Land. Am 18. Mai 1935 stürzte das damals größte Flugzeug der Welt, die ANT-20 »Maxim Gorki« bei einem Demonstrationsflug nach einem Zusammenstoß mit einem Begleitflugzeug ab. 46 Menschen wurden unter den Trümmern begraben, die meisten davon Flugzeugbauer des ZAGI.

Konstrukteur des bei dem Zusammenstoß in der Luft gebrochenen Flügels war **Petljakow.** Der Charakter und die Abfolge der Zerstörung des Tragwerks waren zu ermitteln. Der Bau einer neuen ANT-20 war vorzubereiten. Diese Aufgabe übernahm B. A. **Saukke** mit Konstrukteuren des KB-1 … Die Arbeit an der ANT-42 kam fast zum Erliegen.

Im Jahresabschlußbericht des Werkes Nr. 156 hieß es dann über die ANT-42: »Im Jahre 1935 wurden für die Maschine nur wenige Arbeiten durchgeführt, da die

Flugzeug dieser Größenordnung völlig ungewöhnlich, wenn nicht gar einmalig, in der Geschichte des Flugzeugbaus.

Das KB-1 arbeitete 1935 mit viel Elan, und schon im Mai begannen die ersten Gruppen, die Arbeitszeichnungen herzustellen.

Das Jahr 1935 brachte für die Flugzeugbauer aber auch einschneidende Ereignisse, die die Arbeit teilweise behinderten. Ein positives Ereignis war der Umzug des gesamten KOSOS in ein neues Gebäude auf der anderen Straßenseite. Damit hatte es **Tupolew** geschafft, praktisch sein ganzes Konstruktionsbüro in einem Gebäude unterzubringen. Hinter dem Gebäude, am Ufer des Flusses Jaussa, wurde gleichzeitig das neue

Der Bau der ANT-42 im Flugzeugwerk Nr. 156 des ZAGI im Jahre 1936. Archiv Shukowski-Museum
Die Rumpfmontage in der Vorrichtung. Das Tragflächenmittelstück ist gleichzeitig ein Bestandteil des Rumpfes

Blick über die Montagehalle. Bemerkenswert ist das rechts oben an der Decke hängende Kleinflugzeug.
Es ist die ANT-1, das erste von A. N. Tupolew konstruierte Flugzeug. Diese Reliquie ging während des Krieges verloren (s. auch S. 14 unten)

Hier sind die vor den Tragflächen liegenden Fahrwerksgondeln zu sehen

An dieser Stelle wird der zentrale Schützenstand gebaut. Links liegt noch die Bauvorrichtung.
In der entstehenden Verkleidung ist schon die Ablage für den Lauf der Waffe eingebaut. Archiv OKB »A. N. Tupolew«

Hier werden die Triebwerksmodelle eingepaßt. Auch anstelle des Bugstandes ist ein Modell eingebaut.
Archiv OKB »A. N. Tupolew«

Die ANT-42 vor dem Erstflug auf dem Zentralflugplatz im Dezember 1936. Die Triebwerke werden erst hier installiert. Der Bugstand ist eine Attrappe, der Heckstand fehlt noch ganz
Archiv Shukowski-Museum

technischen Forderungen an die Maschine von der Regierung geändert worden waren. Der Baubeginn war für den April 1935 vorgesehen, aber dies zu verwirklichen gelang nicht, da das Lenin-Werk das ZAGI nicht rechtzeitig mit Rohren und Chromansil (eine neue Stahlsorte – d. A.) versorgen konnte. Darum wurde das Jahr 1935 bezüglich dieser Maschine nur zur Einarbeitung in das neue Material genutzt.«

Dafür konnte die Konstruktion so gut wie abgeschlossen werden. Am 2. Dezember traf die Staatliche Abnahmekommission unter Leitung von Marschall der Sowjetunion M. W. **Tuchatschewski** im Gebäude des KOSOS ein, um die Original-Attrappe der ANT-42 zu prüfen und zu bestätigen. Allein die Anwesenheit des Marschalls zeigte, welche Bedeutung die Militärs dem Flugzeug beimaßen.

1936 wurde der Bau der ANT-42 im Werk Nr. 156 von S. W. **Tschistow,** einem erfahrenen Ingenieur im Versuchsflugzeugbau, geleitet. Am 9. November 1936 rollte die ANT-42 aus dem Werkstor, allerdings noch ohne Triebwerke. Die Montage und das Verlegen der Anschlüsse der Zu- und Ableitungen waren mit Hilfe von Triebwerksmodellen durchgeführt worden. Die Triebwerke selbst trafen am 23. Dezember ein. Am 27. Dezember fand dann der eingangs beschriebene Erstflug statt. Was M. L. **Gallai** damals nicht beobachten konnte, war, wie in der vor dem Erstflug etwas nervösen Atmosphäre **Tupolew** an seinen Fingernägeln kauend und charakteristisch hüstelnd um den silbernen Giganten lief und sein typisches »Ruhig, immer schön ruhig« murmelte. **Petljakow** stand wie angenagelt und paffte eine Papyrossa nach der anderen in den Frost.

Die Erstflugbesatzung bestand aus:

Kommandant	M. M. **Gromow**
Co-Pilot	N. S. **Rybko**
Bordmechaniker	M. F. **Shilin**
Ingenieur	A. S. **Rachmanin**

Nach dem Flug meldete Tupolew-Chefpilot **Gromow:** »Die Maschine ist stabil, reagiert gut auf die Steuerbewegungen. Es wurden keinerlei Abnormitäten beobachtet. Es gibt aber einige Vorschläge und Wünsche.«

Das Jahr 1936 hatte Europa den ersten Krieg im Vorfeld des großen Weltbrandes gebracht. »Über ganz Spanien ist wolkenloser Himmel« war das Signal für den Putsch der spanischen Militärs unter **Franco** gegen die bürgerlich-demokratische Regierung. In der Roten Armee nahmen gerade in dieser Zeit Modernisierungsprogramme Gestalt an, die auch mit heutigen Maßstäben als gigantisch zu bezeichnen sind. Dazu gehörten neben dem Flugzeugbau, die Orientierung auf höhere Mobilität der Bodentruppen und der massive Einsatz gepanzerter Fahrzeuge.

Held der Sowjetunion M. M. Gromow, der am 27. Dezember 1936 den Erstflug der ANT-42 durchführte. Das Foto entstand 1970.
Foto: B. Je. Wdowenko

1.2. Die Erprobung des Prototyps

Die Werkerprobung vom 25. Dezember 1936 bis zum 20. März 1937

Während dieser ersten Erprobungsetappe besaß das Flugzeug noch keine zentrale Laderstation. In insgesamt 14 Flügen wurden die Geschwindigkeits-Höhen-Charakteristik erflogen und folgende Schlußfolgerungen gezogen:

»1. Die Höchstgeschwindigkeiten liegen bei den berechneten.
2. Es wurden unter keinen Flugbedingungen irgendwelche Schwingungen beobachtet.

3. Es ist notwendig, die Seitenrudereffektivität zu erhöhen und die Belastungen auf den Pedalen normalen Werten anzugleichen.
4. Die Triebwerksanlage muß nachgebessert werden.
5. Die Bewaffnung sowie die gesamte Ausrüstung des Flugzeuges wurden nicht überprüft.«

Nach dieser Erprobungsetappe kam das Flugzeug Ende März wieder ins Werk zurück. Auf Vorschlag **Petljakows,** inzwischen Chef des Werkes Nr. 156, wurde überprüft, ob man die Kühler der Außentriebwerke verlegen könnte. Windkanalversuche bestätigten den großen Effekt des Vorschlages. J. F. **Neswal** konstruierte das Kühlsystem um. Nun besaßen die inneren Gondeln jeweils zwei Kühler, einer davon für den Kühlmittelkreislauf des jeweiligen Außentriebwerks. Außerdem baute man im Werk nun erstmalig die Station AZN-2 in die ANT-42 ein.

Nach drei Probeflügen vom Moskauer Zentralflugplatz mußte man entscheiden, wo die weitere Flugerprobung stattfinden sollte. Der Moskauer Flugplatz wurde rekonstruiert: Die Start- und Landebahn sollte eine Betondecke erhalten. Die Bahn war wegen der Bauarbeiten zu kurz, um eine reguläre Flugerprobung durchzuführen. Auf dem Flugplatz des NII WWS wurde die Werkerprobung nicht gestattet. So entschied man sich für den Flugplatz Podlipki bei Kalinin. ZAGI-Testflieger W. W. **Rubyschkin** überführte die ANT-42 zum neuen Flugplatz.

Doch schon nach den ersten Flügen gab es eine Bruchlandung: Beim Abfangen hatte **Rubyschkin** die Maschine überzogen, und beim harten Aufsetzen wurden das Fahrwerk, die Motorrahmen und die Navigatorkabine, der sogen. Bart, arg beschädigt: Eine Reparatur war nur noch im Werk möglich.

Es war nunmehr schon Mai 1937. **Petljakow** befand sich auf einer Reise in Deutschland. **Neswal** lag wegen einer Operation im Krankenhaus. Im Land selbst vollzogen sich apokalyptische Ereignisse.

Schon im Januar hatte in Moskau der zweite große Schauprozeß begonnen. Am

Die ANT-42 während der Werkserprobung vom 25. Dezember 1936 bis zum 20. März 1937. Das Flugzeug war mit den Triebwerken AM-34FRN und den Luftschrauben WPSch-3b ausgerüstet

Das Flugzeug mit geschlossenen Triebwerkskühlern. *Archiv Petrow*

Das Flugzeug mit eingefahrenen Landeklappen. *Archiv Shukowski-Museum*

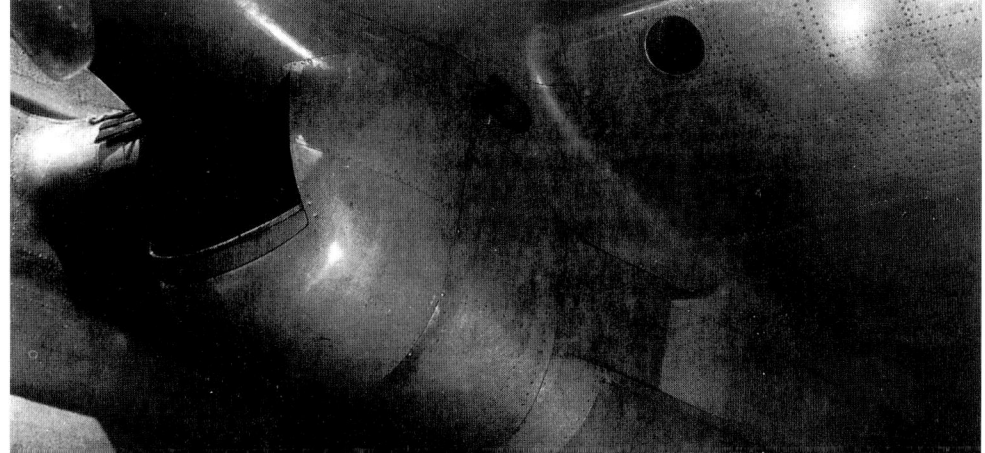

Detail der ANT-42. Die linke innere Triebwerksgondel. Das Flugzeug ist aufgebockt und das Fahrwerk eingefahren, der Bombenschacht geöffnet. Der Kühlereinlauf wurde gleich nach der Werkserprobung im Frühjahr 1937 umgebaut. *Archiv OKB »A. N. Tupolew«*

18. Februar 1937 erschoß sich Sergo **Ordshonikidse,** um nicht an den sich anbahnenden Verbrechen mitschuldig zu werden. Damit verlor die Luftfahrtindustrie ihren Volkskommissar von Format. Im Februar wurden weitere Mitglieder des Politbüros verhaftet. Am 26. Mai folgte Marschall **Tuchatschewski.** Am 31. Mai erschoß sich während seiner Verhaftung der berühmte Armeekommissar 1. Ranges Ja. **Gamarnik.** Die Repressionswelle richtete sich vor allem gegen die Kommandeurskader der Roten Armee. Am 11. Juni begann der erste Gerichtsprozeß gegen die hohen Militärs.

Das Wesen der kritischen Diskussion über den künftigen Aufbau der Armee wurde in einem Artikel **Tuchatschewskis** in der Zeitung »Krasnaja Swesda« vom 6. Mai 1937 deutlich:

»Wir wurden mit der Theorie der ›besonderen‹ Manövrierfähigkeit der Roten Armee konfrontiert – einer Theorie, die sich nicht auf dem Studium und der Beachtung der sich sowohl in der Hand unserer möglichen Feinde als auch in der Hand des sowjetischen Kämpfers befindlichen neuen Bewaffnung begründet, sondern lediglich auf den Lehren des Bürgerkrieges, auf Ansichten, die eher vom Heldentum des Bürgerkrieges befruchtet sind, als von den steigenden Leistungen der Kultur, dem Wachsen der Schwerindustrie, des sozialistischen Staates oder auch dem Wachstum in der Bewaffnung der Armeen unserer möglichen Feinde aus dem kapitalistischen Lager.«

Fünf Tage später wurde der Marschall von seinen Pflichten als Stellvertretender Volkskommissar entbunden.

Die »besondere Manövrierfähigkeit« bezog sich auf die Überbetonung der Kavallerie, die insbesondere vom Volkskommissar Marschall K. Je. **Woroschilow** und von Marschall S. M. **Budjonny** vertreten und von J. W. **Stalin** geduldet wurde.

Der Prozeß gegen die Führer der »militärfaschistischen Verschwörung in der Roten Armee« dauerte einen Tag. Am Tag darauf wurden alle Angeklagten hingerichtet:

Marschall der Sowjetunion
  M. N. **Tuchatschewski,**
Armeebefehlshaber 1. Ranges
  I. E. **Jakir,**
Armeebefehlshaber 1. Ranges
  Je. P. **Uborewitsch,**
Armeebefehlshaber 2. Ranges
  A. I. **Kork,**
Korpskommandeur R. P. **Eidemann,**
Korpskommandeur B. M. **Feldmann,**
Korpskommandeur W. M. **Primakow,**
Korpskommandeur W. K. **Putna.**

Die Auswirkung der folgenden ersten Terrorwelle in der Armee war in jeder Beziehung katastrophal. Die modernen Vorstellungen über einen bevorstehenden Krieg der sowjetischen Militärtheoretiker von vor 1937 waren praktisch gemeinsam mit ihren Trägern zu volksfeindlichem Gedankengut erklärt worden. Die Rechnung dafür zahlten besonders in den ersten Kriegsmonaten und im späteren Verlauf Hunderttausende Soldaten und Zivilisten. Geradezu typisch für die militärische Unfähigkeit der Mächtigen waren die Worte Woroschilows anläßlich des 20. Jahrestages der Roten Armee.

Im ZAGI arbeitete man konzentriert an der ANT-42 weiter. Die Zeichnungen für die Serienproduktion des Bombers wurden hergestellt. Die komplizierte Reparatur des Flugzeuges leiteten der auf Bitten **Petljakows** sofort nach seiner Operation wieder ins Werk gekommene J. F. **Neswal** und S. W. **Tschistow.** Gleichzeitig erfolgte der Bau des zweiten Prototyps, der ANT-42 Dubleur.

Erklärung des Volkskommissars für Verteidigung Marschall Woroschilow vom Februar 1938 (Auszug)

»Die Kavallerie durchlebt in allen Armeen der Welt eine Krise, d. h. richtiger, sie hat sie schon durchlebt, denn in vielen Armeen ist sie schon nahezu verschwunden … Wir stehen auf einem anderen Standpunkt … Wir sind überzeugt, daß unsere glänzende Kavallerie noch des öfteren von sich reden machen wird als kräftige und siegreiche Rote Kavallerie … Die Rote Kavallerie ist nach wie vor eine siegreiche und vernichtende Streitkraft, die in der Lage ist, auch in der Zukunft große Aufgaben an allen Kampffronten zu lösen.«

Man bedenke, daß solche programmatischen Erklärungen nach anderthalb Jahren Krieg in Spanien abgegeben wurden.

Die Besatzung für die jetzt bevorstehende Erprobung stellte der Chef des NIIWWS und Stellvertreter des Chefs der Luftstreitkräfte **Filin** persönlich zusammen:

Kommandant	P. M. **Stefanowski**
Copilot	W. W. **Dazko**
Navigator	A. M. **Brjandinski**
Leitender Ingenieur	I. M. **Markow.**

Dazu kamen von den Fliegern des ZAGI die uns schon bekannten Ingenieure:

Leitender Ingenieur M. F. **Shilin** und
Leitender Ingenieur A. S. **Rachmanin.**

Mit **Markow** übernahm einer der besten Ingenieure der sowjetischen Luftstreitkräfte die ANT-42. Am 1. August 1937 beendete das Werk Nr. 156 die Reparatur des Flugzeuges.

Die staatliche Erprobung vom 11. August bis zum 28. Oktober 1937

Nur 3 Tage dauerte die Übernahme der Maschine von den Flugzeugbauern. Dabei kam es zu kuriosen Zwischenfällen. Zum Beispiel, als sich der Bombenschütze S. A. **Tscherkassow** in die Dokumentation des

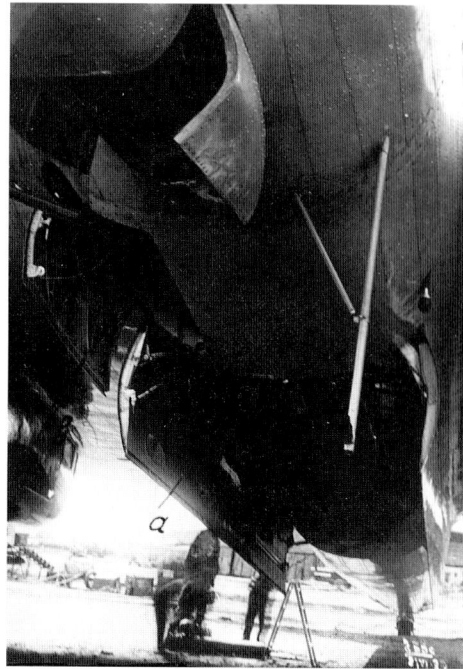

Detail der ANT-42. Der Bomber von unten. Vorn die geöffnete Einstiegsluke. Dahinter, rechts in Flugrichtung, der Schacht für die Leuchtbomben. Weiter dann der große Bombenschacht. *Archiv Autor*

ZAGI vertiefte. Als er bei der benötigten Zeit für das Einhängen der Bomben war, erklärte er kategorisch, daß diese Zeit viel zu kurz bemessen wäre. Nachdem der Bewaffnungsingenieur des KB-1 S. I. **Saweljew** mit 4 Arbeitern zweimal alle Bewaffnungsvarianten eingehangen und S. A. **Tscherkassow** persönlich die Zeit gestoppt hatte, staunten die Militärs: Rekordzeiten!

Ähnliches wiederholte sich bei der Betankungszeit. Die ANT-42 ließ sich auch schneller betanken als alle anderen vergleichbaren älteren Flugzeugtypen. Die Vertreter der Luftstreitkräfte waren zufrieden.

Über den Abschluß der Erprobung hieß es in einem Brief von **Alksnis** an **Woroschilow**, daß »das Flugzeug seinen fliegerisch-taktischen Daten nach ein modernes Flugzeug ist. Seine Geschwindigkeit von 403 km/h in 8 000 m macht es in dieser Höhe wenig verwundbar durch moderne Jagdflugzeuge. Als wichtigste Unzulänglichkeiten wurden ermittelt:

1. das Fehlen von Serientriebwerken AM-34FRN (die im Flugzeug installierten Triebwerke haben die staatliche Erprobung nicht durchlaufen),
2. die Unzuverlässigkeit der Triebwerksanlage, die zu Unterbrechungen der Kraftstoffversorgung und Überhitzungen wegen unzureichender Kühlmittelzirkulation führte,
3. die schwergängige Steuerung des Flugzeuges,
4. die große Leermasse (18 000 kg),
5. die unzureichende Feuerkraft im Vergleich mit den technisch-taktischen Forderungen.

All diese Unzulänglichkeiten hat das Werk Nr. 156 bis zum 10. Dezember 1937 zu beseitigen.«

Eine Sache beunruhigte die Konstrukteure: Nach wie vor fehlten 15% der zu erbringenden Geschwindigkeit.

Am 21. Oktober 1937 war **Tupolew** von seinem Schreibtisch weg durch den Geheimdienst verhaftet worden. Die von ihm konstruierten Flugzeuge durften nun nicht mehr seinen Namen tragen. Er wurde zum »Volksfeind« gestempelt. ANT wurde offiziell verändert in ZAGI, in diesem Fall hieß das Flugzeug nun ZAGI-42. Auch andere Abkürzungen, wie etwa »E« von »eksperimental'nyj« erfand man, um ja nicht an den »Volksverräter« **Tupolew** zu erinnern.

Nur wenig später, am 29. Oktober 1937, wurde auch **Petljakow** verhaftet.

Das Jahr 1938 begann so widersprüchlich, wie das Vorjahr geendet hatte. Die Namen der neuen Fliegerhelden **Wodopjanow, Tschkalow, Gromow** waren nach ihren beeindruckenden Polarflügen noch in aller Munde. Im Februar 1938 wurde in einer dramatischen Rettungsaktion, unter Anteilnahme der ganzen Welt, die **Papanin**-Expedition von der zerbrechenden Eisscholle evakuiert. Die Industrialisierung des Landes ging erfolgreich voran. Gleichzeitig erwiesen sich beliebte und bekannte Führer der Kommunistischen Partei als »Volksfeinde«. Im Politunterricht wurde die Stalinsche These von der permanenten Verschärfung des Klassenkampfes studiert. Im Januar begann der Prozeß gegen die Mitglieder des »antisowjetischen rechts-trozkistischen Blocks«. Gleichzeitig wurde ein öffentlicher Prozeß gegen leitende Kreml-Ärzte inszeniert. Sie sollten **Gorki, Menshinski** und **Kuibyschew** umgebracht haben!

Neswal mußte nun alle Fragen zur ANT-42 allein klären. Unter seiner Leitung waren Anfang März 1938 im Werk Nr. 156 alle Arbeiten beendet worden, und das Flugzeug konnte wieder in die Flugerprobung gehen.

Um deren Fortgang zu beschleunigen, befahl der Chef der Luftstreitkräfte **Alksnis,** keine getrennte Werk- und staatliche Erprobung mehr durchzuführen, sondern sofort eine gemeinsame Erprobung von Industrie und Armee zu beginnen.

Gemeinsame Erprobung durch das Forschungsinstitut der Luftstreitkräfte und das Werk Nr. 156 vom 6. März bis zum 30. April 1938

Das Flugzeug war diesmal mit vier Triebwerken AM-34FRNB und dem fünften Triebwerk M-100 für den Zentrallader ausgerüstet. Mit den Triebwerken gab es einen interessanten Zwischenfall. Ihre Leistung war gegenüber den vorherigen Serien gesteigert worden. Als Folge kam es auf den Prüfständen des Werkes Nr. 28 zu Zerstörungen der Kurbelgehäuse. Daraufhin ließ Chefkonstrukteur A. A. **Mikulin** die Motorengehäuse verstärken. Im Ergebnis paßten die Triebwerke nicht mehr in die Aufhängungen der ANT-42. Der Bau neuer Triebwerksrahmen hätte erheblichen Zeitverlust gebracht. So entschied Ingenieur **Markow:** Die Verstärkungen an den Montagepunkten der Triebwerke sind abzusägen. Die Arbeiter griffen zu ihren Werkzeugen und der Vertreter des Triebwerksherstellers zum Telefon.

Die anschließende Auseinandersetzung über Kompetenzen bei technischen Veränderungen zwischen Chefkonstrukteur und Praktikern wirkte eher peinlich. Bleibt festzuhalten, daß die abgesägten Verstärkungen in den Schrott fielen und daß die Mikulinschen Triebwerke die erforderlichen Leistungen erbrachten. Diese vier Exemplare waren sogar 50 Stunden im Einsatz, das Doppelte der vorgegebenen Laufzeit!

Als sich Ende Februar in Moskau das Wetter verschlechterte, wurde die Flugerprobung in den Süden des Landes verlegt. Die ANT-42 flog mit der gesamten Erprobungscrew in den ersten Märztagen 1938 auf die Krim nach Jewpatorija. Der Flug verlief einwandfrei. Lediglich das vierte Triebwerk verursachte Schwingungen.

Die Nachflugkontrolle ergab keinerlei Aufschluß über die Ursachen der Vibration, und man beschloß, die Flugerprobung aufzunehmen. Neben den Geschwindigkeitsmeß- und Höhenflügen bis auf damals recht beeindruckende 12 000 m wurde auch ein Erprobungsprogramm für den Bombenabwurf geflogen. Als Ziel diente dabei eine kleine Insel nordwestlich von Jewpatorija.

Die Vibrationen des Triebwerks aber wurden immer stärker. Letztlich erklärte **Stefanowski,** daß er mit diesen Schwingungen alle weiteren Flüge ablehne. Und noch etwas beunruhigte die Männer auf der Krim: Noch immer erreichte die ANT-42 nicht die erforderliche Geschwindigkeit.

Neswal und **Markow** suchten Schritt für Schritt nach der Schwingungsursache. So untersuchte man auch die Luftschrauben. Da kein Vertreter des Luftschraubenherstellers greifbar war, mußte dies in eigener Verantwortung geschehen. Für alle Fälle bestellte man eine neue Luftschraube.

Markow und **Tschistkow** studierten die Verstell-Luftschraube, ihre Kontrollkerben und Markierungen. Dabei entdeckten sie ein Markierungszeichen, daß offensichtlich nicht korrekt paßte. So wurde die Luftschraube bis zur letzten Mutter demontiert und wieder zusammengebaut. Bei dieser Arbeit äußerte ein Mechaniker die Vermutung, es käme ihm so vor, als ob an den Fliehgewichten der einzelnen Blätter zu wenig Gewichtsscheiben angebracht worden seien. Als die neue Luftschraube aus Moskau eintraf, baute man kurzerhand alle Gewichtsscheiben ab und verteilt sie gleichmäßig auf alle Luftschraubenblätter der ANT-42.

Gut zu erkennen ist die umgebaute Kühleranlage. Die Kühler der Außentriebwerke befinden sich jetzt in den Gondeln der Innentriebwerke

Das Flugzeug von hinten mit eingefahrener Landeklappe

Nach der Montage arbeitete das vierte Triebwerk ohne jegliche Vibration! Der erste Flug mit den veränderten Luftschrauben dauerte drei Stunden. Als der Versuchsbomber wieder auf seinen Standplatz rollte, zog **Stefanowski** das Schiebedach des Cockpits zurück, schob die Lederkappe vom Kopf, zeigte der Gruppe erwartungsvoller Ingenieure den hochgestreckten Daumen und dröhnte mit seiner markanten Stimme: »Konstrukteur! Champagner! 440 km/h!« Die genaue Auswertung ergab 444 km/h. Als Ursache für die zu geringe Geschwindigkeit hatte sich die zu geringe Steigung der Luftschraubenblätter herausgestellt, was durch

die zusätzlichen Gewichte beseitigt worden war. Insgesamt zeigt diese Geschichte ein – selbst für die damalige Zeit – recht niedriges fachliches Niveau der Methodik der Flugerprobung und der Analyse der erflogenen Daten.

So oder so, der Chef des Instituts **Filin** wurde sofort informiert. Dieser meldete den Erfolg seinerseits der Führung der Luftstreitkräfte und flog auf die Krim, um sich am Steuer der ANT-42 selbst von den Ergebnissen zu überzeugen.

Noch vor Abschluß der Erprobung wurde **Neswal** zu seinem Volkskommissar nach Moskau beordert, wo er über die Aufnahme

der Serienproduktion der ANT-42 unter der Typenbezeichnung TB-7 informiert wurde.

Im vorläufigen Abschlußbericht der bisherigen Erprobungen hieß es dann:
»1. Bei den im August–September 1937 und Januar–April 1938 durchgeführten Erprobungen des Prototyps der TB-7 wurde folgendes festgestellt:
a) das Flugzeug besitzt eine größere Gipfelhöhe als moderne schnelle Jagdflugzeuge,
b) die Geschwindigkeiten des Flugzeuges sind in Höhen von 7000–8000 m den Geschwindigkeiten moderner schneller Jagdflugzeuge gleich,

Das Flugzeug von vorn mit eingefahrener Landeklappe

Das Flugzeug von vorn mit ausgefahrener Landeklappe

c) ein zuverlässiger Start mit einer Masse von 30 Tonnen und mit einer Anrollstrecke von 770 m gewährleistete eine Reichweite von 3 000 km bei 2 000 kg Bombenmasse ohne zentrale Aufladung,

d) die direkte Verbindung des Hauptteils der Besatzung und die natürliche Heizung ihrer Kabinen gewährleisten einen längeren Aufenthalt in Höhen von 8 000–10 000 m,

e) die hohe Manövrierfähigkeit des Flugzeuges in Höhen von 8 000 bis 10 000 m garantiert den gezielten Bombenwurf aus diesen Höhen und einen

Detail der ANT-42. Der zentrale Schützenstand. Der Buchstabe C deutet auf die Ablage für den Lauf. Das 5. Triebwerk ist eingebaut und der rechte Abgassammler deutlich zu sehen

guten Schutz vor der Flak-Artillerie durch Abwehrmanöver.

Alle diese Eigenschaften machen das Flugzeug praktisch unverwundbar durch moderne Luftabwehrmittel.

2. Das NII WWS besteht auf die unverzügliche Einführung des Flugzeuges TB-7 in die Großserienproduktion mit den Triebwerken AM34FRNB und seine Einführung in die Bewaffnung der WWS der Roten Arbeiter- und Bauernarmee.

3. Zur Steigerung der Höchstgeschwindigkeit und der Gipfelhöhe des Serienflugzeuges ist die Erste Hauptverwaltung zu verpflichten, die Flugzeuge TB-7 zu bauen
   a) ohne Bart an der Navigatorkabine,
   b) mit freitragendem Höhenleitwerk,
   c) mit Luftschrauben WISch mit einem Verstellbereich der Luftschraubenblätter nicht unter 20°, nicht vereisend bei längerer Flugdauer in Höhen von 10 000–11 000 m,
   d) mit dem Triebwerk M103 anstelle des M100 für den Antrieb der AZN-2,
   e) mit einer von der Kühlung der AM34 unabhängigen Kühlung des Triebwerks M100, wobei das Vorwärmen bei nicht arbeitenden M100 zu sichern ist.

4. Zur Erhöhung der Reichweite der Serienflugzeuge ist der Kraftstoffvorrat um 25% und der Schmierstoffvorrat um 50% zu erhöhen.

5. Beim Serienbau müssen die bei den Erprobungen 1937–1938 festgestellten Unzulänglichkeiten beseitigt sein.

6. Zur Sicherung der Verteidigungsfähigkeit des Flugzeuges in Höhen unter 7000 m ist es notwendig, die Erste Hauptverwaltung zu verpflichten, die Bug- und Heckkanonenstände zu verbessern und dem NII WWS zur Erprobung auf der TB-7 zum 1. August 1938 zu übergeben.

7. Der erprobte Prototyp des Flugzeuges TB-7 ist an das Werk Nr. 156 zurückzugeben, damit:
   a) die Triebwerke AM34FRNB gegen Triebwerke mit Turbokompressoren gewechselt werden,
   b) das Triebwerk M100 der AZN repa-

Das erste sowjetische Luftfahrt-Dieseltriebwerk AN-1. 1935 flog dieses Triebwerk zum ersten mal. Seine folgenden Serienausführungen M-30 und M-40 kamen auch in den Serienflugzeugen der ANT-42 zum Einsatz. Der Konstrukteur des Triebwerks, A. D. Tscharomski, durfte später als Gefangener in der Spezialabteilung des Werkes Nr. 82 an seinem Triebwerk weiterarbeiten.
Archiv OKB »A. N. Tupolew«

Das Triebwerk AN-1N von vorn

Das Triebwerk AN-1N von hinten.
Das Ladergehäuse ist nicht zu übersehen

riert und gegen das Triebwerk M103 getauscht wird,
   c) Veränderungen im Zusammenhang mit den Maßnahmen zur Steigerung von Geschwindigkeit und Gipfelhöhe sowie dem Einbau zusätzlicher Kraftstoff-

tanks und der Erleichterung des Flugzeuges durchgeführt werden.

Die Erste Hauptverwaltung und die Verwaltung Triebwerke sind zu verpflichten, die für das Flugzeug DB-2(A) (ein viermotoriges Bombenflugzeug, Weiterentwicklung der TB-3 und faktisch Konkurrenzmodell zur ANT-42 – d. A.) gebauten Triebwerke AM34FRNB mit Turbokompressoren dem Werk Nr. 156 zu übergeben, um sie in den erprobten Prototyp der TB-7 einzubauen und ihn dem NII WWS zum 1. Juli 1938 zur Erprobung zu übergeben.

8. Die Erste Hauptverwaltung und die Hauptverwaltung Triebwerke sind zu verpflichten, nach der Erprobung des Prototyps mit vier AM34FRNB mit Turbokompressoren diese gegen die Triebwerke AN-1R mit Turbokompressoren zu tauschen und die Maschine zur Erprobung an das NII WWS zum 1. Dezember 1938 zu übergeben.

9. Das ZIAM ist zu verpflichten, in Monatsfrist auf dem Prüfstand die Methodik zum günstigsten Betrieb des Triebwerks M100 im Flug mit gedrosselten Triebwerken AM34 zum Erreichen des geringsten Kraftstoffverbrauches zu erarbeiten.

Das NII WWS hat nach dem Erhalt dieser Methodik vom ZIAM diese auf dem Dubleur zu prüfen.«

Das Triebwerk AN-1R (Aviacionny Nevtjannoj – 1 Reduktorom, Luftfahrt-Diesel Nr. 1 mit Getriebe) war der erste sowjetische Flugzeug-Diesel. Das erste Modell AN-1 war 1932 bis 1934 von dem Konstrukteur A. D. **Tscharomski** im ZIAM entwickelt worden. 1935 erfolgte die Flugerprobung mit einer ANT-36. Die Abmessungen dieses Triebwerkes waren ganz bewußt an den M-34 angepaßt worden, um eventuelle Umrüstungen zu erleichtern, denn beide Triebwerke gehörten zu einer Leistungsklasse.

1936/37 entstand die Modifikation AN-1A mit mechanisch getriebenem Lader. Von diesem Triebwerk wurde eine erste Kleinserie für die TB-3 gebaut. 1938 begann die staatliche Erprobung der Modifikation

Die Luftschraube ohne Nabenverkleidung. Archiv OKB »A. N. Tupolew«

Die Luftschraube mit Nabenverkleidung. Archiv Shukowski-Museum

AN-1R mit Getriebe und Lader. Fast gleichzeitig entstand die Modifikation AN-1RTK mit Getriebe und Turbokompressoren. Zur Höhenerprobung dieser Maschinen wurde extra ein Motorenprüfstand im Pamir errichtet.

An dieser Stelle verlangsamten sich die Arbeiten an dem Diesel erheblich, denn Chefkonstrukteur **Tscharomski** wurde verhaftet. Trotzdem arbeiteten einige Mitarbeiter weiter am Projekt.

Im chronologischen Ablauf beginnt an dieser Stelle die weiter unten beschriebene Erprobung des 2. Prototyps. Wir wollen aber hier noch den 1. Prototyp beenden.

Bei der weiteren Arbeit geriet der vorgegebene Zeitplan offensichtlich weiter ins Stocken. Erst im September begann die nächste Erprobungsetappe.

Gemeinsame Erprobung durch das Forschungsinstitut der Luftstreitkräfte und das Werk Nr. 156 vom 29. September 1938 bis zum 26. März 1939

Zu diesen Erprobungen wurde die ANT-42 mit vier Haupttriebwerken AM-34FRNW und dem fünften Triebwerk M-100 geflogen. Folgender Bericht ist überliefert:

»Das Flugzeug wurde zur Erprobung mit folgenden Änderungen übergeben:

1. Es wurden Versuchstriebwerke AM-34FRNW des Werkes Nr. 28 eingebaut, die für beide Luftschraubentypen geeignet waren, verstärkte Gehäuse und den Drehzahlregler R-2 besaßen.
2. Es wurden Luftschrauben des Werkes Nr. 28 montiert:
   a) WISch-4, dreiblättrig, Durchmesser 4,1 m, Verstellbereich 9°,
   b) WISch-24, dreiblättrig, Durchmesser 4,1 m, Verstellbereich 20°.
3. Für das rechte Außentriebwerk wurden zwei in Reihe arbeitende Kraftstoffpumpen BNK-5U montiert.
4. Es wurden geschweißte Kraftstoffbehälter … mit einem Gesamtvolumen von 10 500 Liter montiert.
5. Der Durchmesser der Luftschraubenspinner wurde erhöht, was zu einer Änderung der Lufteinläufe für die Abgasrohrkühler führte.
6. Das rechte Querruder wurde mit einem Trimmer ausgestattet.
7. Die Massekompensation wurde erhöht: Höhenruder von 24,4% auf 25,5%, Seitenruder von 28,8% auf 25,6%.

Schlußfolgerungen:

1. Die Luftschrauben WISch-24 mit den Drehzahlreglern … R-2 sind vorläufig zum Einbau in die Serienmaschinen zuzulassen …

2. Die Luftschrauben WISch-4 haben der Erprobung nicht standgehalten.

3. Die Kraftstoffversorgung des Flugzeuges mit zwei in Reihe arbeitenden Kraftstoffpumpen BNK-5U hat die Erprobung bestanden und ist einzuführen.

4. Die Vergrößerung der Massekompensation der Höhen- und Seitenruder hat die Steuerkräfte verringert und die Steuerung des Flugzeuges vereinfacht. Die Steuerkräfte der Serienflugzeuge … dürfen die Steuerkräfte des Prototyps nicht übersteigen.«

Die weiteren Informationen über das Schicksal des ersten Prototyps der ANT-42 sind recht spärlich. Das Flugzeug wurde mit Sicherheit auf arktische Langstreckenflüge mit Dieseltriebwerken vorbereitet. Als Pilot für diese Flüge präparierte sich und seine Besatzung der damals sehr bekannte Polarflieger, Held der Sowjetunion M. W. **Wodopjanow.** Der Kriegsausbruch verhinderte die Realisierung dieses Projektes ebenso, wie den um die Jahreswende 1939/40 geplanten Flug rund um die Welt mit einer ebenfalls mit einem Diesel ausgerüsteten ANT-25.

Im Krieg wurde die ANT-42 von den Luftstreitkräften für Transportaufgaben im Hinterland eingesetzt. Bei einer Katastrophe ging die Maschine dann später verloren. Das Flugzeug sollte vom Werksflugplatz Kasan mit einer Gruppe Flieger an Bord starten. Während des Startes aber raste die Maschine in einen Bahndamm. Die Untersuchung ergab, daß die Mechaniker die Ruder festgestellt hatten und die Besatzung das nicht bemerkte. Das Feststellen der Ruder erfolgte bei diesem Flugzeug im Rumpf direkt an den Steuerseilen und damit nicht wie damals üblich an den Rudern selbst mit stets auffällig gefärbten sogenannten Ruderscheren. Somit waren die festgestellten Ruder von außen bei dem Bomber optisch nicht zu erkennen und beim Auslassen der Kontrolle zur Freigängigkeit der Ruder begab sich die Besatzung in tödliche Gefahr.

Die ANT-42 während der gemeinsamen Erprobung vom 29. September 1938 bis zum 26. März 1939. Die Maschine ist mit den Triebwerken AM-34FRNW und dem 5. Triebwerk M-100 sowie den Luftschrauben WISch-4 bzw. WISch-24 ausgerüstet. Die Ruder des Leitwerks sind umgebaut. Das rechte Querruder besitzt jetzt ein Trimmruder

Die Maschine zu Beginn der Erprobungsetappe. Archiv Shukowski-Museum

Hier ist das rechte Abgasrohr des 5. Triebwerks vor dem zentralen Schützenstand gut zu erkennen. Archiv Shukowski-Museum

Neben der Unterbringung des 5. Triebwerks sind aus dieser Perspektive die Umbauten des Leitwerks zu sehen. Archiv Shukowski-Museum

1.3. Die Entwicklung und Erprobung des 2. Prototyps

Die Projektierung eines zweiten Prototyps begann im April 1936, also noch vor dem Erstflug der ANT-42. Zur Unterscheidung bezeichnete man ihn als »Dubleur«. Dieser Beiname war damals im sowjetischen Flugzeugbau durchaus üblich, aber da er auch im Russischen ungewöhnlich klingt, kam man von dieser Praxis später wieder ab.

Im Mai 1938 war das Flugzeug fertiggestellt, und am 25. Juli 1938 wurde es gewogen: die ANT-42 Dubleur hatte eine Leermasse von 18 755 kg. Am nächsten Tag, dem 26. Juli 1938, startete das Flugzeug zum glatt verlaufenden Erstflug.

Am 26. Juli 1938 startete der zweite Prototyp, die ANT-42 Dubleur, zum Erstflug. Auffälligste Änderungen waren die neuen Schützenstände, das neukonstruierte Leitwerk und die anderen Jalousin der Kühlereinläufe. Das Flugzeug war mit den Triebwerken AM-34FRNW mit den Luftschrauben WPSch-3B sowie dem 5. Triebwerk M-100A ausgerüstet. Archiv Shukowski-Museum

Die Werkserprobung vom 28. Juli bis zum 1. August 1938

Gegenüber der ANT-42 hatte das neue Flugzeug folgende Änderungen erfahren:

1. Verbesserte konstruktive Elemente in der gesamten Zelle,
2. Verbreiterung des Tragflächenmittelstücks und des Rumpfes um 100 mm,
3. Neukonstruktion des Rumpfhecks,
4. neues, jetzt freitragendes Leitwerk,
5. Änderung der Steuerung (keine verstellbare Höhenflosse mehr),
6. größere Räder (wegen höherer Startmasse),
7. neue Feuerpunkte in den Fahrwerksgondeln,
8. geänderte Steuersäulen,
9. geänderte Gerätetafeln,
10. neue Elektroversorgung (3 Generatoren GS-1000, davon 1 Reservegenerator),
11. ein zusätzlicher Akku (2 Akkus 12A-30),
12. diverse Änderungen in den Flugzeuganlagen,
13. Austausch der Funkstation RSD gegen den Typ RSB sowie des Funkpeilers APRZ gegen den Funkkompaß RSPK-1bis,
14. geänderte Eigenverständigungsanlage,
15. geänderte Kühlerbefestigung,
16. geänderte Triebwerkssteuerung,
17. neue Fotoapparate AFA-24 (Perspek-

tivkamera) und AFA-1 (Plankamera) mit vollelektrischer Fernbedienung durch den Navigator,

18. verbesserter Autopilot AP-42,
19. neue Anlage für Leuchtbomben,
20. neue Abwehrbewaffnung und Sonderausrüstung.

Nach der Beseitigung kleinerer während der Werkserprobung festgestellter Unzulänglichkeiten wurde die ANT-42 Dubleur am 11. August 1938 zum NII WWS nach Tschkalowsk geflogen.

Gemeinsame Erprobung der ANT-42 Dubleur durch das Werk Nr. 156 und das Forschungsinstitut der Luftstreitkräfte vom 11. August bis zum 28. Dezember 1938

Das Flugzeug war während dieser Zeit mit Triebwerken AM-34FRNW und dem 5. Triebwerk M-100A ausgerüstet. Die Haupttriebwerke stammten aus dem 1. Prototyp und waren grundüberholt worden. Sie trieben Luftschrauben des Typs WPSch-3B an.

Folgende Schlußfolgerungen aus dieser Erprobung sind im entsprechenden Protokoll überliefert:

»1) Die durchgeführten Erprobungen des Flugzeuges ANT-42 Dubleur bestätigen wiederholt seine hohen Qualitäten als schweres Bombenflugzeug, das für die Bewaffnung der WWS der Roten Arbeiter- und Bauernarmee geeignet ist.

2) Das Flugzeug kann als Muster für den Bau einer ersten Serie von Flugzeugen ANT-42 im Werk Nr. 124 zugelassen werden.

⋮

5) Mit dem Flugzeug wurden praktisch keine Flüge über eine Reichweite von 3 000 km durchgeführt sowie keine Einsatztaktik erarbeitet. Dies ist mit dem ersten Serienflugzeug des Werkes Nr. 124 nachzuholen.

6) Als maximal zulässige Startmasse eines Serienflugzeuges sind im normalen Einsatz 32 000 kg anzusehen.

7) Um die fliegerisch-technischen Daten

ANT-42 Dubleur im Detail. Die Landeklappe ist ausgefahren, der geänderte Gondelstand ist zu sehen. Der neue zentrale Stand befindet sich hier in Feuerstellung, d. h. die Windabläufe sind eingefahren und der aerodynamische Kompensator ausgefahren. Das 5. Triebwerk hat noch wenig gearbeitet, da erst wenig Abgasspuren zu sehen sind. *Archiv Shukowski-Museum*

ANT-42 Dubleur im Detail. Das neukonstruierte Leitwerk. Das Seitenleitwerk hat eine neue Form, das Höhenleitwerk ist jetzt freitragend und hat eine fixierte Flosse. *Archiv Shukowski-Museum*

des Flugzeuges sowie seine Lebensfähigkeit zu verbessern, sind an dem Versuchsflugzeug ANT-42 Dubleur folgende Arbeiten durchzuführen:

a. Nachrüstung mit Triebwerken AM34FRNW mit Turbokompressor.

b. Einbau der Modelle von Waffenstän-

den nach dem Vorschlag des Genossen Karatschin.

c. Nachrüstung von Luftschrauben mit einem Verstellbereich von 20°–22°.

d. Der Bart ist vom F-1 zu demontieren.

Das Werk Nr. 156 ist zu verpflichten, dieses modernisierte Flugzeug dem NII WWS bis

Die ursprüngliche Abwehrbewaffnung der ANT-42 Dubleur im Detail. Archiv Autor

Der Heckstand mit der Kanone SchWAK-20 in der Lafette KEB.

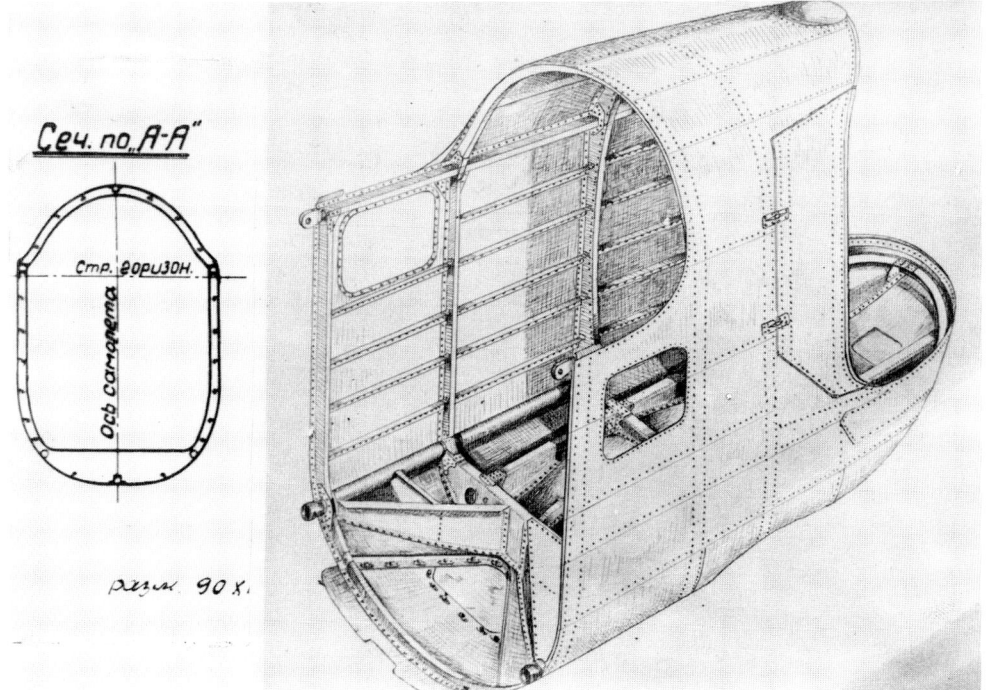

Eine Zeichnung des hinteren Rumpfteiles, des F-4, auf der die beiderseits befindlichen Einstiegs-luken für den Heckstand zu erkennen sind

Der Heckstand der ANT-42 mit der gleichen Waffe zum Vergleich

zum 1. April 1939 zur Erprobung zu über-geben.

8) Die 8. Hauptverwaltung des Volks-kommissariats für Verteidigungs-industrie (NKOP) ist zu verpflich-ten, an die Triebwerke AM-35 Turbo-kompressoren zu montieren. Die Erste Hauptverwaltung ist zu verpflichten, diese Triebwerke in das Flugzeug ANT-42 einzubauen und es dem NII WWS bis zum 1. August 1939 zu über-geben.«

Weitere Angaben über die Erprobung der Prototypen dieses Flugzeugtyps waren nicht zu ermitteln. Es ist anzunehmen, daß vor dem Überfall Deutschlands keine größeren Erprobungsprogramme mehr geflogen wurden.

Das Schicksal der ANT-42 Dubleur erwies sich später glücklicher als das des 1. Prototyps. Während des gesamten Krieges flog die Maschine im Gefechtseinsatz. Dabei waren die Besatzungen ganz besonders erpicht, mit diesem Flugzeug in den Kampf zu fliegen, denn es war von der Rüstmasse her leichter als die folgenden Serienmaschinen und zeigte entsprechend bessere Flugleistungen. Im Sommer 1943 flog die Maschine ihren 100. Kampfeinsatz.

Am 28. Januar 1944 richtete der Ingenieur der mit diesen Flugzeugen kämpfenden Division folgenden Brief bezüglich der ANT-42 Dubleur, im Brief als Pe-8 Nr. 385 D bezeichnet, an das Herstellerwerk in Kasan: »Die Bomben und Schützenbewaffnung (Bug- und Heckstand) des Flugzeuges Pe-8 Nr. 385 D, das 113 Kampfeinsätze geflogen hat, ist verschlissen. Während der letzten Einsätze kam es zum teilweisen Versagen der Bewaffnung, was u. a. zum Hängenbleiben von Bomben führte…« Am Schluß des Briefes wurde eine gründliche Überholung des Flugzeuges und seine Umrüstung auf die Schützenwaffen der Serienflugzeuge gefordert. Das realisierte man auch, und zum Kriegsende kehrte der »Dubleur« mit einer unmilitärisch glänzenden hellen, künstlerisch gestalteten Bemalung in die Truppe zurück.

Unbestätigten Berichten nach soll der »Dubleur«, wie er stets genannt wurde, sogar noch Jahre nach dem Krieg in der Polarluftflotte geflogen sein.

Das Projekt der ANT-42 mit Turbinentriebwerken

Seit 1932 arbeitete man in Instituten Moskaus, Leningrads und Charkows an der Entwicklung starker Dampfturbinen für die Luftfahrt. Federführend und eigentlicher Initiator der Idee war das Luftfahrtinstitut Charkow (ChAI) in der Ukraine. Dort ar-

Der linke Gondel- oder Fahrwerksstand mit dem MG SchKAS in der Lafette SchU. Der Laufabweiser zum Rumpf hin ist gut zu sehen

Ein Gondelstand vor der Montage in die Zelle

beitete der junge Dr.-Ing. A. M. **Ljulka** am Lehrstuhl für Luftfahrttriebwerke unter Leitung von Prof. V. T. **Zwetkow** am Kondensator dieses Triebwerkes. 1937 war dieses fertig. Es trug die Bezeichnung PT-1, d. h. »parovaja turbina-1« (Dampfturbine-1). Im gleichen Jahr hatte das Werk Nr. 156 nach einer Beratung mit dem ChAI und dem Büro für Axialkesselbau folgende Forderungen an das Triebwerk für den Einbau in eine zweimotorige Variante der ANT-42 formuliert:

»1. Die Anlage muß auf einem Rahmen montierbar sein.

2. Die Leistung der Anlage muß 2 500 PS betragen.

3. Die Gesamtlänge der Anlage einschließlich Luftschraube darf 3 000 mm nicht überschreiten.

4. Der maximale Durchmesser beträgt 800 mm. Im äußersten Falle ist ein quadratischer Querschnitt mit 800 mm Seitenlänge zulässig.«

Letztlich war es **Ljulka** selbst, der auf Grund der Abmessungen auch eines idealen Kondensators die Verwendung von Dampfturbinen in Flugzeugen verwarf. Noch 1937 sprach eine Regierungskommission, zu der **Petljakow, Lawotschkin,** Prof. **Ramsin** und Prof. **Kirpitschew** gehörten, nach den Prüfläufen der PT-1 das Aus für die Dampfturbine in der Luftfahrt.

1.4. Serienproduktion und Einführung in die Bewaffnung

Ein denkwürdiger Tag für das Schicksal der ANT-42 war der 20. April 1938. An diesem Tag bestellte der Hauptabteilungsleiter Luftfahrtindustrie im Volkskommissariat für Verteidigungsindustrie (die 1. Hauptabteilung im NKOP) M. M. **Kaganowitsch** den Konstrukteur J. F. **Neswal** zu sich und informierte ihn kurz und bündig über folgende Entscheidungen:

– die ANT-42 wird in die Bewaffnung der Luftstreitkräfte übernommen,

– die ANT-42 erhält von den Luftstreitkräften die Gattungsbezeichnung TB-7 (siehe Kasten),

– die Serienproduktion der TB-7 soll im Werk Nr. 124 in Kasan erfolgen,

– zum Chefkonstrukteur des Flugzeuges und des Werkes ist J. F. **Neswal** berufen.

Anfang Juni 1938 reiste **Neswal** als Leiter der Spezialistengruppe des Konstruktionsbüros in das Werk an der Wolga, um dort die Leitung der Fertigung zu übernehmen.

Die Gattungsbezeichnung TB bedeutet »tjaželyj bombardirovĉik« (schweres Bombenflugzeug). Die ANT-42 war das letzte Flugzeug, das diese Bezeichnung erhielt, da diese 1942 offiziell abgeschafft wurden. Danach wurden sie teilweise inoffiziell weitergeführt. Als TB hatten die Luftstreitkräfte bezeichnet:

TB-1	ANT-4 (1925)
TB-2	zweimotoriger Bomber von N. N. **Polikarpow** (1930)
TB-3	ANT-6 (1930)
TB-4	ANT-16 (1933)
TB-5	viermotoriger Bomber von D. P. **Grigorowitsch** (1931)
TB-6	ANT-26 (Projekt, 1936)

Dr. sc. techn. Jossif Fomitsch Neswal

Jossif Fomitsch wurde am 16. Februar 1898 geboren. Sein Arbeitsleben begann er als Lokheizer. Danach arbeitete er als Kopierzeichner im Moskauer Flugzeugwerk »Dux« in der Abteilung, die von N. N. **Polikarpow** geleitet wurde. 1923 absolvierte er die Moskauer Technische Hochschule »N. E. Baumann« und begann bei A. N. **Tupolew** im ZAGI zu arbeiten.

Eine der ersten, selbständigen Arbeiten J. F. **Neswals** war die Anpassung der Tragfläche der ANT-2 unter Leitung W. M. **Petljakows**. J. F. **Neswal** leitete den Bau der Motorschlitten ANT aus Koltschug-Aluminium (das sowjetische Gegenstück zum Dural). Danach war er Verantwortlicher Vertreter des OKB im Flugzeugwerk, wo die Typen ANT-3, ANT-4, ANT-5, ANT-7, ANT-8 und ANT-9 in Serie gebaut wurden. Von 1932 bis 1933 war er Verantwortlicher Vertreter des OKB in den Flugzeugwerken Nr. 22 und Nr. 39. Dort leitete er die Einführung der TB-3 in die Serienproduktion. Danach nahm er an der Entwicklung der ANT-20 und ANT-42 teil.

Von 1937 bis 1954 war J. F. **Neswal** Chefkonstrukteur des Flugzeugwerkes Kasan. Nach dem Krieg wurde er gleichzeitig Stellvertreter A. N. **Tupolews** und leitete den Bereich zur Entwicklung der Anlagen der Tu-4 (die sowjetische Kopie der B-29). Danach betreute er die Serienproduktion der Tu-16.

1954 kehrte er nach Moskau zurück und leitete den für die Modifizierung und Weiterentwicklung von Kampfflugzeugen zuständigen Bereich. Ab 1967 mit der Entwicklung, dem Bau und der Erprobung von Anlagen und Systemen der Tu-144 betraut. Ab 1972 war er Leiter des Bereiches Zelle im OKB.

Jossif Fomitsch **Neswal** starb am 8. Oktober 1987 in Moskau.

Auszeichnungen: Leninpreis (1957), Stalinpreis (1949), 4 Leninorden, Orden des Vaterländischen Krieges 1. Klasse, 2 Rotbanner-Arbeitsorden, Medaillen.

Im Sommer 1938 traf im Flugzeugwerk Nr. 124 in Kasan die Konstruktionsdokumentation für den Bau der TB-7, der Serienausführung der ANT-42, ein.
Archiv Autor

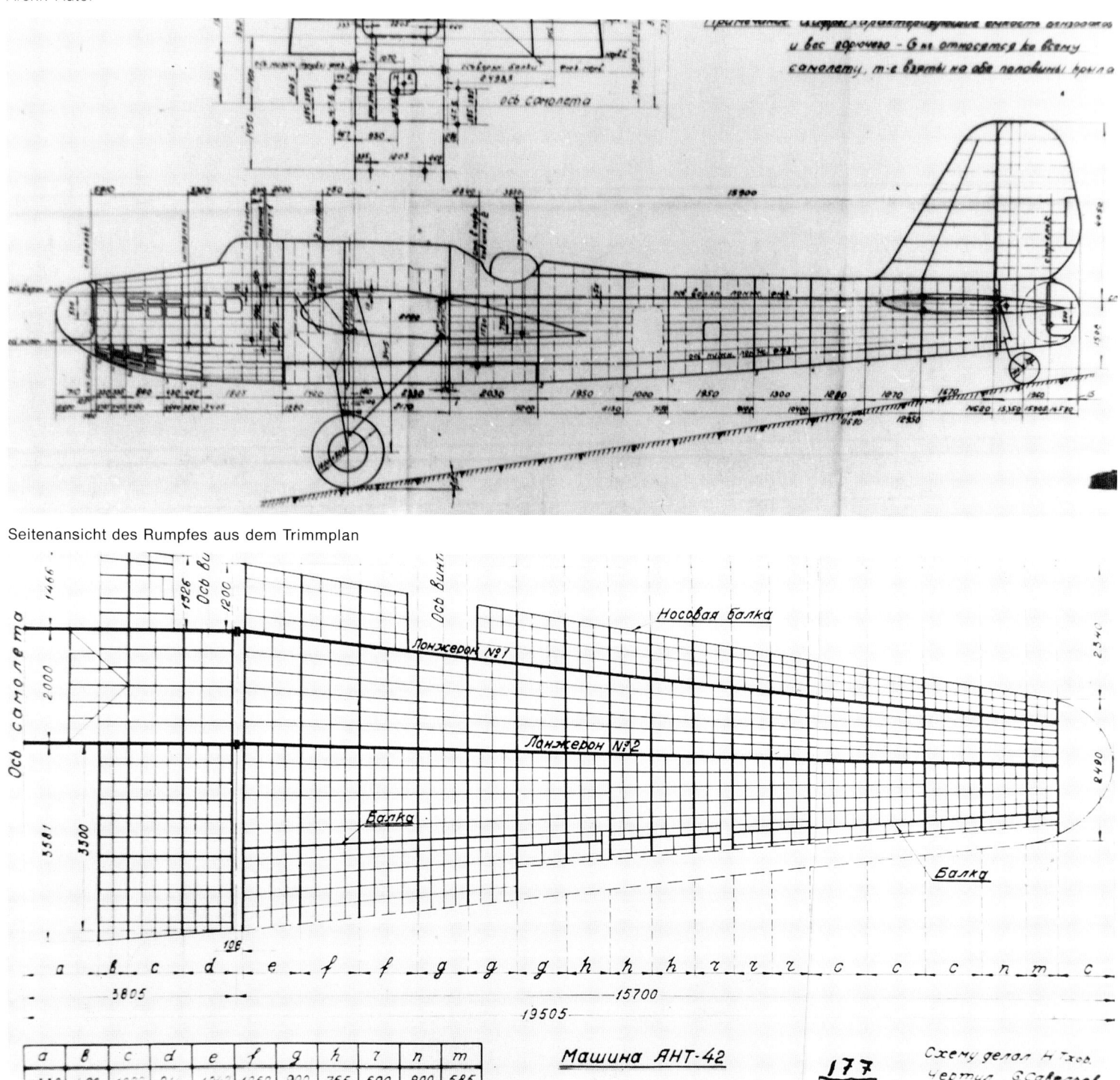

Seitenansicht des Rumpfes aus dem Trimmplan

Das Tragwerk der rechten Fläche

Schon seit Mai befand sich die komplette Dokumentation der TB-7 in Kasan, der Hauptstadt der Republik der Tataren.

Die Luftfahrtindustrie in Kasan bestand erst wenige Jahre. Im Januar 1936 war **Tupolew** zum Chefingenieur der gesamten Luftfahrtindustrie berufen worden. In dieser Eigenschaft besuchte er nach dem Tod des Hauptabteilungsleiters Luftfahrtindustrie, P. J. **Baranow,** mit dessen Nachfolger, M. M. **Kaganowitsch,** das zukünftige Werk Nr. 124. **Tupolew** schrieb darüber später:

Das neue Flugzeugwerk Nr. 124 in Kasan begann seine Tätigkeit mit der Instandsetzung von schweren Bombern TB-3. Hier einige dieser Flugzeuge während eines Manövers im Fernen Osten etwa 1937. *Archiv Agentur Nowosti*

Der einzige Flugzeugtyp, der in Kasan vor der TB-7 hergestellt wurde, war der aus der TB-3 entwickelte schwere Bomber DB-A. 12 Flugzeuge wurden gebaut. Hier der Prototyp beim Start zum Flug in die USA am 12. August 1937. Das Flugzeug, die URSS N-209, wurde nie wieder gesehen. *Foto I. Schagin, Archiv Agentur Nowosti*

»Ich erinnere mich, wie wir mit Kaganowitsch zu dem von Pjotor Jonowitsch (das ist Baranow – d. A.) geschaffenen großen Werk in Kasan fuhren. Fertiggebaut war weniger als die Hälfte, der Rest war konserviert. Pjotor Jonowitsch hatte vor, dort ein gewaltiges Kombinat aus mehreren Werken zu schaffen. Der Bau letzterer hatte damals noch gar nicht begonnen. Zu diesem Riesenkombinat gehörten ein Flugzeugwerk, ein Motorenwerk, ein Ausrüstungswerk und ein Bauteilewerk. Wir wanderten mit Kaganowitsch in diesem Kombinat umher, und er fragte mich: Was denn nun tun? Ich sagte: Weiterbauen, alles, so wie es erdacht war. Dieser Beschluß wurde dann auch gefaßt ...«

Der Bau des Kasaner Werkes war auch im Sommer 1938 noch nicht beendet. Trotzdem war die Übernahme der Serienproduktion der hochmodernen TB-7 möglich, da schon Erfahrungen mit viermotorigen Flugzeugen aus Grundüberholungen von TB-3 und dem Bau einer Serie von 12 Exemplaren des Bombers DB-A gesammelt worden waren.

Gleichzeitig mit der Gruppe **Neswal** trafen in Kasan auch Spezialisten des Wissenschaftlichen Instituts für Luftfahrttechnologie (NIAT) ein. In gemeinsamer Arbeit einiger großer Teams wurden nun u. a. die Technologien für die Produktion der TB-7 entwickelt, technologische Ausrüstungen und Maschinen konstruiert und gebaut, die Zeichnungen des Flugzeuges präzisiert und Kontakte und Verträge mit Zulieferern hergestellt.

In Paris schrieb der dem stalinschen Terror entkommene Bolschewik der sog. alten leninschen Garde F. F. Raskolnikow seinen berühmten »Offenen Brief« an Stalin: »Ich werde solche Wahrheit sagen über Dich, die schlimmer ist als jede Lüge.
...
Stalin, Sie haben mich ›außer Gesetz‹ gestellt. Mit diesem Akt haben Sie mich in den Rechten – genauer gesagt, in der Rechtlosigkeit – an alle Sowjetbürger angeglichen, die unter Ihrer Machtherrschaft außerhalb des Rechts leben.

Meinerseits antworte ich in voller Gleichsamkeit: Ich gebe Ihnen die Eintrittskarte in das von Ihnen errichtete ›Zarenreich des Sozialismus‹ zurück und breche mit Ihrem Regime.

Ihr ›Sozialismus‹, bei dessen Triumph seine Erbauer lediglich einen Platz hinter Gefängnisgittern erhielten, ist genausoweit vom wahren Sozialismus entfernt, wie die Willkür Ihrer persönlichen Diktatur nichts mit der Diktatur des Proletariats gemein hat.
...
Mit der Erbarmungslosigkeit eines Sadisten zerschlagen Sie die für das Land nützlichen und notwendigen Kader. Sie scheinen Ihnen für Ihre persönliche Diktatur gefährlich zu sein.

Am Vorabend des Krieges zerstören Sie die Rote Armee, die Liebe und den Stolz des Landes, die Garantie seiner Macht. Sie haben die Rote Armee und die Rote Flotte enthauptet. Sie ermordeten die talentiertesten Truppenführer, die erzogen waren an den Erfahrungen des Welt- und des Bürgerkrieges, allen voran der glänzende Marschall Tuchatschewski.

Sie vernichteten die Helden des Bürgerkrieges, die die Rote Armee entsprechend der modernsten Militärtechnik verwandelten und sie unbesiegbar machten.

Im Moment größter Kriegsgefahr fahren Sie fort, die Armeeführer, mittlere Kommandeure und Unterführer zu vernichten.
...
Sie vernichten talentierte russische Wissenschaftler.

Wo ist der beste Konstrukteur sowjetischer Fluggeräte Tupolew? Sogar ihn haben Sie nicht verschont. Sie haben Tupolew verhaftet, Stalin!
...
Unendlich ist die Aufzählung Ihrer Verbrechen. Unendlich die Namensliste Ihrer Opfer. Unmöglich ist es, sie alle zu nennen.

Früher oder später setzt Sie das Sowjetvolk auf die Anklagebank als Verräter des Sozialismus und der Revolution, als Schädling und wahrer Volksfeind, als Organisator von Hunger und Lügengerichten.

17. August 1939«

Wenn man über den Sommer 1938 schreibt, darf man auch den 29. Juli nicht vergessen – eigentlich ein ganz gewöhnlicher Tag. Die Zeitungen der Sowjetunion waren voll von Erfolgsmeldungen über die Erfüllung des 2. Fünfjahrplans. Zum Tag der Eisenbahner traf in Moskau ein Orchester des Ukrainischen Liedes ein. Im Dynamo-Stadion fand ein Sportvergleich Moskau–Frankreich statt. An eben diesem Tag aber wurde mitten in Moskau, im Keller des KGB-Gebäudes am Swerdlow-Platz, die nächste Gruppe höchster Militärs der Roten Armee erschossen. Unter ihnen der bewährte Chef der Luftstreitkräfte des Landes seit 1931, Armeebefehlshaber 2. Ranges J. I. **Alksnis,** und der Chef der Zivilluftflotte seit 1933, J. S. **Unschlicht** (siehe auch den Brief Raskolnikows an Stalin).

Um der wachsenden Bedeutung der Luftrüstung zu entsprechen, ordnete man die gesamte Luftfahrtindustrie einem eigenen Volkskommissariat unter. Der 11. Januar 1939 wurde damit zum Gründungstag des Volkskommissariats für Luftfahrtindustrie (NKAP).

Anfang 1939 kam dann auch die Produktion der TB-7 in Gang. Die ersten Zulieferungen aus anderen Werken trafen ein, die ersten Baugruppen entstanden und die erste Maschine wurde montiert. Trotzdem verlief die weitere Entwicklung alles andere als planmäßig. Laut Befehl der Verwaltung Luftstreitkräfte sollte die Vorserie von 5 Flugzeugen noch vor Abschluß der Erprobung der ANT-42 Dubleur zum 1. Mai 1938 ausgeliefert werden. Probleme in der inneren Organisation der Luftfahrtindustrie und vor allem die mit dem Terror gegen die Führungskräfte der Armee verbundenen Maßnahmen führten permanent zu Verzögerungen.

Auch die inneren Probleme der Luftfahrtindustrie waren vor allem Folge der »genialen Politik des unfehlbaren Führers«. Von Februar bis Juli 1938 wurden viele bekannte und erfahrene Experten und Wissenschaftler der Luftfahrtindustrie im Zuge der Vernichtung einer sogenannten »russisch-faschistischen Partei« hingerichtet. Unter ihnen befanden sich z. B.:

Ein Foto, das den heute unbegreiflichen Widerspruch jener Zeit, ja der Sowjetunion überhaupt, vor Augen führt. Mit vor Begeisterung glühenden Augen lassen sich Delegierte der 1. Tagung des Obersten Sowjets mit Mitgliedern des Politbüros fotografieren. Sie ahnen nicht im entferntesten, daß sie hier die Schlächter des eigenen Volkes vor sich haben. Von links nach rechts sitzen: W. M. Molotow, J. W. Stalin, K. Je. Woroschilow, L. M. Kaganowitsch, A. A. Andrejew. 19. Januar 1938. Archiv Agentur Nowosti

– der Chef des ZAGI N. M. **Charlamow,**
– der Leiter der 8. Abteilung des ZAGI W. I. **Tschekalow,**
– der Abteilungsleiter in der Hauptverwaltung Luftfahrtindustrie A. M. **Metlo,**
– der stellvertretende Abteilungsleiter für Ausbildung des ZAGI J. M. **Furmanow,**
– der Direktor des Flugmotorenwerkes Nr. 24 »M. W. Frunse« (in dem die Triebwerke AM-34 für die TB-7 entstanden) I. E. **Marjamow,**
– der Direktor des Flugmotorenwerkes Nr. 26 G. N. **Koroljow** und viele andere.

Anfang 1939 traten in Kasan neue Probleme auf. Einige Zulieferer konnten ihre Anlagen nicht in der benötigten Menge liefern. Besonders prekär war, daß nur vier zentrale Laderstationen AZN-2 zur Verfügung standen.

Die beiden AZN-2 für die Prototypen sowie die weiteren vier Anlagen waren noch im Zentralinstitut für Luftfahrttriebwerke ZIAM gebaut worden. Das nunmehr zuständige Volkskommissariat aber hatte überhaupt vergessen, für die Produktion dieser für das Leistungsvermögen des Flugzeuges so wichtigen Anlage ein Herstellerwerk zu benennen.

Anfang des Jahres hatte der Diktator alles was Rang und Namen in der sowjetischen Luftfahrt hatte in den Ovalen Saal des Kreml geladen. Die Lehren aus der Niederlage in Spanien waren zu ziehen. Nach den massenhaften Erschießungen erfahrener Kommandeure der Luftstreitkräfte und Kader der Luftfahrtindustrie war die Kampfkraft der Luftstreitkräfte, wie die der gesamten Roten Armee, deutlich gesunken. Später wird man feststellen, daß 1937 und 1938 40 000 höhere

Kommandeure der Roten Armee hingerichtet wurden. Opfer **Stalins** wurden

von	5	Marschällen der Sowjetunion	3
von	5	Armeebefehlshabern 1. Ranges	3
von	10	Armeebefehlshabern 2. Ranges	alle
von	57	Korpskommandeuren	50
von	186	Divisionskommandeuren	154
von	16	Armeekommissaren 1. und 2. Ranges	alle
von	28	Korpskommissaren	25
von	64	Divisionskommissaren	58
von	456	Obersten	401.

Die drohenden Wolken eines Krieges waren selbst für den Mann auf der Straße nicht mehr zu übersehen. Die Beratung im Kreml sollte deshalb Wege zur schnellen Aufrüstung der Luftstreitkräfte, zur Überwindung der widersprüchlichen Lage in der Armee aufzeigen. Die führenden Luftkriegstheoretiker lebten nicht mehr. Der Verfasser der Trilogie über den modernen Luftkrieg, Brigadekommandeur A. N. **Laptschinski,** war schon am 2. Mai 1938 hingerichtet worden. Sein Werk »Die Luftarmee« – noch 1939 erschienen – mußte der Chef des NII WWS, A. I. **Filin,** wohl gründlich studiert haben. Auf der Konferenz kam es nämlich zwischen ihm und **Stalin** zu einer scharfen Polemik über die TB-7. **Filin** bestand auf deren Serienbau. **Stalin** dagegen forderte den Bau von Pe-2 auf Kosten der TB-7. Diese Position hatte vor allem einen wirtschaftlichen Hintergrund: Eine TB-7 benötigte soviel Metall wie eine ganze Staffel IL-2. Letztlich beendete **Stalin** den Streit mit den Worten: »Nun, es sei so, wie Sie es fordern, obwohl Sie mich nicht überzeugt haben.« Zwar ist es nicht direkt zu belegen, doch in vielfacher Hinsicht entsteht der Eindruck, als ob die Stalinsche Voreingenommenheit gegenüber der TB-7 nach dieser Veranstaltung von vielen Verantwortlichen in den Streitkräften und der Industrie »sicherheitshalber« übernommen wurde.

Vermutlich erstmalig seit langer Zeit setzte **Stalin** am 14. Juni 1939 auf eine Vorlage des berüchtigten Militärstaatsanwalts W. **Ulrich** über die beabsichtigten Todesurteile, davon über 800 Angeklagte im Moskauer Militärbezirk, 700 im Nordkaukasischen Militärbezirk und 400 im Sibirischen Militärbezirk, nicht sein übliches »Einverstanden«, sondern forderte eine Kontrolle dieser Fälle im Hinblick auf die »Aufdeckung von Fehlern«.

Generalmajor der Flieger A. I. **Filin** wurde erst am 23. Mai 1941 verhaftet. Letzter Anlaß war eine erneute heftige Diskussion mit **Stalin** während einer Konferenz kurz zuvor am 7. Mai. Gewöhnlich wurden die Verhafteten nach etwa einem halben Jahr erschossen …

Dieser Sommer 1939 brachte eine Welle verwirrender und bedrohlicher Ereignisse für die Bevölkerung. Am Morgen des 23. August landete Flugkapitän Hans **Baur** seine FW-200 mit der Zulassung D-2600 auf dem Moskauer Zentralflughafen. An Bord

A. I. Filin, einer der bekanntesten sowjetischen Flieger der Vorkriegszeit. Als Chef des Wissenschaftlichen Forschungsinstitutes der Luftstreitkräfte (NII WWS) setzte er sich permanent für die Serienproduktion der ANT-42 ein. Einen Monat vor Kriegsbeginn wurde der General verhaftet und im Butyrka-Gefängnis schwer gefoltert. Wo und wie er umgebracht wurde, ist unbekannt.
Archiv Zentralhaus der Luft- und Raumfahrt

des persönlichen Flugzeuges **Hitlers** befanden sich der deutsche Außenminister und 37 Delegationsmitglieder. Wenig später landete eine zweite »Condor« mit Leibwächtern und Beamten. Der Empfang für die Abgesandten des Deutschen Reiches verlief schlicht und ohne Pomp. Erst in letzter Minute war es der sowjetischen Protokollabteilung überhaupt gelungen, eine Hakenkreuzfahne aufzutreiben – zum Glück wurde bei Mosfilm gerade ein antifaschistischer Film gedreht.

Kurz nach Mitternacht unterschrieben **Molotow** und **Ribbentrop** den Nichtangriffsvertrag. Das uns heute bekannte Geheimprotokoll, es datiert noch vom 23., zeigte das Wesen des Stalinismus unverblümt: Äußerster Subjektivismus, Entmündigung des Volkes, Fernhaltung der Staats- und Regierungsorgane von wichtigsten politischen Entscheidungen.

Weniger der Vertrag selbst, als vielmehr seine Auswirkungen verwirrten die russischen Menschen. Der Begriff »Faschismus« verschwand aus dem offiziellen Sprachgebrauch. Die Reaktionen auf den am 28. September mit Deutschland unterzeichneten

»Freundschafts- und Grenzvertrag« waren dann auch entsprechend. Für viele stand die Welt auf dem Kopf. Auf der einen Seite verbesserte sich durch die fleißige Arbeit der Menschen das Lebensniveau, auf der anderen Seite war die Atmosphäre im Land durch den tagtäglichen Terror vergiftet. Nun waren gar die Nazis Freunde geworden, »Todfreunde«, wie die Militärs hinter vorgehaltener Hand sagten. Offizielle Reden konnten von vielen Menschen nicht mehr ernst genommen werden – wie z. B. die zynische Erklärung **Woroschilows,** daß »das Sowjetvolk nicht nur zu kämpfen versteht, sondern den Kampf liebt«.

Wenige Tage später begann der Zweite Weltkrieg.

Zu den mit großem Pomp begangenen Maifeiern 1939 weilten die Konstrukteure der TB-7 in Moskau. Chefkonstrukteur **Neswal** erkrankte hier unglücklicherweise so ernsthaft, daß er zwei Monate das Bett hüten mußte. Während dieser Zeit aber wurde in Kasan I. I. **Steinberg** als neuer Werkdirektor eingesetzt.

In der zweiten Jahreshälfte stockte die Lieferung der Triebwerke AM-34FRN. Obwohl es ursprünglich hieß, es sei dies eine zeitweilige Erscheinung, verbesserte sich die Situation nicht. Im Ergebnis dieser und weiterer Schwierigkeiten kam die Fertigung der TB-7 zum Erliegen. So wurden bis zum Jahresende 1939 lediglich zwei TB-7 ausgeliefert, weitere lagen in den Montagevorrichtungen.

So wie ein Unglück selten allein kommt, kam es nun auch noch bei der Flugerprobung der ersten Serienmaschine, der ersten TB-7, Werknummer 4211 (erstes Flugzeug vom Typ 42 der ersten Serie), zu einem Vorkommnis. Während des Starts vom verschneiten Werksflugplatz in Kasan riß der Dämpfer eines Ski vom Fahrwerksbein ab. Bei der Landung flog der unkontrolliert herabhängende Ski zur Seite weg, das noch über 20 Tonnen schwere Flugzeug wurde auch zur Seite gerissen und ein Randbogen schwer beschädigt. Da aber der Betrieb mit Skifahrwerk während der gemeinsamen Erprobung im Winter 1938/39 ausreichend

1939 wurden in Kasan die ersten TB-7 ausgeliefert. Auf den Fotos ist eines der ersten Flugzeuge des Baujahres 1940 mit den Triebwerken AM-35 auf dem Werkflugplatz zu sehen. *Archiv Shukowski-Museum und Archiv G. F. I.*

getestet worden war, blieb die Ursache des Bruchs vorerst unklar. Erst bei weiteren Untersuchungen wurde festgestellt, daß der bei einem Zulieferer hergestellte Dämpfer anstelle von sechs Dämpfungsbohrungen im Kolben nur eine besaß. Solange man aber nach dem Defekt geforscht hatte, setzte man die Abnahmeerprobung der 4211 mit Radfahrwerk fort. Dabei hatte sich erstaunlicherweise der Flugbetrieb auf Schnee als problemlos und sicher erwiesen. Folglich beschlossen sowohl das Konstruktionsbüro als auch die Luftstreitkräfte, den Winterflugbetrieb der TB-7 generell mit Rädern

durchzuführen. Eine solche Möglichkeit war damals einmalig für ein sowjetisches Flugzeug und wahrscheinlich auf den ungewöhnlich großen Raddurchmesser zurückzuführen.

Das Umfeld der TB-7-Fertigung aber blieb so kritisch, daß Anfang 1940 offiziell die Produktion eingestellt werden mußte. Damit hatte das Kasaner Werk in zwei Jahren Serienproduktion nur 6 Bomber TB-7 ausgeliefert. Vier von ihnen waren mit dem Zentrallader ausgerüstet, die beiden letzten Maschinen mit leistungsgesteigerten Triebwerken AM-35 ohne Laderstation.

Die Konstrukteure um **Neswal** erhielten den Auftrag, an der Entwicklung eines Sturzkampfbombers mitzuarbeiten. Es war dies das völlig unreale Projekt eines viermotorigen Sturzkampfbombers PB-4. Der Volkskommissar für Innere Angelegenheiten, L. P. **Berija,** befahl seinem Gefangenen **Tupolew** persönlich, ein derartiges Projekt zu realisieren.

In den ersten Tagen des Jahres 1940 erfolgte aus dem Volkskommissariat für Luftfahrtindustrie die Weisung, alle technologischen Ausrüstungen einschließlich der Stapel für den Bau der TB-7 zu demontieren. Das bedeutete das endgültige Aus der TB-7-Produktion.

Die fabrikneuen Bomber wurden im September 1939 zum Flugplatz Kiew-Borispol geflogen. Dort war das 14. Schwere Bombenfliegergeschwader (14. TBAP) stationiert. Diese Einheit war für die Truppenerprobung des neuen strategischen Bombers auserwählt worden. Zur Unterstützung bei der Umschulung des Personals reisten aus dem NII WWS die Testpiloten P. M. **Stefanowski** und Held der Sowjetunion G. F. **Baidukow** sowie technisches Personal unter der Leitung von I. W. **Markow** an.

Unter Führung des Geschwaderkommandeurs Major G. S. **Stschottschikow,** des Geschwaderkommissars A. P. **Tschuchajew** und des Geschwadernavigators Major **Kowalenko** begann das 14. TBAP mit seiner Umrüstung von TB-3 auf TB-7. Als erste Kommandanten erhielten Major **Dimitrijew,** Hauptmann **Remisow** sowie die Oberleutnante **Makarenko, Dodonow** und **Naumenko** die neue Typzulassung. Erste Instrukteure

Die ANT-42 während eines Erprobungsfluges 1939. Archiv Petrow

zur Ausbildung auf der TB-7 wurden die Hauptleute **Pachomtschik, Lisatschow** und **Gorbunow.** Da vorerst nur sechs Flugzeuge zur Verfügung standen, wurden diese bis zum Juli 1940 in der 2. Staffel von Major A. G. **Dimitrijew** vereinigt.

Zur gleichen Zeit, am 4. Juni, stattete Marschall S. M. **Budjonny** dem Geschwader einen Besuch ab. Der Truppenteil war wohl doch nicht von untergeordneter Bedeutung.

Zum Jahreswechsel 1939/40 befand sich die Sowjetunion im Krieg mit Finnland. Hohe Verluste brachte er der Roten Armee, monatelang kam ihr Angriff nicht von der Stelle. Letztlich ging der Krieg zwar zu Ende mit der Erfüllung ebenjener Forderungen, die von Anfang an an Finnland gestellt worden waren, und konnte insofern als Erfolg gelten. Trotzdem wurde man unter den sowjetischen Menschen ein Schmachgefühl nicht los – in aller Offenheit wurde das zwar nicht ausgesprochen; doch war diese Meinung gesprächsweise oft zu hören. Es hatte sich gezeigt, daß die Sowjetunion vieles nicht konnte, nicht schaffte, vieles sehr, sehr schlecht machte. Die Gerüchte sprachen davon, daß sich **Stalin** künftig mehr den Zuständen in der Armee zuwenden würde. Wie zur Bestätigung wurde **Woroschilow** als Volkskommissar abgelöst. Der Finnische Krieg und die mit ihm zutagegetretenen militärischen Unzulänglichkeiten ließen für viele den Pakt mit Deutschland rückwirkend günstiger erscheinen als zunächst angenom-

men. Nicht auszudenken die Katastrophe, wäre der deutsche Angriff auf eine Sowjetunion im Zustand von 1939 erfolgt!

Stalin versuchte nun mit seinen eigenen Methoden, das Land auf den Krieg vorzubereiten. Dazu gehörte ab sofort die totale Ausschöpfung des Arbeitsvermögens der Menschen – angefangen bei sich selbst. Er führte in dieser Zeit die Nachtarbeit für sich ein. Die Methode, den Puls des Riesenlandes zu beschleunigen, blieb die alte – **Stalin** hob den Knüppel maximal in die Höhe.

Am 10. Januar 1940 berief er den erst 35jährigen A. J. **Schachurin** zum Volkskommissar für Luftfahrtindustrie. Täglich hatte dieser die Anzahl der ausgelieferten Flugzeuge und Triebwerke in das ZK zu melden, und zwar persönlich.

Nachdem im Mai 1940 der »Erste Marschall« gehen mußte, wurde S. K. **Timoschenko** Volkskommissar für Verteidigung und Marschall der Sowjetunion. Der Chef der Luftstreitkräfte, Armeebefehlshaber 2. Ranges Ja. W. **Smuschkewitsch,** der am 20. November 1939 A. D. **Loktionow** abgelöst hatte, wurde im August 1940 durch den 29jährigen General P. W. **Rytschagow** ersetzt. Mit der Ablösung **Woroschilows** konnte in der militärischen Führung auch die Überbewertung der Erfahrungen des Bürgerkrieges teilweise abgebaut werden.

Eine der ersten Maßnahmen des neuen Volkskommissars für Luftfahrtindustrie war, daß er Direktor **Steinberg** und Chefkonstrukteur **Neswal** zu einer Beratung beorderte, zu der auch die Leiter der Zulieferbetriebe für die TB-7 befohlen waren. Auf der Beratung wurde deutlich: Das Interesse der Roten Armee galt erneut dem strategischen Bomber. Die Information des Direktors **Steinberg** über die demontierten Ausrüstungen zum Bau der TB-7 wurden vom Volkskommissar unwirsch unterbrochen. Er befahl die sofortige Wiederherstellung der Anlagen.

Endgültige Klarheit brachte dann Anfang Mai 1940 ein entsprechender Regierungserlaß. In ihm hieß es u. a.:

– die Serienproduktion der TB-7 ist im Werk Nr. 124 wieder aufzunehmen,
– die Flugzeuge sind mit den Dieseltriebwerken M-30 und M-40 auszurüsten,
– zum neuen Direktor des Werkes Nr. 124 wird der ehemalige Volkskommissar M. M. **Kaganowitsch** berufen,
– das OKB J. F. **Neswal** hat die neue Triebwerksanlage und die notwendigen Änderungen im Flugzeug zu konstruieren,
– das OKB J. F. **Neswal** wird von allen anderen Aufträgen entbunden.

Kaganowitsch bemühte sich um die Lösung der technischen und organisatorischen Aufgaben. Energisch setzte er sich dafür ein, für die im Werk noch vorhandenen und nahezu fertiggestellten sechs TB-7 die erforderlichen Triebwerke AM-35A zu liefern.

Das Triebwerk M-30, eine direkte Weiterentwicklung des AN-1RTK, ging Anfang 1940 in die staatliche Erprobung. Dabei hatten sich zwar einige Probleme gezeigt, aber man glaubte fest, die Zuverlässigkeit der Triebwerke schnell verbessern zu können. So wurde beschlossen, eine Versuchsserie für die Bomber TB-7 und Jer-2 zu bauen. Wegen verschiedener Probleme konnte diese Versuchsserie aber nicht fertiggestellt werden.

Erst unmittelbar vor dem Krieg nahm man die Arbeiten an diesem Triebwerk wieder auf. Unter Aufsicht der Ingenieure M. A. **Kusmin**, W. M. **Jakowlew** und L. Ja. **Nosatsch** entstand nunmehr die mit vier Turboladern ausgerüstete Variante M-40. Die Serienproduktion des M-40 begann 1941 in

Leningrad unter Leitung von **Jakowlew** und in Charkow unter Leitung von **Nosatsch.**

Ende 1940 lagen die neuen Triebwerksanlagen fertig konstruiert vor. Im nächsten Jahr begann man mit ihrer Herstellung. Insgesamt konnten die Kasaner Flugzeugbauer zum Jahresende 1940 18 TB-7 den Luftstreitkräften übergeben. Das war zweifellos ein Erfolg.

Trotzdem lag über dem Jahreswechsel 1940/41 ein Schatten: Im Dezember war im 14. TBAP eine TB-7 beim Durchstarten abgestürzt. Die erste Katastrophe dieses Typs. Sechs Tote waren zu beklagen. Zur Klärung der Ursachen reiste als Werksvertreter Ingenieur Ja. S. **Ossokin** nach Borispol. Wie sich herausstellte, trugen Konstrukteure und Flugzeugbauer keine Schuld an der Katastrophe. Trotzdem hatte dieses Unglück – wie sich noch zeigen sollte – das Vertrauen in das neue Flugzeug schwer erschüttert. Am Ende des Jahres 1940 fiel noch eine weitere Entscheidung, die nachhaltigen Einfluß auf das Schicksal der TB-7 hatte: Das Werk Nr. 124 wurde verpflichtet, parallel zur TB-7 den Sturzkampfbomber Pe-2 in Großserie zu fertigen. Die Pe-2 hatten die Konstrukteure um **Petljakow** im Sondergefängnis Nr. 29 entwickelt. Als »Auszeichnung« dafür war er im Sommer 1940 gemeinsam mit seinen Mitarbeitern freigelassen worden. Am 27. Juli erhielt **Petljakow** seinen Entlassungsschein.

Am 7. Dezember 1940 faßten der Rat der Volkskommissare und das ZK der KPdSU(B) den Beschluß »Über das Programm der Produktion von Flugzeugen und Flugmotoren für 1941«. Dort war formuliert:
»1. Dem NKAP folgendes Programm der Flugzeugproduktion für 1941 vorzugeben:
:
TB-7 mit 4 M-40
gesamt 1941: 70
quartalsweise: 8/12/20/30
1. Quartal 1942: 40«.

In diesem Dokument waren außerdem noch folgende Bomber für die Produktion vorgesehen:

Jer-2	mit	2 M-40,
Pe-2	mit	2 M-105,
Ar-2	mit	2 M-105,
Jak-4	mit	2 M-105,
Su-2	mit	M-88 bzw. M-89,
DB-3f	mit	2 M-88.

Im Frühjahr 1941 rollte dann in Kasan auch die erste TB-7 mit Dieseltriebwerken M-40 aus der Montagehalle. Für den Erstflug gelang es M. M. **Kaganowitsch,** den berühmten Fliegerhelden G. F. **Baidukow,** den Copiloten der Tschkalowschen Besatzung, zu gewinnen, der diesen Flug dann auch erfolgreich durchführte. Alle Aggregate des Flugzeuges, insbesondere die Triebwerksanlagen, arbeiteten einwandfrei. Etwas später startete auch die erste Maschine mit den Dieseltriebwerken M-30. Nach wenigen Flügen im Rahmen der Werkserprobung wurde letztere TB-7, Werknummer 42055, zum Flugplatz Kratowo des neu entstandenen Flugerprobungsinstituts des Volkskommissariats für Luftfahrtindustrie (LII NKAP) geflogen. Im Institut sollte das komplette Erprobungsprogramm, insbesondere die Langstreckenflüge in großer Höhe, absolviert werden. Das Programm war bis zum Sommer nicht mehr zu realisieren. Dann aber stand das Land schon im Krieg.

Im Krieg stellte sich dann als größtes Problem dieser Triebwerke die Gemischregulierung heraus. Diese mußte per Hand sehr feinfühlig vorgenommen werden. Wenn dies nicht gelang, stellte sich das Triebwerk manchmal ab. Ein erneutes Anlassen in großer Höhe glückte nicht immer.

Große Unruhe rief bei Chefkonstrukteur **Neswal** die Tatsache hervor, daß aus dem TB-7-Geschwader bei Kiew keinerlei Informationen mehr nach Kasan gelangten. Darum begab sich der leitende Ingenieur für die Flugerprobung, **Ossokin**, im April 1941 erneut nach Kiew-Borispol, um den Zustand der dortigen Flugzeuge zu überprüfen. Bei seiner Ankunft erfuhr er eine verblüffende Neuigkeit: Seit der Katastrophe im Dezember 1940 wurde mit den TB-7 gar nicht mehr geflogen! Der Stabschef des Kiewer Militärbezirks, **Watutin,** hatte dies nach der Katastrophe so festgelegt. Um überhaupt wieder

Die erste TB-7 mit Dieseltriebwerken M-40 und den Luftschrauben WISch-24 während der staatlichen Erprobung im Flugerprobungsinstitut der Luftfahrtindustrie (LII NKAP) im Zeitraum Januar/Februar 1941. *Archiv Shukowski-Museum und Archiv Museum der Luftstreitkräfte*

mit Flugbetrieb beginnen zu können, waren an den Flugzeugen Wartungsarbeiten erheblichen Umfangs zu leisten.

Ziemlich ratlos aber stand man in Borispol der Tatsache gegenüber, daß durch die lange Flugpause die Flugerlaubnisse der Bomberbesatzungen für die TB-7 abgelaufen und somit ungültig waren. Der Vorschlag **Ossokins,** die Militärflieger durch zivile Werkspiloten aus Kasan wieder einweisen zu lassen, wurde durch die Geschwaderführung abgelehnt. Den Ausweg aus dieser konfliktgeladenen Situation brachte der Zufall, als auf dem Flugplatz der Befehlshaber der Luftstreitkräfte des Kiewer Besonderen Militärbezirks in Begleitung des Testfliegers W. W. **Dazko** eintraf. Letzterer hatte bekanntlich mit P. F. **Stefanowski** die staatliche

Erprobung der ANT-42 geflogen. Auf Vorschlag **Ossokins** führte Wladimir **Dazko** mit den Piloten des Geschwaders die notwendigen Einweisungsflüge durch, und bald konnte das 14. TBAP die Ausbildung mit der TB-7 wieder fortsetzen. Dieses Beispiel charakterisiert die Auswirkungen des Stalinschen Terrors, der letztlich Initiative und eigenständiges Handeln in Angst verkümmern ließ.

Der bei der Schaffung neuer Technik im Lande erzeugte moralische Druck führte natürlich zu ernsten Problemen. Da sowohl in der Luftfahrtindustrie als auch in den Luftstreitkräften die erfahrensten Mitarbeiter entweder ermordet waren oder aber in Lagern bei niederen Arbeiten dahinvegetierten, war natürlich der Zustrom völlig uner-

fahrenen Personals problematisch. Die täglichen Verlustlisten der Luftstreitkräfte, durch Unfälle, wuchsen dramatisch an.

Stalin aber sah in dieser Erscheinung weder technische, technologische oder Betriebsprobleme, sondern lediglich Verrat und Sabotage. Anfang April 1941 forderte er in diesem Zusammenhang, einen Befehl des Volkskommissars für Verteidigung auszuarbeiten und vorzulegen.

Am 12. April legten S. K. **Timoschenko** und Generalstabschef G. K. **Shukow, Stalin** den Entwurf dieses Befehls vor, in dem es u. a. hieß: »... Der Oberste Militärrat der Roten Armee erörterte die Havarien und Katastrophen in der Fliegerei der Roten Armee und stellte fest, daß sich die Havarien nicht verringern, sondern sich, ganz im Ge-

Die ersten TB-7 in der Truppe. Vermutlich ist dies die TB-7-Staffel des 14. Schweren Bombenfliegergeschwaders 1941 in Kiew-Borispol. *Archiv Shukowski-Museum*

P. M. Stefanowski (1903–1976), Erprobungs-flieger der ANT-42. 1948 wurde er Held der Sowjetunion. Seinen aktiven Dienst beendete er als Gen.-Major der Flieger. Das Foto entstand vermutlich gegen Ende des Krieges.
Archiv Zentralhaus der Luft- und Raumfahrt

genteil, wegen der Schlamperei des fliegenden und leitenden Personals der Luftstreitkräfte, die zur Verletzung elementarster Regeln des Flugdienstes führt, noch vergrößert. Wegen dieser Schlamperei gehen täglich im Mittel 2–3 Flugzeuge in Havarien und Katastrophen verloren, was im Jahr 600–900 Flugzeuge sind. Allein im noch nicht vollen-deten 1. Quartal 1941 gab es 71 Katastrophen und 156 Havarien, wobei 141 Menschen ums Leben kamen und 138 Flugzeuge zerstört wurden …«

Weiter befahl der Volkskommissar, Generalleutnant der Flieger **Rytschagow** von der Funktion des Chefs der Hauptverwaltung der Roten Armee abzulösen und eine Reihe Kommandeure von Einheiten der Luftstreitkräfte den Gerichten zu überantworten.

Quer über die Titelseite dieses Befehls schrieb **Stalin** mit seinem kranken Hirn: »Gen. Timoschenko. Einverstanden, allerdings mit der Anmerkung, daß in dem Befehl ein Absatz über Gen. Proskurow eingearbeitet wird und daß Gen. Proskurow genau wie Gen. Mironow dem Gericht übergeben wird. Das ist ehrlich und gerecht. I. Stalin.«

Über das letzte Treffen **Stalins** *mit dem Chef der Luftstreitkräfte ist folgender Augenzeugenbericht von Flottenadmiral Iwan* **Issakow** *überliefert:* »Es war im Militärrat, kurz, unmittelbar vor dem Krieg. Zur Rede standen die Unfallziffern bei den Fliegern, sie lagen sehr hoch. Stalin ging nach seiner Gewohnheit, wie üblich bei diesen Sitzungen, Pfeife rauchend am Tisch hin und her, ließ die Anwesenden nicht aus den Augen, sah ihnen ins Gesicht, auf den Rücken.

Es wurden die verschiedenen Unfallursachen erörtert, bis Rytschagow, damaliger Chef der Luftstreitkräfte, das Wort erhielt. Ich glaube, er war Generalleutnant. Ohnehin jung, wirkte er dem Äußeren nach noch jünger. Er sagte: ›Die Unfallziffern liegen so hoch, weil Sie uns in alten Kisten fliegen lassen.‹

Das platzte überraschend aus ihm heraus, er wurde feuerrot, gestikulierte, Totenstille trat ein. Er allein stand, um Fassung ringend, blutübergossen, aufgeregt. Ein paar Schritte entfernt stand Stalin, er hatte sein Hin und Her unterbrochen und war bei Rytschagows Äußerung stehen geblieben.

Ich meine, das war ungehörig, sich so vor dem Militärrat zu äußern. Stalin hatte eine Menge getan für die Luftstreitkräfte, er hatte sich intensiv mit ihnen beschäftigt und kannte sich recht gut aus auf diesem Gebiet, jedenfalls besser als die meisten, die damals im Volkskommissariat für Verteidigung saßen. Er wußte wesentlich besser Bescheid. Natürlich, Rytschagows Äußerung mußte er als persönliche Brüskierung auffassen, das war allen klar.

Stalin stand da und schwieg. Alle harrten der Dinge, die da kommen würden.

Er stand eine Weile, ging dann wieder am Tisch entlang. Bis zum Ende, machte kehrt, durchschritt den ganzen Raum, unheimliche Stille, machte erneut kehrt, nahm die Pfeife aus dem Mund, sagte zögernd, mit leiser, monotoner Stimme: ›Das hätten Sie nicht sagen sollen.‹

Ging wieder. Bis zum Ende, neuerlich kehrt, durchlief den ganzen Raum, wieder kehrt und wieder halt, fast an derselben Stelle wie vordem, und wieder, mit ebenso ungerührter tiefer Stimme: ›Das hätten Sie nicht sagen sollen.‹ Gleich darauf fügte er hinzu: ›Die Sitzung ist beendet.‹

Er verließ als erster das Zimmer.

Alle nahmen ihre Akten und Taschen und gingen, in Erwartung, was da wohl geschehe.

Ein, zwei, drei, vier Tage geschah nichts. Eine Woche darauf wurde Rytschagow verhaftet und verschwand für immer.

So war das. So sahen Stalins Wutanfälle aus.«

Ein Verband des 432. Geschwaders z. b. V. der ADD in der Luft. Die Waffen befinden sich in Feuerbereitschaft. Im Vordergrund die Hellblaue Sechs. Die Maschine im Hintergrund hat das Fahrwerk ausgefahren. Foto S. Loskutow, Zentralmuseum bewaffnete Kräfte

Bleibt hinzuzufügen, daß I. I. **Proskurow** der Chef der Verwaltung Schwere Bombenfliegerkräfte, also der Befehlshaber der sowjetischen Bombenfliegerkräfte war. Alle drei genannten Fliegergenerale wurden später erschossen.

Wie mit Leuten umgegangen wurde, die eine andere Meinung vertraten oder sich teilweise auch nur im Ton vergriffen, illustriert eingehend der Augenzeugenbericht des Flottenadmirals **Issakow** vom Frühjahr 1941.

Neuer Chef der Luftstreitkräfte des Landes wurde im April 1941 P. F. **Shigarjow**.

Die übertriebene Vorsicht der Verantwortlichen in Kiew-Borispol hatte also ihre tiefen Ursachen. Bis Ende Mai 1941 waren 27 strategische Bomber TB-7 ausgeliefert worden.

Am 14. Juni 1941 verbreiteten Rundfunk und Presse die berühmt-berüchtigte TASS-Meldung, die in der Bevölkerung, besonders bei den Militärs, große Verwirrung stiftete.

Hitler verfügte am gleichen Tag, die Tarnmaßnahmen für die Kriegsvorbereitung aufzuheben. Die deutschen Truppen nahmen von diesem Tag an ihre unmittelbaren Ausgangspositionen für den Angriff an der Grenze zur Sowjetunion ein.

Die TASS-Meldung
Eingehend auf Meldungen englischer und anderer Zeitungen »über einen nahen Krieg zwischen der UdSSR und Deutschland«, hieß es: »Trotz der offensichtlichen Sinnlosigkeit dieser Gerüchte haben es die verantwortlichen Kreise in Moskau trotzdem für notwendig erachtet, TASS wegen der hartnäckigen Strapazierung dieser Gerüchte zu der Erklärung zu bevollmächtigen, daß diese Gerüchte eine plumpe Propaganda der Kräfte darstellen, die der UdSSR und Deutschland gegenüber feindlich gesinnt sind und Interesse an der Ausweitung, der Entfesselung eines Krieges haben ... Deutschland hält genauso strikt wie auch die Sowjetunion die Bestimmungen des sowjetisch-deutschen Nichtangriffspakts ein, weshalb nach der Meinung der sowjetischen Kreise die Gerüchte von der Absicht Deutschlands, den Pakt zu zerreißen und einen Überfall auf die UdSSR zu unternehmen, jeglicher Grundlage entbehren, während die in der letzten Zeit durchgeführte Verlegung der deutschen Truppen, die nach den Operationen auf dem Balkan frei geworden sind, in die östlichen und nordöstlichen Gebiete Deutschlands vermutlich mit anderen Motiven zusammenhängt, die nichts mit den sowjetisch-deutschen Beziehungen zu tun haben.«

2. Im Krieg

2.1. Die Katastrophe – das Jahr 1941

Die Formierung des Geschwaders

Im Juni 1941 erholte sich der Testflieger S. P. **Suprun,** Held der Sowjetunion und Abgeordneter des Obersten Sowjets der UdSSR, in Sotschi am Schwarzen Meer. Die entsetzliche Nachricht »Es ist Krieg« erreichte ihn über den Rundfunkempfänger. Sofort reiste er nach Moskau ab, direkt zu **Stalin.**

Als Abgeordneter und landesweit bekannter Fliegerheld wurde er auch schnell von **Stalin** empfangen. Schon am 2. Kriegstag bat **Suprun** ihn um die Erlaubnis, aus den Testpiloten des NII WWS ein Jagdfliegergeschwader zu formieren und an die Front zu fliegen. Nach **Supruns** Aufzeichnungen kam folgender Dialog zustande:

»Das ist sehr gut, daß die Testflieger bereit sind, uns an der Front zu unterstützen«, sagte **Stalin.** »Aber ein Geschwader ist zu wenig.« »Man kann meinen Freund, Oberstleutnant **Stefanowski,** beauftragen, noch ein Jagdgeschwader zu organisieren«, entgegnete **Suprun.** »Das ist trotzdem wenig«, erklärte **Stalin.** »Der Krieg braucht zehn, Hunderte Geschwader. Bemühen Sie sich, im Institut möglichst viele Freiwillige zu organisieren. Zeit für die Formierung der Einheiten ist drei Tage. Wenn Sie im Institut sind, melden Sie sofort, wieviel Geschwader mit neuen Typen Sie organisieren können und wer sie kommandieren wird. Alle notwendigen Weisungen werden erteilt werden. Für die Zeit der Formierung erhalten Sie alle Vollmachten. Auf Wiedersehen. Ich wünsche Ihnen Erfolg, Genosse Suprun.«

Im Institut lösten die Informationen **Supruns** Genugtuung aus. Das Durcheinander der letzten Stunden war endlich vorbei, und es wurde gehandelt. Am 27. Juni unterschrieb der Volkskommissar für Verteidigung den Befehl über die Formierung dieser Geschwader. Am 29. Juni meldeten die Testpiloten P. M. **Stefanowski,** A. I. **Kabanow** und S. P. **Suprun** im Kreml **Stalin** persönlich über den Stand der Formierungen.

Der 30. Juni brachte wichtige Ereignisse. In Moskau wurde das Staatliche Verteidigungskomitee der UdSSR gebildet. In der Ukraine bildete sich eine operative Gruppe zur Organisation des Partisanenkampfes. In Leningrad begann die Formierung der Volkswehr. Deutschland wandte sich an die japanische Regierung mit der Bitte, den Krieg gegen die Sowjetunion zu beginnen. Die Rote Armee gab Lwow auf.

Abends um 17:00 startete von Tschkalowskaja das erste Geschwader. Folgende Einheiten, allesamt »zur besonderen Verwendung«, flogen an die Front:

- am 30. Juni das 401. Jagdfliegergeschwader auf MiG-3 unter Befehl von Oberstleutnant S. P. **Suprun,**
- am 30. Juni das 402. Jagdfliegergeschwader auf MiG-3 unter Befehl von Oberstleutnant P. M. **Stefanowski,**
- am 5. Juli das 430. Schlachtfliegergeschwader auf Il-2 unter Befehl von Oberstleutnant N. J. **Malyschew** und
- am 7. Juli das 410. Bombenfliegergeschwader auf Pe-2 unter Befehl von Oberst A. I. **Kabanow.**

Die Formierung des 412. Fernbombenfliegergeschwaders (DBAP) verzögerte sich wegen fehlender Flugzeuge TB-7. Seine Formierung war erst am 6. Juli durch Befehl des Volkskommissars erfolgt. Zum Kommandeur wurde Oberst V. I. **Lebedjew** ernannt. Ebenfalls am 29. Juni war er gemeinsam mit Oberst N. I. **Nowodranow** zu **Stalin** befohlen worden. Dort befand sich schon W. M. **Molotow.** Volle drei Stunden währte das Gespräch, zu dem **Stalin** letztlich noch Volkskommissar A. I. **Schachurin** hinzuzog. Bis ins kleinste Details soll **Stalin** die beiden über die Möglichkeiten und Besonderheiten des Einsatzes der damals modernsten sowjetischen Bomber TB-7 und Jer-2 ausgefragt haben.

Schon am 26. Juni 1941 befahl der Befehlshaber der Luftstreitkräfte, die TB-7-Staffel des Majors **Dimitrijew** aus dem 14. TBAP der Reserve des Oberbefehlshabers zu unterstellen. Mit diesem Befehl in der Tasche flog **Lebedjew** nach dem Gespräch bei **Stalin** mit dem Testpiloten Michail **Kawerin** nach Kiew-Borispol. Als sie landeten, sahen sie einen bombardierten, aber ansonsten völlig verlassenen Flugplatz. Die Bewohner der anliegenden Ortschaften zeigten, als Antwort auf die Frage nach dem Verbleib der Flieger, mit unbestimmten Handbewegungen nach Osten.

Systematisch begannen die beiden nun, alle ihnen bekannten Flugplätze um Kiew herum abzusuchen. In Poltawa fanden sie dann den Truppenteil: In der Sonne glänzten neun Bomber TB-7. In Poltawa erfuhr Oberst **Lebedjew** auch, daß schon am ersten Kriegstag der Flugplatz Borispol bombardiert worden war und die anderen TB-7 dabei stark beschädigt wurden. Der Kommandeur des 14. TBAP hatte daraufhin seine Einheit sofort verlegt. Nachdem die TB-7 an Ort und Stelle eine Tarnbemalung erhalten hatten, flog die TB-7-Staffel auf Befehl Oberst **Lebedjews** nach Monino und von dort nach Kasan.

Inzwischen war Militäringenieur 1. Ranges I. W. **Markow** mit weiteren Ingenieuren und Fliegern im Kasaner Flugzeugwerk eingetroffen und hatte Chefkonstrukteur **Neswal** sowie Werkdirektor **Kaganowitsch** über

Von Poltawa werden die flugfähigen TB-7 nach Kasan geflogen. Archiv G. F. I.

die Entscheidungen der militärischen Führung informiert. Im einzelnen war vorgesehen:

– die Fernbombenfliegerkräfte der Reserve des Hauptquartiers formieren zwei neue Geschwader mit TB-7,
– sämtliche TB-7 sind mit den Dieseltriebwerken M-40 auszustatten,
– alle TB-7 sind auf großkalibrige Bordwaffen umzurüsten.

Bald glich der Flugplatz des Werkes Nr. 124 einem Ameisenhaufen. Viele Menschen trafen während der ersten Kriegswochen hier ein: Flieger der AEROFLOT, der Polarluftflotte und der Luftstreitkräfte, neu eingezogene Bordschützen, Fliegerkommandeure, Arbeiter für den Weiterbau der Werkhallen, Flugzeugbauer, Staats- und Parteifunktionäre, Konstrukteure. Das Land mobilisierte sich. Mitten in dieser wirren Zeit wurde in Kasan W. A. **Okulow** zum neuen Werkdirektor ernannt. Obwohl er sein Hauptaugenmerk auf die anlaufende Produktion der Pe-2 zu richten hatte, ließ er aber auch der TB-7 weiterhin die nötige Aufmerksamkeit zukommen.

Held der Sowjetunion M. W. **Wodopjanow,** am Morgen des ersten Kriegstages noch Polarflieger, nun mit seinem Reservistendienstgrad Kombrig (Brigadekommandeur) zum Divisionskommandeur ernannt, begann hier die Formierung einer Fernbom-

benfliegerdivision (DBAD). Aus Moskau kamen einige TB-7, weitere TB-7 konnten werkneu übernommen werden. Mit den Flugzeugen aus Poltawa standen vorerst 14 TB-7 zur Verfügung. In der Umgebung der Stadt formierten sich weitere Geschwader. Mit Nachdruck entstanden bei Kasan neue Kräfte der Bomberwaffe.

Da die Ausrüstung der TB-7 mit dem Diesel M-40 schon vor dem Krieg beherrscht wurde, waren diese Arbeiten nicht so kompliziert, zumal genügend Triebwerke vorhanden waren. Weit mehr Sorgen machten sich die Verantwortlichen darüber, wie sich die Triebwerke wohl im Gefecht verhalten würden. Die Erprobung war ja zu diesem Zeitpunkt noch nicht einmal richtig begonnen worden!

Die Verstärkung der Abwehrbewaffnung war eine kompliziertere Aufgabe. Der Austausch der 7,62-mm-MG-SchKAS in den Fahrwerksgondeln gegen 12,7-mm-MG-UBT konnte mit werkseigenen Kapazitäten nicht gesichert werden. Man forderte Unterstützung im Volkskommissariat für Luftfahrtindustrie an.

In Moskau wurden die beiden Chefkonstrukteure des verantwortlichen Konstruktionsbüros G. M. **Mosharowski** und I. W. **Wenewidow** mit der Aufgabe betraut, die TB-7 innerhalb weniger Wochen auf die neue Bewaffnung mit dem MG **Beresins** umzurüsten. Die Arbeiten wurden an Ort und Stelle

im Werk Kasan durchgeführt. Das eigentliche Problem war, daß für das schwere MG UBT der gesamte Waffenstand neu konstruiert werden mußte.

Unverzüglich begannen **Mosharowski** und **Wenewidow** mit der Arbeit. Dabei kam ihnen zustatten, daß dies nicht ihr erster »Feuerwehreinsatz« war. 48 Stunden lang stand **Mosharowski** ohne Pause an verschiedenen Wandtafeln und zeichnete mit Kreide die Teile des neuen Heckstandes in Originalgröße. Während dieser Zeit bereitete **Wenewidow** die Produktion vor. Direkt nach den Tafelzeichnungen wurden grobe Modelle gefertigt. Die daneben arbeitenden Konstrukteure präzisierten sofort Modelle und Zeichnungen.

Schon nach wenigen Tagen waren provisorische Stapel mit den ersten Waffenständen fertig. Das erste Schießen konnte beginnen. Eine kurze Schußfolge und dann … Ruhe.

»Was ist los?« »Die Anlage funktioniert nicht«, meldete einer der Anwesenden. »Unmöglich! Alles ist berechnet und verglichen bis zum Geht-nicht-mehr.« Wieder begann das Schießen. Und wieder das gleiche Ergebnis – einige Schüsse und aus; der neue Waffenstand funktionierte nicht. »Wir versuchen es noch einmal.«

Alles wiederholte sich mit dem gleichen Resultat. **Mosharowski** und **Wenewidow** gerieten in Verzweiflung.

»Vielleicht benötigen Sie irgend etwas? Denken Sie gründlich nach!« wandte sich eines der Mitglieder der Kontrollkommission an sie. Allen, die das hörte lief es kalt den Rücken herunter: Verdacht auf Sabotage! »Veranlassen Sie, daß der Konstrukteur des MG, **Beresin,** herkommt. Soll auch er prüfen, was los ist«, bat **Wenewidow.**

Noch am gleichen Tag startete ein Flugzeug, und bald erschien M. J. **Beresin** mit seinen Experten auf dem Schießplatz. Der Moment war mehr als schlechthin spannend: Es ging um die Klärung der Schuldfrage. Entweder die Bewaffnungsexperten oder die Waffenkonstrukteure hatten versagt – vorsätzlich oder nicht? Das Wort eines alten Waffenmeisters war letzlich das entscheidende. Er zerlegte erst ein MG, dann ein zweites, schließlich ein drittes … zehntes. Danach untersuchte er noch weitere UBT der Lieferung von einigen Hundert Stück. Endlich sprach er sein Urteil: »Die Bewaffnungsleute trifft keine Schuld. An den Waffen wurden zwei technologische Schritte ausgelassen. Das ist die Ursache. Dieser Defekt kann an Ort und Stelle beseitigt werden. Ich werde das sofort selbst erledigen.«

Die MG UBT aus der Hand des Meisters wurde in die Waffenstände montiert und das Schießen fortgesetzt. Das System schoß einwandfrei, und die Anlagen der Schützenstände arbeiteten wie Uhrwerke. An **Mosharowski** und **Wenewidow** war der Kelch vorübergegangen.

Über den Einbau der neuen Waffenstände in die drei Hauptfeuerpunkte des Bombers und ihre erfolgreiche Erprobung wurde am 7. August ein Protokoll fertiggestellt. An **Stalin** wurde die Erfüllung dieses Auftrages direkt gemeldet.

Ähnlich wie auf dem Kasaner Flugplatz ging es auf dem Flugplatz von Woronesh zu. Hier formierte Oberst N. I. **Nowodranow** das 420. DBAP. Auch hier hatte man mit großen Problemen zu kämpfen. Das Geschwader führte das noch nicht fertig erprobte Flugzeug Jer-2 ein. Es gab Schwierigkeiten über Schwierigkeiten. Vor allem kam es zu vorerst nicht erklärbaren Triebwerksbränden. Konstrukteure, Vertreter des Herstellerwerkes und die Ingenieure des Geschwaders forsch-

ten nach den Ursachen. Einige Flugzeuge und Besatzungen hatte das Geschwader bereits verloren, ehe die Ursache der Brände in den etwas zu kurz geratenen Drainageröhrchen der Vergaser gefunden wurde.

Mitte Juli 1941 erhielt das Geschwader den Befehl zur Verlegung.

Das 420. DBAP wurde in die Division von M. W. **Wodopjanow** übernommen.

Am 27. Juli unterschrieb Geschwaderkommandeur Oberst **Lebedjew** seinen Befehl Nr. 1. Mit diesem Befehl formierte er seine ersten Besatzungen. Fünf Staffeln zu 3 Besatzungen entstanden:

	Kommandant	Werknummer des Flugzeuges	Bord-Nr.
1. Staffel Kommandeur	Major A. A. **Kurban**	42016	1
	Oberleutnant A. A. **Peregudow**	42025	2
	Leutnant W. D. **Bidny**	42035	3
2. Staffel Kommandeur	Major A. N. **Tjagunin**	42045	5
	Oberleutnant E. K. **Puusepp**	42036	8
	Leutnant M. W. **Rodnych**	4225	6
3. Staffel Kommandeur	Major K. P. **Jegorow**	42046	7
	Major M. M. **Ugrjumow**	42055	9
	Leutnant A. I. **Panfilow**	42026	
4. Staffel Kommandeur	Oberst A. D. **Alexejew**	42015	
	Oberleutnant I. S. **Lisatschow**	4221	
	Je. O. **Fedorenko**	4222	
5. Staffel Kommandeur	Major A. G. **Dimitrijew**		
	Hauptmann S. A. **Asjamow**		

Über 12 TB-7 konnte der Kommandeur verfügen, acht davon mit den Dieseltriebwerken M-40, eins mit M-30 und drei Flugzeuge mit AM-35 bzw. AM-35A. Einige Wochen später wurden die Flugzeuge 4218 und 4215 nach Reparaturarbeiten fertig und der 5. Staffel übergeben.

Für den bevorstehenden Einsatz wurden vorerst nur die Maschinen mit den M-40 freigegeben, und so erhielten auch nur diese Flugzeuge die hellblauen Bordnummern. Am 29. Juli meldete Oberst **Lebedjew** dem

Divisionskommandeur die Einsatzbereitschaft seines Geschwaders, das nunmehr die Nr. 432 erhielt.

Zehn 10 Tage vorher, am 19. Juli 1941, hatte **Hitler** seine Weisung Nr. 33 herausgegeben. Darin befahl er: »Der Angriff auf Moskau mit Kampfkräften der Luftflotte 2, vorübergehend verstärkt durch Kampfkräfte aus dem Westen, ist als ,Vergeltung für sowjetische Angriffe gegen Bukarest und Helsinki' sobald als möglich zu führen.«

In der Nacht vom 21. zum 22. Juli 1941 flogen bei guter Erdsicht 127 Bomber der Luftwaffe ihren ersten Großangriff auf Moskau. Aus Höhen zwischen 2000 und 4000 m wurden 104 Tonnen Spreng- und 46000 Brandbomben abgeworfen. Ganze 127 Flugzeuge brachte die Luftwaffe zusammen. Es waren Ju 88 vom KG 3 und KG 54, He 111 vom KG 53 und KG 55. Aus dem Westen zog man das KG 28 mit seinen beiden Pfadfindergruppen, der Kampfgruppe 100 und der III./KG 26, heran. Über fünf Stunden dauerte der Luftalarm. Der uns schon bekannte Testpilot **Gallai** errang in dieser Nacht seinen ersten Luftsieg. Mit seiner

Über der Tatarenrepublik an der Wolga trainieren die TB-7-Besatzungen während der Formierung ihres Geschwaders. Archiv G. F. I.

MiG-3 schoß er eine Do 17 ab. In diesem Angriff verlor die Luftwaffe nach eigenen Angaben einen Bomber, nach sowjetischen Angaben 12 durch Jäger und 10 durch Flak. Suchtrupps rekonstruierten später sogar die Reste von 28 abgeschossenen Bombern der Luftwaffe.

Gleich in der nächsten Nacht folgte der zweite große Angriff. Nach der Überraschung durch die Moskauer Luftverteidigung griff die Luftwaffe nun nicht mehr so selbstgefällig tief wie in der vorhergehenden Nacht, sondern aus respektvollen Höhen um 6 000 m an. Entsprechend geringer blieben auch die Verluste. Auch den dritten Angriff flog die Luftwaffe noch mit über 100 Kampfflugzeugen. Danach ließ die Angriffsstärke merklich nach. Auf den abgeworfenen Flugblättern informierten die Deutschen die sowjetische Bevölkerung: »... Ihr werdet so oder so unter den Trümmern der Häuser Moskaus und Leningrads begraben! Ihr haltet dem Sturm der deutschen Bomben und Granaten nicht stand. Wir legen Moskau in Asche, machen Leningrad der Erde gleich, und das Kronstadt der Matrosen wird im Wasser versinken. Der Widerstand ist vergeblich! Er ist umsonst!«

Die Bombardierung ihrer Hauptstadt richtete das Denken sowjetischer Militärs, trotz der katastrophalen Lage an den Fronten, auf Berlin.

Am Nachmittag des 28. Juli 1941 unter-

*Am Tage veröffentlichte **Stalin** seine Einschätzung zur Arbeit der Luftabwehr in einem Befehl:* »In der Nacht zum 22. Juli versuchte die deutsch-faschistische Luftwaffe einen Schlag gegen Moskau zu führen.

Dank der Aufmerksamkeit des Luftraumbeobachtungsdienstes (WNOS) wurden die feindlichen Flugzeuge ungeachtet der nächtlichen Finsternis lange vor ihrem Erscheinen über Moskau erkannt.

Während ihres Anfluges auf Moskau wurden die gegnerischen Flugzeuge von unseren Nachtjägern und dem organisierten Feuer unserer Fliegerabwehrartillerie empfangen. Gut arbeiteten die Scheinwerferbedienungen. Im Ergebnis all dessen wurden über 200 Flugzeuge des Gegners, die in Wellen nach Moskau flogen, zerstreut, und nur einzelne Flugzeuge drangen bis Moskau vor. Die im Ergebnis des Bombardements entstandenen einzelnen Brände wurden durch das energische Handeln der Feuerwehren schnell liquidiert. Die Miliz hielt in der Stadt eine gute Ordnung aufrecht.

Durch unsere Jäger und die Flak wurden nach endgültigen Angaben 22 Flugzeuge abgeschossen.

Für gezeigten Mut und Fertigkeiten während der Abwehr des Angriffes der feindlichen Luftwaffe spreche ich meinen Dank aus:

1. Den Nachtjägern der Moskauer Luftverteidigungszone;
2. Den Artilleristen, Scheinwerferbedienungen, Ballonbedienungen und dem gesamten Personalbestand des Luftraumbeobachtungsdienstes (WNOS);
3. Dem Personalbestand der Feuerwehren und der Miliz der Stadt Moskau.

…

Der Volkskommissar für Verteidigung der Union der SSR

J. Stalin«

breitete der Volkskommissar der Seekriegsflotte, N. G. **Kusnezow, Stalin** den Vorschlag, mit den Kräften der Minen- und Torpedoflieger der Baltischen Rotbannerflotte und der Schwarzmeerflotte von der estnischen Insel Saaremaa aus einen Schlag gegen Berlin zu führen.

Stalin sagte eine Prüfung zu.

Stalin hatte Ende Juli seine Sprachlosigkeit überwunden. Immer konzentrierter versuchte er jetzt, die katastrophale Lage unter Kontrolle zu bekommen. Offensichtlich erkannte er schnell die große politische und moralische Bedeutung eines sowjetischen Bombenangriffs auf Berlin, denn schon am nächsten Tag beorderte er Admiral **Kusnezow** wieder zu sich und erteilte den Befehl

So sieht es aus, das Dokument, das den ersten Einsatz der TB-7 befahl und praktisch die Gründungsurkunde des TB-7-Verbandes ist. Während der Sitzung des Staatlichen Verteidigungskomitees (GKO) diktierte Stalin am 9. August 1941 um 2:00 morgens diesen Befehl. Malenkow schrieb ihn auf das Blatt eines karierten Schulblocks. Stalin setzte mit seinem blauen Bleistift Datum und Unterschrift darunter und überschrieb: »An Gen. Wodopjanow«.

zum Angriff auf Berlin. Zum Befehlshaber des Unternehmens ernannte er Generalleutnant **Shaworonkow.** In den ersten Minuten des 8. August 1941 erreichten 10 Bomber DB-3 der Besonderen Fliegergruppe des 1. Minen- und Torpedofliegergeschwaders der Luftstreitkräfte der Baltischen Flotte Berlin. Von Stund an hatten auch die sowjetischen Flieger **Göring** zum »Meier« gemacht.

Am gleichen Tag meldete Kombrig **Wodopjanow** die Einsatzbereitschaft seiner Division ins Hauptquartier. In der Nacht zum 9. August 1941 diktierte daraufhin **Stalin** einem Mitglied des Staatlichen Verteidigungskomitees einen Befehl. G. M. **Malenkow** war es, der ihn auf ein Stück kariertes Papier schrieb: »Die 81. Fliegerdivision wird verpflichtet, vom 9. VIII. zum 10. VIII. oder in einer der folgenden Nächte, in Abhängigkeit von den Wetterbedingungen, einen Angriff

auf Berlin durchzuführen. Während des Angriffes sind neben Sprengbomben unbedingt Brandbomben kleinen und großen Kalibers auf Berlin abzuwerfen. Für den Fall, daß die Motoren auf dem Weg nach Berlin nicht durchhalten, ist das Ausweichziel für die Bombardierung Königsberg.« **Stalin** unterschrieb den Zettel persönlich: »I. Stalin, 8. 8. 41« und setzte darüber den Adressaten: »Genossen Wodopjanow«.

Das Dokument wurde Grundlage für die entsprechenden Befehle des Befehlshabers der Luftstreitkräfte. Mit diesen Befehlen von Generalleutnat der Flieger P. F. **Shigarjow** wurden u. a. die 81. Fernbombenfliegerdivision formell gegründet und das TB-7-Geschwader von Oberst **Lebedjew** von 412. in das 432. Geschwader umbenannt. Weiterhin sollte in Kasan noch das 433. Geschwader aufgestellt und mit TB-7 ausgerüstet werden. Fehlende Flugzeuge verhinderten aber vor-

erst die Realisierung dieses Vorhabens, und die schon gebildeten Teile des 433. Geschwaders wurden später wieder aufgelöst.

Der erste Einsatz

Am Morgen des 9. August 1941 war der gesamte Personalbestand des 420. DBAP in Woronesh angetreten. In der ersten Reihe standen die Piloten, dahinter die Navigatoren, danach kamen die Funker und die Bordschützen, Techniker, Mechaniker etc. Stille herrschte bei den Angetretenen: Alle wollten ihren Divisionskommandeur, den legendären Helden der Sowjetunion sehen, den ersten Flieger der Welt, der am Nordpol gelandet war. Letzteres Ereignis lag damals bereits vier Jahre zurück.

Bereits am 8. August hatte der Befehlshaber der Luftstreitkräfte der Nordfront, Generalmajor A. A. **Nowikow,** den Befehl zur Vorbereitung des Flugplatzes Puschkin für die Aufnahme der 81. DBAD z. b. V. erhalten. Insbesondere ging es um die materielle Sicherstellung der Einheit, für die der Stellvertreter des Chefingenieurs der Luftstreitkräfte der Front für Bewaffnung W. N. **Strepechow** verantwortlich war. Aus Moskau teilte man allerdings nicht mit, warum die 81. DBAD nach Puschkin verlegt worden war.

Am 9. August 1941 startete die 1. Staffel des TB-7-Geschwaders unter Führung ihres Kommandeurs Major Alexander **Kurban** in Kasan. Nach 4:40 Stunden Flug in 500 m Höhe bei strahlendem Sonnenschein landeten die ersten TB-7 in Puschkin. Als diese Flugzeuge, mit ihren riesigen Tragflächen schaukelnd und erhebliche Staubwirbel hinter sich lassend, zu ihren Standplätzen am Flugplatzrand rollten, lösten sie bei der zahlreichen Flugplatzgemeinde Staunen und Begeisterung aus. Die meisten Flieger hatten noch nie etwas von diesem Riesenbomber gehört, gesehen hatte ihn hier überhaupt noch niemand.

Als am nächsten Tag die Maschinen der 2. und 3. Staffel in Puschkin zur Landung anflogen, war selbst General A. A. **Nowikow** überrascht, solche Flugzeuge zu sehen. Er wurde auf der Fahrt von Gatschina zurück nach Leningrad Zeuge ihres Anfluges und

In der Nacht zum 22. Juli 1941 begann die Luftwaffe die Bombardierung Moskaus. Eine Woche später, am 30. Juli, wurde auf dem Swerdlow-Platz in Moskau diese abgeschossene Ju 88 ausgestellt. Es ahnt wohl kaum einer der neugierigen Moskauer, daß schon 3 Monate später in der Stadt der Belagerungszustand ausgerufen wird. *Archiv Zentralmuseum der bewaffneten Kräfte*

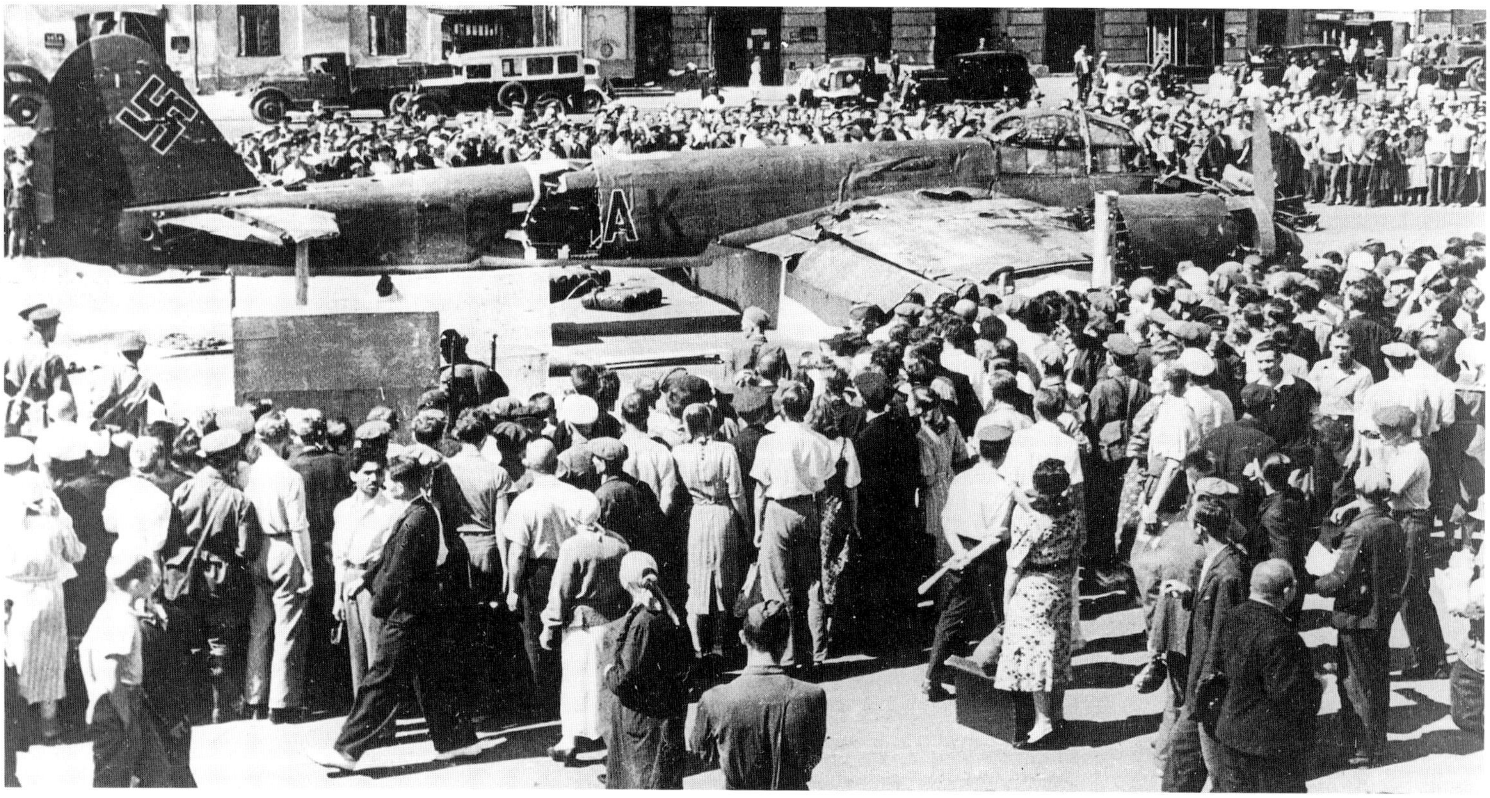

2. Im Krieg

gestern eigenhändig vor meinem Abflug hierher geschrieben hat.

›Piloten, Navigatoren, Bombenschützen, Mechaniker und Bordschützen!

Die faschistische Clique belügt in ihrer Presse und im Rundfunk die friedliche Bevölkerung Deutschlands, indem sie sagt, die Luftstreitkräfte der Sowjetunion wären zerschlagen und nicht ein sowjetisches Flugzeug würde über Deutschland erscheinen. Kämpfende Adler! Sie müssen beweisen, daß es die sowjetischen Flieger gibt und daß sie in der Lage sind, einen beliebigen Punkt, jedwedes Objekt im faschistischen Deutschland zu bombardieren. Werfen Sie Ihre todbringende Last auf die Höhle des Löwen – auf Berlin, auf seine militärischen Objekte. Das Volk, das ganze Land erwartet von Ihnen einen vernichtenden Schlag der Rache! …‹«

Stalin war am 8. August zum Obersten Befehlshaber der Roten Armee ernannt worden. Man hatte also einen der allerersten Befehle des Obersten Befehlshabers auszuführen! Wie gesagt, das Ziel war so überraschend nicht, aber als selbst die erfahreneren

wies seinen Fahrer sofort an, nach Puschkin abzubiegen. Als er dort eintraf, standen die Besatzungen bereits unter den Tragflächen ihrer Flugzeuge zusammen.

Wenig später, um 18:00, waren alle Kommandanten und Navigatoren im Stab versammelt. Die allgemeine Verwunderung war groß, als der Befehlshaber der Luftstreitkräfte der Roten Armee die Befehlsausgabe persönlich vornahm. Als der Chefnavigator aber die Karte befestigte, wurde alles klar: Eine dicke Linie zog sich über das Festland, dann über die Ostsee und wieder über das Festland. Das Ende der Linie war Berlin. Unterschiedlich reagierten die Männer. Überwältigt vom Kampfauftrag waren sie aber alle. Einige hatten insgeheim mit Berlin gerechnet. Nicht von ungefähr war einiges recht ungewöhnlich, wie z. B. die Anwesenheit Generalleutnants **Shigarjows**. Außerdem war ihnen klar, daß die 81. Division kein gewöhnlicher Verband war, wenn ihn **Stalin** persönlich im Auge behielt. Andererseits waren die fliegerisch-technischen Probleme eines Fluges bis Berlin enorm; da gab es keine Unklarheiten bei den Männern.

Als die Besprechung begann, erhielten die Flieger weitere Informationen, die bei ihnen starke Emotionen auslösten. Der Befehlshaber der Luftstreitkräfte nestelte aus einer Tasche seiner Uniform ein vierfach gefaltetes Blatt. »Ich verlese Ihnen die an Sie gerichteten Worte des Obersten Befehlshabers, die er

Die ersten sowjetischen Flieger, die Berlin angriffen: links Kommandant Obstlt. Je. Preobrashenski, rechts Navigator Major P. Chochlow. Mit ihrer DB-3 (im Hintergrund) erreichten sie in der Nacht zum 8. August 1941 die Reichshauptstadt. Das Foto entstand auf der Insel Saaremaa im August 1941.
Fotochronik TASS

Männer die vor Erregung überreizte Stimme des Befehlshabers hörten, als sie sahen, wie sich **Shigarjow** den Schweiß von der Stirn wischte, seine Mütze zurechtrückte, da fühlten auch einige von ihnen den berühmten Kloß im Hals. Weiterhin wurden Einzelheiten über den ersten sowjetischen Angriff auf Berlin bekanntgegeben, bevor man die Details des Einsatzes behandelte.

Was man sich hier vorgenommen hatte, kann nicht anders als kühn bezeichnet werden. Seitens der Führung setzte man große Erwartungen in die Ergebnisse der Operation. In einer frühen Planungsphase hatte man vorgesehen, den Angriff auf Berlin mit 26 Flugzeugen, 10 TB-7 und 16 Jer-2, in sechs Wellen zu fliegen. Die Realitäten hatten bekanntlich schon deutliche Korrekturen erzwungen. Die Besatzungen von acht TB-7 und mehreren Jer-2 begannen nunmehr, das Vorhaben zu realisieren.

Die unmittelbare Vorbereitung des Einsatzes begann. Es war der 10. August 1942. Karten wurden geklebt, navigatorische Berechnungen angestellt, das taktische Verhalten festgelegt, getankt, Bomben eingehangen und und und …

An der Spitze seiner Division wollte **Wodopjanow** den Einsatz eröffnen. Dafür hatte er sich als Kommandant die Besatzung seines ehemaligen Copiloten **Puusepp** ausgewählt, und entsprechend sollte die 2. Staffel zuerst starten. Als die Startzeit der 2. Staffel heran war, herrschte aber noch Stille auf dem Flugplatz. Warum wurden die Triebwerke nicht angelassen? Sollte etwa der Start nicht stattfinden? Zum Standplatz der TB-7 des Kommandeuers der 1. Staffel, Major **Kurban**, kam der Stabswagen gerast. Ein Stabsoffizier des Befehlshabers stürzte heraus, legte den Kopf in den Nacken und brüllte nach oben: »Sind Sie startbereit?« »Jawohl!« »Der Befehlshaber befiehlt Ihrer Staffel, sofort zu starten. Der Start der 2. verzögert sich. Ich wiederhole noch einmal: Start vom Standplatz im Minutenabstand!«

*Es ist genau 20 : 52 Uhr. 35 Sekunden später hebt die TB-7 ab. »Abgehoben«, denkt **Kurban**. So oft man auch startet – zum erstenmal im Leben oder fast täglich seit vielen Jahren –*

stets wird es einem wieder bewußt: Man fliegt!

*Ausgangspunkt der Streckenberechnung für die Division ist das Funkfeuer an der Lugaer Landzunge. Im Minutenabstand passieren die Bomber der Staffel diesen Punkt im Steigflug auf 6 500 m und gehen auf den Kurs 223°. Mit diesem Kurs überfliegt die TB-7 um 22 : 50 die Linie zwischen Liepaja und der Insel Gotland. Um 23 : 50 Uhr kommt im vom Mond beleuchteten Meer die Insel Rügen in Sicht und damit der erste Streckenkontrollpunkt für den Anflug auf die Reichshauptstadt. Genau über der Insel gibt der Navigator seine Aufforderung: »Kommandant, Linkskurve, Kurs 180°. Unter uns ist Rügen.« »Alles klar, Kurs 180°, wird gemacht«. antwortet **Kurban** völlig ruhig. Trotzdem spürt er, wie bei all den anderen 10 Besatzungsmitgliedern die innere Spannung steigt. Man ist nun tief im Feindesland. **Tschurilin**, der Copilot, registriert links vor sich eine große Stadt: Stettin, eines der Reserveziele. Städte und Dörfer liegen in der Verdunkelung. Aber aus der Höhe von 6 500 m sieht das Land in dieser wolkenlosen Nacht friedlich aus. Seen und Flüsse sind wie am Tage zu erkennen.*

*Nach Mitternacht, um 00:30 Uhr, erreicht der Bomber den Zusammenfluß von Warthe und Oder. Die hellblaue Eins ist in 7 500 m Höhe. Navigator **Moltschanow** meldet: »Kommandant, auf Kampfkurs nach rechts, Kurs 270°.« »Verstanden!«, kommt sofort die Antwort, »Kampfkurs nach rechts, 270°! Ich kurve ein!«*

Bis zum Ziel sind nur noch sieben Minuten zu fliegen! Der Navigator präzisiert noch einmal seine Daten: Abdriftwinkel, Grundgeschwindigkeit, wahre Geschwindigkeit … Das Land liegt wie ausgestorben unter dem sowjetischen Bomber. Völlige Ruhe und Unbeweglichkeit scheint die Situation zu charakterisieren.

»Achtung! Wir sind am Ziel: Vor uns liegt Berlin. Bombenschacht auf!«

In das Flugzeug dringen mit Macht eiskalte Luftströme ein. Der Navigator sitzt an seinem Zielgerät: »Der Kurs ist gut. So halten! Jetzt kommt der Abwurf …« Als ob das Flugzeug seiner Besatzung antworten will, erzittert seine ganze Zelle, und ein deutlicher Druck in den

Sitz hinein zeigt jedem Besatzungsmitglied an: Die Bomben fallen hinab. »Die erste ist los …«, informiert der Navigator laut. »Die zweite, die dritte …« Nicht mehr laut, sondern nur noch für sich, setzt er fort: »Was denn, habe ich mich etwa verzählt?«

*Ein sofortiger Blick auf die entsprechenden Lämpchen informiert: Die vierte Bombe hängt noch im Schloß. Auch das Bewegen des mechanischen Abwurfhebels ist erfolglos. Nur die zwei Leuchtbomben wirft **Moltschanow** noch ab.*

»Eine Bombe ist hängengeblieben«, meldet der Bordtechniker. Unterdessen kurvt der Bomber, und unten explodieren die Sprengbomben FAB-500. Drei Einschläge blitzen auf … drei. Alles Manipulieren am Abwurfhebel bringt nichts mehr.

*»Ich bekomme das nicht hin«, meldet der Navigator an **Kurban**, »sie hängt«. »Die halbe Tonne müssen wir hier lassen«, reagiert der Kommandant. »Shora, der Bordtechniker soll zu ihr hinkriechen, vielleicht kommt er ihr mit einem Werkzeug bei?«*

*Nach einer Minute des Schweigens an Bord meldet sich die Stimme des Technikers: »Kommandant, das Schloß ist verbogen, das bekommen wir nicht mehr auf.« »Ein Mist!« »Soll sie verflucht sein«, antwortet **Moltschanow** im gleichen Ton seinem Kommandanten. »Ich schließe jetzt den Bombenschacht.«*

Als das Flugzeug seine Kurve beendet hat, blitzt unten die Serie von vier Bombenexplosionen der nächsten TB-7 auf. Und nun geht es los! Unzählige Scheinwerferkegel ragen in den Himmel. Sekunden später beginnt die Flak mit ihrem Sperrfeuer. Ihre Geschosse explodieren aber viel zu tief in etwa 4 000 m. Offensichtlich glaubt die Luftabwehr, wieder DB-3 über sich zu haben. Aber die Staffeln der Marineflieger sind in dieser Nacht erst noch im Anflug auf Berlin.

*Im Südwesten der Stadt, bei den großen Lagern, brennt es lichterloh, als die erste TB-7 mit Nordkurs aus dem Abwehrfeuer Berlins herausfliegt. **Kurban** befiehlt dem Funker: »Übermittle nach Moskau: Haben das Hauptziel bombardiert. Beobachten Bombeneinschläge und Brände in den Militärdepots. Sind auf dem Rückflug.«*

Beim Überflug der Insel Rügen erzittert

plötzlich wieder das ganze Flugzeug. Es ist gar nicht so schnell zu begreifen, was eigentlich los ist. Aha! Etwas mit dem rechten äußeren Triebwerk stimmt nicht. Nach einigen Sekunden meldet der Bordtechniker: »Kommandant, der vierte Diesel ist festgelaufen, die Luftschraube dreht nicht.« **Tschurilin** flucht laut. **Kurban,** selbst aufgeregt, versucht sofort, der Besatzung Mut zu machen: »Das macht nichts, Jungs, keine Panik … wir schaffen das auch mit dreien: Die Maschine ist jetzt wesentlich leichter!« »Auch ein häßliches Mädchen hat seine Reize«, setzt **Tschurilin** gehässig hinzu. Er ahnt, was ihn jetzt erwartet. Der Autopilot kann nun nicht mehr genutzt werden, und das Steuern des nunmehr unsymmetrischen Flugzeuges ist Schwerstarbeit. Ausgerechnet ein äußeres Triebwerk mußte ausfallen und noch dazu mit blockierter Luftschraube – es war der denkbar ungünstigste Fall.

Die Fluggeschwindigkeit hat sich um 55 km/h verringert. Nachdem der Navigator seine neuen Berechnungen fertig hat, reklamiert er, daß es eine Kursabweichung von 5° gäbe. Er peinigt nun die abwechselnd steuernden Piloten mit dem sehr schwer zu haltenden Kurs, denn nur bei dessen sorgfältiger Einhaltung kann man die Lugaer Landzunge wieder exakt erreichen. So geht es stundenlang.

Als sich langsam wieder der Horizont zeigt und der anbrechende Tag zu ahnen ist, beginnt der Bomber zu sinken. Der Navigator kann nun schon seine Funkfeuer empfangen und seine Berechnungen präzisieren: Alles stimmt. In 1 200 m Höhe ist die Wolkenobergrenze erreicht. Es ist heller geworden. Theoretisch sind es jetzt noch 20 Minuten zu fliegen. Genau zur berechneten Zeit schlägt der Zeiger des Funkhalbkompasses um: Überflug Lugaer Landzunge, Weitersinken! Laut sagt Georgi **Moltschanow** die Höhe an: »500 … 400 … 300 … 200 …«

In 150 m Höhe sind unten die Wellenkämme der Ostsee zu sehen. Graues, unfreundliches Wasser. Das Flugzeug befindet sich in einer Rechtskurve, und im Voraus ist die Küstenlinie auszumachen, als es seitlich plötzlich aufblitzt und Leuchtspuren auf die TB-7 zustreben. Der Bomber wird beschossen! Eindeutig!

»Teufel noch eins«, preßt **Kurban** hervor, als

Eine Pe-8 mit hellblauer Bordnummer im Landeanflug. Archiv Shukowski-Museum

er an der Steuersäule zieht. Mit Startleistung seiner drei Triebwerke steigt der Bomber wieder in die Wolken. Mit Mühe erreicht er 500 m Höhe. Die Stille an Bord unterbricht der Navigator: »Kommandant, ich schlage vor, fünf bis sieben Minuten so zu fliegen und wieder zu sinken. Dann werden die weit weg von uns sein.« Wer allerdings »Die« eigentlichen waren, bleibt ein Rätsel. Allem Anschein nach wurde von einem Schiff geschossen.

Unterdessen ist es hell geworden. Die auf den Cockpitscheiben ablaufende Wasserschicht ist gut zu sehen. Bald kommt die Meldung: »Wir können sinken, Kommandant, runter unter die Wolken!« »Verstanden, ich beginne zu sinken … Shora, mach deine Augen auf! Die Höhe ansagen!« »Verstanden! … 400 … 300 … 200 … 150 … Ich sehe die Erde. Unter uns ist …« Er schafft es nicht mehr, das Wort auszusprechen. Was er sieht, läßt ihn aufspringen und wie ein Blitz in den Rumpf zurückstürzen. In diesem Moment kracht es auch schon. Etwa 15 Sekunden lang zerschmettert die TB-7 den Fichtenwald, ehe Ruhe eintritt. Nur Major **Kurban** und der Bordtechniker begreifen, daß der dritte Diesel den Belastungen nicht mehr gewachsen war und versagte. Schnell steigt die Querneigung auf 40° nach rechts an. **Kurban** wird das Steuer aus der Hand geschlagen …

Das Glück im Unglück ist unverkennbar. Die Bombe ist nicht explodiert und nur das Bein eines Mannes gequetscht, kleinere Ver-

letzungen nicht gerechnet. Es ist 5 : 30 Uhr in der Nähe von Ropscha. Um das Chaos aus Holz und Metall stehen die Besatzungsmitglieder herum. Ihre Hände zittern so, daß sie nicht einmal Rauchen können. 8 : 30 Stunden hat ihr erster Feindflug gedauert. Nach einigen Minuten der Sammlung beginnen sie den Heimmarsch.

In der 2. Staffel flog der Divisionskommandeur diesen ersten Einsatz selbst. **Puusepp** fungierte daher in seinem Bomber als Copilot. Überhaupt war hier die alte Polarbesatzung wieder komplett beisammen: Unter den Piloten Navigator A. P. **Schtepenko,** hinter ihm der Funker W. F. **Bogdanow.** Unter den Piloten die Bordtechniker S. N. **Dimitrijew** und F. I. **Bassein.** Gemeinsam hatten sie sich noch am ersten Kriegstag für den Fronteinsatz gemeldet. Neu in der Besatzung waren die Schützen. Insgesamt 11 Kämpfer in jeder TB-7.

Am Start winkte Geschwaderkommandeur **Lebedjew** seinen Besatzungen. Mit einem Handschwenk in Startrichtung rief er ihnen nach: »Hals- und Beinbruch, Jungs!«

Die Triebwerke dröhnen. Der gigantische Bomber schleppt seine 2-Tonnen-Bombenlast von der Graspiste. Während des Steigfluges wird es immer kühler. Die Flieger ziehen mehr und mehr die Reißverschlüsse ihrer Fellkombinationen zu, schlagen später die Kragen hoch und ziehen die Fellhandschuhe über. An Bord ist Ruhe eingezogen. »Eigentlich wie überm Eismeer«, denkt **Schtepenko.** Aber sofort schlägt sein Herz wieder schneller. »Nein, hier hinter dieser Duralwand hängen Bomben. Ich bin auf meinem ersten Flug im Krieg. Und wohin? Nach Berlin!« So oder ähnlich denken sie alle an Bord, als plötzlich W. I. **Sekunow,** der Schütze im Zentralstand, aufgeregt ruft: »Rechts eine Kette Jäger!«

»Das sind doch unsere, I-16«, beruhigt ihn A. P. **Schtepenko.** Allerdings wollen diese »Unsere« die Bomber nicht als »Ihre« anerkennen. Feuerstöße sind zu sehen, und Leuchtspuren jagen auf die Viermotorigen zu. Schon steht eine TB-7 rechts hinter ihnen in Flammen. »Feuer!«, brüllt M. W. **Wodopjanow.** Aus allen Rohren wird geschossen, und die

Jäger kurven ab. Der brennende Bomber hinter ihnen aber beginnt unkontrolliert zu fallen, bis er den Blicken entschwindet.

»Hornochsen«, preßt der General zwischen den Lippen hervor. »Höchste Aufmerksamkeit, es können neue Jäger auftauchen!«

Die Stimmung an Bord ist dahin. Bei Aynashi überfliegt die TB-7 die Küstenlinie. Bald setzen die ersten Schwindelgefühle ein. »Sauerstoffmasken aufsetzen!«, ergeht der Befehl an alle über die Bordsprechanlage. Über der Ostsee verläuft der Flug ruhig. Stunde um Stunde vergeht. Der Navigator ist ständig beschäftigt, denn lange fliegt die Maschine in den Wolken. In einer Wolkenlücke sind die Sterne zu sehen. Schnell hat der Navigator seinen Sextanten zur Hand. Nach wenigen Rechnungen und Vergleichen mit seinen Tabellen verkündet er: »Der Kurs ist in Ordnung, wir liegen auf der Weglinie.«

Die Peilungen des Funkers bestätigen das. Wieder trägt der Navigator ein kleines Kreuzchen in seine Karte. Für die Besatzungen ist es normal, wenn von Zeit zu Zeit gemeldet wird, daß an Bord alles klar ist!

Plötzlich werden die Mondsichel und ihr Spiegelbild auf dem Meer sichtbar. »Piloten!«, ruft der Navigator, »steigt etwas höher, jetzt haben wir es in der Hand.« »Was denn, es?« »Na, Berlin, was denn sonst?« Der Bomber überfliegt erneut die Küstenlinie. Auch in dieser Besatzung registriert jeder mit eigenem Empfinden: Ich bin jetzt über Deutschland! Unten ist die Finsternis. Kaum kann sich der Einzelne seine Gedanken zu dieser Bemerkung machen, da setzt starkes Flakfeuer vom Boden her ein. Rundherum brodelt die Luft, so daß die schwere Maschine schaukelt.

»Soll das Berlin sein?«, fragt M. W. **Wodopjanow.**

»Wir haben Stettin erwischt!« ruft der Navigator. Irgendwo kreischt Metall. Es riecht nach Rauch. Wegen der Scheinwerfer wird es im Flugzeug taghell. »Shenja! Halt' die Maschine, ich sehe überhaupt nichts mehr«, ruft **Wodopjanow Puusepp** zu. »Und sieh nur auf die Geräte! Hallo, Puusepp, hast du die Steuerung?«

»Ich hab die Maschine, Michail Wassiljewitsch.«

»Hallo, Bogdanow! Du sollst arbeiten und kein Feuerwerk betrachten. Sende den anderen hinter uns, daß sie in Stettin eine beachtliche Luftverteidigung haben«, folgt **Wodopjanows** Befehl an den Funker. Langsam bleibt der Tumult zurück. An Bord wird es etwas ruhiger. Bald meldet sich der Bordtechniker: »Im vierten Diesel fällt der Schmierstoffdruck. Ansonsten hat die Fläche einige Löcher.« **Puusepp,** der schon gemerkt hat, daß das Flugzeug nach rechts zieht, kommandiert: »Abstellen, den Vierten!« »Wenn wir schon Stettin angeflogen sind, so sind wir noch gut davongekommen. Drehen wir um?«, stellt **Wodopjanow** die entscheidende Frage.

»Nur, vorwärts, nach Berlin!«, beeilte sich **Schtepenko,** der eigentlich Schuldige, mit seiner Antwort. »Noch etwa eine halbe Stunde.« »Also gut«, stimmt der Divisionskommandeur zu. »Das strengt an, was? Los, ich helfe«, wendet sich **Wodopjanow** nun an **Puusepp,** der schon in der Polarfliegerei wegen seines ungewöhnlichen Namens von allen einfach nur Shenja gerufen wurde.

Da bereits einige Tonnen Kraftstoff verbraucht sind, verliert das Flugzeug trotz des ausgefallenen Triebwerks kaum an Höhe. Aber es ist nun völlig vertrimmt. Mit beiden Beinen steht **Puusepp** im linken Pedal, unterstützt vom Kommandanten.

Endlich gibt **Schtepenko** einen neuen Kurs und das entscheidende Kommando: »Wir gehen auf Kampfkurs!« Noch klingt es etwas ungewohnt in aller Ohren, ist es doch erstmalig ernst gemeint. Doch mit den Jahren wird man sich an den Klang auch dieses Kommandos gewöhnen: »Achtung, wir fliegen das Ziel an, ich öffne die Luke.«

In der TB-7 beginnt der Wind zu pfeifen. Durch die Maschine geht ein Ruck. Eine Sprengbombe und eine Leuchtbombe haben den Schacht verlassen. Der Heckschütze meldet: »Berlin ist unter uns, es ist gut zu erkennen!«

Schtepenko löst die Serie aus. Pfeifend fallen die Bomben.

Als in der Stadt die Einschläge aufblitzen, beginnen auch die Flak-Batterien zu feuern und die Scheinwerfer den Himmel abzusuchen. »Links auf 90°!« kommandiert **Schtepenko.** »Geht nicht, nach links«, antwortet **Puusepp.** »Ich bekomme die Maschine nicht nach links herum.« »Dann kurv' nach rechts, manövriere, flieg aus der Feuerzone heraus.« Das erleichterte Flugzeug wird geschüttelt. Splitter trommeln auf das Blech. »Diesmal haben sie uns erwischt«, sagt **Puusepp.** »Ruhig, ruhig«, antwortet **Wodopjanow.** »Kurve etwas weiter nach rechts, ja, dort wird weniger geschossen. Ja, gut so. So halten, und nicht nach der Seite sehen, sonst wirst du geblendet. Techniker! Überprüft die rechte Fläche. Es riecht nach Rauch.«

»Genosse Kommandeur, unsere Bomben haben drei große Brände ausgelöst«, meldet der Heckschütze. »Jetzt bombardiert noch jemand.« Flak und Scheinwerfer bleiben hinter dem abfliegenden Bomber zurück. »Ja, jetzt gibt's dort Arbeit«, meldet sich **Wodopjanow** wieder. »Techniker, also was ist los?« »Löcher, Michail Wassiljewitsch, jede Menge. Die Anlagen sind heil.« In Anbetracht des defekten Triebwerks und des Zustandes der rechten Fläche entscheidet der Kombrig, auf kürzestem Weg zurückzufliegen. Gegenüber dem Weg über die Ostsee wird das mindestens eine halbe Stunde Flugzeit einsparen. Von nun an mußten noch ca. 5 Stunden geflogen werden. Der Alarm von Berlin hat vermutlich die ganze deutsche Luftabwehr auf die Beine gebracht. Vielerorts gibt es, allerdings recht dünnen, Flak-Beschuß.

Wieder strahlt plötzlich ein Scheinwerfer genau im Voraus. »Piloten, wenn ihr wegkurvt, nur nach links, zum Meer«, empfiehlt der Navigator. »Quatsch, nirgendwo kurve ich«, antwortet ihm **Puusepp.** »Ich kann so schon kaum Kurs halten. Was da los ist, ist sowieso nicht zu begreifen. Mir scheint, da fehlt ein halbes Ruder.«

»Flieg' wenigstens etwas weg von diesem Scheinwerfer. Er steht doch hier auf unserem Weg wie angenagelt.«

»Macht nichts, wir kommen schon vorbei. Er wird sich schon von selbst bewegen. Er kann ja nicht ewig so stehen. Na bitte, siehst du, da kommt er schon in Bewegung.« Unaufhaltsam fliegt das angeschlagene Bombenflugzeug nach Osten, durch Wolken, Regenschauer und andere Wetterunbilden.

In der Nähe von Königsberg zerreißt wieder massives Flak-Feuer die Morgenstunden.

Hunderte Blitze machen den Himmel um die TB-7 herum taghell. Wieder prasseln Splitter auf die Beplankung. So neu ist das Geräusch den Männern nun schon nicht mehr.

»Genosse Kommandeur, Kraftstoff läuft aus! Es plätschert direkt auf mich drauf!« ruft aufgeregt einer der Schützen aus den Fahrwerksgondeln. »Ein Splitter hat den dritten Behälter erwischt«, meldet der Techniker. »Ungefähr eine Tonne ist ausgelaufen.«

Das ist natürlich fatal. Die Berechnungen zeigen, daß der Kraftstoff so oder so bis nach Puschkin nicht mehr reicht. Selbst das schnelle Umschalten der Kraftstoffversorgung aller drei arbeitenden Triebwerke auf den beschädigten Behälter, um wenigstens noch den verbliebenen Rest zu nutzen, bringt wenig. Bald laufen sie unrund und müssen auf die noch gefüllten Behälter umgeschaltet werden.

Nach Auskunft **Schtepenkos** befindet sich der angeschlagene Riese nun schon über Estland. Irgendwo über Rannanungerja oder Jychwin nördlich des Peipussees ist es dann soweit. Bedrohliche Ruhe ist eingetreten. Im Sinken halten die Piloten weiter Kurs auf Puschkin.

Aber noch sind nur die Wassertröpfchen zu sehen, die sich auf den Cockpitscheiben vorbeischieben. In 3 000 m Höhe taucht das Flugzeug in eine neue Wolkenschicht. Erst als der Höhenmesser 800, 700 m anzeigt, erkennen die Fliege die Erdoberfläche: Sumpf, sehr selten eine Insel mit Gestrüpp. Plötzlich taucht in Sichtweite etwas Wald auf. »Shenka, los nach links, wir setzen uns auf den Wald!« ruft M. W. **Wodopjanow**. »Laß die Ruder, ich mache das selbst. Alle ins Heck!«

Die weichen Wipfel donnern an die Beplankung. Das Höhenleitwerk reißt ab. Dann zerfetzt es die mächtigen Tragflächen. Letztlich zerdrückt der Rumpf hundertjährige Fichten und senkt sich zur Erde. Ruhe. In den Ohren der Männer dröhnt es nach stundenlangem Flug noch immer. Aber wie sie aus ihren Luken klettern und sich versammeln, lächeln sie doch: Niemand hat ernsthaften Schaden genommen. Wenn schon nicht gerade sonderlich erfolgreich, so ist der erste Feindflug doch glücklich beendet und die zwei Tonnen Bomben sind in Berlin geblieben, der Befehl mithin erfüllt.

Die Notlandung war zwischen den vorderen Linien erfolgt. Artilleriegeschosse fauchten über die Landestelle hinweg. Exakte Auskunft über ihre Lage erhielt die Besatzung von einem ortskundigen Jungen, der in dieser Frühe Kühe und Schafe hütete. Allerdings mußten alle erst warten, bis der als letzter gehende **Puusepp** heran war. Er war der einzige, der sich mit dem Jungen verständigen konnte. Unter so wenig angenehmen Umständen stand der Este erstmalig wieder nach geraumer Zeit auf dem Heimatboden seiner Eltern.

Die Männer erhielten exakte Informationen über die Lage der eigenen und deutschen Truppen. Letztlich zeigte der Junge ihnen den Weg zur Bahnstation Oru, wo Teile der zurückgehenden 8. Armee lagen. Von hier meldete der Divisionskommandeur seinem Stab die Situation. Im Verlaufe des Tages sprengte die Besatzung ihr Flugzeug. Einige der Männer, durch die Polarfliegerei gestählt und auch sonst nicht gerade zimperlich, wendeten, als sich rundherum die Fetzen des Flugzeuges verteilt hatten, ihre Gesichter ab und wischten verstohlen über die Augen … Die TB-7 war noch fast neu gewesen …

Erst am nächsten Morgen, dem 12. August, traf der Divisionskommandeur mit seiner Besatzung in Puschkin ein.

Was ergab nun die Bestandsaufnahme?

Der Start der Division am Abend des 10. August verlief so problematisch und opferreich, daß er letztlich abgebrochen werden mußte.

Beim Abheben der TB-7 des stellvertretenden Geschwaderkommandeurs, Major K. P. **Jegorow**, um 21:56 Uhr, versagten beide rechte Triebwerke. Mit den verbliebenen Triebwerken gelang es dem erfahrenen Piloten, über die nächsten Hindernisse hinweg auf eine einigermaßen freie Fläche zu ziehen und dort aufzusetzen. In der folgenden gewaltigen Explosion kamen sechs Besatzungsmitglieder, darunter Copilot P. Ja. **Kiritschenko** und die Schützen A. A. **Paukin** und P. I. **Paulin** ums Leben.

Erfolgreich starteten in Richtung auf das Gebäude des Lyzeums, das einst Alexander **Puschkin** besucht hatte, folgende Kommandanten mit ihren TB-7:

A. A. **Kurban**	Major	20:52
A. A. **Peregudow**	Oberleutnant	
A. N. **Tjagunin**	Hauptmann	21:03
M. W. **Wodopjanow**	Kombrig	21:05
W. D. **Bidny**	Leutnant	21:50
M. M. **Ugrjumow**	Major	21:58
A. I. **Panfilow**	Oberleutnant	22:00

Voller Dramatik verlief der Start der Jer-2 des 420. DBAP. Schon bei der Landung in Puschkin war die Maschine von Hauptmann **Brusnizin** durch Fahrwerksbruch verloren gegangen.

Noch nie waren die Besatzungen mit maximaler Startmasse von einem Grasplatz, zumal einem so kurzen, gestartet. Stets war für solche Starts eine Betonbahn genutzt worden. Die Piloten des Geschwaders hatten schon Hauptmann **Stepanow** befragt, der in Abwesenheit des Geschwaderkommandeurs als Kommandeur der 1. Staffel das Kommando führte. Aber der wunderte sich selbst und beendete die Diskussion denkbar knapp: »Befehl ist Befehl!«

Die Starts der Jer-2 erinnerten an Zirkusnummern. Ein Bomber hob an der äußersten Flugplatzgrenze ab und hing an seinen Triebwerken wie ein welkes Blatt in der Luft, ehe er wieder auf den Boden sank. Eine riesige Staubwolke erhob sich, und alle auf dem Flugplatz warfen sich zu Boden. Gleich mußte die verheerende Explosion folgen. Aber es geschah ein Wunder! Als sich der Staub verzog, war die Jer-2 zu sehen, wie sie die Baumwipfel streifend in den Steigflug für den Angriff auf Berlin überging.

Als Leutnant **Molodtschi** die Bremsen seiner Jer-2 löste und die beiden mit forcierter Leistung aufbrüllenden Triebwerke die Maschine vorwärts bewegten, dachte er nur eines: »Vorwärts nach Berlin, komme was da wolle!«

Er mühte sich um jeden Meter Anrollstrecke. Aber auch er mußte das Flugzeug am Ende des Flugplatzes vom Boden wegreißen. Langsam senkte sich der Bomber wieder, um noch einmal kurz aufzusetzen, da folgte auch schon ein ungeheurer Knall. Berstendes Metall war zu hören. Wieder warfen sich auf dem Flugplatz alle ins Grasnarbe. Aber auch hier geschah das

Unwahrscheinliche: Mit abgerissenem Fahrwerk blieb das Flugzeug liegen. Sein Kommandant sollte später doch noch nach Berlin kommen und einer der legendärsten sowjetischen Kampfflieger und zweifacher Held der Sowjetunion werden. Vorerst aber gab es nur Tragödien.

Als immer mehr demolierte und brennende Flugzeuge hinter dem Flugplatzrand lagen, wurde der Start der Division abgebrochen. Dennoch bombardierten in dieser Nacht drei Jer-2 die Hauptstadt des Dritten Reiches. Die Besatzung von Leutnant **Malinin** sank über Berlin wegen der Wolken auf 900 m! Um 1:47 Uhr warf sie die sieben FAB-100 ab. Auch dieses Flugzeug war von der eigenen Luftabwehr beschossen worden. Über Berlin war auch die Jer-2 von Kommandant **Kubyschko.** Auf dem Rückflug schossen eigene Jäger das Flugzeug in Brand. Die Besatzung konnte sich mit dem Fallschirm retten, der Bomber schlug bei Krasnogwardejsk auf und explodierte. Hauptmann A. G. **Stepanow** kehrte nicht zurück.

Vor dem Start seiner TB-7 hatte Leutnant **Bidny** seinen Bordtechniker **Lisizyn,** den ältesten der Besatzung, zur Seite genommen. Beide ware sich des Risikos eines Fluges nach Berlin wohl bewußt. **Bidny,** langjähriger Flugkapitän der AEROFLOT, und **Lisizyn** waren sich aber letztlich doch einig, den Flug nach Berlin durchzustehen.

Mit einem festen Händedruck bekräftigten die beiden Männer ihren Entschluß. Um nicht erst in Versuchung zu geraten, befahl **Bidny,** die beiden Fallschirme im Heck zu verstauen. Letztlich erinnerte er die Besatzung noch, im Falle der Fälle das Flugzeug erst nach ausdrücklichem Befehl zu verlassen.

Um 21:50 Uhr hebt die TB-7 von Leutnant **Bidny** *ab. Nach mehreren Stunden Flug, in 6 000 m Höhe, schon etwa querab von Danzig, bricht Feuer aus. Das 1. Triebwerk steht in Flammen. Die Männer können ihr Flugzeug retten und den Brand löschen. Vor allem ist nun die Höhe nicht mehr zu halten. Meter um Meter sinkt die TB-7. Bald kann die Maschine auch wieder horizontal fliegen.*

Für alle Fälle hält die Maschine Kurs auf die Küste. Die Nerven des Navigators versa-

gen. Über dem Festland öffnet er seine Luke und will abspringen. Sofort befiehlt **Bidny,** *den Feigling zu erschießen. Aber* **Lisizyn** *stößt den Navigator nur mit dem Fuß zurück und schließt die Luke. Von einer sofortigen Erschießung kann natürlich keine Rede sein, da nur der Navigator in der Lage ist, die TB-7 exakt ans Ziel zu bringen.*

Der Navigator kommt wirklich wieder zu sich. Aber auch der Kommandant schätzt die Situation realistisch ein. Er entschließt sich, nicht bis Berlin zu fliegen. Über Lauenburg, etwa 370 km von Berlin und schon mit Kurs nach Osten, wirft die Besatzung ihre Bomben auf den Bahnhof ab. Unmittelbar nach dem Angriff fällt das 2. Triebwerk aus. Eine TB-7 mit nur zwei auf der rechten Seite arbeitenden Triebwerken zu steuern ist sehr kompliziert, und mancher Pilot scheiterte an dieser Aufgabe. Die kritische Lage der TB-7 ist zugleich ihr bester Schutz. Anstelle von 300 km/h, fliegt sie mit nur 170 km/h. Anstatt in 8 000 m Höhe, befindet sie sich in nur etwa 2 000 m. Wie dem auch sei, jedenfalls trifft keine Granate das große Flugzeug.

Der Heimflug erschöpft die Männer endgültig. Nach weit mehr als 10 Stunden Flug setzt Leutnant **Bidny** *seine TB-7 auf das Flugfeld von Obuchowo auf.*

Alle anderen Besatzungen waren vorerst überfällig, soviel Oberst **Lebedjew** auch telefonierte. Aber ein viermotoriger Bomber mit 11 Mann Besatzung war schließlich doch keine Stecknadel im Chaos des Krieges.

Als erster meldete sich Major **Kurban.** In 7 400 m Höhe, über den Wolken, erreichte Major **Ugrjumow** Berlin, wo seine TB-7 von drei Jägern angegriffen wurde, die aber abgewehrt werden konnten. Die Besatzung warf sechs FAB-250, eine Rotationsbombe RRAB-3 und zwei Leuchtbomben SAB-2,5 ab. Aber auch in dieser Maschine blieben Bomben hängen. Zwei FAB-250-Bomben brachte die 42 035 wieder zurück. Auch ein Toter war an Bord. Über Berlin hatte sich der Sauerstoffschlauch von der Maske des Bordtechnikers **Smirnow** gelöst.

Nach Verlust der Feinorientierung und wegen Kraftstoffmangels landete Major **Ugrjumow** seine TB-7 bei Borseni, 50 km

nordöstlich von Torschok, in der Nähe von Kalinin. Mehrmals waren einzelne Diesel ausgefallen. Stets mußte die Besatzung auf etwa 3 000 m Höhe sinken, um das entsprechende Triebwerk erneut anzulassen. Dieses Verfahren kostete immer viel Kraftstoff.

Nach der Landung fanden die Flieger in einem verlassenen Kolchos noch ein Tanklager mit Dieselkraftstoff für Traktoren. Sofort rollte der Major seine TB-7 an das Tanklager heran. Da beim besten Willen außer einem gewöhnlichen Eimer kein anderes Gefäß auffindbar war, dauerte das »Tanken« zwei Tage. Als die Maschine am 12. August um 16:30 Uhr endlich in Puschkin landete, waren die Augen der Geschwaderangehörigen groß; hier hatte man an die Rückkehr der Besatzung eigentlich schon nicht mehr geglaubt.

Als letzte TB-7 startet am Abend des 10. August die von Leutnant A. I. **Panfilow.** *Mit 380 km/h fliegt die Maschine in 6 500 m Höhe nach Westen. An Bord ist völlige Ruhe, keinerlei Gespräch. Als die dritte Flugstunde anbricht, gerät das Flugzeug in Flak-Feuer und Scheinwerferkegel. Der Schütze* **Kyrillow** *meldet aus seinem Stand in der rechten Fahrwerksgondel: »Kommandant, an meinem Platz läuft Öl herunter!« »Sei vorsichtig«, bekommt er zur Antwort, »und paß auf, daß das Öl nicht auf die Sauerstoffanlage kommt. Dann knallt es gleich.« In Anbetracht der erheblichen Beschädigungen an Bord wirft die Besatzung ihre Bomben ab. Das Flugzeug kurvt zurück. Bald ist das 3. Triebwerk heißgelaufen und wird abgestellt. Etwa 20 bis 30 Minuten fliegt die Maschine mit drei arbeitenden Triebwerken, dann fällt auch der zweite rechte Diesel aus. Immer weiter kurvt das Flugzeug und sinkt dabei unaufhaltsam. Als um 2:03 Uhr die Notlandung der TB-7 in den finnischen Wäldern, ca. 100 km nordöstlich von Helsinki bei dem Ort Lapinjärvelle erfolgt, ist der Körper von Alexander* **Panfilow** *schon erkaltet. Beim Aufschlag bricht ein Brand aus. Aus dem Inferno können sich einige Menschen retten: Der Copilot M. I.* **Antipow,** *die Schützen G. A.* **Kyrillow,** *K. W.* **Scharlikow,** *Unterleutnant S. I.* **Kissiljow** *und M. M.* **Krysin.** *Wenig später werden sie unweit der Landestelle gefangengenommen. Die*

Die noch rauchenden Trümmer der 42026 am Morgen des 11. August 1941 in den finnischen Wäldern. Die vordere Hälfte des Bombers einschließlich des zentralen Schützenstandes ist verbrannt. Nur das Rumpfheck ist noch als solches erkennbar. Das Foto wurde 1989 in der finnischen Zeitschrift „Mobilisti" veröffentlicht

Leichen von Alexander Panfilow, seinem Navigator Grigori Boloboschko, des Bordtechnikers Agljam Gaynutdinow, dessen Gehilfen Wassili Tjuschkin, des Bugschützen Iwan Schatrow und des Funkers Wassili Stepanewski werden von den in der Nähe wohnenden Brüdern Tiko und Haalmar Blomkrist bestattet.

Nach dem Krieg kehrten nur zwei der Gefangenen in ihre Heimat zurück. Erst 1982 meldete sich auf Grund einer Presse-Veröffentlichung M. M. **Krysin.** Er wohnt jetzt in der Nähe von Tula. Von ihm erfuhren wir, was in dieser dramatischen Nacht geschehen war.

Am härtesten traf das Schicksal die Besatzung von Hauptmann A. N. **Tjagunin.** Schon bald nach dem Start war dessen Bomber durch die eigene Flak und von Jagdfliegern der Baltischen Flotte abgeschossen worden. Sieben Besatzungsmitglieder, darunter der Kommandant, konnten sich mit dem Fallschirm retten. Für den Funker B. I. **Anufriew,** der jahrelang in der Arktis geflogen war, gab es keine Rettung mehr. Mit ihm fielen der Navigator Hauptmann P. I. **Wassilenko** und

die Schützen M. **Andrejew,** A. M. **Burjak** und P. P. **Petenin.**

Aus Archivunterlagen geht hervor, daß der Befehlshaber der Luftstreitkräfte der Baltischen Flotte General **Samochin** am anderen Morgen die Tragödie über den Abschuß eigener Flugzeuge an den Befehlshaber der Luftstreitkräfte der Nordfront über Telefon meldete. »Ja, das sind doch die TB-7 der 81. Schweren Fliegerdivision!«, rief A. A. **Nowikow** aus.

»Wir wußten nichts von solchen Flugzeugen«, entgegnete **Samochin** mit völlig gebrochener Stimme. »So ein Unglück, Alexander Alexandrowitsch! Was tun wir jetzt?« »Hatte man euch denn nicht informiert?« »Das ist es ja, nein, Alexander Alexandrowitsch.« »Und die Luftverteidigung?« »Auch die wußten nichts.« Das brachte Generalmajor **Nowikow** auf. Nach einer Pause verlor er die Beherrschung: »Dann sollen die das selbst ausbaden! Klären Sie die Einzelheiten auf. Ich rufe später zurück.« Kaum hatte er den Hörer aufgelegt, meldete sich das Mitglied des Kriegsrates der

Nordfront A. A. **Shdanow** und verlangte General **Shigarjow** zu sprechen. Aber der Aufenthalt des Befehlshabers der Luftstreitkräfte war unbekannt. Nach einer Stunde waren alle Einzelheiten aufgeklärt. Über die bevorstehende Operation hatte die Führung der Luftstreitkräfte weder die Stäbe der Nordfront, noch die Leningrader Luftverteidigung in Kenntnis gesetzt. Da die TB-7 bis dahin einen hohen Geheimhaltungsgrad hatte, der Typ noch in keiner Vorschrift des Flugzeugerkennungsdienstes geführt wurde, war die Tragödie damit programmiert.

Von der eigenen Luftabwehr getroffen wurde auch die hellblaue Zwei von Oberleutnant **Peregudow,** als sich der Bomber etwa 30 km östlich von Tallinn befand. Über Funk erhielt er die Erlaubnis zur Rückkehr, und die Besatzung warf die Bomben ins Meer. Nach der Landung in Puschkin um 00:30 Uhr zählte man in diesem Flugzeug 11 Einschläge.

Die ganze Nacht über war der Chef des NII WWS in Moskau dem Erwartungsdruck **Stalins** ausgesetzt. Als Stellvertreter **Shigarjows** wurde Generalmajor I. F. **Petrow** etwa alle halbe Stunde zu **Stalin** gerufen, um über die Entwicklung des Berlin-Angriffs zu melden. Der Streß muß ungeheuer gewesen sein. Später wird **Petrow** aussagen, daß er gegen Morgen einmal seine Pistole in der Hand hatte, um sich dieser Tyrannei zu entziehen.

Wodopjanow konnte an **Stalin** zwar den Abschluß des ersten Angriffsfluges der 81. DBAD nach Berlin melden – doch mit dem Ergebnis war keine Seite zufrieden.

Allein für das 432. Geschwader, auf dem die größten Hoffnungen lagen, ergab sich: Zum Einsatz kamen überhaupt nur acht TB-7. Vier von ihnen erreichten Berlin und erfüllten den Befehl **Stalins.** Es gab fünf Totalverluste dieser wertvollen Bombenflugzeuge. Nur eine TB-7 kehrte normal nach Puschkin zurück – und dies mit Beschädigungen. Damals war man noch überzeugt, daß auch die Besatzung **Panfilow** über Berlin gewesen wäre und irgendwo auftauchen würde. Erst am 29. August 1941 erschien der Befehl, mit dem diese Besatzung als vermißt erklärt wurde. In die Verlustlisten wurden außerdem noch fünf Mann aufgenommen, die in dieser Nacht an Sauerstoffmangel verstarben. Es waren dies G. M. **Aratjunjak,** A. W. **Kurizki,** K. N. **Sugrobow,** N. M. **Dobrjanski** und S. G. **Maximow.** An einen kontinuierlichen Kampfeinsatz der TB-7 war also vorerst nicht zu denken.

Hier spiegelte sich eines der gravierendsten Probleme der Roten Armee wider: 75% aller Kommandeure befanden sich bei Kriegsbeginn weniger als ein Jahr in ihren Dienststellungen. Dementsprechend niedrig war das Führungsniveau.

Nach einigen Tagen verlegte die Division von Puschkin zurück nach Kasan, wo sie vorerst stationiert blieb.

Den ersten Einsatz der 81. DBAD analysierte **Stalin** in einem Befehl als Volkskommissar für Verteidigung vom 17. August 1941: »Der erste Schlag der 81. AD gegen das Gebiet Berlin verlief erfolgreich ... Allerdings zeigten sich während der Flugvorbereitung eine Reihe wesentlicher Unzulänglichkeiten, die sofort beseitigt werden müssen. Die Divisionsführung hatte Schwierigkeiten mit der Flugorganisation, und der Stabschef der Division, Oberst Lyschenko, hat sich von der Führung selbständig entfernt. Im Ergebnis ungenügender Abstimmung der Flugroute wurden die zum Einsatz fliegenden Maschinen durch eigene Jäger, Flak der Küstenverteidigung und von eigenen Schiffen aus beschossen. Das fliegende-technische Personal war ungeachtet der langen Flugvorbereitung mit der Technik und der Bewaffnung nur unzureichend vertraut gemacht worden. Die Triebwerke der TB-7 arbeiteten nicht zuverlässig und waren Ursache für einige Notlandungen.
Ich befehle:

1. Der Kriegsrat der WWS hat der Ausbildung und der Situation der 81. Fliegerdivision besondere Aufmerksamkeit zu widmen, ihre Geschwader mit Flugzeugen TB-7 mit Triebwerken AM-35 und AM-35A, Jer-2 mit Triebwerken AM-37 und Flugzeugen DB-3 mit Zusatzbehältern auszurüsten und zu beachten, daß die Division systematisch für Einsätze gegen militärische Objekte im tiefen Hinterland des Gegners genutzt wird.

2. Für die persönliche Teilnahme an der Bombardierung Berlins Dank auszusprechen an Kombrig M. W. **Wodopjanow,** den

Die Besatzung von Oberst A. D. Alexejew am Morgen des 13. November 1941 auf dem Flugplatz Monino. In der Nacht hatte die Besatzung Königsberg bombardiert. Die Flugzeit betrug 10:07 Stunden. Im Hintergrund die TB-7 Werknummer 42015. Foto A. W. Ustinow

Navigator Hptm. Alexander Makarowitsch Lebedjew an seinem Arbeitsplatz in der TB-7. November 1941. Er fällt am 20. Juli 1943. Foto A. W. Ustinow

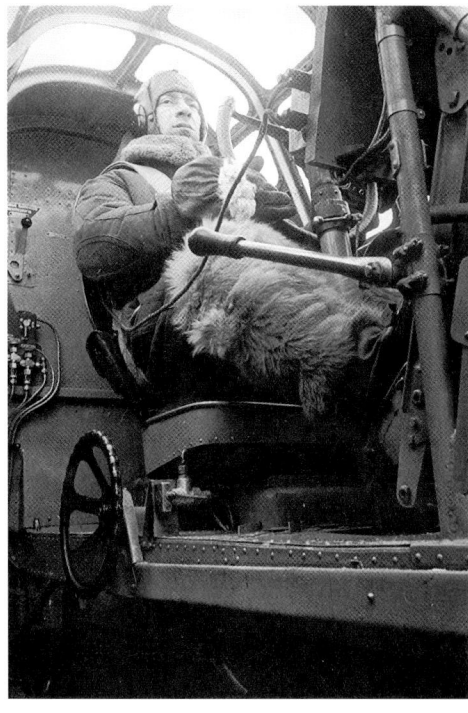

Kommandant Oblt. Pawel Fjodorowitsch Remisow flog schon vor dem Krieg auf der TB-7. Auf diesem Foto vom November 1941 sitzt er auf dem Platz des Copiloten des Bombers. Neben dem Sitz ist das Trimmrad des Höhenruders, in der Mitte der Fahrwerksbedienhebel zu sehen. Am 1. Dezember 1942 fällt P. F. Remisow. Foto A. W. Ustinow

Held der Sowjetunion Nr. 29, Staffelkommandeur Oberst Alexander Dimitriewitsch Alexejew am 13. November 1941. Die 42015 im Hintergrund war eine der ersten mit den Triebwerken AM-35A ausgerüstete TB-7. Foto A. W. Ustinow

Kommandanten **Kurban** A. A., **Ugrjumow** M. M., **Panfilow** A. I., **Bidny** W. D. und **Kubyschko** W. A. sowie dem ganzen Personal dieser Besatzungen.

3. Den Teilnehmern des Fluges eine einmalige Anerkennung zu zahlen und die besten von ihnen für staatliche Auszeichnungen vorzuschlagen.

4. Bei Anerkennung der persönlichen kämpferischen Qualitäten den Gen. **Wodopjanow** als Kommandant eines Flugzeuges ist festzustellen, daß er nicht über ausreichende Führungsfähigkeiten und Erfahrungen in der Organisationsarbeit verfügt, die für das Kommando über einen Verband nötig sind. **Wodopjanow** ist vom Befehl über die 81. Fliegerdivision entbunden.

5. Zum Kommandeur der 81. Fliegerdivision ist Oberstleutnant **Golowanow** A. Je. zu ernennen. Ihm ist der Dienstgrad Oberst zu verleihen.

6. Der Stabschef der Division Oberst **Ly-schenko** ist von seiner Dienststellung zu

Bordfunker Untersergeant M. Dimitriew am Zwillings-SchKAS im Bugstand. November 1941. Foto A. W. Ustinow

entbinden, da er mit dieser Arbeit überfordert ist.

7. Zum Stabschef der 81. AD ist Oberstleutnant **Iljin** N. I. zu ernennen.«

Für die Wiederherstellung der Division machte **Stalin Golowanow** persönlich verantwortlich. Interessant ist, daß **Stalin** dem Vorschlag **Golowanows** folgte und erlaubte, daß **Wodopjanow** als Bomberkommandant in der Division verbleibt.

1969 schrieb der Hauptmarschall der Flieger **Golowanow**: »... Ich muß sagen, daß der Held der Sowjetunion Michail Wassiljewitsch **Wodopjanow** ehrlich und mit erstaunlicher Energie seine Pflicht erfüllte – als Bomberkommandant im Dienstgrad eines Kombrig. Den ihm später verliehenen Dienstgrad eines Generals hat er völlig verdient.« Insgesamt hatten sowjetische Flieger im Zeitraum vom 8. August bis zum 4. September 1941 10 Angriffe auf Berlin mit insgesamt 90 Starts geflogen.

Zum Monatsende erteilte der neue Divisionskommandeur seinen ersten Einsatzbefehl. Diesem folgend starteten am 28. August die Kommandanten I. S. **Lisatschow** mit der 4221 und Major Je. O. **Fedorenko** mit der 4222 ins Gefecht.

Schon in der Nacht zum 1. September flogen die nächsten Maschinen zu Ferneinsätzen. Königsberg bombardierten die Besatzungen von Oberstleutnant **Alexejew** (Navigator A. M. **Lebedjew**) mit der 42015 und von Major M. M. **Ugrjumow** mit der 42055. Memel wurde von der Besatzung unter Major A. G. **Dimitrijew** mit der 4218 bombardiert. Alle drei TB-7 und mit ihnen zwei Jer-2 kehrten zurück.

Mit kleinen Schritten begann sich das 432. Geschwader zu stabilisieren. Auch organisatorisch wurde vieles übersichtlicher. Offizielle Basis des Geschwaders wurde der Flugplatz Wsegoditschi bei Kowrow. Seit dem 5. September 1941 befand sich hier der Stab von Oberst **Lebedjew**. Einzelne Flugzeuge befanden sich auch auf den Flugplätzen Kasan und Monino.

Tagangriff

Ein Beleg für **Wodopjanows** Mut und Initiative sind die sogenannten Wodopjanowschen Experimente, von denen eine Vielzahl in die Flugplatzfolklore eingegangen ist. So auch das Experiment von Kaluga.

Der deutsche Angriff auf Moskau rollte mehr oder minder planmäßig. In der Nacht zum 13. Oktober 1941 besetzte die Wehrmacht Kaluga. Nach den Angaben der so-

wjetischen Aufklärung sollte sich in der Stadt die Panzergruppe 4 befinden, deren Panzer sich auf Straßen und Plätzen verteilten. Das 432. Geschwader erhielt den Befehl, diese Panzer zu bombardieren. Der Vorschlag **Wodopjanows** löste unter den Fliegern doch erhebliche Bedenken aus. Er schlug vor, den Angriff wegen der besseren Treffergenauigkeit gegen die kleinen Ziele bei Tag zu fliegen!

Mit Vorsicht entschied der Kommandeur: Fürs erste starten nur zwei Maschinen – **Wodopjanow** selbst mit der 4226 und die 4222 von Major **Fedorenko**. Da Pjotr **Masalew**, der Copilot aus **Wodopjanows** Besatzung, für einige Tage krank geschrieben war, durfte **Puusepp**, der immer noch ohne eigenes Flugzeug war, diesen Einsatz mitfliegen. Bewaffnet mit 12 FAB-250 und noch je einer FAB-500 unter den Tragflächen startete Wodopjanow mit seiner TB-7 als erster.

Der Ausgang des Experiments ist aus dem Dialog nach dem Flug im Stab zu ersehen. Oberst **Lebedjew** gratulierte **Wodopjanow** zum erfolgreichen Einsatz und begann die Befragung: »Nun, Michail Wassiljewitsch, war's heiß?« »Ja, einiges haben wir abbekommen.« »Welche Ergebnisse?« »Alle Bomben liegen genau im Ziel.« »Nicht doch, das meine ich nicht. Welche Trophäen habt ihr mitgebracht?« »Etwa 30 Einschläge. Ein Triebwerk, die Funkstation und Steuerseile sind beschädigt.« »Und was ist bei den anderen?« »Ungefähr das Gleiche. Die Bomben haben sie unter schwerem Beschuß abgeworfen, und jetzt fliegen sie mit drei Triebwerken.« »Was war bei euch mit der Funkstation? Warum habt ihr nicht geantwortet?« »Ein Splitter hat den Sender demoliert.« »Was war mit Jägern?« »Sechs sind gestartet. Ob sie die Höhe nicht geschafft haben oder ein anderes Ziel hatten – wir haben sie jedenfalls nicht mehr gesehen.«

In Anbetracht der großen Beschädigungen und der geringen Anzahl TB-7 wurden weitere Angriffe bei Tag verboten.

Es waren dies die Tage, an denen Wehrmachtsoldaten im Fernglas schon die Kuppeln des Kreml sahen. Wie auch in der 81. DBAD wirkte sich in der ganzen Roten

Armee das Fehlen erfahrener militärischer Führungskader verheerend aus. **Stalin** versuchte mit äußerster Härte gegen die eigenen Soldaten und das eigene Volk, das von ihm selbst so negativ mitgestaltete Kriegsgeschick zu wenden. Bereits am 16. August 1941 hatte er seinen berüchtigten Befehl Nr. 270 diktiert: »... Das sind schändliche Fakten. Feiglinge und Deserteure sind zu vernichten. Ich befehle:

1. Alle, die sich im Gefecht Rangabzeichen abreißen und sich ergeben, sind widerliche Deserteure, deren Familien zu verhaften sind als Familien von Eidesbrechern und Landesverrätern. Solche Deserteure sind auf der Stelle zu erschießen.

2. Alle, die in einen Kessel geraten, haben bis zur letzten Möglichkeit zu kämpfen, zu den eigenen Kräften durchzubrechen. Diejenigen, die sich ergeben wollen, sind mit allen Mitteln zu vernichten, und den Familien der sich ergebenden Rotarmisten sind Unterstützung und Hilfen zu streichen.

3. Kühne und mutige Menschen sind aktiver zu fördern.

Der Befehl ist in allen Zügen, Ketten und Batterien zu verlesen.«

Die Sowjetunion erlitt eine Niederlage nach der anderen. Im September wurden 452 720 Mann, darunter etwa 60 000 Kommandeure, bei Kiew eingekesselt und gefangengenommen. Am 12. September erließ **Stalin** den Befehl zur Schaffung von Sperrabteilungen. Er regelte den Waffengebrauch vor allem gegen Deserteure aus den vordersten Linien. Am 20. Oktober wurde Moskau zur Festung erklärt, die sowjetische Regierung verlegte ihren Sitz nach Kuibyschew, und der Generalstab wurde nach Arsamas evakuiert.

Auch die Gefangenen des NKWD waren von Moskau aus nach Kuibyschew evakuiert worden. Den Gefangenen folgte mit Sonderkurier ein Brief **Berijas** vom 18. Oktober: Untersuchung einstellen, dem Gericht nicht überantworten, sofort erschießen. In der Anlage folgten 25 Namen. Eine Woche lang sucht man im Chaos der Evakuierung nach diesen wichtigsten Häftlingen des NKWD in der Masse der Gefangenen. Die Untersuchungsrichter kannten den Befehl ihres Volkskommissars nicht und verhörten die Häftlinge weiter.

So wurde am 28. Oktober morgens gerade Maria **Nesterenko** verhört. Sie war am 24. Juni 1941 direkt auf dem Flugplatz verhaftet worden. Diese Fliegerin, Major und stellvertretender Kommandeur eines Fliegergeschwaders, war angeklagt, weil sie »als geliebte Ehefrau **Rytschagows** unmöglich von der verräterischen Tätigkeit ihres Mannes nichts gewußt haben kann«. Unerwartet erschien ein Beauftragter des Volkskommissars im Zimmer und befahl: »Los, ab!«

Kurze Zeit danach verließen fünf geschlossene Fahrzeuge das Gefängnis. Weitere Minuten später lagen beim Dorf Barbysch die noch warmen Leichen von 20 führenden Militärs der Sowjetunion. Von den Luftstreitkräften waren nach grausamen Verhören hingerichtet worden:

G. M. **Schtern**, Generaloberst der Flieger, Held der Sowjetunion, Chef der Luftverteidigung des Landes, 41 Jahre,

A. D. **Loktionow**, Generaloberst, Befehlshaber des Baltischen Besonderen Militärbezirks, von 1937 bis 1939 Chef der Luftstreitkräfte der Roten Armee, 48 Jahre,

J. W. **Smuschkewitsch**, Generalleutnant der Flieger, Zweifacher Held der Sowjetunion, Berater des Chefs des Generalstabes für Fliegerkräfte, von 1939 bis 1940 Chef der Luftstreitkräfte der Roten Armee, 39 Jahre,

P. W. **Rytschagow**, Generalleutnant der Flieger, Held der Sowjetunion, Chef der Luftstreitkräfte der Roten Armee, 30 Jahre,

I. F. **Sakier**, Stellvertretender Leiter der Verwaltung für Bewaffnung der Luftstreitkräfte,

I. J. **Proskurow**, Generalmajor der Flieger, Held der Sowjetunion, Chef der Bombenfliegerkräfte, 34 Jahre,

F. K. **Arshenuchin**, Generalleutnant der Flieger, Chef der Akademie der Luftstreitkräfte, Maria P. **Nesterenko**, Major, stellvertretender Geschwaderkommandeur.

Die 5 anderen in dem obengenannten Brief erwähnten Häftlinge wurden am gleichen Tag bei Saratow erschossen.

Aber **Stalin** versuchte nicht nur mit Brutalität, das Blatt zu wenden. Immer mehr sollte auch durch verstärkte Anerkennung des allgegenwärtigen Heroismus die Widerstandskraft der Armee gesteigert werden. Am 18. September 1941 unterschrieb er seinen Befehl Nr. 308 über die Bildung der sowjetischen Garde und die Ernennung der ersten Gardedivisionen. Als **Stalin** Anfang November vorschlug, die traditionelle Parade zum Jahrestag der Oktoberrevolution auf dem Roten Platz vielleicht eine Stunde früher als üblich abzuhalten, glaubten selbst **Molotow** und **Berija,** sich verhört zu haben. Sie brauchten einige Zeit, um die moralische und stimulierende Wirkung solch einer Parade für das Land zu erfassen.

Der 7. November 1941

Im Spätherbst 1941 wurde Hauptmann **Puusepp** zum Stabschef der 81. DBAD M. I. **Scheweljow** befohlen. Er war recht froh über diese Aufforderung, denn derzeit flog er in der Besonderen Gruppe des 432. Geschwaders auf einer TMS TB-3. Obwohl die Arbeit mit diesen funkgesteuerten schweren Flugzeugen, die mit Sprengstoff gefüllt auf den Feind gestürzt werden sollten, interessant war, so waren es doch keine Einsatzflüge. Jetzt hoffte er, wieder eine TB-7 zu bekommen. So geschah es auch. Mit dem Marschbefehl in der Tasche traf er wenige Tage später in Kasan ein. Das Werk hatte sich seit den Augusttagen sehr verändert. Nicht nur, daß es jetzt vor allem die Frontbomber Pe-2 zu bauen hatte. Es wurde nun auch rund um die Uhr gearbeitet. Viel Jugend war im Werk. Unter Aufsicht erfahrener Meister arbeiteten an den Maschinen faktisch Kinder. Sie leisteten jene Arbeit, die selbst in Friedenszeiten nicht jedem Erwachsenen anvertraut wurde.

Beim Mittagessen, für seine Karten hatte **Puusepp** eine Schale Kraut mit Öl, ein Stück Brot und ein Glas Tee mit Zucker bekommen, traf er auf seine Besatzung: Navigator **Schtepenko**, Funker **Bogdanow**, Bordtechniker **Dimitriejew** sowie die anderen Techniker und Schützen. Da sich **Wodopjanow** im Krankenhaus befand, übernahm nun **Puusepp** wieder diese Besatzung.

Am nächsten Morgen begann die Besatzung auf dem Werkflugplatz mit der Übernahme ihrer neuen TB-7. Jedes Besatzungsmitglied überprüfte alle Anlagen und Einrichtungen seines Verantwortungsbereiches im Flugzeug. Nach Beseitigung der festgestellten Mängel fand der Abnahmeflug statt. In Platzrunden und Zonen über dem Werkflugplatz wurden die Bordanlagen noch einmal überprüft. Während des Abnahmefluges stellte Wassja **Bogdanow** Funkverbindung mit dem Divisionsstab her und erhielt auch sofort die Genehmigung für den etwa zweistündigen Überführungsflug.

Wenige Stunden später war der Bomber auf dem Flug zur Basis des 432. Geschwaders in Kowrow. Wieder konnte eine Besatzung von den »pferdelosen« in die Einsatzstatistik des Stabes übernommen werden.

Der Herbst des Kriegsjahres 1941 war schon so schwer genug für die sowjetische Armee; für die Flieger kamen noch außerordentliche meteorologische Belastungen hinzu. Nebel, Schneematsch und häufige Schneefälle behinderten ständig den Flugbetrieb.

Auch am Abend des 6. November war ein Wetter, daß man keinen Hund vor das Haus geschickt hätte. Am Vorabend des 24. Jahrestages der Oktoberrevolution befanden sich alle Bomberbesatzungen an der sowjetisch-deutschen Front in höchster Einsatzbereitschaft. Auch die TB-7 standen betankt, aufmunitioniert und mit eingehangenen Bomben auf ihren Abstellplätzen. Neben den Flugzeugen hielten sich die Besatzungen auf. Nur die Kommandanten und Navigatoren warteten im Stab. Dort rätselten die Flieger, wann heute die Bereitschaft abgebrochen werden würde. Draußen tobte der Wind, unterbrochen von kurzen Flauten. Kalter, dünner Regen fiel. Kurz darauf peitschten Schneeschauer über den Flugplatz. Die Sicht stieg manchmal auf 100 m an, meist aber lag sie um die 50 m. An eine Landung wäre unter diesen Umständen nicht einmal zu denken gewesen – und an einen Start? Trotz des ausgesprochenen Hundewetters, erlaubte Oberst **Lebedjew,** am Abend des 6. November 1941, den Start einer TB-7 mit dem Angriffsziel Elektrizitätswerk Danzig vorzubereiten.

Erbarmungslos entwickelten sich die Luftkämpfe über der Sowjetunion. Diese Ju 87 und ihr Pilot fanden ihr Ende bei dem Dorf Machowoe.
Foto Sawranski, Archiv Zentralmuseum der bewaffneten Kräfte

waren vor einem Jahr noch völlig zivile Menschen gewesen. Alle fühlten sich wie früher kameradschaftlich verbunden, gingen als alte Fliegerkollegen unkompliziert miteinander um, duzten sich meist. Den Berufsmilitärs erschien das, gelinde gesagt, seltsam, und bald hatte man dem Verband auch schon einen Spitznamen verpaßt. Außenstehende sprachen nur noch von der »wilden Division«.

*Der Start des viermotorigen Bombers mit der hellblauen Vier am Leitwerk gestaltet sich kompliziert. Nur links von sich kann **Puusepp** auf etwa 40–50 m die Kante des Betonbandes erkennen. Ab Mitte der Bahn ist dann auch endlich der Strahl des hinter der Start- und Landebahn senkrecht nach oben gerichteten Scheinwerfers, des sogenannten »Bajonetts«, zu erkennen. Der Kommandant registriert auch noch, daß der Kreiselkompaß arbeitet, und beruhigt sich. Wie immer ist plötzlich das Rütteln im Flugzeug weg, der Bomber fliegt. Alle hören in ihren Kopfhörern die Stimme des Navigators: »Piloten, ihr seid ausgezeichnet gestartet, großartig!«*

*Alle wissen, wenn der Navigator an Bord Optimismus verbreitet, so braucht er das nicht zuletzt für sich selbst. Er ist ja der eigentliche Urheber des nun begonnenen Einsatzes und spürt wohl diese seine Verantwortung. »Piloten«, ist **Schtepenko** wieder zu hören, »los direkt zum IPM, etwas weiter nach links.« »Gut, los, gib den Kurs«, antwortet **Puusepp**.*

*Der Navigator beginnt zu lachen. Danach lacht auch **Puusepp**, und bald lacht die ganze Besatzung: Der Kommandant hat den Kurs zum IPM, den Ausgangspunkt der Streckenberechnung, vergessen! Aber das Lachen entspannt die Atmosphäre. Die Stimmung an Bord ist gut, und das ist eine der Grundlagen des Erfolgs.*

*Nach zwei Stunden steigt der Bomber aus den Wolken heraus. Der jetzt klare Sternhimmel wirkt beruhigend auf die 11 Männer in der TB-7. Die Piloten haben den Autopiloten eingeschaltet. Gleichmäßig arbeiten die Triebwerke. Von Zeit zu Zeit hantiert der Navigator mit dem Sextanten. **Bogdanow** holt die Funkpeilungen ein und setzt Routinemeldun-*

An dieser Stelle ist sicherlich die Einfügung erforderlich, daß sich in der 81. DBAD die Verhältnisse zwischen Kommandeuren und Unterstellten viel einfacher gestaltet hatten, als dies die Dienstvorschriften eigentlich forderten. Das lag daran, daß die Masse des Personalbestandes der Division vor dem Krieg bei der AEROFLOT oder in der Polarluftflotte gearbeitet hatte. Ja, selbst der Divisionskommandeur Oberst A. J. **Golowanow**, sein Vorgänger M. W. **Wodopjanow** und der Stabschef der Division M. I. **Scheweljow**

gen ab. Die Techniker **Dimitrijew** und **Iwanow** regeln das Gemisch für die Triebwerke. Kurz, an Bord ist alles in Ordnung.

Während der fünften Flugstunde reißt die Wolkendecke auf. Immer deutlicher sind Einzelheiten auf der Erde auszumachen. Schon längst befindet sich die TB-7 über Ostpreußen.

Eine halbe Stunde später taucht rechts das Meer auf. »Piloten«, ist der Navigator zu hören, »geht 20° größer.« »Warum denn das nun?« »Wir fliegen aufs Meer, von dort kommen wir unbemerkt ans Ziel.«

Das ist durchaus vernünftig. Bald ist links das Lichtermeer der Dreistadt zusehen. Nach weiteren 15 Minuten geht der Bomber wieder auf Westkurs. Die Männer an Bord haben die Sauerstoffmasken angelegt, da die TB-7 nunmehr auf 8000 m gestiegen ist. Die letzten Manöver für den Bombenabwurf werden ausgeführt. **Puusepp** sieht, wie sich die Lichter der Stadt unter die linke Fläche schieben.

Da ertönt die Meldung P. S. **Schtepenkos**: »Kampfkurs 185 Grad!« Der Kommandant starrt auf den Kreiselkompaß. Soll der Bombenschlag exakt sitzen, muß er jetzt die Forderungen des Navigators präzise ausführen. 185° liegen an. »So halten!« Eine Minute später: »Fünf nach links!« Etwas später: »Drei größer!« »Verstanden, drei größer.« »So halten!«

Ein kleines Zittern geht durch das Flugzeug, und sofort pfeift der Wind in alle Ecken. Der Navigator hat die Bombenluke geöffnet.

Das Flugzeug rutsch spürbar nach oben. 3,5 Tonnen Bomben haben den Schacht verlassen. Sofort legt **Puusepp** die Maschine in eine steile Linkskurve. Zu gern möchte er die Einschläge sehen. Aber er sieht nur, wie schlagartig alle Lichter der Stadt und teilweise in der Umgebung verlöschen. »Wir haben's geschafft! Genau getroffen!« rufen erregt die Schützen durcheinander. Die beiden Piloten sehen aus ihrem hochgelegenen Cockpit nun auch die ausgelösten Brände. »Es sind noch zwei zu 250 übrig«, meldet der Navigator. »Wir fliegen nocheinmal an.« Alles beginnt von vorn, mit dem merklichen Unterschied allerdings, daß jetzt Scheinwerferkegel den Himmel absuchen und die Explosionen der Flak-Granaten den Bomber erzittern lassen. Aber dessen Besatzung arbeitet unerbittlich

weiter, bis die beiden Bomben gezielt gefallen sind.

Puusepp übernimmt wieder die volle Entscheidungsgewalt, manövriert seine TB-7 durch das gefährliche Feuerwerk. Mit Startleistung der Triebwerke läßt er das Flugzeug über die linke Fläche abslippen.

»Feuer auf die Scheinwerfer! Zeigt was Ihr könnt! Ich gestatte den halben Kampfsatz«, lautet der Befehl des Hauptmannes an seine Schützen. Einige Scheinwerfer verlöschen, andere leuchten wieder auf. Mit maximaler Geschwindigkeit fliegt der Bomber nach Osten ab.

An Bord ist wieder Ruhe eingezogen. Jeder der Männer freut sich innerlich über den Kampferfolg. Alle fühlen sie: Allmählich stellt sich mit der Erfahrung auch militärisches Können ein. Über die Sprechanlage fragt der Kommandant: »Jungs, schlaft ihr auch nicht?«

Diese Routinefrage, die an Bord der Höhenbomber jede Viertelstunde so oder ähnlich ertönt, hat weniger die Aufgabe, die ständige Aufmerksamkeit zu sichern, als vielmehr Sauerstoffmangel rechtzeitig zu bemerken. Die benutzten Sauerstoffmasken sind weit von der Vollendung entfernt und sehr unbequem. Außerdem kann sehr leicht der dünne Sauerstoffschlauch aus Gummi eingeklemmt werden. In der Regel wirkt sich Sauerstoffmangel über 4000 m Höhe durch Schläfrigkeit aus. Nach 15–20 Minuten tritt dann der Tod ein. Falls auf die Routinefrage jemand nicht antwortet, eilt der Bordtechniker mit seinem tragbaren Sauerstoffgerät über die Laufgänge sofort zu dem Betreffenden, um eventuell Hilfe zu leisten.

Aber diesmal antworten alle in der vorgeschriebenen Reihenfolge: zuerst der Heckschütze, danach der Fahrwerksschütze links, der Fahrwerksschütze rechts und zuletzt der »Chef der Artillerie«, wie der Schütze im zentralen Stand scherzhaft genannt wird, da er das Abwehrfeuer an Bord zu organisieren hat.

Noch befindet sich der Bomber in 6000 m Höhe, als endlich die Meldung des Navigators kommt: »Piloten, in fünf Minuten sind wir über der Front.« Dies bedeutet, daß in fünf Minuten der Sinkflug aus der eisigen Höhe

mit ihrem ewigen Frost begonnen werden kann.

Obwohl in dieser Nacht nur ein Flugzeug in der Luft war, arbeitete der Geschwaderstab wie gewöhnlich. Regelmäßig wurden die Meldungen der hellblauen Vier aufgenommen: »IPM passiert«, »Front überflogen« und letztlich »Aufgabe erfüllt, zwei Brandherde im Objekt.« »Pfundskerle, die Jungs!« sagte Geschwaderkommandeur **Lebedjew**. »Arefi Nikitisch«, wandte sich der Oberst aufstehend an seinen Stabschef A. N. **Iwaschtschenko**, »bleib, hier. Ich lege mich etwas hin. Wenn sie auf dem Rückflug die Front überfliegen, ruf mich an.« Am Morgen erwachte Oberst V. I. **Lebedjew** von allein. Sofort griff er zum Telefon: »Iwaschtschenko! Was ist mit der Vier?« »Über die Vier ist vorläufig nichts bekannt … Die letzte Verbindung bestand, als sie Ostaschkow überflogen.«

Als der Oberst zum Stab eilte, begegnete er zwei verstörten, weinenden jungen Frauen, Mitarbeiterinnen des Stabes. Es waren Jefrosinja **Puusepp** und Matrena **Schtepenko**, die wie alle Frauen, deren Männer flogen, erst in die Kaserne gingen, wenn die riesigen Maschinen wieder auf ihre Standplätze rollten. Aber heute wußten sie: Der Kraftstoff war schon lange zu Ende … Irgendwie versuchte der Kommandeur die Frauen zu beruhigen, aber in die Kriegsmeldung an den Divisionsstab mußte er trotzdem schreiben: »… ein Flugzeug kehrte nicht auf den Flugplatz zurück …«

Mit der hellblauen Vier war unterdessen ein in der Fliegerei sensationelles Ereignis passiert.

Nach ihrem vielstündigen Flug hatte die Besatzung einen schweren Navigationsfehler zugelassen. Als die TB-7, langsam sinkend, in 500 m Höhe endlich aus den Wolken herauskam, wurde sie vom Feuer aller nur denkbaren Waffen empfangen: Unten befanden sich deutsche Stellungen. Sofort stieg das Flugzeug mit dröhnenden Triebwerken wieder in die Wolken und schoß dabei aus allen Waffenständen zurück, aber es war schon zu spät: Das vierte Triebwerk stand in Flammen. Als alle Versuche, den Brand zu löschen, gescheitert waren, gab **Puusepp** den Befehl, abzuspringen. In einem Dorf, 4 km von Kaschin an der Wolga entfernt, versammelte sich die Besatzung, von denen einige leichtere Verletzungen erlitten hatten. Nur der Heckschütze fehlte.

Den sensationellen Teil des Fluges legte der Bomber somit ohne Besatzung zurück. Etwa drei Wochen nach diesem für die Besatzung so unglücklichen Feiertag traf im Stab des 432. Geschwaders die Anfrage ein, ob man nicht ein Flugzeug vermissen würde! Jedenfalls lag in einer sumpfigen Gegend östlich von Kaschin ein viermotoriges Flugzeug mit verbranntem rechten Außentriebwerk und roten Sternen. Es war tatsächlich die hellblaue Vier.

Bevor sich **Puusepp** aus seinem Cockpit stürzte, hatte er die anderen Triebwerke abgestellt und den Autopiloten auf Sinken eingeregelt. Aus irgendwelchen Gründen hatte sich der Brand gelöscht. Auch der Heckschütze konnte über den weiteren Flug keine Informationen mehr beisteuern. Er hatte den Befehl zum Verlassen des Flugzeuges, aus welchem Grund auch immer, nicht gehört. Nach einer Weile wunderte er sich über die unheimliche Stille im Flugzeug und kroch durch den Rumpf nach vorn. Als er gar das Cockpit leer fand, stürzte auch er sich nach draußen. Für ihn persönlich war auch das eine unglückliche Entscheidung, war er doch ein zu den Schützen strafversetzter Kommandant, und er hätte besser die Steuerung des Bombers wieder übernehmen sollen. Er wäre der Held des Tages geworden …

Zum Landeplatz des Bombers machte sich eine technische Brigade des Geschwaders unter Leitung des Bordtechnikers S. N. **Dimitrijew** auf den Weg. Sie reparierte dort die Tragfläche, wechselte das Triebwerk, brachte die TB-7 wieder vollständig in Ordnung. Bald landete die Maschine im Geschwader und wurde in die Einsatzgrafik übernommen. Ihr Kommandant wurde der vor dem Krieg bekannte Polarflieger Major S. A. **Asjamow**.

Ein zweiter derartiger Fall, daß ein viermotoriger Bomber ohne Besatzung eine

A. J. Golowanow. Am 17. August 1941 löste er M. W. Wodopjanow als Divisionskommandeur ab. Vorher kommandierte er das von ihm formierte 212. Bombenfliegergeschwader. Die Bildung dieses Elitegeschwaders war Anfang 1941 durch ihn, damals noch AEROFLOT-Chefpilot, angeregt worden. Auf dem Foto von 1942 trägt A. Je. Golowanow die Uniform eines Generalleutnants der Flieger.
Archiv Zentralhaus der Luft- und Raumfahrt

saubere Landung durchführte, trug sich 1943 über der libyschen Wüste zu.

1958 wurde 680 km südlich von Bengasi eine nahezu unbeschädigte B-24 »Liberator« entdeckt. Es vergingen weitere Jahre, ehe das Geheimnis dieses Flugzeuges und seiner Crew gelüftet werden konnte. Am Sonntag, dem 4. April 1943, kehrte die »Liberator« von einem Angriff auf Neapel zu ihrem afrikanischen Stützpunkt zurück. Durch einen Navigationsfehler flog man nachts aber weit in die libysche Wüste, die trockenste der Erde, hinein. Als der Kraftstoff zu Ende ging, sprang die Besatzung ab. Die Männer machten sich auf den Weg nach Norden, dem Meer entgegen. Am 12. April starb der letzte der Besatzung. Der Navigator war ohne Wasser 225 km weit voran gekommen. Die »Liberator« mit der Aufschrift »Lady, good by« war ohne die Crew noch 40 km weit geflogen, ehe sie landete.

Nach dem Jahrestag der Oktoberrevolution spürte Divisionskommandeur **Golowanow** beunruhigend oft, daß in seiner Umgebung die Kompetenzfragen neu abgesteckt wur-

den. Da mußte er wiederholt vor einer Kommission des Befehlshabers der Luftstreitkräfte über seine Division berichten, da rief Volkskommissar **Schachurin** an und fragte aus unerfindlichen Gründen, wie es gehe und wie die Beziehungen zu **Shigarjow** seien.

Als sich letztlich sogar **Stalin** aus dem Hauptquartier meldete und sich nach dem Zustand der Division erkundigte, ahnte **Golowanow**, daß seine Vermutungen durchaus berechtigt waren. Nach **Golowanows** persönlichen Aufzeichnungen wurde er in den Kreml bestellt. **Stalin** erteilte den Auftrag, die Division aus den Luftstreitkräften herauszulösen und direkt dem Hauptquartier zu unterstellen. Das Dokument sollte ihm persönlich zur Unterschrift vorgelegt werden. Alle weiteren Fragen wollte er ab sofort selbst entscheiden.

Letztlich wurde die 81. DBAD durch Erlaß des Staatlichen Verteidigungskomitees vom 30. November 1941 und dem nachfolgenden Befehl des Volkskommissars für Verteidigung (NKO) Nr. 00115 vom 3. Dezember 1941 in die 3. Fernfliegerdivision umbenannt und direkt dem Hauptquartier des Obersten Befehlshabers unterstellt. Faktisch leitete von nun an **Stalin** persönlich den Einsatz der Einheit. Am 12. Dezember wurde mit Befehl des Divisionskommandeurs das 432. Geschwader in das 746. umnumeriert.

Das Geschwader bestand nach diesem Befehl nunmehr aus 3 Staffeln, die geführt wurden von Oberstleutnant A. A. **Kurban**, Major A. G. **Dimitrijew**. Der dritte Staffelkommandeur war namentlich nicht zu ermitteln.

Die Produktion der TB-7

Im Oktober 1941 begann die Evakuierung der Luftfahrtindustrie aus Moskau. Im Werk Nr. 22, in dem bisher die großen Flugzeuge des ZAGI in Serie gebaut wurden, lief damals die Fertigung der Pe-2. Dieses Werk wurde nun nach Kasan evakuiert, und im November 1941 waren auf dem Territorium des Werkes Nr. 124 damit zwei Flugzeugwerke angesiedelt. Von nun ab sollten die Pe-2 und die TB-7 nebeneinander produziert werden. Die ganze Situation war äußerst kompliziert und unklar.

Es gab ein freudiges Ereignis am Rande. **Petljakow** und **Neswal** sahen sich nach Jahren der Trennung in Kasan wieder. Das Konstruktionsbüro **Petljakows** sollte nun die Massenproduktion der Pe-2 in Kasan mitorganisieren.

Die Produktion der TB-7 wurde in Nebenräume verlagert. Selbst unter diesen denkbar ungünstigen Bedingungen ging die Herstellung der TB-7 noch weiter. 1941 wurden dem Geschwader 17 Flugzeuge mit den Dieseltriebwerken M-30 und M-40 sowie ab Ende 1941 mit den Triebwerken AM-35A übergeben. Außerdem war zum Jahreswechsel ein recht beachtlicher Vorlauf an Aggregaten und Bauteilen für die weitere Produktion entstanden. Unter diesen schwierigen Bedingungen waren das gute Ergebnisse, und die Flugzeugbauer hofften, im nächsten Jahr die Fertigung weiter steigern zu können.

Da der Betrieb der Diesel permanent Probleme brachte, rüstete man nach Möglichkeit die Flugzeuge wieder auf AM-34A um. Insbesondere in großen Flughöhen häuften sich die Ausfälle mit Dieselmotoren. Es zeigte sich, daß die Lader nicht zuverlässig funktionierten. Beim Verringern der Drehzahl im Reiseflug verringerte sich natürlich auch die Drehzahl des Laderkompressors, und teilweise versagten dann die Triebwerke wegen zu geringer Luftzufuhr. Außerdem erwies sich der Schmierstoffverbrauch der Diesel als außerordentlich hoch, so daß sich das Volumen der Schmierstoffbehälter einfach als zu gering herausstellte. Dadurch wurden die Flugzeuge in ihrer Reichweite begrenzt. In der Folge installierte man dann größere Schmierstoffbehälter. Alle diese Mängel traten erst jetzt auf, da die komplette Flugerprobung der ANT-42 mit Dieseltriebwerken vor dem Krieg nicht mehr geschafft worden war.

In Kasan erreichte das Werk Nr. 22 nicht die geforderten Produktionszahlen der Pe-2. Dessen Direktor **Karpow** war der Meinung, daß der Hauptgrund dafür die parallele Produktion der TB-7 sei, und informierte darüber ständig auch das Volkskommissariat in Moskau.

Seit Ende 1941 wurde die TB-7 mit den Triebwerken AM-35A gebaut. Hier eines dieser Triebwerke in der Ausstellung des Zentralhauses der Luft- und Raumfahrt in Moskau. Foto Autor

Ende Dezember 1941 traf dann der Stellvertreter des Volkskommissars für Luftfahrtindustrie, P. W. **Dementjew,** in Kasan ein. In einem Vier-Augen-Gespräch eröffnete er J. F. **Neswal** die Entscheidung Moskaus, beide Werke zu einem Werk Nr. 22 zu vereinigen und somit den maximalen Ausstoß von Pe-2 zu erzielen. Im gleichen Atemzug aber forderte der Volkskommissar **Neswal** auf, in Anbetracht der Wichtigkeit der TB-7 und ungeachtet aller Probleme und offizieller Entscheidungen, diese Flugzeuge weiter zu bauen. Er, **Dementjew,** werde persönliche Unterstützung und Rückendeckung geben. Das war eine Entscheidung von beneidenswerter Zivilcourage. Mitten im Kriegsrecht, entgegen den bestehenden Befehlen, handelte **Dementjew** nach persönlichen Überzeugungen. Und er blieb seinem Versprechen treu.

W. A. **Okulow** entschied auch, die Ausrüstungen und sonstige Produktionsanlagen für die TB-7 nicht zu verschrotten. Nach der Vereinigung der Flugzeugwerke wurde

F. S. **Aristow** zum Leiter der Endmontage der TB-7 ernannt. **Aristow** war ein äußerst fähiger, energischer und guter Organisator. Seine ganze Energie und Hingabe verwendete er für die TB-7. Bald profilierte er sich zum faktischen Leiter der gesamten TB-7-Produktion. Um ihn herum gruppierten sich die Abteilungsleiter, die Meister und Arbeiter – alles wahre Enthusiasten der TB-7.

Die TB-7 1941 (Statistik)

Die bisherigen Schilderungen verdeutlichen auch die Schwierigkeiten, unter denen das 746. Geschwader gebildet worden war, und zeigen den Weg bis die TB-7 endlich wirklich einsatzbereit waren. Bis zum Jahresende wurden mit diesen Flugzeugen folgende Einsätze geflogen: (Siehe Tabelle S. 62)

Bei den Fernzielen handelte es sich um die Städte Berlin, Königsberg, Danzig und Memel. Alle anderen Ziele lagen auf von der Wehrmacht besetztem Gebiet.

Ziele	Starts	Flugzeit	abgeworfene Bomben
Fernziele	15	144:32	33,23 Tonnen
Gefechtsfeld	28	196:59	72,12 Tonnen
Eisenbahnanlagen	20	113:33	59,40 Tonnen
Flugplätze	5	35:16	13,25 Tonnen.

Wartungsarbeiten im Winter. Möglicherweise handelt es sich hier um eines der ersten Serienflugzeuge, die ursprünglich noch den Zentrallader besaßen. Auf dem Rumpf ist ein Längsprofil, vermutlich zur Verstärkung, aufgenietet. Der zentrale Stand befindet sich hier in Feuerstellung, d. h. die vordere und hintere Verkleidung sind eingefahren.
Archiv Traditionsverband

Die Einstiegsluke dieser Maschine besitzt nicht den üblichen nach innen zu öffnenden Lukendeckel, sondern nach außen zu öffnende Klappen. Der rechte Kühlereinlauf ist geschlossen. Archiv Traditionsverband

Insgesamt wurden seit Kriegsbeginn im Geschwader 1 509 Starts durchgeführt, die meisten davon allerdings zur Ausbildung. Aber auch experimentiert wurde schon. Im Sommer 1941 startete z. B. I. S. **Lisatschow** in Kasan erstmalig eine TB-7 mit einer Startmasse von 35 Tonnen. Für derartige Massen war vor allem das Fahrwerk der ersten beiden Serien (bis Werknr. 4227) der TB-7 zu schwach. Den relativ wenigen Einsätzen standen schwere Verluste gegenüber. Zu den fünf Einsatzverlusten aus dem ersten Angriff auf Berlin kamen 1941 noch zwei Katastrophen und drei Havarien.

2.2. Siege und Niederlagen – das Jahr 1942

Tragödie am Jahresanfang

Kurz nach dem Jahreswechsel erhielt Chefkonstrukteur **Petljakow** die Weisung, mit seinem Stellvertreter A. M. **Isakson** nach Moskau zu kommen. Am Morgen des 12. Januar 1942 packte ihm seine Frau den kleinen Koffer, die älteste Tochter buk noch etwas für ihren Vater. Zu acht wohnte die Familie **Petljakow** in einer Barackenecke.

Petljakow und **Isakson** fuhren zum Flugplatz. Sie wollten mit je einer gerade nach Moskau zu überführenden Pe-2 fliegen. Auf dem Flugplatz trafen sie den Testpiloten Semjon A. **Schestakow**. »Wo wollen Sie denn hin, Wladimir Michailowitsch?« fragte er. »Nach Moskau, ins Volkskommissariat.« »Womit fliegen Sie?« »Hier, mit diesen Peschkas.« **Schestakow** blieb ruckartig stehen: »Was soll denn das, Wladimir Michailowitsch? Die werden doch nicht geheizt und bei den Temperaturen. Und wieso das Risiko? Die sind ja noch nicht einmal eingeflogen! Für so was haben wir die Douglas. Gehen Sie zum Direktor, er soll Ihnen das Flugzeug geben. Ich fliege Sie dann persönlich.« **Petljakow** ging zum Werkdirektor. Aber **Karpow** blieb stur: »Das Flugzeug kann ich nicht geben, ich muß es wegen Zulieferungen nach Arsamas schicken.«

Der bescheidene **Petljakow** war sowieso nicht fähig zu drängen, und so kehrte er erfolglos auf den Flugplatz zurück.

Wladimir Michailowitsch Petljakow

Wladimir Michailowitsch wurde am 27. (15.) Juni 1891 in der Familie eines russischen Handelsangestellten im Dorf Sambek des Asow-Schwarzmeergebietes geboren.

1910 beendete er die achtklassige Technische Schule in Taganrog und schrieb sich an der Mechanischen Fakultät der Moskauer Technischen Hochschule ein. Aber bald waren seine Geldmittel erschöpft, und er mußte Moskau verlassen. **Petljakow** verdingte sich als Laborant, Heizer, Dreher und als Dienstleiter eines Lokomotivdepots.

1919 wurde **Petljakow** zum Abschluß seines Studiums nach Moskau delegiert. Hier hörte er die Vorlesungen Prof. N. Je. **Shukowskis** und arbeitete gleichzeitig als Laborant im Aerodynamischen Laboratorium und im Luftfahrtrechen- und Versuchsbüro der Hochschule. 1922 beendete **Petljakow** sein Studium. Schon vorher, 1921, begann er im ZAGI zu arbeiten, wo er auch seine endgültige Berufung als Flugzeugkonstrukteur fand.

Bis Mitte 1936 arbeitete W. M. **Petljakow** im Konstruktionsbüro A. N. **Tupolews,** dem KOSOS, wo er folgende Funktionen inne hatte:

3. 10. 1931	Sektionsleiter für schwere Flugzeuge	
1932	Brigadeleiter Tragwerk	
21. 11. 1934	Stellvertreter **Tupolews** für Versuchskonstruktionen	
1936	Stellvertretender Chefkonstrukteur des ZAGI	
1936	Chefkonstrukteur des Versuchsflugzeugwerkes Nr. 156 des ZAGI.	

Petljakow leitete die Projektierung der Tragflächen aller Flugzeuge von der ANT-1 bis zur ANT-20 »Maxim Gorki«. Er entwickelte die Berechnungsmethode für mehrholmige Tragflächen, was ein wesentlicher Beitrag zum Bau schwerer Flugzeuge war. Gleichzeitig nahm **Petljakow** intensiv an der Einführung einiger Flugzeugtypen in die Serienproduktion, insbesondere der TB-1 und der TB-3, teil.

Nach seiner Verhaftung im Oktober 1937 übertrug man **Petljakow** die Projektierung des Höhenjägers »100«, den er dann später in den Sturzkampfbomber Pe-2 umkonstruieren mußte. Während seiner Haftzeit gelang es Wladimir Michailowitsch, aus den Mithäftlingen und Zivilbeschäftigten ein leistungsfähiges Konstrukteursteam zu formieren. Im Juli 1940 wurde **Petljakow** und der größte Teil seiner Mitarbeiter entlassen und mit der Leitung der Serienproduktion der Pe-2 beauftragt.

Im Oktober 1941 verließ **Petljakow** als einer der letzten Spezialisten im Zuge der Evakuierung der Luftfahrtindustrie Moskau. Am 12. Januar 1942 kam Wladimir Michailowitsch **Petljakow** bei einer Flugzeugkatastrophe ums Leben.

Auszeichnungen: Staatspreis (1941), 2 Leninorden (1933, Nr. 662, 1941, Nr. 7365), Orden des Roten Sterns (1933, Nr. 119).

»Mit welcher fliegst du?« fragte **Isakson.** »Mit der hier, ich hab' schon meinen Koffer drin.« »Hast du den Fallschirm mitgenommen?«

»Welchen Fallschirm denn!? Die Wolken sind niedrig, und wir fliegen sowieso in nur 100 m. Da nützt er uns nichts. Na, und aus der zweiten Kabine kommt man auch schwer heraus, besonders wir beide als wohl nicht gerade die Erfahrensten auf diesem Gebiet.«

Die beiden Maschinen starteten kurz nach Mittag vom Flugplatz des Werkes Nr. 22 in Kasan ... Wenige Tage später suchte eine Kommission unter Leitung von Chefingenieur A. A. **Kobsarjew** in den Wäldern um Arsamas die Trümmer der abgestürzten Pe-2, an deren Bord sich Chefkonstrukteur **Petljakow** befunden hatte ...

Die Beisetzung fand am 25. Januar statt. Der geschlossene Sarg war im Werk aufgestellt

In Kasan, auf einem Friedhof an der Wolga, kann man das Grab des Konstrukteurs der Pe-8 finden. Die Aufschrift lautet:
Dem bedeutenden
Flugzeugkonstrukteur
PETLJAKOW
WLADIMIR MICHAILOWITSCH
1891–1942
Auf der Grabstätte befindet sich ein zweiter Stein mit der Inschrift
PETLJAKOWA
MARIA JEWSEJEWNA
1867–1942
für die Mutter des Konstrukteurs.
Das Schicksal hat es so bestimmt, daß unweit dieser Stelle eine weitere in diesem Buch erwähnte Person ihre letzte Ruhe fand. 1962 wurde hier Wassili Jossifowitsch Dschugaschwili (Stalins Sohn) begraben.

worden. Die Menschen am Sarg fühlten, was ihnen dieser schüchterne, schweigsame und stets herzliche Mensch bedeutet hatte. Aus Omsk war der seit dem 19. Juli 1941 wieder auf freien Fuß gesetzte A. N. **Tupolew** gekommen. Von Bronchitis geplagt, öfters mit dem Handschuh über die Augen fahrend, stand er auf dem Friedhof, als er plötzlich mit einer grellen Stimme rief: »Wolodka, was hast du denn da angerichtet!« So blieb das Begräbnis auch in der Erinnerung der Leute: bittere Kälte, das Knirschen der Filzstiefel und der unnatürliche Aufschrei **Tupolews.** Auf dem Grab wuchs der Berg aus Kränzen, eine Gewehrsalve zerriß die Stille, und dröhnend nahm eine Pe-2 im Tiefflug über dem Friedhof Abschied von ihrem Schöpfer.

Stalin berührte der Tod **Petljakows** insofern, als er sofort allen Chefkonstrukteuren verbot, Flugzeuge zu benutzen. Dieses Verbot blieb bis **Stalins** Tod in Kraft.

Die TB-7 erhielt die neue Typenbezeichnung »Petljakow Pe-8«. Die Umbenennung der TB-7 in Petljakow Pe-8 erfolgte offiziell durch einen Erlaß des GKO vom 6. September 1942. Am 8. September 1942 unterzeichnete A. I. **Schachurin** den entsprechenden Befehl des NKAP. Um den Leser nicht allzusehr zu verwirren, verwenden wir hier im Buch nun die neue Typenbezeichnung Pe-8.

Erstmalig tauchten in sowjetischen Zeitungen die jetzt üblichen Typenbezeichnungen »Il«, »Jak«, »Pe« usw. Mitte März 1942 auf. Im Vorfeld hatte ein Gespräch A. S. **Jakowlews,** stellvertretender Volkskommissar für Luftfahrtindustrie und Chefkonstrukteur, mit **Stalin** stattgefunden. Das Gespräch nahm folgenden Verlauf:
Stalin fragte: »Was schlagen Sie vor?« »Ich schlage vor, daß die Zeitungen vor den Lesern unsere Kampftechnik nicht verstecken, sie nicht entpersonifizieren, sondern umgekehrt, sie propagieren. Ich staune, daß die Zeitungsleute bis jetzt diese Notwendigkeit nicht selbst begreifen. Aus diesem Grunde habe ich mit einigen Zeitungsredakteuren gesprochen. Die seufzen zwar und sind mit mir einer Meinung, rechtfertigen sich aber mit Hinweisen auf die Geheimhaltung ...« »Was soll denn daran geheim sein«, winkte Stalin ab.

»Ich meine auch, was können das schon für geheime Flugzeuge oder geheime Panzer sein, wenn sie vom ersten Tag an der Front kämpfen, um so mehr, als es ihrer Tausende an der Front sind? Warum müssen wir vor den eigenen Leuten das verstecken, was dem Gegner längst bekannt ist?«

Stalin bemerkte, daß dies richtig sei, und setzte hinzu, offenbar auf die Redakteure gemünzt: »Sie denken selbst nicht und warten auf Kommandos.« Er fragte: »Wie wollen wir unsere Flugzeuge bezeichnen?«

Sofort wurde vorgeschlagen, die Flugzeuge nach den abgekürzten Familiennamen der Konstrukteure zu benennen. Die Schlachtflugzeuge Iljuschins z. B. Il, die Bomber Petljakows Pe usw., alles in Verbindung mit Zahlen, die eine Ordnungsnummer darstellen. Z. B.: Il-2, Il-4, Pe-2, Pe-8 usw. Stalin stimmte diesem Vorschlag zu, machte aber folgende Bemerkung: »Warum abkürzen? Wir werden sie mit dem vollen Name der Konstrukteure bezeichnen: Iljuschin-2, Petljakow-8 usw. Soll man unsere Konstrukteure kennen!«

In den internen Dokumenten der ADD wurde die Typenbezeichnung Pe-8 spätestens seit dem Oktober 1942 verwendet.

Eine neue Teilstreitkraft entsteht

Mitte Januar 1942 kam die sowjetische Offensive nach schweren Kämpfen vor Moskau zum Stehen. Alle gemachten Voraussagen, die Rote Armee sei geschlagen, erwiesen sich als falsch. Die Wehrmacht erlitt ihre erste große Niederlage. Als die unmittelbare Gefahr der Einahme Moskaus durch die Wehrmacht immer geringer wurde, forderte **Stalin,** den Stab der ihm unterstellten Fliegerdivision nach Moskau zu verlegen.

Wenige Tage später etablierte sich der Stab der 3. Division direkt am Zentralflughafen im Gebäude der Ingenieurakademie der Luftstreitkräfte, dem ehemaligen Petrowsker Palast, ganze 7 Minuten Fahrzeit vom Kreml entfernt.

Kommandant Tschurilin Anfang 1943 vor dem Leitwerk der Roten Sieben vom 746. Geschwader. Der Major trägt hier 2 Rotbannerorden und einen Orden des Vaterländischen Krieges 1. Klasse (alle Auszeichnungen in alter Ausführung).
Archiv Traditionsverband

Aber auch die Division selbst sollte näher bei Moskau stationiert werden. Vom Flugplatz Wsegoditschi bei Kowrow wurde das 746. Geschwader in der zweiten Januarhälfte teilweise nach Kratowo an der Moskwa, auf den Flugplatz des LII NKAP, verlegt, erst einmal »vorläufig«, dann aber für lange Zeit, bis 1944. Von hier aus waren die Pe-8 schon ab und an ins Gefecht gestartet, als Zwischenstopp von Kowrow. Seit dem 1. April 1942 war Kratowo offizielle Basis des 746. DBAP.

Die Bevölkerung der angrenzenden Siedlungen Nowoje Selo und Stachanowski Posolok nahm die Flieger herzlich auf. Besonders die Unterbringung hatte es den Fliegern angetan. Winter für Winter halfen die Bewohner bei der Schneeräumung auf dem Flugplatz. Noch heute schwärmen die Veteranen der Division von der Freundlichkeit der Menschen.

Nahezu täglich war **Golowanow** nun zum Befehlsempfang bei **Stalin.** Der zeigte sich immer unzufriedener mit den Einsatzergeb-

Das Stabsgebäude des 746. DBAP am neuen Standort Kratowo. Da in ihm auch die Offiziere Unterkunft hatten, wurde das Haus auch scherzhaft als Hotel bezeichnet. Später richtete sich hier auch der Divisionsstab ein. Archiv Traditionsverband

nissen der 3. Division. Typisch hierzu sein Satz: »Irgendwie klappt es bei uns nicht mit den Bombenfliegerkräften. Irgendwo haben wird irgend etwas übersehen, und jetzt haben wir dafür zu zahlen. Man muß darüber gründlich nachdenken.«

Da hatte er recht. Die in den dreißiger Jahren in 4 Armeen zur besonderen Verfügung (AON) organisierten und zentral unterstellten Bombenfliegerkräfte waren 1940 wieder in Fliegerkorps aufgegliedert worden. General **Proskurow** hatte sich dem seinerzeit widersetzt – sein Schicksal ist dem Leser bekannt. So trug die Dezimierung der Führungskräfte auch bei den Kampffliegern späte Früchte: Die strategischen Langstreckenbomber waren zu Kriegsbeginn in operativ-taktischen Einheiten mit dezentraler Unterstellung organisiert. Dieser Widerspruch war es, den **Stalin** jetzt spürte. Vorläufig unterstellte **Stalin** sich nur das Pe-8-Geschwader. Am 18. März unterzeichnete er den Befehl Nr. 0056 des Volkskommissars für Verteidigung, mit dem er das 746. DPAP aus der 3. DBAD ausgliederte und sich persönlich als Geschwader z. b. V. unterstellte.

Auch der im Oktober 1941 gemeinsam mit Generalmajor **Proskurow** hingerichtete General **Smuschkewitsch** hatte schon zu seiner

Dieses Plakat aus dem Jahre 1942 zeigt TB-7 über dem Roten Platz in Moskau. Der Text dazu lautete: »Die Deutschen rechneten damit, durch einen direkten Schlag gegen Moskau die Stadt einzunehmen, die Rote Armee zur Kapitulation zu zwingen und damit das Ende des Krieges im Osten zu erreichen ... Aber diese Rechnung der Deutschen ging bekanntlich nicht auf. J. Stalin«

Zeit als Chef der Luftstreitkräfte vorgeschlagen, innerhalb der Bombenfliegerkräfte einen strategischen Verband aus Fernbombern zu bilden. An jenem tragischen 28. Oktober 1941 hatte L. P. **Berija** aber einige seiner »wichtigen« Gefangenen »verschont«. Er hatte sie sich für den 24. Jahrestag der Roten Armee aufgespart. »Anläßlich« dieses 23. Februar 1942 wurden allein von den Luftstreitkräften hingerichtet:
Je. S. **Ptuchin,** Generalleutnant der Flieger, Held der Sowjetunion, Befehlshaber der Luftstreitkräfte der Südwestfront, 39 Jahre;
P. I. **Pumpur,** Generalleutnant der Flieger, Held der Sowjetunion, Befehlshaber der Luftstreitkräfte des Moskauer Militärbezirks, 41 Jahre;
E. G. **Schacht,** Generalmajor der Flieger, Held der Sowjetunion, stellvertretender Chef der Luftstreitkräfte für Ausbildung, 38 Jahre.

Ernst **Schacht,** in Basel geboren, war deutscher Abstammung. Nach dreimaliger Verhaftung und Verurteilung schickte ihn die Kommunistische Jugendinternationale 1922 in die UdSSR. Während des spanischen Bürgerkrieges war er Kommandeur der republikanischen Bombenfliegerkräfte.

Anfang 1942 befaßte sich das Hauptquartier ernsthaft mit dem Gedanken, die gesamten Fernbomber der Luftstreitkräfte zu einer strategischen Bomberflotte zusammenzufassen. Aus einem zwischen **Stalin** und **Golowanow** geführten Gespräch wird ersichtlich, daß es nicht um eine Wiederherstellung der AON ging, sondern vielmehr um die Bildung einer ganz neuen Teilstreitkraft. **Stalin** hatte sehr wohl die Bedeutung einer unabhängig handelnden Bomberflotte erkannt und **Golowanow** sofort mit der Bildung der Fernfliegerkräfte betraut.

Am 5. März 1942 nahm das Staatliche Verteidigungskomitee den Erlaß Nr. 1392 über die Bildung der Fernfliegerkräfte, der ADD, an. Vorher gab es eine markante Episode. Im vorgelegten Entwurf des Erlasses war von den ADD »beim Hauptquartier des Obersten Befehlshabers« die Rede. Das Wort »bei« strich **Stalin** persönlich durch und machte damit die ADD zu einer Organisation des Hauptquartiers.

Generalleutnant der Flieger A. Je. Golowanow, seit März 1942 Befehlshaber der neu geschaffenen Fernfliegerkräfte. Das Foto entstand vermutlich im Januar 1943. Golowanow trägt hier den Lenin-Orden, 2 Rotbannerorden, den Suworow-Orden 1. Klasse und das AEROFLOT-Abzeichen für unfallfrei geleistete Flugkilometer. Museum der Schule Nr. 35 in Dsershinsk

Zum Befehlshaber der Fernfliegerkräfte wurde Generalmajor A. Je. **Golowanow** ernannt. Sein Nachfolger als Kommandeur der 3. Division der ADD wurde N. I. **Nowodranow.**

In diplomatischer Mission

Die ersten Sonnenstrahlen des 2. Mai 1942 ließen den Himmel über der Front bei Nowgorod im leuchtenden Blau erstrahlen. Einsam näherte sich in über 8 000 m Höhe ein viermotoriger Bomber von Westen. Mit einem Seitenblick konnte der einzige Pilot an Bord der Pe-8 in der Morgensonne die roten Sterne auf den Flächen leuchten sehen. »Höchste Aufmerksamkeit!«, befahl er nun den Bordschützen bei Annäherung an die Front. Außerdem befand sich die Besatzung schon seit dem Abend in der Luft und die Anstrengungen des Fluges hätten sich auswirken können.

100 km vor der Frontlinie meldete der Schütze des zentralen Standes dann auch prompt: »Ein Jäger von hinten!« Kurz dar-

auf erzitterte die Maschine. Die Kanonen im Heck und im zentralen Stand eröffneten das Feuer.

»So ein Hund! Der kann einen glatt umbringen! Direkt unter die Hacken ....« Das war Navigator **Schtepenko** aus seinem Glashaus im Bug. Ein Geschoß des Jägers war in die Befestigung der Rahmenantenne des Funkkompasses unter seinem Arbeitsplatz eingeschlagen, zum Glück aber nicht explodiert.

Mit 450 km/h über Grund überflog das Flugzeug die Front. »Wie sieht's aus?« fragte Kommandant **Puusepp** den zentralen Schützen. »Er traut sich nicht näher und feuert aus einigen Kilometern Entfernung.« »Na denn, soll er schießen. Irgendwann wird ihm schon die Munition ausgehen. Und wir machen uns jetzt ganz dünn!« Im nächsten Moment verschwand der Bomber in einer Wolkenschicht.

Eine halbe Stunde später landete die Pe-8 in Kratowo. Am 28. April 1942 waren die Männer von hier unter Befehl von Major **Asjamow** um 19:05 gestartet. Mit der Erfüllung dieses Flugauftrages hatten die Flieger nun die Grundlage für einen historischen Flug geschaffen, der uns noch beschäftigen wird. Allerdings erfuhren die Männer um **Puusepp** erst später, daß sie mit dem eben vollbrachten Flug nach Großbritannien eine Art Reifeprüfung abgelegt hatten.

Was war bisher geschehen?

Am 2. November 1941 überreichte der Botschafter der USA in der UdSSR, **Steinhardt,** dem Stellvertreter des Volkskommissars für Auswärtige Angelegenheiten A. J. **Wyschinski** in Kuibyschew eine Denkschrift, in der es unter Punkt 8 hieß: »Der Präsident bringt die Hoffnung zum Ausdruck, daß Herr **Stalin** nicht zögern wird, direkt mit ihm in Verbindung zu treten, sollte es die Situation erfordern.« Darauf antwortete **Stalin Roosevelt** am 4. November: »... Ihrem Wunsch, Herr Präsident, zwischen Ihnen und mir unverzüglich einen persönlichen Kontakt herzustellen, falls es die Umstände erfordern, schließe ich mich gern an und bin bereit, meinerseits alles nur mögliche für seine Verwirklichung zu tun.«

Die Umstände änderten sich schnell:

Noch im November mußte die Sowjetunion die Krim aufgeben, am 7. Dezember durchlebten die USA ihre Katastrophe von Pearl Habor, wenig später erlitt die Wehrmacht vor Moskau ihre erste Niederlage seit Kriegsbeginn.

Auf die Botschaft vom November bezog sich Präsident **Roosevelt** in einem persönlichen Schreiben, das **Stalin** am 12. April 1942 erreichte: »Die geographische Entfernung macht es uns unglücklicherweise praktisch unmöglich, gegenwärtig zusammenzutreffen ...

Deshalb möchte ich, daß Sie die Entsendung Herrn **Molotows** und eines vertrauenswürdigen Generals in allernächster Zeit nach Washington in Erwägung ziehen .... Wir werden ihnen ein gutes Transportflugzeug zur Verfügung stellen, so daß sie innerhalb von zwei Wochen die ganze Reise hinter sich bringen können.«

Sein Einverständnis mit dem Vorschlag **Roosevelts** brachte **Stalin** in seiner Antwort vom 20. April zum Ausdruck. Dort hieß es u. a.: »... W. M. **Molotow** kann spätestens in der Zeit vom 10. bis 15. Mai mit einem entsprechenden militärischen Vertreter in Washington eintreffen.«

Zwei Tage später schickte **Stalin** dem britischen Premier eine Botschaft, in der er über die bevorstehende Reise des Volkskommissars informierte und ankündigte, daß die laufenden sowjetisch-britischen Verhandlungen von **Molotow** in London fortgesetzt werden sollten.

Die Initiative des amerikanischen Präsidenten zu einem persönlichen Treffen mit **Molotow** hatte verschiedene Ursachen. Vor allem aber war das amerikanische Volk immer unzufriedener mit der abwartenden Haltung seiner Regierung gegenüber den Kriegsereignissen in der Welt. **Roosevelt** mußte etwas unternehmen.

Nachdem sich die Sowjetunion von der Ernsthaftigkeit der Absichten der USA überzeugt hatte, Hilfe zu leisten, wurde die Reise dann vorbereitet. Zur Geheimhaltung sollte **Molotow** als Mr. Brown auf die Reise gehen. Das Ziel der Mission des Mr. Brown war klar definiert: Eröffnung der Zweiten Front!

Anfang 1942 ging man intensiv an die Vorbereitung eines derartigen Treffens. **Stalin** quetschte **Golowanow** förmlich aus über das Für und Wider eines Fluges nach Alaska. Interessant erschien ihm besonders die Route über Fairbanks. Für **Golowanow** war bei dieser Flugroute über Sibirien das Kraftstoffproblem noch unlösbar. **Golowanow** wurde mit der gesamten Organisation beauftragt und mit den Worten entlassen, »vielleicht müssen wir beide nach Quebec fliegen. Aber das nur unter uns …« Dieses bekannte Stalinsche »nur unter uns« bedeutete für den Betreffenden absolute Geheimhaltung.

Einige Zeit später fragte **Stalin** wieder so ganz nebenbei: »Was denken Sie, wieviel Zeit wird nötig sein, nach Quebec und zurück mit zwei Tagen Aufenthalt zu fliegen!« **Golowanow** nannte als Minimum 10 Tage – unter günstigen Bedingungen. Damit hatte er die nächste Frage provoziert: »Und bei nicht ganz so günstigen?« Aber darauf konnte der General keine exakte Antwort geben. Die Arktis konnte viele Überraschungen bieten.

Gegenüber **Golowanow** äußerte sich **Stalin** nicht mehr über Quebec, informierte sich

aber nach geraumer Zeit, wie man am besten und schnellsten mit dem Flugzeug nach Washington kommen könnte. Mit dem Hinweis auf strengste Geheimhaltung bekam der Befehlshaber Zeit, alle Möglichkeiten abzuwägen.

Nun, A. J. **Golowanow** hatte es gar nicht so einfach, seine Berechnungen anzustellen. Rund um die Uhr gingen Leute ein und aus und schon der bloße Fakt der Weltkarte auf dem Tisch des Befehlshabers der Fernfliegerkräfte hätte Anlaß zu Gerüchten sein können. Der Berechnungen und Überlegungen waren viele anzustellen. Was die Flugroute anbelangte, so war die über Alaska völlig unbrauchbar, da sie zu umfangreiche Vorbereitungen und eine zu lange Reisedauer bedeutet hätte. Die Strecke über den Iran und weiter führte über Staaten, bei denen völlig unklar war, wie sie sich zu einem solchen Flug verhalten würden. Außerdem würde diese Strecke extrem lang werden. Am ungefährlichsten und günstigsten blieb die Route über London, Island und Kanada. Sogar wenn die feindliche Aufklärung von einem bevorstehenden Treffen in Washington Wind bekäme, so würde sie wohl kaum

annehmen, daß führende Persönlichkeiten der UdSSR die Front überfliegen würden. Nach London folgte ein Abschnittt, in dem die Luftwaffe gar nicht mehr flog. Außerdem befanden sich Island und Kanada mit Deutschland im Krieg, so daß das Flugzeug mit dem Schutz dieser Staaten hätte rechnen dürfen.

Wie zu erwarten, löste der Vorschlag **Golowanows** einiges Unverständnis aus. Aber als der Redner seine Überlegungen zu Ende gebracht, beendete **Stalin** die Diskussion mit der Bemerkung: »Wir vertrauen Ihnen und stützen uns auf Sie. Handeln Sie, wie Sie es für richtig halten, denn Sie tragen in erster Linie die Verantwortung. Aber über diesen Flug darf niemand etwas wissen. Man muß etwas ausdenken, um eine legale Begründung zu finden.«

Dieser Grund war schnell gefunden. Da Großbritannien der Sowjetunion gerade Jagdflugzeuge angeboten hatte, sollte ein erster Flug unter dem Vorwand stattfinden, sich mit diesen Flugzeugen bekannt zu machen. Die Wahl der Besatzung fiel auf S. A. **Asjamow**, den **Golowanow** noch von gemeinsamen Flügen in Ostsibirien her kannte. Später, schon als Hauptmarschall der Flieger, schrieb **Golowanow** einmal: »Dem Charakter nach war **Asjamow** ein Mensch ›Tschkalowschen Schlages‹, der den Flug unter beliebigen Bedingungen tadellos beherrschte und selbst in den kompliziertesten Situationen nicht den Kopf verlor. Drei Jahre arbeiteten wir gemeinsam im Norden, und ich kann mich nicht an einen Fall erinnern, daß man **Asjamow** irgendeinen Vorwurf machen konnte, es sei denn, daß er im Fluge äußerst energisch war. Aber nie war dies Anlaß zu einem Vorkommnis. In der letzten Zeit arbeitete er in der Polarfliegerei. Dieser war er offensichtlich mehr zugetan.«

An einem sonnigen Apriltag 1942 beorderte General **Golowanow** die Pe-8-Kommandanten **Asjamow** und **Puusepp** mit ihren Navigatoren **Romanow** und **Schtepenko** zu sich nach Moskau. **Golowanow** erläuterte den verblüfften Offizieren die Absicht, sie zu einem »Flug über die Grenze« zu schicken.

Kommandant E. K. Puusepp (links) mit seinem Navigator A. P. Schtepenko vor einer Pe-8 in Kratowo, 1942. Archiv Zentralhaus der Luft- und Raumfahrt

Major S. M. Romanow. Archiv Traditionsverband

Er forderte sie auf, beide Flugzeuge wartungsmäßig in einen vorbildlichen Zustand zu versetzen.

Nach einigen Tagen standen die beiden Pe-8 — als wären sie eben aus der Fertigung gerollt — auf ihren Abstellplätzen. Das Flugziel war den Besatzungen bekannt: Schottland. Über die AEROFLOT, die offiziell die Flugvorbereitungen durchführte, hatten die Briten die Flugunterlagen zur Verfügung gestellt.

Am Abend des 26. April 1942 meldeten die beiden Kommandanten ihrem Geschwaderkommandeur Oberst **Lebedjew** die Einsatzbereitschaft von Besatzungen und Flugzeugen. Als der Befehl erging, daß nur die Pe-8 **Asjamows** fliegen sollte, sank die Stimmung **Puusepps** auf dem Nullpunkt. Beide Flugzeuge sollten aber in Startbereitschaft gehalten werden. Für den Fall, daß am Flugzeug **Asjamows** technische Probleme auftreten sollten, war die Maschine **Puusepps** vorgesehen. In der gemeinsamen Besatzung, zu der auch die Navigatoren gehörten, wurde der Kommandant, dessen Flugzeug flog.

Am 28. April 1942 kam der Befehl: Start am Abend! Auch die Passagiere trafen ein. Vier Mann, unter ihnen W. N. **Pawlow** aus

dem Volkskommissariat für Auswärtige Angelegenheiten, der Dolmetscher für die geplanten Verhandlungen.

Bei typischem Aprilwetter liefen die letzten Startvorbereitungen. Eine Zugmaschine schleppte **Asjamows** Pe-8 langsam auf die Betonbahn. »Alles auf die Plätze!« ertönte das traditionelle Kommando. Die Luftschrauben begannen sich zu drehen. Bordtechniker F. D. **Masjuk** war zufrieden: Letztlich flog doch seine Pe-8.

Um 19:05 Uhr hebt der Bomber ab und verschwindet sofort in den Wolken. In 5000 m Höhe überfliegt er die Front. In 7500 m Höhe, schon über der Ostsee, steigt die schwere Maschine endlich aus den Wolken heraus. Bald bietet sich der Besatzung und ihren Gästen ein schon fast vergessenes Bild: Durch Wolkenschleier hindurch leuchten Tausende Lichter! Im neutralen Schweden darf man sich den Luxus leisten, ohne Verdunkelung zu leben. Über der Nordsee umfliegt die Pe-8 einen deutschen Schiffskonvoi. Die Angaben über ihn registrierten die Engländer nach der Landung sehr aufmerksam. Die Landung ist für den frühen Morgen auf dem Flugplatz Tealing bei Dundee berechnet. Die Meteorologen haben Gegenwind vorhergesagt – faktisch bläst aber schon seit Stunden kräftiger Rückenwind. Nach 7:10 Stunden Flug, ganze zwei Stunden vor der berechneten Zeit, erreicht das sowjetischen Flugzeug sein Ziel. In Tealing aber ist noch Nachtruhe. Etwas südlicher, bei Edinburgh, arbeitet ein Nachtflugplatz. Asjamow überfliegt diesen Platz sehr niedrig und steigt wieder – der Flugplatz ist für die Pe-8 viel zu klein. Endlich, nachdem es endgültig hell ist, legt man in Tealing das Lande-T aus. Um 4:00 Ortszeit landet die Pe-8.

Der Kommandeur der in Tealing stationierten Jagdflieger des 56. OTU (Operational Trainings Unit – Einsatztrainingseinheit), Colonel **Williams,** lud alle Flieger zu sich ein. Den ersten Toast brachten die englischen und sowjetischen Flieger auf den Sieg über **Hitler,** auf die Rote Armee und »happy landings« aus. Die Besatzung mußte aber weiter nach London, um im britischen Luftfahrtministerium einige Probleme zu beraten.

Um 6:25 Uhr Greenwich-Zeit startete eine DH »Flamingo«, um die beiden Kommandanten, ihre Navigatoren sowie drei weiteren Passagiere nach London zu bringen. Bald traf im Stab der Fernfliegerkräfte in Moskau die Meldung ein, daß die »Flamingo« um 9:05 Uhr gelandet sei.

Am nächsten Tag wurden die vier Offiziere vom sowjetischen Botschafter im Vereinten Königreich von Großbritannien, I. I. **Maiski,** empfangen. Unter anderem fragte **Maiski,** ob es möglich wäre, daß sich einige Engländer sowie Ingenieure der Botschaft die Pe-8 ansehen könnten. **Asjamow** war einverstanden.

Die Flieger knobelten mit Streichhölzern aus, wer von ihnen wieder nach Schottland fliegen sollte. **Asjamow** selbst zog das Streichholz ohne Kuppe. »Habt mich dem Schicksal überlassen«, scherzte er. »Nun gut, ich fliege allein. Ich zeige den Gästen die Maschine und gebe den Technikern gleich die Befehle zur Vorbereitung des Rückfluges.« Mit 10 Passagieren an Bord startete die »Flamingo« um 9:00 Uhr nach Norden.

In der Londoner Botschaft versammelte man sich am Vorabend des 1. Mai zur traditionellen Maifeier. Im Namen der Bomberbesatzung gratulierte A. P. **Schtepenko** den Mitarbeitern der Botschaft zum Feiertag. Aber die Stimmung der drei Fliegeroffiziere war etwas getrübt. Sie warteten auf ihren Kommandanten. **Asjamow** wollte am Abend unbedingt zurück sein. **Puusepp** wurde aus seinen Gedanken gerissen. »Genosse **Maiski** bittet sie zu sich«, wurde er von einem Mitarbeiter angesprochen.

Sekunden später stand der Este vor dem unruhig in seinem Kabinett hin und her laufenden Botschafter.

»Genosse **Puusepp,** mit **Asjamow** ist ein Unglück passiert ...« »Entschuldigung, wie? Was ist passiert?« erwiderte der Flieger erregt. »Den ganzen Tag hielten uns die Engländer im unklaren über das, was passierte. Anfangs übermittelten sie, das Flugzeug hätte eine Notlandung durchgeführt. Danach meldeten sie, daß eine Havarie passiert sei. Und erst jetzt, vor einigen Minuten, als Antwort auf meine nachdrücklichen Forderungen, bekannten sie, daß es eine Katastrophe ist … Alle – sowohl Besatzung als auch Passagiere – sind ums Leben gekommen …«

Der Tod **Asjamows,** der schon als Polarflieger berühmt und nun einer der besten Bomberkommandanten des 746. Geschwaders gewesen war, beeindruckte sogar **Stalin.** Über **Golowanow** ließ er sich unverzüglich über die Qualitäten des zweiten Fliegers, **Puusepp,** informieren und wies an, eine zweite, erfahrene Besatzung zusammenzustellen. Das Treffen mit **Roosevelt** mußte stattfinden.

Am anderen Morgen, dem 1. Mai, erschienen die Flieger beim Botschafter, der ihnen diplomatische Post und beste Grüße an die Heimat übergab. Auf dem Londoner Flugplatz erschien gleichzeitig mit der Besatzung auch ein LKW mit Säcken und Kisten – Geschenke der Botschaftsangehörigen an die Rote Armee. So herzlich die Geschenke auch angenommen wurden – die Engländer mußten nun ein größeres Flugzeug für den Start nach Dundee vorbereiten.

In Tealing drückte der Flugplatzkommandant auch den neu eingetroffenen Besatzungsmitgliedern sein Beileid zum Tod ihres Kommandanten aus. Die Techniker hatten den Bomber schon startklar gemacht.

Große Sorgen bereiteten **Puusepp** die geringen Ausmaße des Flugfeldes. Er sollte recht behalten. Kaum hatten sich die Räder vom Boden gelöst, berührten sie auch schon die Spitzen der Büsche und danach noch die Baumwipfel am Flugplatzrand. Nach einer 180°-Kurve nahm die Pe-8 Kurs nach Osten auf. Über den Fjorden Norwegens flog die Maschine endgültig in die Nacht, obwohl ein heller Streifen im Norden nie ganz verschwand. Die Nächte waren schon sehr kurz geworden.

Schon am Morgen nach seiner Ankunft in Kratowo ließ Oberst **Lebedjew Puusepp** rufen. Nach der Begrüßung fragte der Geschwaderkommandeur: »Überlegen Sie gut, welche Maschine Ihnen besser liegt: Ihre ›66‹ oder die, mit der Sie in Schottland waren?«

»Genosse Oberst, da gibt's nichts zu überlegen. Natürlich ist meine ›66‹ besser!« antwortete der Flieger sofort.

»Nun gut. Überprüfen Sie Ihr Flugzeug, wie es sich gehört. Kontrollieren Sie gründ-

lichst die Arbeit der Triebwerke! Wenn es notwendig ist, führen Sie einige Probeflüge durch. Das Flugzeug muß spätestens am 4. Mai startklar sein!« Einige Augenblicke trommelte der Oberst mit den Fingern auf die Tischplatte und schwieg. Da sein Flieger keine Frage hatte, setzte er fort: »Diesmal haben Sie einen ungleich komplizierteren und verantwortungsvolleren Flugauftrag zu erfüllen. Das Flugziel erfahren Sie später.«

Die ehrgeizigen Anstrengungen der ganzen Besatzung versetzten die 42 066 zum festgesetzten Zeitpunkt in einen Idealzustand. Am 5. Mai wurde **Puusepp** mit den beiden Navigatoren zum Befehlshaber der ADD befohlen. Aufmerksam hörte dieser sich deren Bericht über den Flug nach Großbritannien an. Auch der Tod **Asjamows** kam zur Sprache: »Sind Sie überzeugt, daß der Tod Major **Asjamows** ein Zufall war?« fragte der General und blieb plötzlich stehen. »Wer befand sich außer den Mitarbeitern unserer Botschaft noch an Bord?« **Puusepp** zerstreute die Bedenken **Golowanows:** »Gemeinsam mit unseren Leuten kamen bei der Katastrophe fünf höhere englische Offiziere und auch der Air Vice Marshal **Scott** ums Leben.«

General **Golowanow** ließ sich nachdenklich in einem Sessel nieder. Nach einer Pause stand er energisch auf. Auch die drei Offiziere erhoben sich. »In den nächsten Tagen haben Sie noch einen verantwortungsvollen Auftrag zu erfüllen. Bereiten Sie das Flugzeug gründlich vor!« Nach einer Pause setzte der General hinzu: »Und im Ausland werden Sie fremde Flugzeuge ablehnen müssen. Wenn es nötig wird, fahren Sie mit dem Zug oder dem Auto.«

Später wurden auch die näheren Umstände der Katastrophe bekannt. Die Untersuchungen, geführt von einer sowjetisch-englischen Kommission unter Leitung von Admiral N. M. **Charlamow,** dem Chef der sowjetischen Militärmission in London, ergaben:

An Bord der um 9:00 gestarteten DH-95 »Flamingo« von London nach Dundee befanden sich neben Major **Asjamow** noch Oberst N. N. **Pugatschow,** Militäringenieur II. Ranges P. I. **Baranow,** beide Angehörige

der Militärmission, und Major B. F. **Schwezow,** Mitarbeiter des Attachés der Luftstreitkräfte. Von britischer Seite waren neben der vierköpfigen Besatzung die beiden Verbindungsoffiziere **Wilton** und **Edmunds** sowie der Air Vice Marshal an Bord.

Von Dundee aus flog die »Flamingo« nach East Fortune. Dort besichtigte man Flugzeuge. Von East Fortune aus startete man zum Rückflug nach London. In der Nähe von York fing die Maschine Feuer und zerbrach in der Luft. Eine im rechten Triebwerk abgerissene Pleuelstange hatte das Gehäuse durchbrochen, worauf sich das heiße Öl sofort entzündete. Die Gehäusesplitter beschädigten noch die Flügeltanks, und die Fläche explodierte. Da keiner an Bord den Fallschirm angelegt hatte, gab es auch keine Chance auf Rettung. Warum allerdings die Pleuelstange abriß, konnte nicht geklärt werden.

Nach dem Gespräch beim Befehlshaber rätselten die Flieger verstärkt über das Flugziel. Es lief doch alles außergewöhnlich geheimnisvoll. Die Lösung aber kam schon am nächsten Tag, als die Flieger ihren Geschwaderkommandeur das Ende der Vorbreitung gemeldet hatten.

Oberst **Lebedjew** informierte die Offiziere über den Flug in die Vereinigten Staaten von Amerika. Nachdem sich bei den Männern um **Puusepp** die Überraschung gelegt hatte, besprachen sie mit **Lebedjew** die Einzelheiten des Fluges. Die Navigatoren mußten eingewiesen werden, Karten ausgegeben und die Streckenführung erläutert werden.

Neu in die Besatzung war Kommandant Hauptmann W. M. **Obuchow** gekommen. **Obuchow,** der schon im 212. Geschwader als ausgezeichneter Flieger bekannt war, nahm nun bei Major **Puusepp** den Platz des Copiloten ein.

Am 7. Mai 1942 wurde die 42 066 von einer technischen Kommission unter Leitung des Chefingenieurs der Fernfliegerkräfte, General des fliegertechnischen Dienstes I. W. **Markow,** gründlich überprüft. Man fand keine Mängel. Die Maschine war mit neuen enteisbaren Antennen ausgerüstet worden. Einige Geräte hatte man durch modernere ersetzt. Für die Passagiere gab es zusätzliche Sauerstoffflaschen. Auch die Vorbereitungen für alle denkbaren Defekte und Ausfälle auf dem langen Weg waren getroffen. Äußerlicher Unterschied der Maschine zu den »gewöhnlichen« Pe-8 war nun, daß sie keine Bordnummer mehr am Leitwerk trug, sondern nur noch einfache rote Sterne.

Als **Puusepp** am Abend noch einmal zu seinem Flugzeug wollte, wurde ihm das verwehrt. Der Wachsoldat war verschwunden. An seiner Stelle wachte nun ein Zivilist, der den Major nicht einmal in die Nähe des Bombers kommen ließ. Nun, die Unklarheit war bald beseitigt, von Stund an aber beschäftigte die Besatzung die Frage, wer sich wohl ihrer fliegerischen Meisterschaft anvertrauen würde. Bekannt war nur soviel: Es fliegen 10 Gäste.

Von diesem Tag an begann ein zermürbendes Warten für die Flieger. Tagelang bereitete sich die Besatzung morgens zum Start vor und bekam abends, wenn das Geschwader zu seinen Einsätzen startete, den Befehl, die Bereitschaft abzubrechen.

Mit der Annahme der Maschine hatten es die Briten nicht so eilig. Sie gaben der Meteorologie die Schuld für die Verzögerung.

Am Vormittag des 19. Mai wurde die Pe-8 endlich betankt auf die Startbahn geschleppt. In den Mittagsstunden befahl der Befehlshaber Oberst **Lebedjew** und die Besatzung zum Flugzeug. Schon von Weiten waren die aufgereihten Limousinen zu sehen. Neben dem Flugzeug standen einige Personen. Sie trugen Fliegerkombinationen und dazu Hüte. Als ersten erkannte **Puusepp** Generalleutnant **Golowanow**. Neben ihm zog ein Mann mit Kneifer gerade die Reißverschlüsse seiner Kombi zu – W. M. **Molotow**.

Nach der Vorstellung reichte der Volkskommissar **Puusepp** die Hand. »So jung und schon Major«, sagte er lächelnd. »Das heißt also, daß wir nun seinem Befehl unterstehen?« setzte er an General **Golowanow** gewandt fort. »Genau so ist es. Zu befehlen verstehen sie, und sie bringen Sie genau dorthin, wohin es nötig ist«, entgegnete der Befehlshaber.

Der Volkskommissar für Internationale Angelegenheiten M. W. Molotow (Mitte) mit seiner Besatzung. Links Major E. K. Puusepp, rechts Major S. M. Romanow. Archiv Traditionsverband

Major **Puusepp** meldete die Startbereitschaft. »Bereit? Nun denn, befehlen Sie!« entgegnete **Molotow**.

Besatzung und Passagiere gingen zum Flugzeug. A. Je. **Golowanow** wandte sich noch einmal an den Kommandanten der Pe-8: »Wie fühlt sich die Besatzung?« »Die Knie zittern ein wenig«, antwortete **Schtepenko** vorschnell. »Das vergeht, sobald der Flug beginnt«, lächelte der General. Dann, schon etwas ernsthafter, sagte er zu **Puusepp:** »Das Wichtigste ist, nichts zu übereilen. Handeln Sie genauso vorsichtig und überlegt, genauso aufmerksam, wie Sie das bisher getan haben.«

»Alles wird präzise und ordentlich erledigt werden, Genosse General!« antwortete der Major zuversichtlich. »Das hoffe ich. Glückliche Reise!« Er hob die Hand zur Grußerweisung.

Schon während der unmittelbaren Flugvorbereitung hatte der Präsident der USA mitgeteilt, daß er zum Empfang **Molotows** bereit sei: »... ich erwarte die Begegnung mit **Molotow**, und sobald ich die Route erfahre, werden wir Maßnahmen ergreifen, um unverzüglich Transportmittel zur Verfügung zu stellen ...
4. Mai 1942 **Roosevelt**.«

Während der Tage des Wartens, am 15. Mai, sandte **Stalin** noch einmal eine Botschaft an Präsident **Roosevelt:** »... Die Abreise W. M.

Molotows nach den USA und nach England wird sich wegen des unbeständigen Wetters um einige Tage verzögern. Es ist geklärt worden, daß er sowohl nach England als auch nach den USA mit einem sowjetischen Flugzeug fliegen kann.«

Das Unternehmen begann. **Puusepp** kletterte ins Flugzeug. Erst über die Leiter an der Nase in die Navigatorkabine und von dort nach oben in den Kommandantensessel, »auf die Hühnerleiter«, wie die Flieger ihn im Scherz nannten, weil er der höchste Punkt im Flugzeug war. Nachdem die Triebwerke dröhnten, meldeten 12 Besatzungsmitglieder ihre Startbereitschaft an Major **Puusepp**.

Hauptmann	W. M. Obuchow	Copilot
Major	A. P. Schtepenko	1. Navigator
Major	S. M. Romanow	2. Navigator
Hauptmann-Ingenieur	A. J. Solotarjow	1. Bordtechniker
Hauptmann-Ingenieur	S. N. Dimitrijew	2. Bordtechniker
Techniker 1. Ranges	B. R. Nisowzew	Bordfunker
	S. K. Muchanow	Bordfunker
	D. M. Koshin	zentraler Schütze
Obersergeant	P. W. Salnikow	Heckschütze
Leutnant	I. P. Gotscharow	Bugschütze
Obersergeant	G. F. Beloussow	Schütze
Sergeant	W. I. Smirnow	Schütze

Eine letzte Frage des Kommandanten: »Genosse Koshin, sind die Passagiere auf ihren Plätzen?« »Jawohl. Alle sind auf ihren Plätzen. Die Fallschirme sind angelegt.« »Wir starten!«

Langsam rollt das schwere Flugzeug an und beschleunigt gleichmäßig. Ungefähr in der Mitte der Bahn kommandiert **Puusepp:** *»Maximaler Ladedruck!«*

Noch einmal steigern die Triebwerke ihr Gedröhn. Der Zeiger des Fahrmessers bewegt sich langsam weiter; 120 ... 135 ... 150 ... Sachte lösen sich die Räder vom Beton. »Fahrwerk ein!«

Die Borduhr zeigte 18:40 Uhr. Ohne Eile kurvt die Maschine auf den üblichen Abflugkurs zum IPM: 360°. Nach einer halben Stunde ist dieser bei Sagorsk erreicht. Kursänderung nach Westen. Bald fliegt der kräftige Vogel inmitten von Gewitterwolken.

»Piloten«, das ist die Stimme **Schtepenkos,** *»es ist nicht nötig, den Kurs exakt zu halten. Umfliegt die Wolkentürme nach eigenem Ermessen. Ihr braucht nur die allgemeine Richtung zu halten. Bemüht euch, nicht in diese Wunder zu geraten!«*

Das ist nicht etwa Angst, sondern Erfahrung, die da spricht.

Unlängst hatte ein Einsatz nach Königsberg auch so begonnen. Aber dann befand sich der Bomber in einer derartigen Gewitterhölle, daß Navigation und Steuerung unmöglich wurden. Die Steuerhörner wurden den Piloten aus den Händen gerissen, kein Instrument hatte auch nur annähernd verwertbare Anzeigen. Damals konnte **Puusepps** *Pe-8 in 1500 m Höhe aus der Hölle entkommen. Begonnen hatte alles in 6000 m. Und es gibt wohl keinen Flieger, der, einmal derartiges überlebt, bewußt ein zweites Mal in solche Wolken einfliegt.*

Endlich, in 6000 m Höhe, zeigt sich der sternenübersäte Himmel. Nun lassen die Piloten den Autopilot arbeiten. Die Front überfliegt die Pe-8 in der Nähe des Flusses Lowat. Im Gleichklang läuft die Arbeit der Besatzung. Dafür haben es die Passagiere schwer. Einige wollen essen oder einen Schluck aus der Thermosflasche nehmen. Beides ist aber wegen der Sauerstoffmaske nicht möglich. Wie-

Mr. Brown alias Molotow wird auf schottischem Boden begrüßt

der andere wollen etwas schlafen. Auch das darf nicht zugelassen werden. Der Flug im Bomber ist für die Gäste wahrlich kein Vergnügen. Sie sind den langen Aufenthalt in großen Höhen ja nicht gewohnt. Zu der Sauerstoffarmut und dem geringen Luftdruck kommt noch die enorme Kälte von etwa −45°C, die ständig auch ins Innere dringt.

Langsam holt der neue Tag das Flugzeug ein. Da entdeckt der Kommandant auf der rechten Fläche, außen beim Triebwerk, im Morgenlicht einen dunklen Streifen. Im gleichen Moment meldet sich **Obuchow:** *»Ölaustritt am vierten Triebwerk!« Nach kurzer Beratung über die Bordsprechanlage ändert* **Puusepp** *den Kurs und steuert die Maschine auf den nächstliegenden Punkt der schottischen Küste zu.*

Nun geben die Engländer keine Ruhe mehr und erinnern in jedem Funkspruch daran, daß die Besatzung nach Süden vom Kurs abkommt.

Der Sinkflug beginnt. In 4000 m Höhe entledigt sich die Besatzung der widerlichen Sauerstoffmasken, in 3500 m gestattet man dies auch den Passagieren. Endlich taucht am

Horizont der Nordsee ein Streifen Land auf und die Ölspur hinter dem vierten Triebwerk wirkt schon nicht mehr so dramatisch auf die Besatzung. Als die Küste in unmittelbarer Nähe ist, kurvt die Maschine und nimmt Kurs nach Norden. Beim Anblick der gewaltigen Sicherungsmaßnahmen für die Flottenbasis Scapa Flow in einer Bucht der Orkneyinsel Pomona werden den sowjetischen Fliegern auch die Gründe für die Unruhe der Engländer klar. Über den Firth of Forth hinweg geht es nach Dundee. Nach 10:15 Stunden Flug landet die Pe-8 auf dem Flugplatz Tealing.

Auch das vierte Triebwerk hat durchgehalten. Die ersten 2700 km sind geschafft.

Zum Empfang stand eine Ehrenformation schottischer Schützen bereit. Nach der Begrüßungszeremonie reiste die Delegation nach London. Mr. Brown wurde begleitet von Generalmajor **Issajew** als Vertreter der militärischen Führung, dem Dolmetscher W. N. **Pawlow** und technischen Mitarbeitern. **Puusepp** begab sich mit den Navigatoren ebenfalls nach London, um den Weiterflug vorzubereiten.

Am nächsten Tag erhielten sie im britischen Luftfahrtministerium die notwendigen Navigationsunterlagen. In der sowjetischen Botschaft informierte sie der Attaché der Luftstreitkräfte, Oberst **Stukalow,** darüber, daß in Prestwick der Kommandierende der US Air Force in England, Oberst John **Hilles,** die weitere Betreuung des Fluges übernehmen werde. Noch am selben Tag kehrten die drei Offiziere nach Dundee zurück.

Am Mittag des 24. Mai startete die Pe-8 nach Prestwick. Gleich nach dem Start tauchten zwei »Hurricanes« auf, die den Bomber eskortierten. Nach der Landung auf der Bahn 31 stellte sich die Pe-8 in einer Reihe mit den »Boeings«, »Liberators« und einer »Halifax« ab. Eine große Schar Neugieriger begrüßte dort den sowjetischen Neuling. Die Bewachung des Flugzeuges war einigermaßen problematisch.

Schnell fand sich die Besatzung in der besonderen Atmosphäre und exakten Organisation dieses Atlantikflugplatzes zurecht. Die erste Atlantiküberquerung mit einem Flugzeug lag damals noch gar nicht so lange zurück, und ein sowjetisches Flugzeug hatte diese Strecke überhaupt erst einmal beflogen. (28.–29. April 1939, W. K. **Kokkkinaki** und M. Ch. **Gordienko** mit der ZKB-30 »Moskwa« – d. A)

Das Gewicht des Flugzeuges mußte erheblich reduziert werden. Die Panzerung, ein Teil der Munition und andere Ausrüstungen blieben in Europa. Dafür waren die Schwimmkragen und sonstige Rettungsmittel unterzubringen.

Die Piloten und Navigatoren bereiteten sich indes im Atlantikstab vor. Dort entdeckten sie an der Tafel der Flugbewegungen auch ihren Flug:

Aircraft: TB-7,
Commander: Puusepp,
arrived from: Soviet Union,
Destination: Island.

Hier im Stab machten sie sich auch mit Oberst **Hilles** bekannt. Außerdem unterstützten in Prestwick die Ingenieure **Borissenko** und **Iwanow,** Mitarbeiter der Botschaft, die Flugvorbereitungen.

WELL FOUND.—The nose of the four-motor Russian bomber in which M. Molotov made his long journeys last month. The photograph shows well the nose turret and the large radiators, each of which serves the two motors on the same side. The Russian bomber, which is probably one of A. N. Tupolev's design, appears to be of all-metal stressed skin construction throughout and to be equipped with the latest things in controllable-pitch airscrews and power-operated gun turrets, although, judging from the size of the guns, their calibre is small. In general form the Russian bomber appears to resemble a cross between the Stirling and the Halifax.

Die britische Zeitschrift »The Aeroplane« veröffentlichte am 19. Juni 1942 in ihrem Beitrag »The 145th Week of the War in the Air« 3 Fotos (s. a. S. 71) über die Ankunft M. W. Molotows in Schottland

Die Maschine auf dem Flugplatz Tealing bei Dundee während der Begrüßung oder Verabschiedung. Die Originalunterschrift lautet: »GUT GETROFFEN – Die Nase des viermotorigen russischen Bombers, in welchem letzten Monat M. Molotow seine langen Reisen absolvierte. Das Foto zeigt gut den Bugstand und die großen Kühler, von denen jeder für beide Triebwerke seiner Seite arbeitet. Der russische Bomber, wahrscheinlich ein Konstruktion A. N. Tupolews, erweist sich als ganzmetallbeplankt, ist ausgerüstet mit den neuesten Verstelluftschrauben und angetriebenen Waffentürmen, allerdings, nach den Abmessungen der Kanonen zu urteilen, haben sie ein kleines Kaliber. Generell scheint der russische Bomber in etwa zwischen der Stirling und der Halifax einzuordnen zu sein.«

Am Abend rief aus London Oberst **Stukalow** an. Die Engländer empfahlen, einen Funker und einen Navigator von ihnen in die Besatzung der Pe-8 aufzunehmen. **Puusepp** sagte ganz entschieden ab. Nach einigen Stunden aber kam aus London die Anweisung, daß der britische Funker auf jeden Fall mitzunehmen sei. Die Ingenieure mußten die Zuladung des Flugzeuges noch einmal überprüfen und weitere 100 kg auf der Erde belassen.

Am 27. Mai war es wieder soweit. Die Regierungsdelegation traf in Prestwick ein.

Beim Einsteigen gab es für sie eine angenehme Überraschung: Ihre Kabine war nahezu auf das Niveau einer First Class Cabin gebracht worden. Am gleichen Tage telegrafierte **Churchill** an **Stalin:**

»... Es hat uns großes Vergnügen bereitet, mit Herrn **Molotow** zusammenzutreffen, und wir haben sehr viel dazu getan, um die zwischen unseren beiden Ländern vorhandenen Hindernisse zu beseitigen. Ich freue mich sehr, daß er auf der Rückreise noch einmal zu uns kommt, denn es gibt noch ein gut Stück Arbeit zu tun ... «

The 145th Week of

THE WAR IN THE AIR

RUSSIAN PROGRESS.—The four-motor Russian bomber which brought M. Molotov to Scotland and later took him to Washington and back. Russian progress in design is obvious from the lines of this new bomber. It is armed with gun turrets in nose and stern and also in the rear of the large inner motor nacelles, each of which contains the radiators for a pair of motors and houses the retracted undercarriage.

Unter diesem Foto, die Besatzung hat ihre Maschine schon verlassen und bei den Passagieren ist noch großes Gedränge, stand: »RUSSISCHER FORTSCHRITT – Der viermotorige russische Bomber, der M. Molotow nach Schottland brachte sowie später nach Washington und zurück. Der russische Fortschritt im Konstruieren ist eindeutig an den Formen dieses neuen Bombers abzulesen. Er ist bewaffnet mit Waffenständen in der Nase und im Heck sowie am Ende der langen inneren Triebwerksgondeln, von denen jede die Kühler für ein Triebwerkspaar enthält und das eingefahrene Fahrwerk unterbringt.«

Bei mäßigem Wetter startete die Pe-8 in Prestwick. In 2 000 m war die Maschine schon über den Wolken. Aber auf der Strecke zu den Färöer Inseln stieg die Wolkenobergrenze an, und man mußte wieder die Sauerstoffmasken anlegen, da die Flughöhe 6 500 m erreichte. Erst nach mehrmaliger Aufforderung durch den Kommandanten bequemte sich der britische Funker zu seiner ersten und letzten Funkverbindung: Nach 10 Minuten hatte er das Wetter von Reykjavik heraus. Gute Sicht, volle Bedeckung, Untergrenze 300 m. Bald gab es wieder Eskorte. Zwei »Aircobras« flogen so dicht heran, daß die Bomberpiloten kaum noch wagten, irgendwelche Steuerbewegungen zu machen.

Nach der Landung kam als erstes die Frage: »Wieviel wiegt Ihr Flugzeug?« Der fragende Offizier zog die Brauen hoch und forderte dringend, nur dort zu rollen, wo er dies ausdrücklich gestatte, um Flugzeug und Flugplatz vor Schaden zu bewahren.

Fast zwei Tage war Zwangspause, da

jeglicher Funkverkehr gestört aber auch das Wetter schlecht war. Am Starttag, dem 29. Mai, gab es eine neue Überraschung: Windstille! Bei den Berechnungen im Stab der Fernfliegerkräfte war hier aber kräftiger Wind unterstellt worden! Für die nur 1 km lange Startbahn, von der aus gewöhnlich U-Boot-Jäger operierten, war die Maschine ohne Gegenwind zu schwer. Außerdem standen beiderseits der Startbahn zahlreiche Flugzeuge. Eine Tonne Benzin wurde enttankt. **Puusepp** entschied sich, in Richtung Ozean zu starten. Er stellte die Pe-8 so auf die Bahn, daß das Heckrad noch auf dem Rasen stand. Damit gewann er 10 m. Zwischen den links und rechts abgestellten Flugzeugen raste die Pe-8 mit forcierter Startleistung dahin und hob bei 160 km/h von der letzten Betonplatte ab. Nach dem Start löste sich ein Alpdruck von **Puusepp**. Beide Piloten waren in Schweiß gebadet. Erst als unten ein Geleitzug auftauchte, fand die Besat-

zung zu gewohnter Arbeit zurück. Die Spannung löste sich. Mit einem Flächenwackeln grüßten die Flieger die Seeleute.

An Bord herrschte Ruhe. Der Autopilot arbeitete. Die Passagiere durften schlafen, da man in nur 3 000 m Höhe flog. Am Horizont leuchtete ein einziger Stern, der Arktur, der von den Navigatoren mit ihren Sextanten ständig geschossen wurde. Im Norden leuchten nach wie vor die Strahlen der Sonne. Nach anderthalb Flugstunden war das Funkfeuer Islands nicht mehr zu hören. Bald erhob sich die Sonnenscheibe über den Horizont. Somit war es mit der Astronavigation vorbei. Die Anstrengungen der Funker waren umsonst. Es bestand keinerlei Funkverbindung mehr. **Schtepenko** rollte alle 80 m der Antenne ab und schaltete den Funkkompaß auf diese um. Was er empfing, ergab keinen Sinn. Nach vier Stunden hätte man südlich Grönlands sein müssen. Unermüdlich huschte der Schatten des Bombers über die Wolken. Nach sechs Stunden empfing der Navigator endlich das Funkfeuer Goose Bay. Doch was war das? — im Kopfhörer war ein völlig verkehrter Buchstabe zu hören! Man befand sich an einer ganz anderen Stelle des Atlantiks als berechnet! Zitternd holte **Schtepenko** die Karten dreier Funkfeuer für die Schiffahrt vor der kanadischen Küste heraus – wertvolles Geschenk eines amerikanischen Navigators. Nach diesen Karten war der Kurs der Pe-8 korrekt. Nach eingehender Prüfung an Bord klassifizierte man die offizielle Karte schlicht als fehlerhaft.

Nach 7 Stunden war das Flugzeug dann schon nahe an das amerikanische Festland heran. Da der mitfliegende britische Funker kein Wetter empfangen konnte, begann sich **Nisowzew** mit dieser Aufgabe zu befassen. Gerade als der Kontinent in Sicht kam, meldete er den Kontakt mit dem Flugplatz Gander. Da dort Nebel herrschte wurde Goose Bay angesteuert.

Also Kurs zum weit entfernten Ausweichflugplatz, der offiziell gar nicht existierte. **Puusepp** hatte von diesem in Bau befindlichen Flugplatz in Island von dem amerikanischen Flieger Oberst **Arnold** erfahren. Nun war diese Information Gold wert. Noch im

Anflug auf Goose Bay sah die Besatzung eine sich nähernde Nebelwand. Nachdem die Maschine auf der äußerst schmalen Bahn zum Stehen gekommen war, meldete der Heckschütze ein Lotsenfahrzeug. Langsam wendete die Pe-8 und rollte zum Standplatz. Als die sowjetischen Flieger den amerikanischen Kontinent betraten, konnten sie im Nebel schon die Hand vor den Augen nicht mehr sehen. Der ganze Flugplatz war eine riesige Baustelle. Von den drei Start- und Landebahnen war erst eine von 2000 m Länge fertiggestellt. Beim Frühstück unter spartanisch einfachen Bedingungen kam es zu ausgiebigen Gesprächen mit den Offizieren der Garnision. Bald wurden auch Souveniere getauscht – vom Uniformknopf bis zu Streichhölzern. Major **Puusepp** wurde von einem jungen US-Leutnant in die Enge getrieben, als dieser bat, **Puusepp** möge ihm seinen Orden des Roten Sterns schenken! **Puusepp** wurde von W. M. **Molotow** gerettet: »Wenn Sie persönlich am Krieg gegen die Faschisten teilnehmen, so haben sie die Möglichkeit, in Abhängigkeit von Ihren Verdiensten, sogar mehrere dieser Sterne zu bekommen.«

Die Navigatoren meldeten, daß sich der Nebel in ca. einer Stunde auflösen würde und das Wetter auf der Strecke sehr gut sei. Sofort befahl **Puusepp,** wieder zu starten. »Bis jetzt ist noch niemand, der den Ozean überquert hatte, sofort weitergeflogen …«, bemerkte der Chefmeteorologe nachdenklich.

Aber beschlossen war beschlossen. Vor dem Start gab es noch eine ernste Beratung in der Besatzung. Folgendes resümierte der Kommandant: »Also, Genossen Navigatoren. Mit der Sicherstellung unseres Fluges aus England in die USA und der Gewährleistung unserer Sicherheit bei der Atlantiküberquerung steht nicht alles zum Besten. Wir flogen ohne Funkverbindung, blieben in Reykjavik hängen und starteten dort unter dramatischen Umständen. Offensichtlich hat man uns falsche Arbeitspläne der Funkfeuer mitgegeben. Der Versuch, uns nach Neufundland zu schicken, das jetzt total im Nebel liegt, sowie andere nicht unwesentliche Momente zwingen mich zu glauben,

Die beiden Bordtechniker einer Pe-8 an ihrem Arbeitsplatz. Links Obertechniker S. N. Dimitrijew. An der Wand sind die Gestänge für die Triebwerksbedienung zu sehen und ganz oben vorn die Zwischendecke, auf der sich die Pilotensitze befinden. Rechts sieht man das Trimmrad des Copiloten. *Archiv Traditionsverband*

daß sich in London, vielleicht auch in Washington, jemand große Mühe gibt, uns im Ozean zu begraben. Jeder von uns muß ständig auf der Hut sein und darf nur auf seine eigenen Kräfte rechnen. Denkt daran! Nicht nur in der Luft, sondern auch hier auf dem Kontinent!«

Bald hob die Maschine sanft vom Asphalt der neuen Startbahn ab. Nach drei Stunden Flug entledigte man sich an Bord der Fellkombis. Die Sonne stand schon ziemlich hoch, und es schien ein warmer Tag zu werden. **Puusepp** beschloß, in kältere Höhen zu steigen, da das Wasser in den Triebwerken mit Unterstützung der Sonne bald den Siedepunkt erreichte. Nun wurde die Pe-8 von Turbulenz geschüttelt.

Über Funk wurde empfohlen in Montreal zwischenzulanden. Von dort sollte sie eine »Boeing« bis Washington begleiten. Folgende Antwort ging von Bord: »Keine Notwendigkeit für zusätzliche Landung. Werden um 17:15 in 9000 Feet über Montreal sein. Schicken Sie die Boeing in die Luft.«

Die Pe-8 wurde angewiesen, tiefer zu fliegen. Zu der Hitze kamen die kaum noch erträglichen Turbulenzen. Seit Reykjavik hatte die Besatzung nicht geschlafen. Über Baltimore überhitzte sich ein Triebwerk. Es mußte abgestellt werden.

Wieder war kein Wetter an Bord. Diesmal übernahm **Romanow** den Funkverkehr. Schon mußte das nächste Triebwerk auf Leerlauf gedrosselt werden, als Washington in Sicht kam. Wieder war der Bomber acht Stunden in der Luft gewesen. »Alle Fenster und Luken öffnen! Schnell frische Luft!«

Die Tragflächen der Pe-8 trieften vom überhitzten Schmierstoff wie eine Sardinenbüchse, aber der Flieger stand auf dem Bolding Field in Washington. Datum: 30. Mai 1942.

Es folgte ein Riesenempfang. Die sowjetische Regierungsdelegation wurde von Staatssekretär Cordell **Hull** und dem Botschafter der UdSSR in den USA, M. M. **Litwinow,** begrüßt.

Die begeisterte Menge der Flugplatzbewohner des Bolding Field zeigte indes nicht das geringste Verständnis für die völlig übermüdete Besatzung: Erst mußte angestoßen werden.

Die 42066 auf dem Bolding Field von Washington. Die Einstiegsluke für den Gondelschützen auf der Tragfläche ist geöffnet. *Archiv Puusepp*

Interessiert inspizieren die Amerikaner den exotischen Gast ihres Flugplatzes. *Archiv Starikow*

Am nächsten Tag ergab sich folgender Tatbestand: Der Schmierstoff mußte in allen Triebwerken gewechselt werden. Ebenso die Zündkerzen. Das größte Problem bereitete ein unbrauchbares Hauptfahrwerksrad. **Puusepp** hatte bei der Landung mit nur zwei intakten Triebwerken die Schwelle höher als üblich überflogen. Durch die sehr hohe Temperatur war der Gummi sowieso schon

erhitzt, und das starke Bremsen war dann für das linke Rad zuviel. Eine Reparatur war unumgänglich. Da in den USA solche Riesenräder nicht existierten, bot sich die Firma Goodrich an, in ihrem Detroiter Werk, 600 km entfernt, den Reifen zu reparieren. So geschah es denn auch.

Es gab aber auch Angenehmes für die Besatzung in Washington. So z. B. den herz-

lichen Empfang bei Präsident **Roosevelt** im Weißen Haus – Tradition für alle Flieger, die erstmalig den Atlantik überquert hatten. Im Blauen Saal stellte Botschafter **Litwinow** noch am 30. Mai 1942 die Offiziere dem Präsidenten der USA vor. Dieser beendete seine kurze Ansprache mit den Worten: »Ich gratuliere zur erfolgreichen Ozeanüberquerung. Ich beglückwünsche auch Ihre Navigatoren, die Ihnen halfen, das Flugzeug genau auf Kurs zu halten.«

In den Tagen, da sich der Reifen in der Reparatur befand, bezeugten der sowjetischen Besatzung viele Amerikaner ihre Bewunderung für den Kampf der Sowjetunion. Letztlich aber kam der Starttag, und im Morgendunst des 4. Juni wurde ein Probeflug durchgeführt. Allerdings erwies sich der Dunst als so dicht, daß erst der vierte Anflug mit der Landung beendet werden konnte.

Als die Pe-8 endgültig startbereit vor dem Hangar stand und die Delegation eintraf, war von Nebel nichts mehr zu sehen. Dafür war die Temperatur auf nun schon 35 °C im Schatten gestiegen. Das Kühlwasser wurde noch einmal durch kaltes Wasser erneuert. Auch die Tragflächen wurden mit kaltem Wasser übergossen. Der Abschied aber nahm kein Ende. Fotos, wieder Fotos, Autogramme, Glückwünsche ... Langsam wurde die Lage kritisch.

Nur das energische Eingreifen **Puusepps** beendete letztlich den Abschied. Sofort nach dem Anlassen der Triebwerke begann der Start. Die Wassertemperatur war schon wieder auf 60 °C gestiegen. In 20–30 m Höhe begann es zu kochen. Also Leistung verringern. Erst in 3 000 m Höhe normalisierte sich die Situation. Auf dem Weg nach Gander hatte die Maschine einige Regen- und Schneegebiete zu durchfliegen.

Auf dem großen Flugplatz auf Neufundland zwang das Wetter wieder zum Pausieren. Über Island lag an diesem Junianfang ein Zyklon wie festgenagelt. Nach einigen Tagen gaben die Meteorologen endlich eine günstige Prognose. Am 7. Juni um 13:00 startete die Pe-8 von Gander nach Island. Bis an die Südspitze Grönlands kämpfte man mit Vereisung. Dann zog der Bomber über Eisberge dahin. Reykjavik selbst wurde wieder über den Wolken erreicht. Über dem Funkfeuer baute die Besatzung ein Anflugverfahren auf, und bald zeigte sich vor den Piloten die Landebahn. Neben der Bahn lag ein verbrannter Flugzeugrumpf. Beim Hinflug war dieser noch nicht da.

Voller Herzlichkeit empfingen die Amerikaner ihre Kollegen, auf die sie schon lange gewartet hatten.

Am 8. Juni wurde in Moskau folgendes Telegramm **Roosevelts** an **Stalin** übergeben: »Ich danke Ihnen sehr, daß Sie Herrn **Molotow** zu mit gesandt haben. Ich erwarte besorgt die Nachricht über seine wohlbehaltene Rückkehr in die Sowjetunion. Der Besuch war sehr zufriedenstellend.«

Am gleichen Tag lagen 1 400 km nach Prestwick vor der Pe-8. Diesmal schäumte das Meer im Sturm. Da auch das Flugzeug in 2 000 m unangenehm geschüttelt wurde, stieg man auf 3 000 m Höhe. Bald rollte der Bomber in England auf seinen »Stammplatz«. Die Delegation reiste sofort wieder nach London.

Puusepp wurde vom Flugplatzkommandanten in Prestwick zum Mittagessen empfangen. Danach organisierte dieser gar ein Treffen mit amerikanischen, kanadischen und australischen Fliegern, auf dem er seine Freude über die Rückkehr der sowjetischen Maschine bekundete. **Puusepp** bedankte sich bei ihm herzlichst für den Empfang, vor allem aber für die erwiesene Hilfe.

In der Nacht fuhr **Puusepp** mit den Navigatoren nach London, um die nötigen Formalitäten zu erledigen. Dort unterrichtete ihn **Molotow** in seinem Kabinett auch darüber, daß die Engländer für den Rückflug eine Route über Afrika empfahlen. **Puusepp** lehnte diesen Vorschlag entschieden ab: Wieder Ozean und dann im Hochsommer durch die ganze Sahara. Völlig unbrauchbar. Von Moskau wurde diese Ablehnung bestätigt. Im selben Gespräch holte sich **Molotow** von **Puusepp** dessen Zustimmung ein, die Information über seine Reise sofort, d. h. noch vor dem Rückflug nach Moskau zu veröffentlichen. Wenn die feindliche Aufklärung etwas von dem Unternehmen erfahren hatte, so müßte sie danach annehmen, daß **Molotow** schon wieder in Moskau wäre.

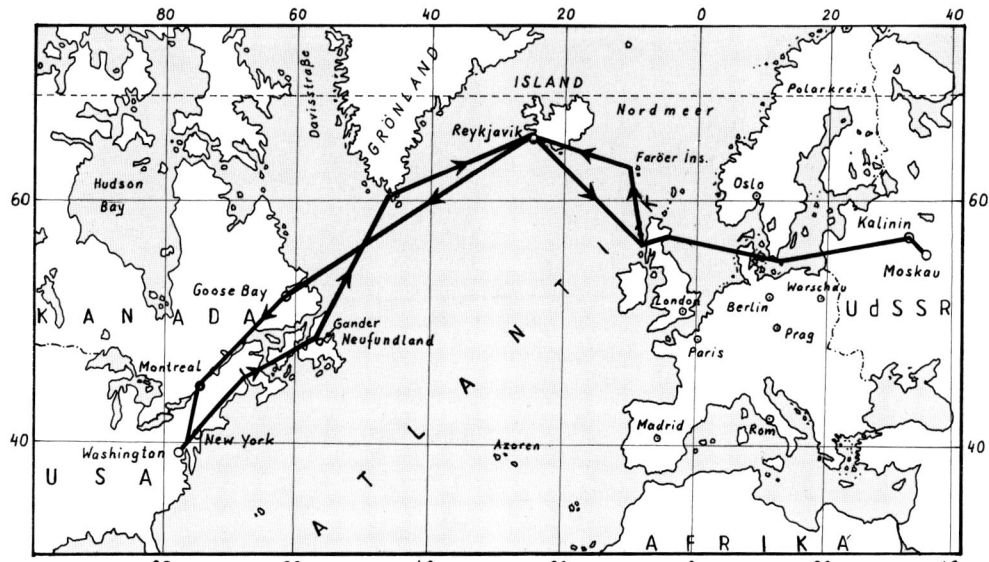

Karte des Fluges der Pe-8
Moskau – Washington – Moskau, 1942.
Chronik des Fluges (1942)

26. 04. **Asjamow** und **Puusepp** melden die Einsatzbereitschaft ihrer Flugzeuge und Besatzungen.

28. 04. Start der Pe-8 **Asjamows** in Kratowo. Landung in Tealing bei Dundee am Morgen des 29.

30. 04. Tod **Asjamows** (einige Quellen nennen den 29. 04.).

01. 05. Start **Puusepps** von Tealing nach Moskau, Landung am Morgen des 2. in Kratowo.

05. 05. **Stalin** befiehlt, den Flug in die USA durchzuführen.

10. 05. Eine Kommission bestätigt die technische Einsatzbereitschaft der Pe-8 **Puusepps.**

19. 05. Start von Kratowo nach Dundee, Landung am Morgen des 20. in Tealing.

24. 05. Flug von Tealing nach Prestwick.

27. 05. Flug von Prestwick nach Reykjavik.

29. 05. Start nach Goose Bay. Landung am Morgen des 30.

30. 05. Flug von Goose Bay nach Washington. Empfang der Besatzung durch den Präsidenten der USA.

04. 06. Flug von Washington nach Gander.

07. 06. Flug von Gander nach Reykjavik.

08. 06. Flug von Reykjavik nach Prestwick.

12. 06. Start nach Moskau. Landung auf dem Zentralflugplatz am Morgen des 13., Weiterflug nach Kratowo.

20. 06. Auszeichnung der Besatzungsmitglieder durch den Obersten Sowjet.

Für den Abend des 12. Juni 1942 war der Start festgelegt. Es gab aber noch eine kurze Verzögerung, da das Heckrad geplatzt war. Schnell wurde das Reserverad montiert, und bald war die Pe-8 in Begleitung zweier englischer Jäger in der Luft. Eine Stunde lang blieben sie gemeinsam an der Seite des Bombers. Der zweite Jäger verließ die Pe-8 sogar erst nach 1,5 Stunden. Durch den Radwechsel war wertvolle Zeit verlorengegangen. Schon bei Königsberg würde wieder heller Tag sein.

Beim Überflug der Ostseeküste war die

Maschine schon über 8 000 m hoch. Herrliches Sommerwetter. Die Front wurde diesmal ohne Zwischenfälle mit 550 km/h in 8 500 m Höhe überflogen. Gemäß Befehl von Generalleutnant **Golowanow,** hatte die Landung auf dem Zentralflughafen Moskau zu erfolgen. An Bord herrschte Hochstimmung. Zu Hause! Die Passagiere begannen sich umzuziehen. Schon reichlich tief flog das schwere Flugzeug über die Shukowski-Akademie und den Leningrader Prospekt hinweg und setzte genau am Lande-T auf. Langsam rollte **Puusepp** die Maschine über den glatten Beton zu der PKW-Ansammlung. »Triebwerke abstellen! Besatzung aussteigen und hurtig antreten!« kommandierte er. Dann kam etwas sehr laut das Kommando: »Achtung!« und die Meldung: »Genosse Generalleutnant, Ihr Befehl ist ausgeführt!« »Rührt Euch! Ich danke Ihnen für die Diensterfüllung!« antwortete **Golowanow** und drückte **Puusepp** kräftig die Hand. Erst danach empfing er den Volkskommissar und dessen Begleitung. **Molotow** verabschiedete sich von **Puusepp**: »Besten Dank für die angenehme Reise!«

Der Stabschef der Fernfliegerkräfte, Generalmajor **Scheweljow**, stellte es der Besatzung frei, in Moskau zu bleiben oder nach Kratowo zurückzukehren. Die Männer entschieden sich für den sofortigen Start zum Heimatflugplatz. Bald entschwand die 42066 den Blicken. Noch drei Jahre Krieg warteten auf ihre Besatzung.

Am selben Tag war in der »Prawda« unter der Überschrift »Festigung der Kampfgemeinschaft der Sowjetunion mit Großbritannien und den Vereinigten Staaten von Amerika« die offizielle Mitteilung über die Verhandlungen in London und Washington veröffentlicht worden. Am 12. Juni 1942 sandte **Stalin** folgendes Telegramm an **Roosevelt**: »Die Sowjetregierung schätzt genau wie Sie, Herr Präsident, die Ergebnisse des Besuches W. M. **Molotows** in den USA sehr zufriedenstellend ein. Ich benutze die Gelegenheit, um Ihnen, Herr Präsident, im Namen der Sowjetregierung für die herzliche Aufnahme zu danken, die Sie W. M. **Molotow** und seinen Begleitern während ihres Aufenthaltes in den USA bereitet haben. W. M. Molotow ist heute wohlbehalten nach Moskau zurückgekehrt.«

Eine neue Division

Durch die relativ stabile Auslieferung der Pe-8 aus dem Kasaner Werk und die nunmehr auch einigermaßen rhythmisch ablaufenden Einsätze dieser Maschinen konnte die im Vorjahr als unrealistisch verworfene Idee zum Aufbau eines zweiten Geschwaders wieder geprüft werden. Bei dem zielstrebigen Ausbau der ADD kam nun auch die Pe-8 an

Das abgebildete Dokument ist ein Einsatzbefehl der 45. Division, der zweite, der von den Pe-8 im Bestand der Division geflogen wurde. Der Text lautet:

„KAMPFBEFEHL Nr. 03 des Stabes der 45. AD, KRATOWO
17. 7. 42   18:00   Karte 1.000.000 und 15 000/Objekt Nr. 2759

1. Die Stadt KÖNIGSBERG ist ein bedeutendes politisches und Verwaltungs-, sowie militärisch-industrielles Zentrum Ostpreußens, ein wichtiger Knotenpunkt von Straßen- und Schienenwegen und Seehafen. Die Stadt ist gedeckt durch Flak aller Kaliber und laut nichtbestätigten Angaben durch Fesselballone. Die Stadt ist gut maskiert und abgedunkelt.
2. Die 45. AD vernichtet in der Nacht zum 19. 07. 42 im Zeitraum von 1:22 bis 1:27 militärisch-industrielle Objekte in KÖNIGSBERG. Gleichzeitig handeln gegen diese Objekte andere Kräfte der ADD.
3. Das 746. AP bombardiert in der Nacht zum 19. 7. 42 im Zeitraum von 1:22 bis 1:24 mit 4 Flugzeugen das Gaswerk und das Elektrizitätswerk. (siehe Schema Nr. 53).
   Bombenzuladung: 1 FAB-2 000, 6 FAB-1 000, 8 FAB-500tga. Abwurfhöhe 7 000 – 7 550.
   Start 20:37 – 20:39
4. Das 890. AP bombardiert in der Nacht zum 19. 7. 42 im Zeitraum von 1:25 bis 1:27 mit 4 Flugzeugen das Gaswerk und das Elektrizitätswerk. (siehe Schema Nr. 53).
   Bombenzuladung: 8 FAB-1 000, 8 FAB-500tga. Abwurfhöhe 7 700 – 8 300 m.
   Start 20:40 – 20:42
5. Reserveziel in Abhängigkeit von der Lage nach Entscheidung der Kommandanten, vornehmlich auf dem Territorium Ostpreußens.

6. Der Kommandeur des 565. IAP (Jagdschwader – UU) hat von 19:00 bis 21:00 am 18. 7. 42 mit patrouillierenden und einsatzbereiten Einheiten den Start der Flugzeuge der 45. AD, 4. AD und 747. AD sowie ihre Ladung in der Periode von 5:00 bis 6:00 am 19. 7. 42 zu sichern.
7. Die Flugstrecke für beide Geschwader: IPM – SAGORSK – ANDREAPOL – Ziel. Rückflug: Ziel – KALININ – SAGORSK – Flugplatz. Große Siedlungspunkte sind zu umfliegen.
8. Zielanflug aus dem Westsektor. Abflug vom Ziel nach Osten. Für den Fall schwacher Luftabwehr gestatte ich den Bombenabwurf: dem 746. AP aus geraden und dem 890. AP aus ungeraden mittleren Höhen. Zünder: für alle Bombentypen Kopfzünder APUW, Bodenzünder AW-1.
9. Ausweichflugplätze: ANDREAPOL, MIGALOWO, KLIN, TORSHOK. ANDREAPOL unterliegt Angriffen der Jagd- und Bombenflieger des Gegners. Durch Luftabwehr am stärksten gesichert is MIGALOWO.

ANLAGEN: 1. Organisationsweisungen zur Flugsicherstellung.
2. Navigationsweisungen.
3. Funkweisungen.
4. Aufklärungsweisungen.

KOMMANDEUR der 45. AD
OBERST
/LEBEDJEW/

KOMMISSAR der 45. AD
GESCHWADERKOMMISSAR
/PETLENKO/

STABSCHEF
OBERSTLEUTNANT
/SAWELJEW/“

die Reihe. Am 21. Mai unterzeichnete **Stalin** den Befehl Nr. 0097 des NKO, zum 10. Juni 1941 die 45. Division der ADD zu formieren. Zwei Tage später, am 23. Mai, wurde Oberst V. I. **Lebedjew** zum Divisionskommandeur ernannt.

In viel Kleinarbeit, ohne Unterbrechung der Einsätze, wurden nunmehr aus dem 746. Geschwader Personal für das neue Geschwader sowie Flugzeuge ausgegliedert. Gleichzeitig trafen in Kratowo neue Flieger aus anderen Einheiten zur Übernahme auf die Pe-8 ein. Mit der Umgestaltung des 746. Geschwaders beauftragte dessen ehemaliger Kommandeur Oberstleutnant A. G. **Dimitrijew**. Die Organisation des neuen Geschwaders wurde Major N. N. **Iljuchin** übertragen.

Wie im Befehl des Volkskommissars für Verteidigung gefordert, erteilte Oberst **Lebedjew** für den 10. Juni 1942 den ersten Einsatzbefehl der 45. Division der ADD. Allerdings wurde er nicht geflogen. Das Wetter war so schlecht, daß der Befehlshaber der ADD den Einsatz verschob. Am 15. Juni flogen dann die beiden Geschwader, das 746. und das neuformierte 890. ihren ersten Einsatz im Bestand der Division. Folgende Struktur war nunmehr entstanden:

45. Bomberdivision
der Fernfliegerkräfte (45. AD ADD)
Kommandeur: Oberst V. I. **Lebedjew** (seit 23. Mai 1942)
Stabschef: Oberst **Saweljew**
Leiter der Politabteilung: Oberbataillonskommissar J. I. **Nikolajew** (seit 2. Juni 1942)
Divisionsingenieur: Major S. I. **Anurow**
Divisionsnavigator: Major S. M. **Romanow**
Chef Rückwärtige Dienste: Major **Ljubogoschtschew**

746. Bombergeschwader
der Fernfliegerkräfte (746. AP ADD)
Kommandeur: Major N. D. **Jegorow** (seit 4. Juni 1942)
Stabschef: Oberstleutnant A. N. **Iwaschtschenko**
Kommissar: Regimentskommissar A. S. **Brjusgin**
Geschwadernavigator: Major A. M. **Lebedjew**

Generalmajor der Flieger V. I. Lebedjew. Dieser Fliegerkommandeur hatte als Autodidakt das Fliegen bei seinen Aufenthalten in verschiedenen Truppenteilen gelernt. Eines Tages zwangen ihn die Umstände, dieses sein Geheimnis zu lüften. Nach einer ordentlichen Prüfung unterschrieb dann der Chef der Luftstreitkräfte J. Alksnis persönlich den Pilotenschein von V. I. Lebedjew. Das war vor dem Krieg. Von Beginn des Krieges an bis zu seinem Ende kommandierte V. I. Lebedjew die Einheit der Pe-8; erst das Geschwader, dann die 45. Division. Er starb 1976. Auf dem Foto trägt der General 3 Interimsspangen: Rotbannerorden, nicht erkennbar, vermutlich Kutusow-Orden.
Archiv Traditionsverband

Kommandanten: Kombrig M. W. **Wodopjanow**, Oberst A. D. **Alexejew**, Major E. K. **Puusepp**, Hptm. A. S. **Dodonow**, Obstl. A. A. **Kurban**, Olt. N. A. **Ischtschenko**, Major I. S. **Lisatschow**, Olt. W. D. **Bidny**, Hptm. W. M. **Obuchow**, Hptm. A. A. **Peregudow**
Navigatoren: Major A. P. **Schtepenko**, Major P. G. **Tankjewitsch**, Hptm. S. F. **Uschakow**, Hptm. A. S. **Wolkow**
Copiloten: Hptm. W. W. **Ponomarenko**, Hptm. A. P. **Tschurilin**, Hptm. S. M. **Makarenko**, Major S. I. **Tungusow**, Lt. I. P. **Kirjanow**, Lt. P. G. **Wikentjew**
Zu diesen Fliegern aus der 1. und 2. Staffel des alten 746. Geschwaders kamen folgende neue Flieger aus anderen Einheiten:
Navigatoren: Hptm. K. P. **Ikonnikow**, Hptm. W. G. **Ragosin**, Hptm. M. J. **Legkostup**, Hptm. W. A. **Gladki**

Copiloten: Hptm. S. S. **Sugak**, Major G. P. **Boitschenko**, Olt. W. P. **Selenski**, Olt. A. D. **Choroschilow**, Olt. M. N. B. **Sokolow**
Folgende 8 Flugzeuge gehörten zum Bestand des Geschwaders: 42015, 42066, 42057, 4227, 42086, 42067, 4225, 4216. Die Bordnummern dieser Flugzeuge wurden neu gemalt: Rot mit weißer Umrandung.

890. Bombergeschwader
der Fernfliegerkräfte (890. AP ADD)
Kommandeur: Major A. P. **Lebedjew** (seit 12. Juli 1942)
Stabschef: Major **Feschtschenko**
Kommissar: Bataillonskommissar **Asonow** (später A. D. **Petlenko**)
Geschwadernavigator: Major P. I. **Kirjuschenkow**
Kommandanten: Major W. T. **Lawrowski**, Major N. I. **Pachomtschik**, Hptm. P. A. **Masalew**, Hptm. B. A. **Kubyschko**, Olt. M. W. **Rodnych**, Olt. W. A. **Nemkow**
Navigatoren: Major M. A. **Koletschko**, Major W. W. **Pogoshew**, Hptm. M. S. **Karagodow**, Hptm. W. G. **Tkatschenko**, Olt. P. U. **Prudki**, Olt. W. P. **Gluchow**, Major A. N. **Bondarenko**, Olt. F. G. **Sewastjanow**
Copiloten: Hptm. P. F. **Remisow**, Olt. I. I. **Olejnikow**, Lt. S. A. **Solowjow**, Lt. M. K. **Strukow**, Hptm. P. M. **Kulkow**

Zu diesen Fliegern aus der 3. Staffel des alten 746. Geschwaders kamen folgende Flieger aus anderen Einheiten:
Navigatoren: Major M. A. **Sinizin**, Hptm. A. I. **Kaschkow**, Major W. D. **Moissejew**, Lt. M. J. **Tschumakow**
Copiloten: Hptm. M. A. **Kotyrew**, Hptm. L. K. **Batrakow**, Hptm. P. M. **Archarow**, Olt. I. M. **Djatschenko**

Folgende 7 Flugzeuge gehörten zum Bestand des Geschwaders: 4214, 385D, 4212, 4221, 4215, 42037, 4218. Ihre Bordnummern verblieben in der traditionellen Farbe des alten 746. Geschwaders: Hellblau ohne Umrandung.

Am 22. Juni 1942 versammelten sich die dienstfreien Angehörigen der 45. BD ADD zu einer Veranstaltung. Es war nun genau ein Jahr her, daß Deutschland und die Sowjet-

Held der Sowjetunion Nr. 6,
Generalmajor der Flieger M. W. Wodopjanow,
nach dem Krieg. Er trägt hier
3 Lenin-Orden, 3 Rotbannerorden,
den Orden des Vaterländischen Krieges
1. Klasse, die Medaille „Goldener Stern"
sowie zwei weitere Medaillen
und das Gardeabzeichen.
Archiv Zentralhaus der Luft- und Raumfahrt

Michail Wassiljewitsch Wodopjanow

Er war Begründer und erster Kommandeur der 81. Bombenfliegerdivision, in der
die TB-7 ihre ersten Einsätze flogen, danach
Kommandant einer Pe-8 im Generalsrang.
Dieser erklärt sich folgendermaßen. M. W.
Wodopjanow trug vor dem Krieg als Reser-
vist den Dienstgrad Kombrig (Brigadekommandeur). Als er am ersten Kriegstag in den
aktiven Dienst wechselte, erhielt er diesen
Dienstgrad, der allerdings seit der Einführung von Generalsdienstgraden am 7. Mai
1940 formell abgeschafft war. Ein Teil der
Kombrigs wurde als Oberst eingeordnet, der
andere zum ersten Generalsdienstgrad ernannt. **Wodopjanow** hatte man regelrecht
vergessen. Eines Tages meldete er sich beim
Befehlshaber der Fernfliegerkräfte. Aus den
Erinnerungen des Hauptmarschalls der

Flieger A. Je. **Golowanow:** »Wir kannten uns
gut, so daß wir stets ohne Floskeln miteinander sprachen. ›Nun, Michail Wassiljewitsch,
pack aus, was hast du?‹ ›Alexander Jewgenjewitsch, sag' mir, steht mir als Bomberkommandant ein Dienstgrad zu?‹

Ich verstand nicht ganz, was das soll, und
antwortete: ›Selbstverständlich!‹

›Nun, und ich habe keinen Dienstgrad.
Die alten sind bekanntlich abgeschafft, und
einen neuen hat man mir noch nicht verliehen.‹

Ja, Wodopjanow hatte recht …
›Michail Wassiljewitsch‹, sagte ich. ›Die
Frage ist so einfach nicht. Sage doch mal
selbst, auf was du Anspruch erhebst.‹ ›Ich
will einen Dienstgrad haben. Mir scheint,
Alexander Jewgenjewitsch, ich habe darauf
einen Anspruch. Wie diese Frage zu entscheiden ist und was mir zuerkannt wird,
entscheiden Sie selbst.‹

Ich gab mein Wort, daß die Frage in
nächster Zeit geklärt wird, konnte aber jetzt
nichts versprechen.

Bald war ich zum Vortrag bei **Stalin** und
am Ende, auf seine Frage hin: ›Was gibt's bei
Ihnen Neues?‹, berichtete ich von meinem
Gespräch mit **Wodopjanow,** der bis heute den
schon längst nicht mehr existenten Dienstgrad Kombrig trägt.

›Was schlagen Sie vor?‹ fragte Stalin.
›Ihm den Dienstgrad Generalmajor der
Flieger zu verleihen, Genosse Stalin.‹

›Er fliegt ja wohl aber doch als Kommandant eines Bombers?‹ ›Jawohl, Genosse
Stalin, und er fliegt gut. Ja und vollbracht
hat er, wie Sie wissen, auch schon eine ganze
Reihe solider Taten. Ich würde bitten, ihn
den Generalsrang zu verleihen. Er hat es
verdient.‹

Ein wenig weitergehend, sagte **Stalin:**
›Gut, legen Sie einen Antrag vor.‹

Wenig später traf ich Michail Wassiljewitsch schon als General. Er war der erste
Polarflieger, der den hohen Rang eines Generals für seine persönlichen Verdienste im
Kampf erhielt …«

Held der Sowjetunion, Major E. K. Puusepp im
September 1942. Er trägt hier den Lenin-Orden,
den Rotbannerorden und den Orden des Roten
Sterns. Archiv Traditionsverband

union sich im Krieg befanden. Am Vortag
hatte die Division ihre ersten Helden der
Sowjetunion bekommen. In dem Erlaß hieß
es: »… für Mut und Heldentum während
eines Regierungsauftrages zur Durchführung eines verantwortungsvollen Langstrek-
kenfluges …« Den Titel erhielten E. K. **Puusepp,** S. M. **Romanow** und A. P. **Schtepenko.**
Mit dem Lenin-Orden wurden ausgezeich-
net: W. M. **Obuchow,** S. N. **Dimitrijew** und
A. Ja. **Solotarjow.** Auch alle anderen Besatzungsmitglieder erhielten Auszeichnungen.

Auf der Veranstaltung beschloß man, um
die Ernennung von Major **Asjamow** zum
Ehrenpiloten der Division und seine ewige
Aufnahme in die Reihen des 746. Geschwaders der Fernfliegerkräfte zu bitten, eine in
der Sowjetarmee üblich Form der Ehrung.
Mit dem Erlaß des Obersten Sowjets vom
20. Juni war einer Reihe Piloten der ADD
der Titel »Held der Sowjetunion« verliehen
worden. Unter ihnen auch Major S. A. **Asjamow** – postum

Nachdem sich die Kunde über den Flug
der Pe-8 in Fliegerkreisen herumgesprochen

hatte, wurde die Besatzung in Kratowo von drei Korrespondenten der Armeezeitung »Krasnaja Swesda« besucht. Die drei sind bekannte sowjetische Reporter: Konstantin **Simonow**, Nikolai **Denisow** und Viktor **Tjomin**. Über ihre Begegnung mit der Besatzung **Puusepp**, die sich an jenem Tag gerade auf einen Nachteinsatz vorbereitete, schrieben sie den Artikel »UdSSR–England–USA–UdSSR«. Obwohl dieser Bericht damals Opfer der Zensur wurde, erinnerten sich sowohl **Simonow** in seinen »Kriegstagebüchern« (K. Simonow, Kriegstagebücher 1942–1945, Bd. 2, Berlin 1982, S. 149 ff.) als auch **Denisow** in seinem Buch »Sofort in die Nummer« an diese Begegnung.

Gewitter

In der Nacht vom 19. Juni begannen die ADD eine Serie von Angriffen auf Königsberg. Von Kratowo aus starteten neun Pe-8 beider Geschwader zu der auf 2470 km berechneten Flugstrecke. Vier von ihnen erreichten die Stadt und bombardierten sie von 1:20 bis 2:05 Uhr aus 3300–7300 m Höhe. Eine FAB-1000 explodierte danach im Bahnhofsgebäude, eine zweite in den Gleisanlagen. Das war insofern erstaunlich, da die Bomben über den Wolken abgeworfen worden waren. Ausgedehnte Gewitterfronten machten das Fliegen zur Hölle. Die anderen fünf Pe-8 warfen ihre tödliche Last auf andere Ziele in Ostpreußen und im Baltikum.

Gewitter sind bis in die Gegenwart eine gefährliche Sache für Flugzeuge. Allerdings kann man sie heute mit Bordradaranlagen sicher umfliegen. Aber damals bei den Langstreckenflügen in der Nacht?

Am Abend des 20. Juli starteten sieben Pe-8. Die 42016 von Oberleutnant W. D. **Bidny** geriet bei ihrem Flug nach Königsberg in den Bereich eines Gewitters. In 4000 m Höhe zerbrach die Pe-8. Einzelstücke des Bombers fand man später bei Welikije Luki. Einige Besatzungsmitglieder konnten sich mit dem Fallschirm retten. Acht Flieger, unter ihnen Oberleutnant **Bidny,** kamen ums Leben.

Das abgebildete Telegramm erreichte die 45. Division aus dem Stab der Fernfliegerkräfte während der Ferneinsätze im April 1943.

„Wetter laut Vorhersage und faktischen Angaben wie im vorhergehenden Flug. Bedingungen auf den Flugplätzen sollen laut Prognose besser als beim letzten Flug sein.

Der Befehlshaber hat befohlen:

1) Allen Besatzungen zu befehlen, nur in großer Höhe zu fliegen, zu berücksichtigen, daß im letzten Flug alle Besatzungen, die hoch flogen, die Aufgaben erfolgreich erfüllten.
2) Die Besatzungen zu warnen, unter keinen Umständen in Gewitterwolken einzufliegen. Den Besatzungen ist zu erklären, daß der Einflug in Gewitterwolken in der Mehrzahl der Fälle mit dem Verlust von Flugzeug und Besatzung endet. Den Besatzungen ohne Flugerfahrung bei Gewitterlagen ist zu erklären, daß Gewitterwolken nicht unbedingt durch Blitze erleuchtet werden. Gewitterwolken erkennt man bei der blei-schwarzen Färbung mächtiger Quellbewölkung. Beim heutigen Mondschein werden Gewitterwolken gut zu sehen sein.
3) Reserveziele entsprechend Wichtigkeit. Ersten 091 (Königsberg – U.U.), Zweitens 234, 476, 365, 565, 716, 445, 614, 726 (Tilsit – U. U.). Bei Notwendigkeit, gegen ein Reserveziel zu handeln, ist danach zu streben, nur gegen diese zwei genannten Ziele zu handeln.
4) Die Kommandanten haben aus dem letzten Flug für sich Schlußfolgerungen über die richtige Taktik bei der Überwindung mächtiger Bewölkung auf der Strecke zu ziehen und ihre Besatzungen entsprechend zu instruieren.
= Scheweljow = "

Als Endel **Puusepp** am 20. Juli 1942 zum Angriff auf Königsberg startete, trug er den goldenen Stern des Helden der Sowjetunion den ersten Tag auf seiner Uniform. Am 18. August veröffentlichte die Zeitung »Iswestija« seinen Bericht über diesen Flug:

»Früher haben wir oft in den Himmel geblickt und haben auf die Wetterkarten gewartet, erhofften gutes Wetter. Jetzt aber wissen wir das eine: Um diese oder jene Zeit hat man über dem Ziel zu sein und basta. … Dieses Mal waren wir mit einer seltenen Erscheinung konfrontiert und verstanden gar nicht sogleich, was eigentlich los war. In den Wolken zeigten sich Lichtblitze. Einige dachten, daß die Flak schießt, andere die Feldartillerie. Auf jeden Fall entschieden wir, aus der Feuerzone herauszufliegen. Aber erst als der Hagel auf Rumpf und Tragflächen der Maschine hämmerte, war klar, daß es sich um Gewitter handelte. Das war wesentlich gefährlicher als Geschützfeuer.

Das Flugzeug elektrisierte sich derartig, daß es zu leuchten anfing. Die Blitze blendeten die Augen. Flammen züngelten über die Kabinenverglasung. Die Spitzen aller vier Luftschrauben drehten sich in Feuerkreisen, von den Tragflächen wurden Flammen weggerissen, der Funkkompaß versagte, und auf seinen Bedienteilen züngelten kleine Feuerchen. Es blieb kein anderer Ausweg, als zu sinken. Nachdem wir die dichten Wolken durchstoßen und alle Hindernisse überwunden hatten, gelangten wir schließlich nach Königsberg. Die Aufgabe wurde erfüllt.«

So einfach las sich einer der dramatischen Einsätze der ADD in der Zeitung. Die Besatzung **Puusepp** gehörte zu den nur 38, die von den 75 gestarteten den Kampf mit der Natur gewannen und den Befehl erfüllten, Königsberg erreichten. Von den Pe-8 wurden in dieser Nacht nach 3:10 Uhr trotzdem 39 Bomben mit 11,6 Tonnen Masse sowie 180 000 Flugblätter über der Stadt abgeworfen.

Am Morgen waren 10 Besatzungen verschollen. Im Tagesverlauf konnte geklärt werden, daß fünf Besatzungen auf Flugplätzen der Luftstreitkräfte gelandet waren.

In wenigen Minuten wird dieser Bomber zum Einsatz starten. Die Besatzung zieht unter ihrem Flugzeug gerade die Fellbekleidung über. Im Einsatz sind die Männer oft stundenlang Temperaturen von etwa −40 °C ausgesetzt. Fotografiert vermutlich 1942. Archiv Zentralmuseum der bewaffneten Kräfte

Einige Zeit später kehrten drei Besatzungen zurück, deren Flugzeuge in den Gewittern zerbrochen waren. Von zwei Besatzungen fehlt bis heute jede Spur.

Noch in der Nacht meldete sich wie üblich **Stalin** beim Befehlshaber der ADD und forderte Auskunft über den Verlauf des Einsatzes. **Golowanow** berichtete über den wenig erfolgreichen Einsatz aufgrund der Gewitter. »Was denn, haben die Meteorologen diese Gewitter nicht vorhergesagt?« »Die Meteorologen, Genosse Stalin, haben die Gewitter vorhergesagt.« »Und wer hat dann die Flugzeuge losgeschickt? Dafür muß man denjenigen zur Verantwortung ziehen.« »Den Befehl zum Start der Flugzeuge habe ich erteilt und damit einen Fehler gemacht. Niemand anders ist daran Schuld.«

Es folgte eine lange Pause. »Und geben Sie oft solche Befehle zum Start der Flugzeuge, wenn die Synoptiker meinen, daß kein Flugwetter ist?« fragte **Stalin.** »Ich glaube, Genosse Stalin, daß ich nicht irre, wenn ich sage – in 8 von 10 Fällen.« »Ach so ist das? Und wieviel Besatzungen fehlen Ihnen derzeit?« »Vorerst 10« »Glauben sie, daß Sie ihre Flugplätze noch erreichen?« »Nein, da bin ich mir nicht sicher.« »Das ist eine ernsthafte Frage, und wir müssen das klären.« Im Hörer war nur noch das Freizeichen zu hören. So der Ablauf des Gesprächs nach **Golowanows** Aufzeichnungen. Am Tage darauf setzte **Golowanow,** ausgestattet mit den letzten Informationen, das unangenehme Gespräch bei **Stalin** fort. Im Ergebnis dieses Gesprächs wurde Piloten kategorisch ver-

boten, in Gewitterwolken einzufliegen. Diese sollten entweder umflogen werden, oder, wenn dies nicht möglich sein sollte, waren Reserveziele anzugreifen.

Der beschriebene Fall des massenhaften Einfluges in Gewitter war der erste und letzte in der Geschichte der ADD. Zwei Besatzungen blieben damals verschollen. Der meteorologischen Sicherstellung widmete die Führung der Fernfliegerkräfte nunmehr viel mehr Aufmerksamkeit. Da verläßliche Daten aus dem riesigen Territorium des Feindgebietes weiterhin fehlten, blieb die Zuverlässigkeit der Vorhersagen aber nach wie vor gering. Auch spezielle Wetterflüge der Fernbomber und die Unterstützung der Briten konnten das Problem nicht lösen.

Beim nächsten Angriff auf Königsberg in

der Nacht zum 26. Juli erreichten von 88 gestarteten Bombern 57 ihre Ziele. Die vier eingesetzten Pe-8 warfen ihre Bomben von 1:45 bis 2:16 Uhr ab. Im Osten der Stadt wurde ein Rüstungswerk getroffen. Alle anderen Bomber griffen Reserveziele in Ostpreußen und im Baltikum an.

Über Warschau

Wie üblich nach dem Mittag, versammelte der Kommandeur des 746. Geschwaders am 20. August 1942 die Piloten und Navigatoren zur Befehlsausgabe. Die Flieger erwarteten wieder Königsberg, oder wie vorgestern, als die Division mit 11 Maschinen startete, Danzig als Ziel und waren deshalb überrascht, als Warschau befohlen wurde: »Unser Ziel ist der Bahnhof von Warschau mit dem Schienennetz. Gleichzeitig werden andere Geschwader mit Il-4 andere Objekte angreifen. Es werden viele Beleuchter eingesetzt. Der Vollmond und die Leuchtbomben lassen eine gute Sicht auf das Ziel vermuten, und ich erwarte von Ihnen höchste Treffergenauigkeit. Die Wetterprognose ist gut.

Abweichend von der üblichen Praxis, fliegen wir mit direktem Kurs nach Warschau. Kontrollorientierungspunkte sind die Flüsse Ugra, Dnepr, Beresina, Schara, Bug und Wisła. Die Wisła ist als Ausgangspunkt des Kampfkurses zu empfehlen. Angriffszeit ist von 00:20 Uhr bis 00:30 Uhr.«

Die Besatzung des Staffelkommandeurs A. S. **Dodonow** hatte einen Tag Zwangspause, da die Triebwerke ihrer Pe-8 gewechselt werden mußten. Aber auch jetzt begrenzte der Geschwaderingenieur die Bombenzuladung auf zwei Tonnen. Der Kommandeur bestätigte diese Entscheidung, befahl aber gleichzeitig, 80 000 Flugblätter für Warschau in **Dodonows** Maschine zu laden.

Als letzte Maschine des Geschwaders startet um 20:43 Uhr die Pe-8 von **Dodonow.** *Wie stets steuert er den Abflugkurs 253° nach Sagorsk, dem IPM. Copilot ist A. P.* **Tschurilin,** *Navigator S. F.* **Uschakow** *und Bordtechniker P. M.* **Prokofjew.** *Exakt um Mitternacht überfliegt die Maschine den Bug, und die Besatzung sieht, obwohl es bis Warschau noch*

Die Rote Vier des 746. Geschwaders im Fluge, aufgenommen 1942. Die Waffen sind auf die Kamera gerichtet

etwa 70 km sind, schon die beleuchte und brennende Stadt.

Über Warschau hängen ganze Girlanden von Leuchtbomben. An verschiedenen Stellen der Stadt brennt es. Das Feuer der Luftabwehr ist schwach und vor allem schlecht organisiert.

Über der Stadtgrenze angekommen, befiehlt **Dodonow,** *mit dem Abwerfen der Flugblätter zu beginnen. Damit befassen sich die Bordschützen, die um sich herum die Päckchen gestapelt hatten.*

Von den geworfenen schweren Bomben trifft wahrscheinlich nur die FAB-1000 ein Gebäude am Bahnhof. Die beiden FAB-500-Bomben schlagen davor bzw. dahinter ein und richten wohl kaum Schaden an. Um 4:58 Uhr landet der Bomber nach 2400 Flugkilometern in Kratowo.

Der Geschwaderkommandeur hörte sich die Meldung **Dodonows** an und nahm sie gelassen auf. Offensichtlich versöhnten ihn die guten Erfolge der anderen Besatzungen. Alle

Kommandant A. S. Dodonow (am Boden) und Navigator S. F. Uschakow (auf der Leiter) nach dem Flug. Gut zu sehen sind die Einstiegsluke und einige Meßsonden unter der Flugzeugnase.
Foto Solowjow, Zentrales Staatsarchiv Film- und Fotodokumente

10 gestarteten Maschinen griffen die Objekte der Stadt mit ihren 87 Bomben von insgesamt 22,43 Tonnen an.

Als Tage später das Personal über die Ergebnisse des Angriffs auf Warschau informiert wurde, hörte **Uschakow** besonders auf eine Nachricht: »Nach Meldung ausländischer Zeitungen schlug eine Bombe schweren Kalibers in ein Gebäude für deutsche Offiziere ein. Bei der Explosion der Bombe kamen etwa 100 Offiziere um.«

Wieder gegen Berlin

In der 2. Junihälfte 1942 wurde der Befehlshaber der Fernfliegerkräfte in das Hauptquartier befohlen. Hier erhielt er den Befehl, mit allen zur Verfügung stehenden Kräften einen Angriff gegen Berlin zu fliegen. Die ersten Berechnungen zu diesem Befehl im Stab der ADD legten sofort ein Problem frei: Der Rückflug der Bomber würde in den kurzen Juni-Nächten faktisch am hellen Tag erfolgen. Der Überflug der Front von vielleicht Hunderten Bombenflugzeugen nach einem Angriff auf Berlin würde bei der derzeitigen Luftherrschaft der Deutschen zu enormen Verlusten führen.

Mit allen denkbaren Unterlagen für das Unternehmen ausgestattet, fuhr General **Golowanow** zu **Stalin,** um zu bitten, den Befehl zurückzuziehen. Nach dem Vortrag war **Stalin** außer sich vor Empörung. Sofort befahl er Experten der Luftstreitkräfte und des Meteorologischen Dienstes, die Unterlagen und Berechnungen der Fernfliegerkräfte zu prüfen.

Diese stellten zum Ende ihrer Arbeit die Korrektheit der Unterlagen fest. Sie konnten gehen. **Stalin** schritt in seinem Zimmer auf und ab. Was in seinem Kopf vorging blieb verborgen. Wollte er den Jahrestag des Überfalls mit dem Angriff »würdigen«? Erforderte die Lage an der Front den Angriff? Hatte **Stalin** den Verbündeten ein Versprechen gegeben? Letztlich fragte er: »Wann denken Sie, kann man die Angriffe auf Berlin wieder beginnen?« Der General nannte den 27. August. »Ist das sicher?« »Absolut sicher, Genosse Stalin, wenn das Wetter mitspielt.« Nachdem **Stalin** eine Weile weitergewandert war, sagte er: »Da ist nichts zu machen, man muß Ihnen zustimmen.« Das Gespräch war beendet.

Im Sommer 1942 brachte die Wehrmacht im Süden der riesigen Front die nächste Katastrophe über die Sowjetunion. Miserabel geführt, erlitt die Rote Armee bei ihrer Operation um Charkow eine katastrophale Niederlage, mußte im Juni und Juli schwere Abwehrkämpfe in Richtung Woronesh durchstehen, um dann endgültig überrannt zu werden. Am 17. August forcierten die ersten deutschen Verbände den Don mit dem Ziel Stalingrad.

Am 20. August war die Verlegung von fünf Divisionen der ADD von Moskau nach Süden zur Unterstützung der Bodentruppe beendet. Die 45. Division blieb in Kratowo, denn ungeachtet der angespannten Lage im Süden hatte das Oberkommando den ADD befohlen, Angriffe auf das feindliche Hinterland zu fliegen.

Diese Einsatzperiode dauerte vom 19. August bis zum 14. September. Kurz nach Mitternacht, der 27. August war gerade wenige Minuten alt, klingelte beim Befehlshaber der Fernfliegerkräfte das Telefon. Am anderen Ende der Leitung meldete sich **Stalin:** »Genosse **Golowanow,** haben Sie auch nicht vergessen, was heute für ein Tag ist?« **Golowanow** konnte melden, daß sich die Bomber aufgrund des im Juni erteilten Befehls in der Luft befänden. In wenigen Minuten würde der Angriff auf Berlin beginnen. **Stalin** wünschte den Fliegern Erfolg.

Unter den über 50 nach Berlin gestarteten Bombern befanden sich nur fünf Pe-8. Divisionsingenieur **Anurow** hatte nur diese 5 Flugzeuge für den extrem komplizierten Einsatz zugelassen.

Um 0:35 Uhr Ortszeit wurde in Berlin Fliegeralarm ausgelöst. Vor allem in Zehlendorf und Kreuzberg schlugen in dieser Nacht Bomben ein. Es gab drei Verletzte, ehe um 1:51 Uhr Entwarnung gegeben wurde.

Obwohl er erst gegen morgen eingeschlafen war, hatte es Hauptmann W. W. **Ponomarenko** nicht mehr im Bett gehalten. Bei herrlichem Sommerwetter inspizierte er seine Bodenbesatzung am Flugzeug. Es war der 26. August 1942. Gemeinsam mit seinem Obermechaniker machte er seinen Rundgang um die Pe-8, an der fleißig gearbeitet wurde.

Auf der Tragfläche beobachtete er eine Weile einen ganz jungen ölverschmierten Waffentechniker. Dieser, durch das Lächeln seines Kommandanten ermuntert, rief hinunter: »Unsere Maschine wird nicht wanken, Kommandeur! Sie läuft wie die Uhr vom Spasski-Turm!« »Was gehst du mir um den Bart, Kutai? Ich habe den Eindruck, du willst wieder bitten, mitzufliegen?« »Ich würde schon bitten, aber ich weiß ja, daß Sie mich nicht mitnehmen.« Bei sich dachte der Hauptmann: »Irgendwie haben sie wieder über das heutige Ziel gesprochen. Nur der Navigator und ich kennen den Befehl. Weiß der Teufel, nach welchen Zeichen die sich das immer ausrechnen. Sind eben pfiffige Jungs!«

Wladimir sah sich den Bombenschacht an. Zwei 500er hingen schon in den Schlössern.

Wartung einer Pe-8 mit AM-35A in Kratowo 1942. Am Kran hängt gerade die Luftschraube des linken Triebwerkes (Triebwerk Nr. 1). Im Vordergrund liegen noch verpackte Bomben FAB-250. Foto A. Kritschewski, Zentralmuseum der bewaffneten Kräfte

Die dritte FAB-500 schwebte gerade an der Winde hinauf. »Los, ja, weiter. Stop!« »Weiter, gut so.« Bis zum Start waren es noch sieben Stunden.

Am Abend ging Hauptmann **Ponomarenko** die drei km vom »Hotel« zum Flugplatz zu Fuß. In Gedanken versunken kam er am Standplatz an. Doch als er seine Besatzung sah, war er hellwach. Da standen sie vor ihm, 20 junge Männer, alle so um die 20. Die Hälfte wird mit ihm nach Berlin starten. Für sie war er jetzt der Gott. Von ihm erwarteten sie Wunder. Er blickte in ihre erwartungsvollen Gesichter. Irgendetwas mußte er ihnen jetzt sagen. Aber was? Der Zufall kam ihm zu Hilfe. In den letzten Tagen hatte er sie schon bemerkt, die Mädchen von der Flugplatz-Flak, die anfangs

schüchtern, jetzt aber schon mutiger vor dem Start an ihrem Standplatz auftauchten. Ihre Augen sagten alles: Unruhe … »Besatzung, stillgestanden!« befahl er »Wenn ihr wüßtet was jetzt kommt. Ganze Abteilung, kehrt!« Die Mädchen begannen zu kichern. »Mädchen, seht sie euch an, die Adler der Fernfliegerkräfte. Bald werden sie wieder hier sein. Aber jetzt: Verzeihung. Ganze Abteilung, kehrt!« Alles hatte er genau kalkuliert. Eine kleine Kunstpause gab jedem die Möglichkeit, sich innerlich noch etwas zu ordnen. Befriedigt beobachtete er, daß die Augen der Männer leuchteten, sie die Schulter des Nachbarn spürten. So mußte die Stimmung sein! »Genossen! Jetzt muß ich Euch das Entscheidende sagen. Die Heimat hat unserer Besatzung eine außergewöhnlich verant-

wortungsvolle Aufgabe übertragen – wir haben heute einen Schlag gegen die Hauptstadt des Reiches, direkt gegen Berlin zu führen!«

Es lag in der Luft, aber jetzt, als der Auftrag klar war, kam doch Bewegung in die zwei Reihen. Wladimir machte einen Schritt nach vorn. Nein, er hatte sich nicht getäuscht, die waren nicht erstarrt. »Gibt es Kranke? … Nein? Gut. Sie sind sich alle über die Wichtigkeit der Aufgabe im klaren?« Allgemeine Zustimmung schlug dem Kommandant entgegen. Nachdem er die Details des Befehls erläutert hatte, endete er: »Nun, das scheint soweit alles zu sein. Und vergeßt nicht: Wir halten uns bis zum Letzten. Schwören wir, nicht zu kneifen!«

In einem Jahr Krieg hatte sich **Ponomaren-**

Eine Pe-8 in Kratowo unter dem Tarnnetz. Zentrales Staatsarchiv Film- und Fotodokumente

ko daran gewöhnt, bis an die Grenze beladene Flugzeuge zu starten. Mit ruhiger Stimme befahl er allen, sich korrekt anzuschnallen. Als er den Bomber auf der Betonbahn anbremste, hatte der Hauptmann die vier schwarzen hochgefährlichen Körper 3 m unter sich schon fast vergessen. Seine ganze Aufmerksamkeit galt dem Start. Mit betont gleichgültiger Stimme forderte er von der Besatzung die Startbereitschaft.

Als erster meldete sich der Navigator: »Hauptmann **Legkostup** ist bereit.« »Für den Bombenschützen, Geschwadernavigator Major **Lebedjew** – startbereit. »Zweiter Pilot, Hauptmann **Makarenko,** fertig.« »Funker **Sintschenko,** bereit.« »Heckschütze Starschina **Lysakow,** fertig.« Alle 11 Männer hatten ihre Startvorbereitungen beendet.

Nun mußten noch die Zündkerzen abgebrannt werden. Mit dem ersten Triebwerk beginnend, gab Wladimir kurz Gas, und mehr nach dem Gehör als nach den Instrumenten stellte er viermal zufrieden das einwandfreie Reagieren der Triebwerke fest. Ein letzter prüfender Blick auf die Geräteanzeigen, und der Kommandant streckte seinen linken Arm mit dem hochgestreckten Daumen aus dem Schiebefenster: Meine Maschine ist klar!

Der Offizier vom Dienst blickte noch einmal um sich und streckte energisch den Arm mit der weißen Flagge nach vorn: »Der Start ist erlaubt!«

»Nun, wir machen los«, murmelt **Ponomarenko** vor sich hin und schiebt alle vier Gashebel

langsam nach vorn. Die Bremsen können das Flugzeug nicht mehr halten. Vorsichtig nimmt er nun die Füße von den Bremspedalen. Das Flugzeug beschleunigt und nach einem leichten Ziehen an der Steuersäule bei 170 km/h hören, wie immer plötzlich, die leichten Stöße des Fahrwerkes auf.

Zwischen den Riesenrädern und dem Beton hat sich der erste Streifen Luft geschoben.

Beim Überflug der Moskwa, gleich hinter dem Flugplatz, erfolgt das Kommando zum Einfahren des Fahrwerks. Nach wie vor läßt der Kommandant die Maschine nicht steigen. Noch ist die Geschwindigkeit zu gering. Zum Kommandanten gelangen die Meldungen über die normale Arbeit der Triebwerke, das eingefahrene Fahrwerk. Über den Wiesen hinter der Moskwa, immer noch in 10 m Höhe, erreicht der Zeiger des Fahrtmessers endlich 220–230 km/h, und nun beginnt der schwere Bomber langsam zu steigen. Noch ist die riesige Sonnenscheibe zu sehen, aber sie liegt schon auf dem Horizont.

Endlich, in 100 m Höhe, läßt der Kommandant die Landeklappen einfahren und kurvt nach Norden, nach Sagorsk. Von hier aus beginnt die Navigation nach Berlin. An Bord ist es still, längst sind die Sauerstoffmasken aufgesetzt. Gleichmäßig brummen die AM-35A. Über dem Bomber leuchten die ersten Sterne, und noch ist der Horizont im Westen deutlich zu erkennen. In diesen Minuten erinnert nichts an Krieg.

Eine Stunde später verschwinden die Sterne langsam hinter einem Wolkenschleier. Die Pe-8 scheint von Asphalt auf Kopfsteinpflaster zu geraten und beginnt zu schütteln. Die Männer werden unruhig. Klar, unter ihnen liegen einzelne Gewitter. Blendend weiß leuchten die Wolken bei jedem Blitz auf. Die Flieger regeln die Beleuchtung ihrer Gerätetafeln etwas heller. Nahezu ununterbrochen kontrolliert der Kommandant die Flugzeugsilhouette im Horizontanzeigegerät. Draußen sind nun nur noch die aufleuchtenden Wolken zu sehen. Die Besatzung geht endgültig zum Instrumentenflug über. Nur mit Hilfe der Geräte können die Piloten nun überhaupt noch das Flugzeug steuern, alle Gefühle über die Lage des Flugzeuges im Raum müssen sie nun ignorieren. Nur die Instrumente haben recht!

Plötzlich sieht der Kommandant eine gleißende Wolkenkette vor sich. Nicht nur ihn hat dieses Aufleuchten beunruhigt, da sich der Navigator meldet: »Kommandant, hier steht eine Gewitterfront genau auf Kurs.« »Wie nicht schwer zu erkennen ist … Was schlägst du vor?« »Nach rechts zu umfliegen, näher zur Ostsee.« »…Welchen Kurs?« »10° größer.« »Klar … Funker, ist die Station ausgeschaltet?«

Mischa **Legkostup** beleuchtet gerade seine Karte und steckt den neuen Kurs ab, als es in unmittelbarer Nähe blitzt und der Donner im Flugzeug zu hören ist. Als der Navigator zur Seite blickt, glaubt er seinen Augen nicht mehr trauen zu können: Die Luftschrauben drehen sich in feurigen Kreisen und lassen Flammenmeere hinter sich – gewaltige Elmsfeuer be-

leuchten das Flugzeug. Vor dem Navigator sitzt der Bombenschütze und beobachtet gebannt die Entladungen zwischen den Läufen seines Zwillings-MG. Vom geheimnisvollen Leuchten ist das ganze Flugzeug erfüllt. Wie ein gewaltiger Kondensator leuchten Antennen, Randbogen, Kanonenrohre, alle Ecken und spitzen Gegenstände. Ein weiterer Blitz löst die Besatzung aus ihrem Staunen.

Schlagartig nehmen die Turbulenzen zu. Hinauf und hinunter wird der Bomber geschleudert. Die Tragflächen ächzen. Man könnte glatt an Luftlöcher glauben. Beim Absacken der Maschine, wenn die Körper der Männer aus den Sitzen gehoben werden, denkt man, die Tragflächen finden gar keinen Halt mehr. Um Hunderte Meter spult sich der Höhenmesser ab. Das Herz des Kommandanten preßt sich in Erwartung der folgenden Sekunden zusammen. Er weiß, wie gewaltig jetzt die Kräfte in die entgegengesetzte Richtung auf die Maschine einstürmen werden. Wird die Maschine halten?

Der Kommandant erwartet diesen Augenblick mit Unruhe. Da ist er! Der Sitz preßt den Pilot zusammen. Die Wirbelsäulen der 11 Männer müssen starken Überlastungen standhalten. Der Bomber gewinnt in wenigen Sekunden wieder Hunderte Meter Höhe. **Ponomarenko** gelingt es noch, das Gas herauszureißen, da die Geschwindigkeit übermäßig schnell ansteigt. Seine Augen tasten nach fester Ordnung die Geräte ab: Horizont, Kreiselkompaß, Horizont, Fahrtmesser, Horizont, Variometer und wieder der Horizont. Mit genau dosierten Ruderausschlägen versucht er, die Pe-8 in dieser elektrisierten und bebenden Umwelt in der Horizontallage zu halten.

Die Gewalten toben weiter. Der Pilot muß seinen ganzen Willen und seine ganze Selbstbeherrschung anspannen. Sonst steuert er sein Flugzeug weich und entspannt. Jetzt pressen seine Hände das Steuer bis zur Schmerzgrenze: Nur durchhalten! Selbst sein Atemrhythmus ist gestört. Später wundert er sich selbst über diesen seinen Zustand, als es scheint, daß durch die geringste Unaufmerksamkeit, ein unvorsichtiges Luftholen etwa, die Grenze des Zulässigen überschritten werden kann: Die Tragflächen könnten brechen …

Was ist das? Etwa Angst? Vielleicht Angst – auch der Hauptmann ist nur ein Mensch. Der Pilot beginnt zu sprechen: »Nicht umkippen, nein. Ja – so, zurück in die Horizontale … Noch ein bißchen. Bald ist es vorbei …«

Die Pe-8 hält durch. Mehrmals hochgerissen auf 7 500 m und durchgefallen auf 6 800 m steuert die Besatzung ihr Flugzeug unentwegt nach Westen.

Bald kommt für die Besatzung ein neues Problem. Durch kleinste Schlitze in der Kabinenverkleidung dringen erst wenige und dann immer mehr Schneekristalle ein. Das ganze Cockpit wie auch die Kabinen der Schützen füllen sich mit feinstem Schnee. Besonders widerlich ist der Schnee an den Sauerstoffmasken. Es ist so schon schwer, in der Höhe und der Kälte zu arbeiten. Jetzt muß auch noch zusätzlich mit den in Fellhandschuhen verpackten Händen ständig der Schnee von den Anzeigeinstrumenten gewischt werden.

Als **Ponomarenko** gerade wieder den Schnee vom Horizontalanzeigegerät wedelt, durchzuckt ihn ein furchtbarer Schreck: Die Flugzeugsilhouette liegt quer am Anschlag! Automatisch zuckt der Blick zum Wendezeiger. Gott sei Dank – Zeiger und Kugel zittern in etwa Normalstellung! Also nicht das Flugzeug ist umgekippt, sondern der Horizont ist ausgefallen. Sofort ist klar: Der Schnee hat das Venturirohr verstopft, und der Luftstrom zum Antrieb des Kreisels ist ausgefallen.

Copilot **Makarenko** bestätigt die normale Funktion seiner Instrumente. Trotzdem ist eine kompliziertere Situation im Instrumentenflug kaum vorstellbar. Der Kommandant spürt, wie ihm jetzt der Schweiß auf die Stirn tritt. Äußerste Konzentration auf das jetzt rettende und letzte Gerät – den Wendezeiger. Als erfahrener Nachtpostpilot der AERO-FLOT ist Wladimir **Ponomarenko** im Steuern nach diesem Gerät gut trainiert. Aber wenn nur diese Turbulenz und dieser Schnee nicht wären!

Ponomarenko hat einen eisernen Willen. Die Augen an den wenigen lebenswichtigen Geräten, seit Stunden die Hände am Steuer und die Füße in den Pedalen, beherrscht ihn bei eisigem Frost und Sauerstoffknappheit nur ein Gedanke: durchhalten! Du bist Offizier! Du

Zwei Pe-8 mit arbeitenden Triebwerken neben der Start- und Landebahn. Bei den Einsätzen starteten die Bomber in Abständen von 1 bis 5 Minuten. Um dieses Intervall einzuhalten, mußten sich bei Startbeginn alle Bomber in voller Startbereitschaft an vorbestimmten Plätzen neben der Startbahn befinden. Archiv GFI

bist Kommandant der 10 Männer! Du bist auserwählt, an diesem Angriff teilzunehmen! Du sollst nach Berlin! Ich will nach Berlin! So motiviert er sich. Er spürt: Wenn ich hier durchhalte, ist der Befehl schon so gut wie erfüllt.

Eines gibt dem Kommandanten Ruhe. Die Triebwerke AM-35A arbeiten absolut zuverlässig. Er nimmt ihren Lärm schon gar nicht mehr wahr, so überzeugt ist er von der Qualität dieser Motoren.

Urplötzlich wird alles normal. Noch zwei, drei leichte Böen und das Flugzeug liegt ganz ruhig in der Luft. »Kommandant, der Mond!« »Jungs, links der Mond!« »Ja, der Mond, ich würde sogar sagen ein Vollmond«, steuert Wladimir leise bei. »He, **Makarenko,** übernimm die Steuerung, ich hole erst einmal richtig Luft.«

Wladimir **Ponomarenko** schließt für einige Sekunden die Augen und sitzt ganz ruhig. Dann steht er, soweit es die Cockpitenge gestattet, auf und schüttelt den Schnee von sich ab. An den Stimmen in der Bordsprechanlage ist unschwer zu erkennen, wie schnell die Stimmung an Bord umgeschlagen ist. Kein Wunder, nach der glücklichen Überwindung einer solchen Gewitterfront.

»Navigator, wie hörst du mich?« fragt Wladimir. »Bestens, Kommandant«, antwortet ruhig wie immer Mischa **Legkostup.** »Ich peile gerade die Sterne, der Standort ist gleich

fertig.« »Und frage bei uns nach der Peilung. Das ist für Sie, Funker!« »Verstanden, Kommandant, Peilung holen.« »Ausgezeichnet. Und was macht euer Kraftstoff, Hauptmann **Dubowoj**?« »3 500, Kommandant.« »Hmm … da«, reagiert **Ponomarenko** unbestimmt.

Es fliegt sich jetzt gut. Am besten wäre es, alle Gedanken an Gewitter zu vergessen. Aber immer heller wird das Leuchten voraus. Langsam zeigen sich immer deutlicher von Zeit zu Zeit wie von innen beleuchtete Wolkenberge vor schwarzem Hintergrund. Noch wenige Minuten ruhigen Fluges, dann geht ein neues, vorerst mäßiges Zittern durch die Flugzeugzelle. Die Sterne sind verschwunden.

Ponomarenko übernimmt wieder die Steuerung, kurvt energisch, um nicht gleich direkt in die nächste Gewitterwolke einzufliegen. Wie ist jetzt hier der günstigste Weg durch diese Front zu finden?

Viereinhalb Stunden nach dem Start hat die Besatzung der Pe-8 die zweite und auch die dritte Gewitterfront überwunden. Die Umflüge und der unruhige Flug haben Kraftstoff für mindestens eine Flugstunde mehr gefordert. Der Kommandant ist sich darüber im klaren, daß der Kraftstoff für den Rückflug eventuell nicht mehr reicht. Die Kampfmaschine fliegt jetzt wieder in ruhiger Luft. Das schwache Licht des Mondes spiegelt sich in unzählig vielen Wolken.

Legkostup meldet, daß sich das Flugzeug fast exakt auf der beabsichtigten Weglinie über der Ostsee befindet. In 15 Minuten ist Stettin erreicht. »Hallo, Freunde«, ruft Wladimir alle Besatzungsmitglieder an. »Von jetzt ab erhöhte Aufmerksamkeit. Wir haben klaren Himmel und befinden uns im Zentrum des feindlichen Gebietes. Alle Aufmerksamkeit auf Jäger!«

Im gleichförmigen Dröhnen der Triebwerke ist allen klar, daß man sie da unten hört, daß man schon jetzt die Rohre der Flak auf sie ausrichtet. Die Flughöhe beträgt jetzt 8 000 m. Da ertönt die Stimme des Navigators: »Kommandant, wir sind auf Kampfkurs! Berlin liegt 30 km vor uns.« »Kontrolliere noch einmal, ist das auch wirklich Berlin?« Einige Sekunden schweigt **Legkostup,** dann ist seine Stimme wieder zu hören: »Kein Zweifel, vor uns liegt Berlin!« »Und trotzdem sind die Deutschen verdächtig ruhig.« »Offensichtlich eine List, Kommandant. Sie möchten sich vor einem vorerst einzelnen Flugzeug nicht entblößen.« »Vielleicht hast du recht, Mischa.« »5° kleiner, Kommandant. Jetzt werden sie gleich lauter werden!« Schweigend bewegt **Ponomarenko** die Ruder, und die Nase des Flugzeuges richtet sich etwas nach links. »Gut. So halten. Ich öffne die Luke.«

Die entscheidende Minute ist gekommen. Sie gehört ganz dem Navigator. Wladimir wagt kaum zu atmen. Er hat den Sieg fast in

der Hand! Miron ist am Zielgerät wie festgenagelt. »Etwas nach rechts, Kommandant. Ja
… ja … Ausgezeichnet! So halten. Bestens!«
Wladimir nimmt den eigenen Pulsschlag
wahr. Die Sekunden scheinen sich zu dehnen.
Ja nur die Flugparameter ideal einhalten!
»Abwurf, Kommandant! Die erste – ab …«
Auch ohne diese Worte erfassen alle, daß sich
die Bombe von den Schlössern löst. Nahezu
manövermäßig fliegen die Männer viermal das
ausgewählte Ziel an. Bei jedem Abwurf steigt
die Pe-8 um jeweils eine halbe Tonne erleichtert schlagartig nach oben. »Alle vier sind weg,
Kommandant.« »Auf die Einschläge aufpas-
sen! Den Luftraum beobachten! Jetzt geht's
los!«

Gleichsam zur Bestätigung flammt schon
während des Abfluges der erste Scheinwerfer
am Boden auf. Nach ihm streben wie die
Stacheln einer Bürste eine Unzahl weiterer
Strahlenbündel in die Höhe und überkreuzen
sich nervös.

»Funker! Meldung an den Stab: Befehl
ausgeführt, Bomben im Ziel Nr. 1.« »Wird
abgesetzt, Kommandant!«

Wladimir hat das Flugzeug fast auf Ost-
kurs, als die Maschinen von einem Scheinwerfer erfaßt wird. Sofort kommen weitere hinzu,
und schon tauchen in nächster Nähe die
vielfarbigen Geschoßspuren auf. Erste Explosionen und schwarze Rauchpilze gruppieren
sich um den Bomber. Eine Granate explodiert
so nahe, daß die sowjetischen Flieger das
Pulver riechen. Trotz der gewaltigen Tragflächen ist es oben im Cockpit hell wie in der
Mittagssonne.

Ponomarenko steuert sein Flugzeug jetzt
mit energischen unkoordinierten Ruderbewe-
gungen. Ununterbrochen schiebt die Pe-8 entweder nach links oder nach rechts. Dazu
ändert er unaufhörlich die Geschwindigkeit.
Einmal brüllen die Triebwerke regelrecht auf,
dann wieder laufen sie fast im Leerlauf. Auch
die Höhe ändert sich ständig. Wladimir ist
überzeugt, daß diese Manöver, bei denen die
Zelle der Pe-8 auf das Äußerste beansprucht
wird und die Männer in ihren Gurten nach
allen Richtungen gerissen werden, die Wahrscheinlichkeit eines Treffers erheblich verringert. Wie dem auch sei, bis jetzt hat er stets
Recht behalten.

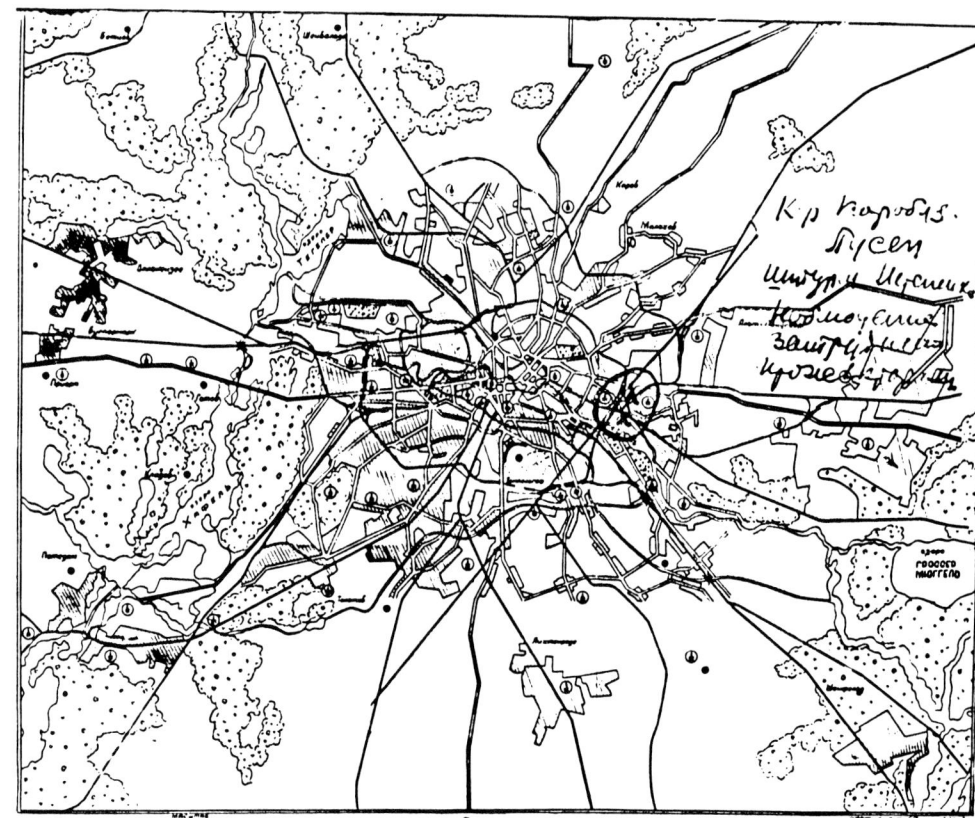

Auf diesen Karten zeichneten die Besatzungen nach der Rückkehr die Stelle des Bombenabwurfes
ein. Hier aus der Meldung der Besatzung Puusepp (Navigator Schtepenko) die Karte Berlins
mit der Abwurfstelle in der Nacht zum 30. August 1942

Die ersten Minuten des Abfluges werden
zur Ewigkeit. Unter den eiskalten Sauerstoffmasken sind von Zeit zu Zeit Pulverdämpfe zu
riechen. Die sich heftig ändernden Beschleuni-
gungen zerren an den Körpern. Öfter ist das
Trommeln herabfallender Splitter auf der
Tragfläche oder dem Rumpf zu hören. Alle
haben mit sich selbst zu tun, und in der
Bordsprechanlage ist Stille. Deswegen
schreckt Wladimir etwas auf, als er die Stimme des Heckschützen hört: »Kommandant,
der Beschuß hinter uns hat aufgehört!« »Na
also. Auf Angriffe von Nachtjägern vorbereiten!«

Die Schützen melden ihre Bereitschaft in
der vorgeschriebenen Reihenfolge. **Ponomarenko** ist sich darüber im klaren, daß seine
Besatzung im vom Scheinwerfer erfaßten
Flugzeug den Jägern ziemlich hilflos ausgesetzt ist: Die Schützen können den Gegner
nicht sehen, sondern erst die Leuchtspuren
seiner Geschosse.

So kurvt Wladimir wieder auf das nächste
Zentrum des Flak-Feuers zu. Lieber im direkten Kontakt zur Flak als das Blinde-Kuh-Spiel

Leutnant W. J. Srajewski, Techniker für
Fotoaufklärung, beim Einschrauben des Zünd-
propellers in eine schon an der Kassette
befestigte Leuchtbombe SAB-100-75. Diesem
Offizier sind fast alle Fotos über den Alltag
des Pe-8-Verbandes zu verdanken.
Archiv Traditionsverband

mit den Nachtjägern. Dieser Entschluß ist effektiv. Als die Pe-8 ihre Kurve beginnt, beginnt auch wieder der Beschuß hinter dem Flugzeug. Zwar vibrieren nun wieder die Nerven ob der Gefahr, daß doch ein Geschoß an Bord explodiert, aber die Jäger ist man erst einmal los. So, ständig zwischen den Gefahren manövrierend, fliegt der Bomber stetig nach Osten ab. Immer mehr neigen sich die Scheinwerferkegel. Letztlich liegen die letzten Lichtbündel fast am Boden und »entlassen« die Pe-8.

Über der Reichshauptstadt fallen neue Bomben.

Die Fernflieger sehen als erste die Sonne des neuen Tages. Wenn am Boden noch tiefste Nacht ist, erkennen sie auf ihrem Flug nach Osten schon einen dünnen rosaroten Streifen am Horizont. Allerdings erwärmen diese ersten Zeichen des neuen Tages erst, wenn die Frontlinie hinter dem Heck des Flugzeuges liegt.

Auf der Erde, dort, wohin sie flogen, auf dem Flugplatz Migalowo, war es leer und ungemütlich. Ein einzelner Bomber wurde repariert, und am anderen Flugplatzrand stand eine Maschine mit aufgestütztem Heck. Das war der Schießstand. Die Bordwaffen wurden eingeschossen. Die kurzen Garben aus MG's und Kanonen änderten nichts am gesamten Eindruck: Der Flugplatz schien leblos. Seine wichtigsten Bewohner, die Flieger der ADD, waren noch weit entfernt. Diejenigen, die blieben, kannten keine Ruhe, keinen Appetit und kaum Schlaf, solange die Flieger im Einsatz waren.

Kaum wurde es hell, noch vor Sonnenaufgang, war das erste leise, noch weit entfernte Brummen des ersten heimkehrenden Bombers in der Stille wahrzunehmen.

Alles lief zu den Standplätzen. Aus ihren Verstecken krochen, schwarze Auspuffwolken ausstoßend, die Tankfahrzeuge auf das Flugfeld hinaus. Minuten später liefen die unruhigsten der Mechaniker von ihrem Standplatz in Richtung Landebahn und kauten nervös auf Grashalmen herum.

Endlich, im Abstand von wenigen Minuten, landeten die zweimotorigen Bomber.

Die Gelandeten rollten, am Rand des Flugplatzes riesige Staubwolken aufwirbelnd, zu ihren Standplätzen. Die Augen der Wartenden versuchten unruhig die Ziffern am Leitwerk zu erkennen: »Meiner? Nein, ein anderer. Na endlich! Nachtvogel! Meiner, meiner ist da …!«

Der Flugplatz lebte wieder sein volles Leben. Freudige Begrüßungsrufe vermischten sich mit dem Krachen und Lärmen der rollenden Bomber. Räder quietschten beim Einrollen auf die Standplätze.

Mit vor Eifer geröteten Gesichtern winkten die Mechaniker die Flugzeuge an den Hindernissen vorbei.

*Als die Pe-8 von Hauptmann **Ponomarenko** die Front überfliegt, ist es schon Tag. Unter den Tragflächen schwimmen größere und kleinere Haufenwolken dahin – die Reste der nächtlichen Gewitterfronten. Die Erdoberfläche ist selten zu sehen. Die Sauerstoffvorräte sind aufgebraucht, so daß man in niederen Höhen fliegen muß. Über der Front ist der Bomber schon im leichten Sinkflug. Endlich kommt der erste Flugplatz in Sicht. Die Zeiger der Kraftstoffvorratsanzeigen stehen schon auf Null. Die Gefahr, daß alle Triebwerke stehenbleiben, ist groß. So entscheidet sich **Ponomarenko**, ohne jedes Manöver, direkt zur Landung anzufliegen. Darum erscheint die Viermotorige recht unerwartet auf dem fremden Flugplatz. Erst als die Räder das*

Gras berühren, fällt die Spannung von den Männern ab – auch der Kraftstoff hat noch gereicht.

Als die Flieger die wacklige Alu-Leiter herunterstiegen, hörten sie weder ihre Stimmen noch fühlten sie ihre Füße. 12:00 Stunden Motorenlärm! 1:30 Stunden im Sturm von Gewittern und Blitzen! 15 Minuten in der Hölle des Flak-Feuers!

Sie wollten sich schon in das Gras fallen lassen, als ein Stabsoffizier zu der im Moment einzigen Viermotorigen gerannt kam und meldete, daß ein deutscher Bombenangriff zu erwarten sei. So tankte man eine kleine Menge, und nach kurzem Aufenthalt startete die Pe-8 wieder mit Ziel Kratowo.

Während dieses kurzen Fluges waren wohl so richtig nur **Ponomarenko, Legkostup** und **Dubowoj** wach. Der Kommandant selbst kämpfte schwer mit der Müdigkeit und rieb sich fast ohne Unterbrechung die Augen.

Bald kam die Moskwa in Sicht, und an der charakteristischen Flußkrümmung sah man schon die Betonbahn von Kratowo. Als die Pe-8 um 7:10 Uhr ausrollte, signalisierte man den Fliegern, sie sollten noch einmal an den Anfang zurückrollen und eine Landung imitieren. An diesem Morgen nämlich war ein Filmteam aus Moskau gekommen, das Aufnahmen für die Wochenschau machen wollte.

Eine Pe-8-Besatzung nach ihrer Rückkehr nach Kratowo. Archiv Traditionsverband

Wolodja winkte nur müde ab und rollte weiter zu seinem Standplatz. Ein andermal wäre er vielleicht froh gewesen, sich und seine stolze Pe-8 verewigen zu lassen. Aber jetzt war ihm nicht danach … die Kinoleute kamen »ein andermal« aber nicht mehr.

Die technischen Daten dieses Fluges:
Startmasse 36 100 kg,
Anrollstrecke 1 350 m, Anrollzeit 46 s,
Flugstrecke 3 400 km, Flugzeit 12:11,
Kraftstoffvorrat 11 500 kg,
verbraucht 11 130 kg,
Verbrauch 915 kg/h bzw. 3,27 kg/km.

In diesem August war von den naiven Vorstellungen des Vorjahres über solche Einsätze nichts mehr übrig. Gründlich hatte sich die 45. AD ADD auf den ersten Berlin-Einsatz des Jahres 42, der für den Abend des 23. Juni vom Stab der ADD angesetzt war, vorbereitet. Man entschied, ausschließlich Maschinen mit AM-35A einzusetzen. Sofort mit Eintreffen der ersten Weisungen wurde ein exaktes Kraftstoff-Verbrauchsmeßprogramm erarbeitet. Dafür wurde von der fliegenden Besatzung und dem fliegertechnischen Dienst der Verbrauch der 42 027 im August peinlich genau gemessen und analysiert und mit den anderen Pe-8 verglichen. Ein anderes Experiment lief mit den Pe-8 42 015 und 42 028. Bei diesen beiden Pe-8 überstrich man im August das traditionelle Hellblau auf der Unterseite mit schwarzer Farbe. Das Ergebnis muß recht eindeutig gewesen sein: Über 300 m Flughöhe waren die Flugzeuge im Scheinwerferkegel kaum mehr zu sehen. Sofort erhielten auch andere Bomber diesen schwarzen Anstrich.

Als am 23. die Einsatzbereitschaft hergestellt war, traf um 12:05 Uhr in Kratowo ein Telegramm ein:
»FERNZIELE – ENTWARNUNG, PRÄZISIERUNG DER NAHZIELE UM 16:00, GOLOWANOW«

Am Abend des 25. August unterschrieb Oberst **Lebedjew** erneut einen Einsatzbefehl Berlin für den 26. August. Diesmal folgte auch der Startbefehl des Befehlshabers. Es gab 2 Ziele:

Ziel Nr. 1: Berlin

42 066	E. K. **Puusepp**	746. AP
42 015	W. W. **Ponomarenko**	746. AP
42 077	A. W. **Sumzow**	746. AP
42 018	B. A. **Kubyschko**	890. AP
42 037	M. W. **Rodnych**	890. AP

Ziel Nr. 2: Königsberg

4 221	B. K. **Kondratjew**	890. AP
4 215	N. I. **Suschin**	890. AP
42 097	L. K. **Batrakow**	890. AP
42 048	M. A. **Kotyrew**	890. AP
42 107	N. A. **Ischtschenko**	746. AP
42 028	G. P. **Boitschenko**	746. AP
42 057	A. S. **Dodonow**	746. AP

Was brachte nun diese Nacht? Berlin erreichte von den 5 gestarteten Pe-8 nur die Besatzung **Ponomarenko**. In der Kriegsmeldung Nr. 39 übermittelte die Division am Morgen:
»**1.**
In der Nacht zum 27. 8. 42 führte die 45. AD 12 Starts durch: 5 – zur Zerstörung militärisch-industrieller Objekte BERLINS und 7 – zur Zerstörung mil.-ind. Objekte KÖNIGSBERGS.

1 Besatzung bombardierte einen beleuchteten Punkt im Gebiet BERLIN, 1 Besatzung die Stadt STETTIN, (erreichte BERLIN nicht, da offensichtlich der Kraftstoff nicht reichte, was auf die Nichteinhaltung der Flugparameter auf Grund schlechten Wetters zurückzuführen ist);

1 Besatzung bombardierte die Stadt STOLP (erreichte BERLIN nicht wegen Ausfall des 4. Triebwerkes);

1 Besatzung erreichte infolge schlechten Wetters BERLIN nicht und bombardierte die beleuchtete Stadt STARGARD;

1 Besatzung kehrte wegen schlechter meteorologischer Bedingungen von der Strecke zurück und bombardierte den Flugplatz SMOLENSK.

Die militärisch-industriellen Objekte KÖNIGSBERG bombardierten 3 Besatzungen, 1 Besatzung dieser Gruppe erkannte KÖNIGSBERG nicht, erreichte DANZIG und bombardierte letzteres.

2 Besatzungen trafen im Gebiet SEBESH–DWINSK auf schwere Gewitter, kehrten von der Strecke zurück und bombardierten – 1 – den Eisenbahnknotenpunkt WJASMA, die andere vermutlich RSHEW.

1 Besatzung bombardierte infolge Triebwerksausfall den Eisenbahnknotenpunkt WELIKIE LUKI und überflog dazu die Front mit 3 Triebwerken (der Ausfall war beim Flug zum Ziel im Gebiet ANDREAPOL erfolgt).

Der Start erfolgte in der Zeit von 19:00–19:30 am 26. 8. 42.

Die Landung des letzten Flugzeuges auf dem Flugplatz MIGALOWO erfolgte um 7 Uhr 10 Minuten.

Die Gesamtflugzeit beträgt 105 Stunden 22 Minuten, die Maximalflugzeit eines einzelnen Flugzeuges (mit Zwischenlandung in MIGALOWO) 12 Stunden 07 Minuten.
2.
Auf die Ziele wurden insgesamt abgeworfen: 2 FAB-1000tga, 6 FAB-1200 Schpitalny, 16 FAB-500tga, 26 FAB-250tga, 7 SAB-100–55. SUMME: 24,085 Tonnen.
Flugblätter: 374 000 Exemplare.
3.
Den beleuchteten Punkt im Gebiet BERLINS bombardierte um 2 Uhr 15 Minuten des 27. 8. aus 8 100 m Höhe die Besatzung des Flugzeuges Nr. 42 015 (Pilot PONOMARENKO, Navigator LEBEDJEW). Sie flog 4mal an. Auf das Ziel wurden 4 FAB-500tga – 2 Tonnen geworfen. Die Einschläge und Explosionen der Bomben wurden im beleuchteten Punkt beobachtet. Die genaue Bestimmung der getroffenen Stellen war wegen starken Dunstes nicht möglich …

… über dem beleuchteten Punkt BERLINS wurde das Flugzeug intensiv von ca. 20 Geschützen großen Kalibers aus einem Sektor beschossen. Scheinwerfer wurden nicht beobachtet …«

Am 29. August 1942 starteten von Kratowo die Pe-8 der Kommandanten E. **Puusepp,** W. **Ponomarenko,** B. **Kubyschko,** M. **Rodnych** und P. **Archarow** nach Berlin. Vier erreichten diesmal die deutsche Hauptstadt gemeinsam mit nahezu 100 Il-4 und Jer-2. Damit wurde der Angriff in der Nacht zum 30. August 1942 der schwerste sowjetische Bombenangriff auf Berlin überhaupt.

Dieses handschriftliche Dokument ist der Einsatzbefehl Nr. 10 für den Angriff auf Berlin in der Nacht zum 27. August 1942.

»Einsatzbefehl Nr. 10 des Stabes der 45. AD, Kratowo, 25. 8. 42, 20:00,
Karte 1 000 000 und 15 000 (Objekte Berlin und Königsberg)

1.
Ziel Nr. 1 (Berlin) ist die Hauptstadt Hitlerdeutschlands, bedeutendes militär-industrielles Zentrum und Eisenbahnknotenpunkt.
Ziel Nr. 2 (Königsberg) ist das administrative, militärisch industrielle Zentrum und Seehafen Ostpreußens.
Die Ziele sind verdunkelt und werden verteidigt durch Flak, Jagdflieger und Fesselballons.
2.
Die 45. AD zerstört in der Nacht zum 27. 8. 42 gemeinsam mit anderen Verbänden der ADD als Gruppe im Bestand von 5 Flugzeugen militärisch-industrielle Objekte des Zieles Nr. 1 und als Gruppe im Bestand von 7 Flugzeugen militärisch-industrielle Objekte des Zieles Nr. 2.
Ausweichziele: 1) Für die 1. Gruppe das Ziel Nr. 2.
2) Für beide Gruppen militärisch-industrielle Objekte in den Städten und Bahnanlagen Ostpreußens.
Auswahl durch die Kommandanten in Abhängigkeit von der Lage.
3.
Flugstrecke: Für die Gruppe Ziel Nr. 1 – Ramenskoe – Stariza – Shilute – Insel Bornholm – Ziel – Meer – Shilute – Andreapol – Kalinin (Landung in Migalowo).
Für die zweite Gruppe – IPM (Sagorsk) – Stariza – Shilute – Ziel – Shilute – Andreapol – Kalinin – KPM – Flugplatz.
Zielanflüge von Nord-Nord-West, Abflug mit Linkskurve. Erneuter Anflug bei Notwendigkeit auf Entscheidung der Kommandanten.
4.
Kampfordnung: Beide Gruppen in Linie aus einzelnen Flugzeugen mit einem Zeitintervall zwischen den Flugzeugen von 2–2,5 Minuten. Höhe über den Zielen maximal mögliche. Führungsflugzeug der 1. Gruppe (für Ziel Nr. 1) Nr. 42 066 – 746. AP. Leader der 2. Gruppe ist die Besatzung des Flugzeuges Nr. 4 221 890. AP.
Der Stellvertretende Divisionskommandeur befindet sich an Bord des Flugzeuges Nr. 42 066. Funk und Leitung in der Luft über RSB in Übereinstimmung mit den Funkweisungen.
5.
Bombenzuladung, Kraftstoffbetankung, Startzeit, Betriebszustand und Flugprofil entsprechend Plantabelle und den Grafiken Nr. 5 und 6 (Anlage zum Einsatzbefehl Nr. 2, 5 und 6). Die angegebenen Betriebszustände und Flugprofile sind verbindlich für alle Flugzeuge bei normalen Flugbedingungen. Bei nötigen Abweichungen ist der Stab zu informieren.
6.
Ausweichplätze: Migalowo (30 km südwestlich Kalinins), Klin, Andreapol, Torshok.
Anlagen: 1) Navigationsanweisungen
2) Plantabelle
3) Weisungen zu Funknavigation
4) Tabelle Betriebszustand und Flugprpofil Ziel 1
5) Tabelle Betriebszustand und Flugprofil Ziel 2
6) Schema der Flugzeugkonzentration am Start

Kommandeur der 45. AD
Oberst
(Lebedjew)

Kommissar der 45. AD
Regimentskommissar
(Petlenko)

Stabschef
Oberst
(Saweljew)«

Um 23:28 Uhr Ortszeit wurde in Berlin Bombenalarm ausgelöst. Er dauerte bis 1:23 Uhr. Besonders stark war die Bombenwirkung in den Stadtbezirken Kreuzberg, Tempelhof, Lichtenberg und Tiergarten. In Tempelhof und Lichtenberg gab es in dieser Nacht je einen Toten zu beklagen, 35 Berli-

ner wurden verletzt und 119 waren »ausgebombt«. Dieser Begriff sollte so richtig erst 1943 »normal« werden.

Außer einem Angriff der RAF im November blieben die der ADD für das Jahr 1942 die einzigen auf Berlin. Die Hauptstädter waren von den großen und verheerenden

Flächenbombardements noch verschont geblieben.

Bei diesem Angriff verloren die Fernfliegerkräfte eine Pe-8. Die »Hellblaue Fünf« vom 890. Geschwader, Kommandant Boris **Kubyschko,** kehrte nicht zurück. Einzige Informationen über den Verbleib von Flugzeug

B. A. Kubyschko. Er studierte am Eisenbahn-Institut von Mineralnye Wody, als er 1931 vom Komsomol an die AEROFLOT-Fliegerschule Bataisk delegiert wurde. Wegen seiner guten Leistungen wurde er im Passagier-Liniendienst eingesetzt. Später flog er auf der Linie Moskau–Berlin. Für seine Teilnahme an den Kämpfen am Chalchin-Gol und im Sowjetisch-Finnischen Krieg wurde er mit dem Rotbannerorden und dem Orden des Roten Sterns ausgezeichnet. Seit Kriegsbeginn war er Bomberkommandant. Auf diesem Foto aus der Vorkriegszeit trägt er seine beiden Orden. *Archiv Traditionsverband*

Zum Schicksal der Besatzung gibt es eine vorerst durch nichts zu belegende Legende. Nach der Landung begannen Truppen das Flugzeug anzugreifen. Der Navigator M. Koletschko sicherte mit der Kanone des zentralen Standes den Rückzug der Besatzung und kam dabei um. Nach etwa 2 Wochen wurde die Besatzung völlig entkräftet gefangen genommen. B. Kubyschko soll beim 3. Fluchtversuch erschossen worden sein.

Im Begleittext zu diesen Bildern schrieb »Der Adler«: »… Auch in seiner Technik prägt sich die Seele eines Volkes. Dieser viermotorige Fernbomber, eines der neuesten Erzeugnisse des sowjetischen Flugzeugbaues, erweckt äußerlich durch seine Größe und aerodynamische Formgebung den Eindruck eines hochentwickelten Flugzeuges. Bei näherer Betrachtung erweist er sich aber als ein echter sowjetischer Wechselbalg: Die Anleihen bei der westlichen Flugtechnik sind zahlreich, die eigenen Leistungen meist rückständig und primitiv.Im ganzen fehlt die letzte Vollkommenheit, das wahrhaft Schöpferische, das allein den Fortschritt und die Überlegenheit verbürgt.«

Lange Zeit wußte man im Geschwader nichts über den Verbleib von Flugzeug und Besatzung der Hellblauen Fünf, bis eines Tages die Luftwaffenzeitschrift »Der Adler« auch in Kratowo auftauchte. Am 27. Oktober 1942 veröffentlichte sie die folgenden Fotos

Die an einem Waldrand notgelandete 42018. Der Originaltext lautete: »Mit zur Landung gezogenen Spreizklappen und eingezogenem Fahrgestell mußte der sowjetische Fernbomber seinen Flug nach Deutschland beenden.«

Die nach dem Berlin-Angriff notgelandete Hellblaue Fünf. Der TAT befindet sich in Feuerstellung. Die Kanone ist in den Wald gerichtet. *Archiv Petrow*

und Besatzung sind die abgebildeten Fotos und die folgenden Erinnerungen des damals kriegsgefangenen sowjetischen Fliegers T. F. **Jeremenko:** »Im August brachte man die Besatzung einer im tiefen Hinterland des Feindes abgeschossenen Pe-8. Den Kommandanten, den Piloten 1. Klasse Boris **Kubyschko,** kannte ich noch aus der Vorkriegszeit. Er flog damals auf der Strecke Moskau–Berlin. Seine Besatzung hielt man in einer einzelnen Baracke unter Bewachung, ihn selbst bewachte man gesondert. Es war

ärgerlich, daß man mit ihm nicht sprechen konnte, selbst einige Worte waren nicht zu wechseln, um etwas über die Lage an den Fronten zu erfahren.«

Die ersten Ergebnisse dieser Nacht übermittelte die Division wie immer am Morgen danach. Aus der Kriegsmeldung Nr. 40: »**1.**

In der Nacht zum 30. 8. 42 zerstörte die 45. ADDD im Bestand von 9 Flugzeugen militärisch-industrielle Objekte BERLINS

Ein Blick in den Rumpf nach hinten. Links sind noch 4 Sauerstoffflaschen zu sehen. Von oben tritt das Licht aus dem Gondelstand ein. Der Originaltext lautete: »Das Rumpfinnere hinterläßt einen recht primitiven Eindruck. Blick in den Rumpf im Bereich des hinteren Flügelholms.«

Der deformierte Bugstand. An den Luftschraubenblättern ist zu erkennen, daß das Triebwerk während der Landung nicht gearbeitet hat. Der Originaltext lautete: »Das Zwillings-MG im Rumpfbug zeigt eine wenig neuzeitliche Art des Einbaues.«

Die Instrumente des Copiloten, davor ist die Panzerung des Kommandantensitzes zu sehen. Der Originaltext lautete:

»Abweichend von allen sonst üblichen Ausführungen bei Großflugzeugen, hat der Sowjet-Fernbomber zwei hintereinander liegende Führersitze und einen langen verglasten Rückenwulst. Die Ausrüstung mit Geräten ist nach den Erkenntnissen der heutigen Flugtechnik verhältnismäßig mangelhaft.«

(Ziel Nr. 1) und KÖNIGSBERGS (Ziel Nr. 3). 4 Flugzeuge bombardierten Ziel Nr. 1. Eines von ihnen (Pilot KUBYSCHKO, Navigator KOLETSCHKO) kehrte nicht zurück, meldete aber über Funk die Erfüllung der Aufgabe gegen Ziel Nr. 1.

Ein Flugzeug bombardierte das Reserveziel STETTIN.

4 Flugzeuge bombardierten Ziel Nr. 3. Gesamtflugzeit: 90 Stunden 22 Minuten. (Flugzeit der Nr. 42 018 berücksichtigt).

2.

Abgeworfen insgesamt: 4 FAB-1000tga, 12 FAB-500tga, 36 FAB-250tga.

SUMME: 19 Tonnen.

Flugblätter: 320 000 Exemplare.

3.

Ziel Nr. 1 bombardierten 4 Flugzeuge: Nr. 42 066 (Pilot PUUSEPP, Navigator SCHTEPENKO), Nr. 42 015 (Pilot PONOMARENKO, Navigator LEBEDJEW), Nr. 42 018 (Pilot KUBYSCHKO, Navigator KOLETSCKO), Nr. 42 037 (Pilot RODNYCH, Navigator PRUDKI).

Bombardiert wurde im Zeitraum 01:08 bis 01:36, 30. 8. 42 aus den Höhen 7200 bis 7900 m mit Kampfkursen 190°–290°.

Auf das Ziel wurden geworfen: 4 FAB-1000tga, 8 FAB-500tga.

SUMME: 8 Tonnen.

Flugblätter: 110 000.

Bombenexplosionen wurden beobachtet: im Südosten, Osten und Nordosten der Stadt (alle Bomben explodierten).

Im Ergebnis der Bombardierung entstanden 2 Großbrände im Nordosten, 1 Brand im Südosten und 1 Brand im Osten der Stadt.

Dichter Dunst und das Licht starker Scheinwerfer behinderten stark die genaue Beobachtung der Bombardierung und die Auswahl des Zielpunktes.

4.

Das Ziel Nr. 3 wurde bombardiert von 4 Flugzeugen. Nr. 42 097 (Pilot BATRAKOW, Navigator KASCHKOW), 42 057 (Pilot DODONOW, Navigator USCHAKOW), 42 067 (Pilot OBUCHOW, Navigator WOLKOW), 42 017 (Pilot ISCHTSCHENKO, Navigator LEGKOSTUP).

Die Bombardierung erfolgte im Zeitraum 29. 8. 42–30. 8. 42, 23:40–00:30 aus den

Höhen 7300–7600 m mit Kampfkursen 120° bis 220° und je einem Anflug.

Auf das Ziel Nr. 3 wurden geworfen: 4 FAB-500tga, 30 FAB-250tga.

SUMME: 9,5 Tonnen.

Flugblätter: 178 000 Exemplare.

Explosionen wurden beobachtet: im Zentrum des Ziels, im Nordwesten und Südwesten des Ziels sowie an seinem nordöstlichen Rand (alle Bomben explodierten) ...

Die Bombardierung erfolgte gezielt bei guter Sicht auf das Objekt ohne Störung durch Scheinwerfer.

5.

Das Reserveziel STETTIN bombardierte um 02:10 das Flugzeug Nr. 42048 (Pilot ARCHAROW, Navigator MOISEJEW) aus 6100 m Höhe ...

Die Ursachen für die Erfüllung der Aufgabe gegen das Reserveziel und das Nichterreichen des Hauptziels werden präzisiert.

6.

Luftabwehr Ziel Nr. 1: Im Zeitraum von 01:08 bis 01:36, 30. 8. 42 wurde das Ziel gedeckt durch intensives Flak-Sperrfeuer großer und mittlerer Kaliber. Beim Anflug und auf den Kampfkursen beobachteten die Besatzungen über 200 Scheinwerfer. Das Sperrfeuer ist in Zonen nach Höhe und Richtung verteilt. Zu bemerken ist das abgestimmte Handeln zwischen der Flak-Artillerie, den Horchgeräten und den Scheinwerfern.

Explosionen wurden beobachtet in Höhen von 4000 bis 10 000 m. Die Flak und die Scheinwerfer begannen im Moment des Einfluges der Flugzeuge in das Zielgebiet zu handeln und wirkten etwa 10–15 Minunten lang ein.

Flak-Artillerie befindet sich ...

7.

Gefechtsverluste: Vom Kampfeinsatz kehrte die Besatzung des Flugzeuges Nr. 42018 (890. AP) nicht zurück:

1. Kommandant Hauptmann KUBYSCHKO, Boris Afanasjewitsch
2. Copilot Leutnant STRUKOW, Michail Konstantinowitsch
3. Navigator Major KOLETSCHKO, Michail Akimowitsch

4. Bugschütze Oberleutnant RUSANOW, Nikolai Konstantinowitsch
5. Oberfunker ohne Dienstgrad FROLOW, Wassili Filippowitsch
6. Techniker Oberleutnant NEFEDOW, Pjoter Afanasjewitsch
7. 2. Techniker Leutnant GLUSCHENKO, Akim Petrowitsch
8. Schütze Obersergeant NASAROW, Alexander Jakowlewitsch
9. Schütze Obersergeant SCHARONOW, Jewgeni Iwanowitsch
10. Schütze Obersergeant KRAWTSCHENKO, Alexej Ilitsch
11. Schütze Obersergeant PRISCHTSCHEPA, Nikolai Iwanowitsch.

Um 01:36, 30. 8. 42 meldete die Besatzung über die Erfüllung des Auftrages gegen das Ziel Nr. 1 (BERLIN). Auf dem Rückflug wurde um 04:38 von Bord des Flugzeuges über die Funkstelle der ADD der Funkspruch aufgenommen: »Beginne Notlandung im Gebiet KAUNAS.« Nach Erfüllung des Auftrages bis zum Moment der Landung

Ort des Flugzeuges zur Landung im Gebiet POLOZK–PUSTOSCHKA.

8.

Flugvorkommnis: Beim Gefechtsstart mit einer Flugmasse 35,2 Tonnen erlitt das Flugzeug Nr. 4221 des 890. AP, gesteuert vom Kommandeur der 2. Staffel Hauptmann KONDRATJEW eine Havarie.

Ursache: Infolge Ausfall des 4. Triebwerkes im Anrollen drehte sich das Flugzeug. Im Ergebnis brach das Fahrwerk, verbogen sich die Luftschrauben und deformierte sich das Tragflächenmittelstück.

9.

Zustand der Technik: Das Flugzeug Nr. 42097 hat zwei Einschläge der Flak in nicht lebenswichtigen Teilen der rechten Fläche. Die Triebwerke 1 und 4 des Flugzeuges Nr. 42057 arbeiteten sowohl im Hin- als auch im Rückflug mit Aussetzern. Das 2. Triebwerk des Flugzeuges Nr. 42067 arbeitete mit Aussetzern. Die Division verfügt am 30. 8. 42 über 10 einsatzbereite Flugzeuge ...«

In den nächsten Stunden erstellten die Techniker wieder die exakten technischen Parameter dieses Einsatzes. Hier die Daten der Berlin-Maschinen:

Flugzeug	42 066	42 015	42 018	42 037	42 048
Parameter					
Kraftstoffmasse, kg	11 420	11 350	11 511	11 500	12 000
Bombenmasse, kg	2000	2000	2000	2000	2000
Startmasse, kg	36 000	36 000	36 000	36 000	36 000
Startrollstrecke, m	1 270	1 450	1 460	1 480	
Rolldauer, s	40	46	47	47	
Flugzeit, h	11:35	11:30	—	11:27	12:55
Flugstrecke, km	3 305	3 305	—	3 305	
Kraftstoffrest, kg	1 940	2 240	—	1 176	1 725
Verbrauch, kg/h	820	800	—	900	
Verbrauch, kg/km	2,86	2,7	—	3,11	

vergingen 3:02 Min. Bei einer mittleren Weggeschwindigkeit (der anderen Flugzeuge von 330–360 km/h) müßte das Flugzeug in dieser Zeit 1 050 km zurückgelegt haben. Die um 04:28 erhaltene Peilung und der berechnete Weg ergeben einen wahrscheinlichen

Den 3. Angriff des Jahres 1942 gegen Berlin flogen die Fernfliegerkräfte in der Nacht zum 10. September. Der Luftalarm in Berlin dauerte von 22:56 Uhr bis 00:45 Uhr Ortszeit. Diesmal waren besonders Mahlsdorf und Weißensee betroffen. Wir konnten nicht feststellen, ob an diesem Angriff wieder Pe-8 teilnahmen.

Drei Tage später hatte **Göring** als Oberbefehlshaber der Luftwaffe die Vertreter der Luftrüstungsindustrie ins Reichsluftfahrtministerium eingeladen. Natürlich kamen auch die jüngsten sowjetischen Luftangriffe zur Sprache. **Göring,** in dessen Vorstellungswelt es für die sowjetischen Luftstreitkräfte eigentlich überhaupt keinen Platz gab, war außer sich: »Meine Herren, Sie wissen ja, es gibt viele Arten der Wirtschaftsführung, angefangen von der des Kommunismus, eine Wirtschaftsführung, die nicht einmal so schlecht ist, denn Sie werden ja nicht bestreiten können, daß der Kommunismus in Rußland jedenfalls eins fertiggebracht hat, einen ungeheuren Ausstoß zu erzielen, wogegen Sie ganz kleine Quetschbuden sind, damit Sie einmal Bescheid wissen! Ganz kleine Schlosserbuden sind Sie gegenüber der Sowjetluftfahrtindustrie.«

Göring beobachtete, wie sich Verdrossenheit in den Gesichtern von **Messerschmitt, Heinkel, Dornier** und den anderen Industriegewaltigen abzeichnete. Aber er wetterte weiter und höhnte: »Der Kommunismus hat es leider am allerbesten gemacht. Das ist ein Jammer, aber es ist so. Und das Tollste ist, die Brüder konstruieren auch nicht mal

schlecht. Einen Fernbomber haben sie, mit dem Biest fliegen sie. Er stößt bis nach Berlin. So eine alte Klamotte fliegt in 9000, 10000 Meter Höhe. In der Höhe fliegt dieser TB-7 an, treibt sich hier herum, schmeißt seine Bomben und haut wieder ab. Aber wir können ihn nicht herunterholen. Das ist unangenehm. Das nenne ich mal einen Fernbomber, der fliegt von Moskau bis hierher und fliegt wieder zurück. Wo haben Sie so einen Bomber? Dazu fliegt er das ganze, wenn er lustig ist, in 10000 Meter Höhe. Also wo, bitte, haben wir so einen Bomber?«

Sowjetische Bomber tauchten über Berlin erst 1945 wieder auf. Bis dahin war die Stadt aber von den alliierten Bomberverbänden schon schwer zerstört worden. **Stalin** zeigte sich von der ungeheuren Vernichtungskraft dieser Flächenbombardements beeindruckt. Am 7. April 1943 antwortete er auf eine entsprechende Information W. **Churchills:** »… Ich begrüße die verstärkte Bombardierung von Essen, Berlin, Kiel und anderen Industriezentren Deutschlands. Jeder Schlag Ihrer Luftstreitkräfte gegen die lebenswichtigen Zentren der Deutschen findet in den Herzen vieler Millionen Menschen unseres Landes lebhaften Wiederhall.«

Wenig später, am 19. April, gipfelt dieser Dialog zwischen **Churchill** und **Stalin** in der

Festellung des Letzteren: »… Ich freue mich, daß Sie beabsichtigen, die Bombenangriffe auf deutsche Städte in ständig wachsendem Umfang fortzusetzen …«

Der Krieg begann immer schneller an seinen Ausgangspunkt zurückzukehren …

Die Ferneinsätze der ADD dauerten vom 19. August bis zum 14. September. Folgende massierte Einsätze wurden dabei geflogen:

Berlin   27. August, 30. August,
            10. September,
            insgesamt 212 Starts,

Budapest   5. September, 10. September,
            insgesamt 122 Starts,

Bukarest   14. September,
            46 Starts.

Weiterhin wurden in diesem Zeitraum angegriffen: Danzig (3mal), Warschau, Königsberg, Stettin, Tilsit, Fürstenwalde, Ploiești und Galați.

Vom letzten Einsatz gegen Bukarest sind die technischen Angaben der 9 eingesetzten Pe-8 überliefert. Folgende Kommandanten flogen die Maschinen: Major **Puusepp,** Hptm. **Ponomarenko,** Hptm. **Dodonow,** Major **Boitschenko,** Hptm. **Obuchow,** Oblt. **Rodnych,** Hptm. **Batrakow,** Hptm. **Archarow,** Major **Pachomtschik.** Hier sind die Daten:

Flugzeug	42066	42015	42057	42028	42067	42037	42097	42048	4218
Kraftstoffmasse (Tonnen)	10,3	10,3	11,3	10,3	11,1	11,0	11,2	10,5	11,0
Kraftstoffrest (kg)	2110	1310	1383	1245	2110	1764	2350	1170	1470
Kraftstoffverbrauch (kg)	8170	8170	9635	9030	9040	9236	8850	9330	9530
Flugzeit (h)	10:15	11:13	12:00	11:33	10:14	10:00	10:34	11:10	10:10
Flugstrecke (km)	3050	3050	3150	3200	3050	3050	3050	3050	3050
Flughöhe hin (m)	4500	4500	4500	5500	5000	5500	5500	4000	4500
Flughöhe zurück (m)	5000	6000	5500	6500	6000	5500	5000	5000	5500
Gerätegeschwindigkeit hin (km/h)	240	220	240	220	220	235	230	240	
Gerätegeschwindigkeit zurück (km/h)	250	240	240	225	220	235	230	240	
Startmasse (Tonnen)	34,8	34,8	35,5	34,8	35,1	35,5	35,7	35,0	33,0
Kraftstoffverbrauch (kg/h)	797	728	803	782	884	924	837	835	937
Kraftstoffverbrauch (kg/km)	2,68	2,68	3,06	2,82	2,96	3,03	2,90	3,06	3,11

In der Nacht zuvor hatte sich die Besatzung von Hptm. W. W. **Ponomarenko** ausgezeichnet. Mit ihrer 42 015 flog sie 2,5 Stunden lang mit 2 ausgefallenen Triebwerken, und die verbliebenen liefen noch dazu unzuverlässig!

Kameraden

Am Nachmittag des 17. September 1942 kam der Navigator K. P. **Ikonnikow** zu seinem Freund S. F. **Uschakow** ins Zimmer. Bis zur Befehlsausgabe um 16:00 war noch etwas Zeit, und jener war mit persönlichem Tun beschäftigt. Konstantin begann das Gespräch vorsichtig: »Sergej, es ist nicht gerade angenehm, was ich Dir da zu bringen habe. Lies es selbst.« Er reichte **Uschakow** ein Telegramm aus Kasan.

Die Frau **Uschakows** war an Thyphus schwer erkrankt.

»Sergej, an Deiner Stelle würde ich morgen nach Kasan fliegen. Vielleicht kannst Du irgendwie helfen«, schlug Konstantin vor.

»Und wie willst Du das anstellen?« fragte Sergej verwundert.

»Weißt Du etwa nicht, daß unsere Besatzung morgen nach Kasan fliegt, um die Maschine zur Überholung zu bringen?«

»Na und? Nicht mein Flugzeug wird überführt, sondern Deines.«

»Das ist doch ohne Bedeutung. Wir tauschen die Besatzungen. Du fliegst an die Wolga, und ich fliege hier für Dich. Dodonow wird bestimmt nichts dagegen haben.«

»Nein, der wird nichts dagegen haben. Aber für diese Aktion brauchen wir die Zustimmung vom Kommandeur.«

»Na los, gehen wir gleich«, sagte Konstantin entschlossen. »Melden werde ich.«

Die beiden Navigatoren begaben sich in die 2. Etage des »Hotels«, wie sie das Stabsgebäude der Division in Kratowo im Scherz nannten, da dort auch die Offiziere ihre Unterkünfte hatten. Nach Kampferfahrung und navigatorischem Können waren beide gleichwertig. So dürfte nichts gegen ihren Vorschlag sprechen. Aber ein kameradschaftliches Gespräch mit dem Kommandeur kam nicht zustande. Nachdem sie eintreten durften, meldete **Ikonnikow** kurz aber

Kommandant S. S. Sugak und Politstellvertreter W. W. Nikolajew präparieren sich zum Start. Archiv Traditionsverband

klar ihr Anliegen. Nach einer Pause sagte der Kommandeur: »Uschakow ist Navigator und kein Arzt. Seine Gegenwart kann keinen Einfluß auf den glücklichen Ausgang der Erkrankung haben. Ja, und zu einem Thypuskranken wird man sowieso nicht eingelassen. Deswegen sehe ich keine Notwendigkeit, die gut eingespielte Kampfbesatzung Dodonow umzubauen. Gehen Sie und bereiten Sie sich auf den Einsatz vor.« Der letzte Satz war schon an Sergej gerichtet.

Als sie die Treppe hinuntergingen, sagte Sergej **Uschakow** unbestimmt: »Vielleicht hat der Kommandeur auch recht ...« »Jede Entscheidung kann man begründen«, entgegnete Konstantin barsch.

Als die Einsatzvorbereitungen beendet und die letzten Weisungen des Geschwaderkommandeurs erteilt waren, machten sich die Besatzungen auf den Weg zum Flugplatz, zu den Standplätzen ihrer Pe-8. Gefechtsaufgabe war in dieser Nacht ein Angriff auf den Flugplatz Stalino, auf dem deutsche Bomber stationiert waren, die Einsätze gegen die Stalingrader Front flogen.

Die Besatzung **Dodonow** sollte diesen Angriff eröffnen. Als erste Maschine sollte sie über dem Ziel sein, es durch Brände markie-

ren und Leuchtbomben setzen. Diese Arbeit als »Beleuchter« war stets entscheidend für den Angriffserfolg des gesamten Geschwaders bzw. der Division.

Der wichtigste Mann dieses Angriffs, Navigator **Uschakow**, saß gerade auf einer FAB-500 und zog sich die Fellstiefel über die Lederstiefel, als sich plötzlich der Staffelkommissar W. W. **Nikolajew** zu ihm setzte. Der Kommissar, Copilot in der Besatzung **Ponomarenko** und geachtete Autorität bei den Fliegern der Staffel, begann das Gespräch: »Genosse **Uschakow**, warum haben Sie mir denn nicht gesagt, daß Sie unangenehme Nachrichten bekommen haben?« Seine Stimme klang beleidigt.

»Das ist mein persönliches Problem«, bemühte sich Sergej um eine ruhige Antwort.

»Wenn sich der Mensch ins Gefecht begibt, verbleiben ihm so gut wie keine persönlichen Fragen. Ich weiß, bei Ihnen wird die Information der Familie keine Auswirkungen auf das Verhalten im Kampf haben. Sie sind ein willensstarker Mensch ...«, der Kommissar machte eine Pause.

Genau in diesem Moment ertönte die Stimme Arsen **Tschurilins**: »Plätze einnehmen!« Das Gespräch war beendet. Wladimir

Januar 1944. Vor ihrer Pe-8 gibt Staffelkommandeur A. S. Dodonow der Besatzung letzte Hinweise vor dem Start. Foto M. Runow, Agentur Nowosti

konnte **Uschakow** nur noch Erfolg im Gefecht wünschen.

Bis Mitschurinsk fliegt die Pe-8 im Tageslicht. Die Stadt selbst ist wolkenverdeckt, und den Kurswechsel nach Nowochopersk führt die Besatzung nur nach Borduhr und Kompaß durch. Bald fliegt der Bomber im dunklen, aber wolkenfreien Himmel. Die Mondsichel steht dicht am Horizont. Mit ihrer Hilfe bestimmt Sergej exakt den Überflugpunkt des Don. Seine Berechnungen ergeben einen Abdriftwinkel von 7°. Jetzt muß er den Überflugpunkt des Sewerski Donez so genau wie möglich bestimmen. Es ist der letzte zuverlässige Orientierungspunkt vor dem Ziel. Vom Fluß wird

man bis Stalino noch etwa 20 Minuten fliegen müssen.

*Da Kommandant **Dodonow** entschieden hat, aus einer Höhe von 3 300 m anzugreifen, gibt Sergej den Sinkbeginn an. Als der Bomber im Sinkflug den Sewerski Donez überfliegt, informiert der Navigator die Besatzung über den Kurs zum Ziel und drückt die Stoppuhr.*

*Der Mond ist schon untergegangen, als die berechnete Zeit ausläuft. Sergej **Uschakow** starrt angestrengt in das Zielgerät, um irgend etwas zu erkennen. Er sieht aber nichts. Nachts ist die Orientierung über dem Donbass sowieso schwierig, aber diesmal ist es fast total finster.*

*Als das Ziel unter ihnen sein müßte, erkennt Sergej einen schnurgeraden grauen Streifen, der eigentlich nicht natürlichen Ursprungs sein dürfte. Sofort drückt er den Auslöseknopf für eine Leuchtbombe. In 2000 m Höhe explodiert sie. »Unter der SAB ist glattes Feld«, meldet der Heckschütze. Unterdessen steuert Alexander **Dodonow** ein Wendemanöver. Als die Pe-8 wieder auf den verdächtigen Streifen zufliegt, diesmal in etwa unter rechtem Winkel, fällt nach wie vor kein Schuß. Beim erneuten Überflug löst der Navigator zwei Rotationsbomben RRAB-2 und noch eine SAB aus.*

Diesmal erkennt Sergej in der Optik auf großer Fläche die Explosionen der kleinen

Splitter- und Brandbomben. Fast erleichtert registriert die Besatzung die plötzlich aufsteigenden Leuchtspuren. Aha, wenigstens die Fla-MG reagieren. Wenn auch die Artillerie noch schweigt, so sind sich die Männer nun sicher, das richtige Objekt zu bombardieren.

Die Pe-8 fliegt zum dritten Male an. Langsam wird die Zeit knapp, denn das Geschwader müßte nun schon im Anflug sein. Wiederum schweigt der Gegner, und die Flugplatzgrenze ist nur mit großer Mühe zu erkennen. In Anbetracht der Zeitnot befiehlt **Dodonow**, die restliche Bombenladung in einer Serie auszuklinken. Als diesmal der Bomber die vermutliche Flugplatzgrenze entlangfliegt, löst Sergej alle verbliebenen 22 Bomben in einer Serie aus und setzt die letzte SAB dazwischen. Jetzt oder nie!

Im Abstand von 40 m voneinander schlagen die FAB-100 ein. Jetzt beginnt mit den MG auch die kleinkalibrige Flak zu feuern. Im Blitz zweier Detonationen erkennt Sergej abgestellte Flugzeuge. Aber es brennt nicht! Erst die vorletzte Brandbombe explodiert in einem kleinen Gebäude und setzt es in Brand. Sehr schwer zu sagen, ob dieses Feuer den anfliegenden schweren Bombern eine Hilfe ist. Sergej **Uschakow** ist mit den Ergebnissen seines Bombardements unzufrieden.

Als die Pe-8 die Front überfliegt und Sergej alle Berechnungen für den weiteren Rückflug vorbereitet hat, beginnen ihn wieder die Gedanken um seine Familie zu plagen.

Schon im Frühjahr des Jahres, als Bevölkerung und Industrie aus Woronesh evakuiert wurden, verlor er seine jüngste Tochter. Nach einem Bombenangriff auf den Zug, in dem seine Familie fuhr, versiegte bei seiner Frau die Milch. Auf der weiteren Fahrt nach Kasan verhungerte das Baby. Nun mußte sich die siebenjährige Galja um ihre lebensgefährlich erkrankte Mutter kümmern.

»Der Geschwaderkommandeur … Warum hat er nicht über den noblen Schritt Kostja Ikonnikows nachgedacht? Der Staffelkommissar Nikolajew hat ihm da eine ganz andere Wertung gegeben. Obwohl auch er unzufrieden ist, daß man ihn nicht ins Vertrauen gezogen hat. Eigentlich, in diesem Krieg, eine Episode. Allerdings, wie sie doch die Charaktere der Menschen offenlegt …«, mit solchen

Navigator Major K. P. Ikonnikow, vor der »Roten Eins« des 746. Geschwaders. Er trägt den Rotbannerorden und den Orden des Vaterländischen Krieges. Aufgenommen vermutlich im Frühjahr 1943. Archiv Traditionsverband

Gedanken fliegt Sergej den Funksender an der Oka an.

20 Minuten nach Überflug des Flusses landet das Flugzeug in Kratowo.

Wie immer, erwarteten die Techniker ihre Maschine. In den wenigen Stunden, welche die Pe-8 heute in der Luft war, hatten sie alle ihre persönlichen Dinge erledigt: Rasieren, Essen und Ausschlafen. Jetzt werden sie hier solange arbeiten, bis der Bomber für den nächsten Einsatz komplett gewartet und vorbereitet, der neue Kampfsatz eingehangen ist.

Als der Navigator seine Füße von der Leiter auf die Erde setzte, sah er zwei Männer aus der Dunkelheit auf sich zukommen: Wladimir **Nikolajew** und Konstantin **Ikonnikow**. Sie gratulierten Sergej **Uschakow** zum erfolgreichen Einsatz. Der registrierte mit Erleichterung, daß der Brand also seine Rolle bei der Erfüllung der Gefechtsaufgabe des Geschwaders erfüllt haben mußte.

Danach eröffnete ihm der Kommissar, daß die Entscheidung bezüglich seiner persönlichen Sorgen überprüft wurde. In drei Stunden könne Sergej nach Kasan starten. Konstantin **Ikonnikow** würde in dieser Zeit die Einsätze für **Uschakow** fliegen.

Sergej sah **Ikonnikow** an, ging auf ihn zu und umarmte ihn. Sagen konnte er nichts. Ihm saß ein Kloß im Hals, und er mußte seine Tränen zurückhalten.

Bleibt noch hinzuzufügen, daß Frau **Uschakowa** die Krankheit überlebte.

Stalingrad

Im Herbst 1942, im Don-Bogen war die Schlacht um Stalingrad voll entbrannt, wurde auch die 45. Division wieder ausschließlich zur Lösung taktischer Aufgaben eingesetzt. Sie griff permanent das Eisenbahnnetz auf dem besetzten Gebiet an. Die Nachschubwege der Wehrmacht mußten zerstört werden. Besonders nervenaufreibend waren die Angriffe unmittelbar gegen die vorderen Stellungen der Wehrmacht bei Stalingrad.

In der Nacht zum 25. September flog die 45. Division gemeinsam mit anderen Einheiten einen dieser vielen ungewöhnlichen Angriffe der ADD gegen deutsche Stellungen bei Stalingrad. Ungewöhnlich waren sie deshalb, weil Bomben schwersten Kalibers dabei nur wenige Meter vor den Stellungen der eigenen Truppen eingesetzt wurden. Und das nachts! Ein ausgeklügeltes Befeuerungssystem in den eigenen Stellungen sollte den Bomberbesatzungen helfen, die Ziele präziser zu bekämpfen und vor allem nicht etwa die eigenen Truppen zu treffen. Die Front bei der Eisenbahnstation Konny nordöstlich Stalingrads wurde in dieser Nacht so für einen Entlastungsangriff der Roten Armee im Morgengrauen vorbereitet.

Zu diesem Angriff starteten von der 45. Division am Abend des 24. September: (siehe Tabelle, S. 99)

Nach dem Angriff fiel bei **Obuchow** das 4. Triebwerk aus, und er landete 6:44 Uhr auf einem Ausweichflugplatz. Auf der 42048 versagte auf dem Hinflug das 2. Triebwerk.

Werknummer	Kommandant	Startzeit	Abwurfhöhe	Abwurfzeit
746. Geschwader				
42015	Ponomarenko	0:55	2300 m	4:27
42107	Ischtschenko	0:58	2400 m	4:37
42057	Dodonow	1:01	2500 m	4:30
42077	Peregudow	1:04	2600 m	4:30
42028	Sugak	1:07	2700 m	4:44
42067	Obuchow	1:10	2800 m	4:44
890. Geschwader				
42037	Rodnych			4:30
42018	Archarow			4:42
42015	Suschin			4:40
42012	Djatschenko			4:47
42097	Batrakow			4:44
42048	Abramow/Kondratjew			

Die Besatzung kehrte zurück und landete um 1:45 Uhr in Kratowo.

Als Hunderte Bomber in der Luft waren, traf in den Divisionen aus dem Stab der ADD der Befehl ein: »Die Höhe 111,2 ist nicht zu bombardieren, sie wurde von unseren Truppen eingenommen. Der Schlag ist westlicher, gegen das Gebiet der MTF zu führen.« Aus acht Divisionsstäben wurden daraufhin alle 258 anfliegenden Bomber auf das neue Ziel umgeleitet. Nicht eine Bombe fiel in die eigenen Stellungen.

Nach einem Jahr Krieg klappte die Organisation in den Fernfliegerkräften deutlich besser.

Dieses Foto veröffentlichte die Zeitung »Krasnaja Swesda« am 7. Juli 1943 mit folgender Unterschrift: »Richtung Orjol–Kursk: Die Besatzung des schweren Bombers von Major W. M. Obuchow (rechts), welche in der Nacht vom 6. zum 7. Juli erfolgreich eine Panzeransammlung und Infanterie des Gegners bombardierte, vor ihrem nächsten Kampfeinsatz.« Foto S. Loskutow, Zentrales Staatsarchiv Film- und Fotodokumente

Für derartige Angriffe auf dem Schlachtfeld galten in den ADD folgende Bedingungen und Regeln:

1. Zuverlässige und ständige Funkverbindung. Bei Verbindungsausfall hat die Besatzung den Einsatz abzubrechen.

2. Präzise Organisation der Befeuerungssysteme zur visuellen Führung zum Ziel innerhalb der eigenen Stellungen.

3. Gute Befeuerung der eigenen vordersten Linie.

4. Das Ziel muß während der gesamten Angriffszeit durch Leuchtbomben erhellt sein.

5. In der Nähe des Zieles muß sich ein in der Nacht gut auszumachender Orientierungspunkt befinden.

6. Die Navigatoren müssen mit einer Karte 1:100 000 ausgerüstet sein und das Befeuerungssystem sowie wichtige Orientierungspunkte auswendig kennen.

7. Zu bombardieren ist aus mittleren Höhen bis maximal 3 500 m.

8. Bei Bewölkung hat der Zielanflug unter den Wolken bei permanenter Beibehaltung der Feinorientierung zu erfolgen.

9. Die Berechnungen zum Bombenabwurf sind unbedingt im Fluge zu aktualisieren. Keinesfalls darf der Abwurf lediglich nach vorhergesagtem Wind und Weggeschwindigkeit erfolgen.

10. Für die Flugvorbereitung ist den Besatzungen ausreichend Zeit, nicht unter 2 Stunden, zu geben.

In den Gefechten wuchsen auch neue Kommandeure. An diesem 25. September unterschrieb der Befehlshaber der ADD den Befehl, der **Puusepp,** seit einigen Monaten schon Staffelkommandeur, zum Kommandeur des 890. Geschwaders ernannte. Auch im 746. wurde ein neuer Kommandeur ernannt: W. A. **Abramow.**

Militärtribunal

Vor diesem Einsatz waren die Besatzungen vor Morgennebel gewarnt worden. Es stand eine sternenklare Nacht auf den 28. Oktober bevor. Morgens war es meist dunstig, und mittags konnte man sich noch in der Sonne wärmen.

Nicht gerade ein voller Erfolg war der Angriff der Pe-8 der Besatzung **Dodonow** auf den Bahnhof Witebsk gewesen. Nur 4 Bomben waren echte Treffer, und ein Brand war nicht ausgebrochen. Nun befand sich der Bomber in 6 000 m Höhe auf dem Rückflug. Die zweite Hälfte der Nacht war noch nicht angebrochen.

»Kommandant«, bemerkte Copilot **Tschurilin,** »sollten wir nicht die Drehzahl erhöhen? Vielleicht zieht tatsächlich Nebel auf. Ich habe keine Lust, auf einem Reserveplatz zu landen.«

»Richtig«, antwortete **Dodonow** und befahl seinem Bordtechniker **Prokofjew,** die Drehzahlen der Triebwerke geringfügig zu erhöhen. Alexander schonte seine Triebwerke, wie ein Bauer seine Pferde. Navigator **Uschakow** empfahl, noch nicht zu sinken, da der Höhenwind noch mit 30–35 km/h von hinten wirkte.

Nach weiteren Stunden, kurz vor Überflug des Streckenendpunktes, des KPM, bei Klin, sahen die Besatzungsmitglieder erstmalig einen Nebelfleck auf der Erde. Über dem Wendepunkt war es unübersehbar: Von Nordwesten zog Nebel auf Kratowo zu. Ein Funkspruch ging von Bord: »Bin über KPM, Nebel, Bewegungsrichtung Südost.« Wenig später empfing **Uschakow** einen Funkspruch seines Kollegen Michail **Bulla** im Klartext: »Beeilung, Nebel!«

Unter Vernachlässigung der strengen Flugregeln des Moskauer Luftraums strebten die Viermotorigen auf kürzestem Wege zu ihrem Flugplatz im Südosten der Metropole. 13 Maschinen beider Geschwader waren von 18:56 Uhr bis 19:32 Uhr über dem Ziel. Jetzt setzte eine Pe-8 nach der anderen auf der Betonbahn auf. Das sonst gleißend helle Licht der Landescheinwerfer leuchtete ob des Nebels schon gelb-rötlich, als **Dodonow** landete.

Wenig später war der ganze Flugplatz am Fluß vom Nebel eingehüllt. Da die Landescheinwerfer noch leuchteten, waren offensichtlich noch nicht alle gelandet. Bald hörte man auf dem Flugplatz auch anschwellenden Motorenlärm. Die trainierten Ohren erkannten: Da oben fliegt man mit voller Leistung. »Wer ist noch nicht gelandet?«

»Wer das auch sein mag, mit der Landung wird es kompliziert. Um nicht noch deutlicher zu werden …«

Das Flugzeug überflog den Flugplatz, offensichtlich mit dem Ziel, von der Gegenseite anzufliegen. Wieder war seine Annäherung zu hören. Seine Scheinwerfer waren eingeschaltet, aber sie gaben nur einen schwachen Schein. Am Triebwerksgeräusch war zu hören, daß die Leistung stark verringert worden war. Die Maschine schwebte also zum Aufsetzen. Sie müßte jetzt noch fünf bis sechs Meter über der Landebahnschwelle sein. Es schien alles in Ordnung. Plötzlich dröhnten die vier Triebwerke wieder auf, und die Pe-8 startete durch zu einem neuen Landeanflug.

Nach 10 Minuten wiederholte sich die Szene: Der Lärm ebbte ab, die Triebwerke liefen auf Leerlauf. Jetzt müßten sie aufsetzen. Es folgte kein neues Aufbrüllen der Triebwerke. »Sie haben es geschafft«, dachten die Männer auf den Standplätzen an ihren noch warmen Flugzeugen erleichtert. Doch plötzlich zerriß das Geräusch von berstendem Metall und zersplitternden Gegenständen die neblige Stille … Es war genau Mitternacht.

Minuten später wußten alle: einer der besten Piloten des 746. Geschwaders, Hauptmann **Ponomarenko,** war bei dieser Landung im Ausrollen um 45° aus der Richtung gekommen und mit einer anderen Pe-8 zusammengestoßen. Beide Flugzeuge wurden zerstört. Die 42 097 vom 890. AP ADD bauten die Techniker später wieder auf. **Ponomarenkos** 42 015 war nicht mehr zu retten. **Ponomarenko** erlitt leichte Verletzungen.

Die nächsten 24 Stunden verbrachte er im Krankenrevier. Trotz der physischen und nervlichen Anstrengung konnte er nicht schlafen. Er rauchte und dachte nur an eines: Wie konnte das passieren? Einzelheiten kannte er nicht.

Als ihn die Krankenschwester fragte, ob er einen Wunsch hätte, antwortete er nicht gleich. Er saß auf seinem Bett und sah sie an. Dann schüttelte er den Kopf: »Ich brauche nichts, nein, es wird nichts benötigt.« Nach einer Pause setzte er hinzu: »Gehen Sie schlafen, Schwester.« Wladimir stand auf, rauchte, ging durch's Zimmer, setzte sich, stand wieder auf und wandte sich zum ersten mal an die Krankenschwester: »Sagen Sie, gab es Tote?« »Ich habe nichts davon gehört.«

Inzwischen mußte die Kommission konstatieren: Es gab 5 Tote und 2 Schwerverletzte. Umgekommen waren der Schütze I. J. **Kanter** und der Mechaniker I. P. **Nikitin** des 890. Geschwaders, die gerade Bomben in die 42 097 einhingen sowie 3 Besatzungsmitglieder, unter ihnen Navigator Oberleutnant W. P. **Jewdokimow** und Bordtechniker F. D. **Masjuk.**

Den ganzen nächsten Tag war **Ponomarenko** mit schriftlichen und mündlichen Stellungnahmen beschäftigt. Er rekonstruierte den Hergang der Katastrophe.

Als der Bomber anflog, feuerte man von den Standplätzen Leuchtkugeln nach oben, um der Besatzung die Orientierung zu erleichtern. Diese Signale stiegen über den Nebel und markierten faktisch die Flugplatzgrenze. Diese unorganisierte Aktion hatte aber auch ihre Nachteile. Als **Ponomarenko** im letzten Anflug nur noch wenige Meter hoch war, explodierte etwas rechts eine Anzahl roter Leuchtkugeln. In der Annahme, daß dort ein Hindernis sei, steuerte er den Bomber etwas nach links. **Ponomarenko** war sich darüber im klaren, daß diese Zusammenhänge keine Rechtfertigung bedeuteten. Er war der Kommandant und er steuerte das Flugzeug, und er ist schuldig. Wie schuldig – das werden andere entscheiden.

Auf die Frage, wie er sich in dieser Situation zu verhalten gehabt hätte, antwortete **Ponomarenko:** »Ich wäre verpflichtet gewesen, das Flugzeug zu landen, die Möglichkeit dazu bestand.« »Wenn die Möglichkeit bestand, warum haben Sie dann die Richtung nicht eingehalten?« Wladimir sagte kein Wort über die roten Leuchtkugeln. »Was fordert die Vorschrift von der Besatzung?« »Weisungen vom Boden abwarten und bei Ende des Kraftstoffes mit dem Fallschirm abspringen.« »Warum haben Sie das nicht getan?« »Beim Anflug des Streckenendpunktes meldete der Bordtechniker, daß der

Kraftstoffverbrauch über der Norm liegt. Die Ursache konnte noch nicht geklärt werden. Er vermutete eine beschädigte Benzinleitung. Über den Kraftstoffrest sollte der Stab informiert werden.« »Hat der Funker Ihren Befehl erfüllt?« »Das weiß ich nicht. Ich habe keine Meldung erhalten. Nach dem Durchstarten meldete der Bordtechniker, daß wenig Kraftstoff an Bord sei. Wieviel genau hat er nicht gesagt, und ich habe nicht gefragt.« »Warum sind Sie durchgestartet?« »Ich flog an, als noch ein Teil der Landebahn zu sehen war. Durchgestartet bin ich, weil ich plötzlich sah, daß mir auf der Bahn Fahrzeuge der Landesicherung entgegenkamen.«

Später stellte sich heraus, daß der Flugleiter zu diesem Zeitpunkt beschlossen hatte, die Landerichtung zu ändern. **Ponomarenko** erwähnte mit keiner Silbe, wie unqualifiziert diese Entscheidung gewesen ist. Er wäre beim ersten Anflug sicher gelandet.

»Haben Sie die Weisung erhalten, nicht zu landen und auf weitere Entscheidungen zu warten?« »Ja, ich habe sie erhalten.« Wieder schwieg er darüber, daß er sie erst erhalten hatte, als ein erneutes Durchstarten nicht mehr möglich war. Die vorläufige Entscheidung der Kommission: Flugverbot.

In der Unterkunft wollten sich die Offiziere gerade zum Befehlsempfang auf den Weg machen, als **Ponomarenko** ins Zimmer kam. Er stand einige Sekunden auf der Schwelle und ging dann zu seinem Bett. »Na, Freunde, wollt Ihr fliegen?« fragte er müde und setzte sich nieder. »Ihr nehmt es mir nicht krumm, wenn ich Euch heute noch einmal so nenne. Ich habe doch noch dieses Recht?«

Tschurilin wollte etwas sagen, aber **Ponomarenko** unterbrach ihn sofort: »Warte, Arsen. Ich habe es jetzt schwer. Ihr seid meine Kampfgenossen, mit Euch habe ich vieles geteilt: Freude und Mißerfolge. Ich bin Euch zu vielem verpflichtet. Mir steht die Verurteilung bevor ... Ich werde meine Schuld bekennen und mich nicht herausreden. Aber ich möchte, daß Ihr meine ersten Richter seid. Ich bin zu jedem Urteil bereit, Eure Meinung vor allem aber möchte ich zu dem Geschehenen hören.«

Als erster sprach **Obuchow.** Lassen wir

hier die Offiziere unter sich, denn es fand ein Gespräch statt, wie es unter Fliegern offen und ehrlich so selten nicht ist.

Vor dem Militärtribunal unternahm Hauptmann **Ponomarenko** nicht den geringsten Versuch einer Rechtfertigung. Der Fliegerberuf hatte ihn gelehrt, sich niemals auf irgendwelche zweitrangigen Gründe zu berufen.

Im Geschwader rätselte man, ob **Ponomarenko** in das Strafbataillon muß oder er seine Schuld im Truppenteil abgelten darf. Die meisten Flieger waren für seinen Verbleib in der Division. Mit einem solchen Gesuch wandte sich auch der Kommandeur an die Instanzen.

Die Justiz war hochherzig zu **Ponomarenko.** Er durfte im Geschwader als Copilot weiterfliegen.

Wladimir **Ponomarenko** strebte danach, so oft wie möglich zu fliegen, gegen die Eroberer zu kämpfen und die schwere Last der Schuld abzuwerfen.

In der Division gab es aber auch härtere Urteile. So verurteilte das Militärtribunal der Fernfliegerkräfte am 21. November den Pe-8-Techniker S. N. **Remisow** zu 10 Jahren Lagerhaft, da er am 21. September 1942 betrunken zum Dienst erschien und entsprechenden Unsinn anrichtete.

Auch auf unserer Straße wird ein Festtag sein

Die Strafbataillone bestanden bekanntlich auf Grund des Befehls **Stalins** Nr. 270 vom 16. August 1941. Grundsatz war: Nur eine Verwundung führte zurück in normale Truppenteile – oder der Tod zur Löschung der Verurteilung.

Am 28. Juli 1941 meldete Generalstabschef **Wassilewski Stalin** über die jüngsten Veränderungen an der Front. Es waren niederschmetternde Ereignisse aus dem Süden. Der Diktator war nervös und reagierte unbeherrscht. Plötzlich wechselte er das Thema: »Den Befehl des Hauptquartiers Nr. 270 vom 16. August 1941 hat die Truppe vergessen. Vergessen! Besonders die Stäbe! Bereiten Sie einen neuen Befehl für die Truppen vor. Hauptidee: »Zurückweichen ohne Befehl ist ein Verbrechen, daß mit der ganzen Härte der Kriegszeit geahndet wird …« »Wann soll Ihnen der Befehl gemeldet werden?« »Noch Heute … Sobald das Dokument fertig ist, kommen Sie zu mir.«

Am Abend des 28. Juli redigierte **Stalin** persönlich den vorgelegten Text. Dann unterschrieb er seinen berühmt-berüchtigten Befehl des NKO Nr. 227. Einen Satz darin unterstrich er mehrmals: »Kein Schritt zurück! Das ist von nun ab unsere wichtigste Losung.«

Die drakonischen Maßnahmen zur Disziplinierung in der Armee wurden auf ein neues Niveau gehoben. Aber der Befehl mit seiner schonungslosen und nichts beschönigenden Offenheit hatte auch eine erzieherische Wirkung: Auch dem letzten Soldaten wurde die tatsächliche Lage offengelegt.

In diesem Oktober 1942 flog die 45. Division der ADD jede Nacht in den Kampf. In manchen Nächten, so zum 30. und 31. des Monats, starteten die Besatzungen gar zu je zwei Einsätzen. Ziele waren vor allem die Flugplätze der Kampfflieger der Luftwaffe und die Eisenbahnknotenpunkte Brjansk, Smolensk, Orscha und Witebsk. Mit allen Mitteln versuchte die sowjetische Führung, den für sie katastrophalen Durchbruch der Wehrmacht im Süden unter Kontrolle zu bringen.

In den ersten Novembertagen schlug das Wetter um und brachte Dauerregen und niedrige Wolken. Da bei diesem Wetter die vorbereiteten Einsätze am Abend von den Kommandeuren oft doch nicht befohlen wurden, entdeckten die Flieger der Division etwas für sie völlig Neues: Sie konnten nachts nicht mehr schlafen! Nachdem nahezu in jeder Sommernacht geflogen worden war, hatten sich jetzt die inneren Uhren der Männer völlig gegen den natürlichen Rhythmus eingestellt.

Traditionell hielt **Stalin** am 7. November, dem nunmehr 25. Jahrestag der Oktoberrevolution, seine Festrede. Diesmal enthielt sie einen Satz, dessen wahre Bedeutung bis vor kurzem nur drei Menschen bekannt war: J. W. **Stalin,** Marschall G. K. **Shukow** und General A. M. **Wassilewski.** Es war dies der Satz: »Auch auf unserer Straße wird ein

Festtag sein.« Die Menschen hörten diesen Satz sehr wohl, und er gab ihnen wieder etwas Mut. Den hatten sie auch nötig: Die Wehrmacht stand an der Wolga. Das Ausmaß des Leids und des Elends, das mit diesem Krieg über die Menschen gekommen war, überstieg nach nunmehr anderthalb Jahren jegliche menschliche Vorstellungskraft. Der Wunsch zur Vernichtung der Eindringlinge beherrschte mehr und mehr alles Denken und Handeln.

Am 19. November morgens war ein Wetter, daß an den Einsatz schwerer Flugzeuge nicht zu denken war. Zu diesem Zeitpunkt schossen die Verteidiger Stalingrads den Feiertag auf ihrer Straße ein. Diesmal begann die Katastrophe über die Wehrmacht hereinzubrechen. Erstmalig beschlich die Menschen in der Sowjetunion, ob Soldat oder Zivilist, ob **Stalin** persönlich oder den hungernden Kolchosbauer, das noch unsichere, völlig neue Gefühl: Mein Gott ja, es scheint, wir können tatsächlich kämpfen. Und, obwohl eigentlich nie angezweifelt aber immer so theoretisch, jetzt aber plötzlich so realistisch die Schlußfolgerung; somit können wir auch siegen!

Die Produktion der Pe-8

Mit 20 Flugzeugen war 1942 das erfolgreichste Jahr der Pe-8-Produktion. Nie lieferte die Luftfahrtindustrie in Jahresfrist mehr von diesen Bombern an die Luftstreitkräfte.

Entscheidend für das Schicksal der Pe-8 erwies sich der Flug der Besatzung **Puusepp** nach Washington, da dieser die Leistungsfähigkeit des Typs unter Beweis gestellt hatte. In der Umgebung **Stalins** hatte sich die Pe-8 nachdrücklich in Erinnerung gebracht. Nachdem bekanntlich die Herstellung dieses Flugzeuges faktisch illegal weiterlief, kam nach diesem Flug im Kasaner Werk Nr. 22 die Weisung aus Moskau an, die Produktion wieder aufzunehmen. Als Direktor des Werkes war unterdessen erneut W. A. **Okulow** eingesetzt worden. Chefingenieur wurde M. N. **Kornejew.**

Der offizielle Neubeginn der Produktion sollte mit den Triebwerken AM-35A erfolgen – letztlich war dies der einzige Trieb-

werkstyp, der sich auf der Pe-8 wirklich bewährt hatte. Gleichsam zum Auftakt des Neubeginns traf in Kratowo die 42057 mit neuen Luftschrauben ein. Diese Luftschrauben vom Typ WISch-61FW konnten im Falle eines Triebwerksausfalles in Segelstellung gefahren werden, was für diesen ziemlich oft eintretenden Fall einen merklichen Zuwachs an Flugsicherheit bedeutete.

Aber es klappte mit den Zulieferungen nicht. Im Hochsommer telefonierte P. W. **Dementjew** nach Kasan und informierte, daß er für die Pe-8 keine AM-35A mehr bereitstellen könne. Der Grund dafür war u. a., daß zugunsten der Massenproduktion des AM-38 für die Il-2 die Herstellung des AM-35 ganz eingestellt wurde. Das hatte damals ebenfalls zum Ende des Baus der MiG-3 geführt, die ja auch mit AM-35 ausgerüstet war. Aus Moskau schlug man aber vor, die Verwendung des Doppelsterntriebwerks ASch-82 in der Pe-8 zu prüfen. Das war natürlich eine kalte Überraschung für J. N. **Neswal** und seine Mitarbeiter. Für die Umrüstung von einer flüssigkeitsgekühlten Antriebsanlage aus 4 Reihentriebwerken auf eine luftgekühlte mit Doppelsterntriebwerken würden tiefgreifende Änderungen notwendig sein.

Die ersten Berechnungen und konstruktiven Entwürfe bestätigten aber, daß diese Umrüstung erfolgreich sein könnte. So wurde beschlossen, eine Versuchsmaschine zu bauen. Dieses Flugzeug 42047 war im Herbst 1942 fertig, und der Erprobungsflieger des Werkes Nr. 22, **Goworow,** führte den ersten Flug durch. Die ersten Flüge der Werkserprobung bestätigten, daß der neue Bomber gut flog und seine Steuerung sich faktisch nicht von der anderer Varianten unterschied.

Im weiteren stellten sich aber Schwierigkeiten bei den Triebwerken ein, die man in Kasan nicht beheben konnte. Diese erste Variante des ASch-82 besaß einen mechanischen Lader mit zwei Drehzahlbereichen. Während des Steigfluges, in etwa 4000 m Höhe, mußte der höhere Drehzahlbereich eingeschaltet werden. Das führte dann normalerweise zu einer Leistungssteigerung und somit zu besseren Geschwindigkeitscharakte-

Eine der ersten Pe-8 mit Doppelsterntriebwerken ASch-82 in Kratowo. Rechts im Vordergrund eine zur Aufhängung vorbereitete FAB-2000. Im Hintergrund rechts eine getarnte Pe-8 mit Reihentriebwerken. Archiv Traditionsverband

ristiken in großen Höhen. In dieser Betriebsstufe zeigte sich aber, daß die Triebwerke unzuverlässig arbeiteten und der erhoffte Effekt oft ausblieb.

Im Flugerprobungsinstitut des Volkskommissariats für Luftfahrtindustrie forderte man aus Perm, wo im Triebwerkswerk Nr. 19 der ASch-82 entstand, Chefkonstrukteur S. K. **Tumanski** an. Dessen Teilnahme an den Erprobungen war zwar sehr nützlich, die Ursache für die instabile Triebwerksarbeit über 4000 m konnte aber auch er nicht finden.

Neswal und **Tumanski** meldeten die Situation letztlich an **Dementjew.** Dieser informierte sofort den Befehlshaber der Fernfliegerkräfte. General **Golowanow** wägte die fehlende Geschwindigkeit ab und entschied: Für die Pe-8 ist die erreichte Geschwindigkeit ausreichend, wichtig ist vor allem die Reichweite. Diese Entscheidung war natürlich mutig, denn die nicht optimale Arbeit der Triebwerke hatte ja komplexe Auswirkungen, die auch die Gipfelhöhe und letztlich eben die Reichweite ungünstig beeinflußten. Aber zumindest war die Richtung für die weitere Arbeit vorgegeben: Die Reichweitenerprobung war zu forcieren.

Im Spätherbst wurde daraufhin ein Langstreckenerprobungsflug mit diesem Flugzeug über 15 Stunden Dauer gemeinsam von den Militärs aus dem Forschungsinstitut der Luftstreitkräfte und den Experten aus dem Flugerprobungsinstitut vorbereitet. Die Erprobungsmaschine sollte nach Mittelasien fliegen, dort drei Tonnen Übungsbomben abwerfen und zurückkehren. Start und Landung würden dabei in der Nacht erfolgen. Für diesen Flug wurde folgende Besatzung zusammengestellt:

M. W. **Wodopjanow**	Kommandant
B. G. **Goworow**	Copilot
A. P. **Bespolow**	Bordtechniker
N. N. **Arshanow**	Leitender Ingenieur
S. **Bern**	Ingenieur des LII
A. Je. **Bruck**	Ingenieur des LII.

Der Flug verlief erfolgreich. Nachdem der Kraftstoffrest ausgelitert war, konnten die Ingenieure eine technische Reichweite von 5000 km für eine voll ausgerüstete und mit drei Tonnen Bomben beladene Pe-8 festlegen. In dieser Konfiguration wurde die Pe-8 für die Produktion freigegeben, und noch 1942 konnte eine zweite Maschine mit der neuen Triebwerksanlage ausgeliefert und direkt nach Kratowo geflogen werden.

Aber auch die Frage der Flugdiesel war noch nicht vom Tisch. Ausgerüstet mit modernisierten M-30B des Werkes Nr. 500 und den Luftschrauben WISch-24 traf im November 1942 die 42038 in Kratowo ein. Mit dieser Maschine flog die 45. Division die Staatliche Erprobung selbst – natürlich mit Unterstützung der Erprobungsinstitute. Diese Flug-

erprobung wurde im Februar 1943 abgeschlossen. Zu den offiziellen Ergebnissen liegen uns leider keine Informationen vor.

Die Pe-8 1942 (Statistik)

In diesem Jahr flogen die Pe-8 insbesondere folgende Einsätze:

– gegen die Hauptstädte Berlin, Budapest und Bukarest,
– gegen Stettin, Stargard, Stolp, Danzig, Königsberg, Labiau, Insterburg, Tilsit und Warschau,
– im Mittelabschnitt der Front gegen Eisenbahnknotenpunkte (Orscha, Smolensk, Wjasma), gegen befestigte Punkte (Rshew, Sytschewka, Bely), gegen Flugplätze der Luftwaffe (Balbasowo, Witebsk, Smolensk, Borowskoe, Schatalowo, Seschtscha, Brjansk, Dwojewka, Dugino),
– während der deutschen Offensive im Süden gegen das Eisenbahnnetz, die Flugplätze Brjansk, Orjol, Kursk, Belgorod, Charkow und Stalino, gegen Konzentrationsräume der Wehrmacht bei Pachanok und Schtschegry,
– während der Stalingrader Schlacht gegen deutsche Befestigungen auf dem Gefechtsfeld und den Flugplatz Tusow,
während des Angriffs der Kaliner Front auf die Stadt Welikie Luki gegen das Eisenbahnsystem und die Garnison.

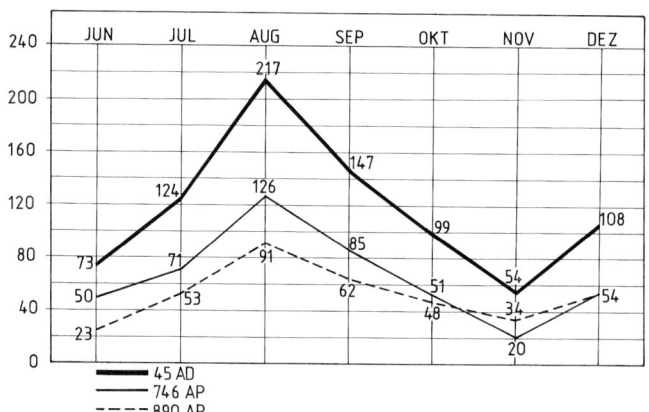

Zielfoto, aufgenommen von einer Pe-8. Leider ließ es sich nicht feststellen, um welchen Flugplatz es sich hier handelt. Archiv Traditionsverband

Folgende Statistik fügte sich für die Pe-8 zum Jahresende 1942.

	746. Geschwader	890. Geschwader
Einsatzstarts	620	365
davon		
gegen Hauptziele	531	227
gegen Reserveziele	41	20
erfolglos	48	18
Flugzeit im Einsatz (h)	2 893:26	1 764:13
abgeworfene Bomben (Stück)	8 407	5 316
abgeworfene Bombenmasse (t)	1 822	1 122
verbrauchte Granaten SchWAK	5 238	10 977
verbrauchte Patronen UBT	5 895	10 308
abgeworfene Flugblätter (1 000)	21 091	9 669
Flugzeugverluste	10	3
Personalverluste	42	23

Anzahl der Einsatzstarts der Division und ihrer Geschwader, 1942

2. Im Krieg

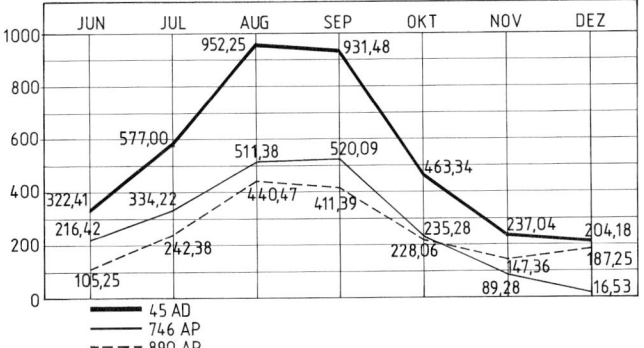

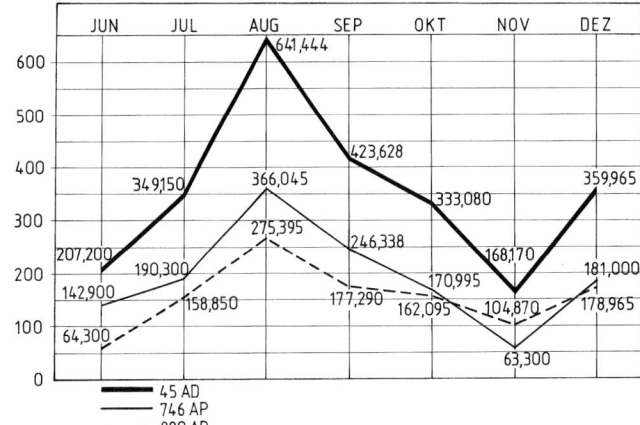

2.3. Die Wende im Krieg – das Jahr 1943

Ein runder Grund zum Feiern

Am Morgen des 27. Januar 1943 konnte man beobachten, wie aus der eben auf ihren Abstellplatz unter die gewaltigen Fichten gerollten Pe-8 der Navigator Konstantin **Ikonnikow** ausstieg und an der Leiter auf Kommandant Alexander **Dodonow** wartete. Als dieser endlich herunter kam, schüttelte ihm der Navigator lange die Hand und umarmte ihn letztlich. Auf dem Weg zur Kantine empfing Alexander **Dodonow** weitere Glückwünsche. Über dem Eingang zur Kantine und in der Unterkunft hingen Plakate mit immer nur der einen Zahl: 100.

Alexander Sergejewitsch **Dodonow** war der erste Pilot der Division, der seinen 100. Kampfeinsatz geflogen hatte. Zum Höhepunkt der bescheidenen Festlichkeit überreichten die Mädchen der rückwärtigen Dienste dem 35jährigen Flieger eine Torte mit einer »100« aus Sahne. Bis heute ist den Veteranen unklar, woher die Mädchen ein damals so kostbares Geschenk zaubern konnten.

Am 25. März 1943 wurde Major **Dodonow** und Hauptmann **Rodnych** der Titel »Held der Sowjetunion« verliehen.

Vertrauen

Es war der 12. Februar 1943. Wie gewöhnlich ging Wladimir **Ponomarenko** die wenigen Kilometer zum Flugplatz zu Fuß. In der kommenden Nacht sollte das 746. Geschwader den Eisenbahnknotenpunkt Gomel angreifen. Am Standplatz der Pe-8 angekommen, erfuhr er eine Neuigkeit: Der Kommandant hatte eine Blinddarmentzündung. Da alle Kommandanten eingesetzt waren, war zu erwarten, daß das Flugzeug aus dem Einsatzplan gestrichen würde.

Trotzdem führte **Ponomarenko** seinen Rundgang um die Pe-8 heute gründlicher als sonst durch.

Bis zum Start waren es noch 30 Minuten, als ihm der Bordtechniker die Einsatzbereitschaft des Flugzeuges meldete. »Und warum meldest du mir?« dachte **Ponomarenko**. »Bin ich etwa dein Kommandeur?«

Ponomarenko wurde immer unruhiger und schaute auf seine Uhr. Er legte sie gar ans Ohr, um zu prüfen, ob sie noch ging. Letztlich fragte er den Navigator: »Mischa, sag' mal, wenn niemand anders fliegen kann, ob man mir das Flugzeug anvertraut?« Er gab sich selbst die Antwort: »Nein, man vertraut mir nicht.« »Also ich meine, es gibt

das Vertrauen«, entgegnete Miron Jefimowitsch. »Wenn man mich jetzt fragen würde: ›Genosse **Legkostup**, fliegen sie mit Wladimir **Ponomarenko**?‹ würde ich antworten: ›Mit großem Vergnügen!‹«

Ein Zeitungsausschnitt aus der »Krasnaja Swesda« vom 25. März 1943: »Erlaß des Präsidiums des Obersten Sowjets der UdSSR über die Verleihung des Titels Held der Sowjetunion an Kommandeurspersonal der Fernfliegerkräfte der Roten Armee. Für die vorbildliche Erfüllung der Gefechtsaufgaben des Oberkommandos an der Kampffront mit den deutschen Eroberern und der dabei gezeigten Kühnheit und Mut, wird der Titel Held der Sowjetunion mit dem Lenin-Orden und der Medaille ›Goldener Stern‹ verliehen an: ...« Unter den Geehrten zwei Pe-8-Kommandanten: »... 4. Major Dodonow, Alexander Sergejewitsch ... 10. Hauptmann Rodnych, Michail Wassiljewitsch ... Vorsitzender des Präsidiums des Obersten Sowjets der UdSSR M. Kalinin. Sekretär des Präsidiums des Obersten Sowjets der UdSSR A. Gorkin. Moskau, Kreml, 25. März 1943.« Archiv Autor

W. W. Ponomarenko vor seiner mit Asch-82 ausgerüsteten Pe-8 in Kratowo Anfang 1943.
Er trägt den Lenin-Orden (alte Ausführung).
Vom ersten bis zum letzten Kriegstag diente er als Bomberkommandant im Range eines Hauptmanns.
Er wurde 1914 in einer Arbeiterfamilie geboren. Lernte gemeinsam mit Boris Kubyschko in
der AEROFLOT-Fliegerschule Bataisk fliegen. Nach deren Abschluß 1934 arbeitete er als Postflieger,
bis er 1940 eingezogen wurde. Bevor er 1942 in die Division kam, hatte er schon 24 Einsätze auf
der DB-3 geflogen. Auf der Pe-8 flog er 102 Kampfeinsätze. Nach dem Krieg diente er weiter in den
Luftstreitkräften und wurde Verdienter Militärflieger. *Archiv Traditionsverband*

Genau zu diesem Zeitpunkt entschied Divisionskommandeur V. I. **Lebedjew:** Der Einsatz wird von Kommandant **Ponomarenko** geflogen. Oberst **Lebedjew** wußte, daß er formal im Recht wäre, wenn er den Bomber nicht starten ließe. Er kannte aber auch den Flieger **Ponomarenko** gut und vertraute ihm.

Über dem Flugplatz stand schon großer Lärm ob der vielen warmlaufenden Triebwerke. **Ponomarenko** saß auf seinem Platz im Cockpit der Pe-8. Die Triebwerke standen. Der Platz des Kommandanten vor ihm war leer. Plötzlich fuhr das Auto des Geschwaderkommandeurs scharf an die Pe-8 heran. Wladimir glaubte, daß Oberstleutnant **Abramow** selbst fliegen würde. Er war ein ausgezeichneter Pilot. Wladimir kletterte schnell wieder aus dem Bomber heraus und meldete die Einsatzbereitschaft von Flugzeug und Besatzung.

»Also, Genosse **Ponomarenko**,« sagte der Kommandeur, »Ihnen wurde erlaubt, diesen Einsatz als Kommandant zu fliegen. Möge dieses Vertrauen Ihnen ein Vorschuß für die Rückkehr ins große Leben sein. Guten Flug.«

Hinter dem Kommandanten bereitete sich ein neuer Copilot vor. Laut Plan hätte **Ponomarenko** als letzter starten müssen. Er konnte es kaum glauben, dieses Kampfflugzeug wieder vollverantwortlich führen zu dürfen. Jetzt hätte die Pe-8 von Nikolai **Ischtschenko** auf die Startbahn rollen müssen. Als dieser aber **Ponomarenko** erkannte, winkte er: Roll du zuerst, ich muß noch die Triebwerke warmlaufen lassen. Genauso taten es die anderen Besatzungen. Alle ließen der Viermotorigen von Wladimir **Ponomarenko** den Vorrang. Dessen Start war nicht mehr aufzuhalten. In den ernsten 4 Monaten des Jahres flog er 20 Kampfeinsätze als Copilot.

Ende April absolvierte Wladimir **Ponomarenko** die entsprechenden Überprüfungen, und am 2. Mai erließ Oberst **Lebedjew** den Befehl, mit dem er Hauptmann **Ponomarenko** wieder zum Kommandanten ernannte.

Wieder zu den Verbündeten

Am 6. Februar 1943 erhielt Oberst **Lebedjew** aus dem Stab der ADD den Befehl, die sich technisch im besten Zustand befindliche Pe-8 zu ermitteln und für einen Sonderflug vorzubereiten. Als Kommandant für den bevorstehenden Flug wurde Geschwaderkommandeur **Puusepp,** gerade zum Oberstleutnant befördert, als Navigator Divisionsnavigator Oberstleutnant **Romanow** bestimmt.

Als bestes Flugzeug wurde die 42 048 von Hauptmann **Rodnych** aus dem 890. Geschwader ermittelt. Die Funktion des Copiloten übernahm M. W. **Rodnych.** Als weiterer Navigator wurde Sergej **Uschakow** in die Besatzung aufgenommen.

Auf Befehl des Divisionskommandeurs löste man diese Maschine aus dem Gefechtsbestand heraus. In wenigen Tagen sollten neue Triebwerke eintreffen, die dann sofort in den Bomber eingebaut würden.

Die Besatzung des Hauptmanns ermittelte aber, daß die derzeitigen Triebwerke noch vier bis sieben Stunden Laufzeit besaßen. So bat die Besatzung, noch einen Einsatz fliegen zu dürfen, um die verbliebenen Triebwerksressourcen noch ausnutzen zu können.

Oberst **Lebedjew** gestattete diesen Einsatz. In dieser Nacht zum 6. Februar sollte die ganze Division den Eisenbahnknotenpunkt Lgow angreifen. Über diesen Bahnhof liefen die Nachschubtransporte für die deutschen Truppen bei Kursk und Belgorod. Die Rote Armee griff diese Städte gerade an. Als Reserveziel hatte die Division den Eisenbahnknotenpunkt Brjansk-II zugewiesen bekommen.

Noch während des Fluges empfing der Funker vom Stab der 45. Division die Erlaubnis, wegen schlechten Wetters über Lgow das Reserveziel zu bombardieren. Kommandant **Rodnych** entschied sich aber trotzdem für Lgow. Die widrigen Wetterbedingungen zwangen die Besatzung, unter Verletzung der Vorschriften die 4 FAB-500-Bomben aus nur 250 m Höhe abzuwerfen. Nach der Explosion der ersten Bombe wurde die Pe-8 von der Druckwelle förmlich in die Wolken hineingeschleudert, so daß Michail **Rodnych** kurzzeitig die Kontrolle über das Flugzeug verlor. An den Abwurf der verbliebenen beiden Bomben zu je einer Tonne war nicht zu denken. Später, auf dem Rückflug, griff der Bomber noch einen Kesselwagenzug an und setzte aus nur 800-m-Abwurfhöhe die FAB-1000-Bomben ein. Auch das war sträflicher Leichtsinn.

Der Kommandeur des 890. Geschwaders, Held der Sowjetunion Obstlt. E. K. Puusepp, aufgenommen vermutlich im Frühjahr 1943 zur Zeit des Fluges nach Großbritannien. Puusepp trägt hier den Lenin-Orden, den Rotbannerorden, den Orden des Roten Sterns, den Orden des Vaterländischen Krieges 1. Klasse sowie die Medaille »Goldener Stern«. Alle Auszeichnungen in alter Ausführung.
Archiv Traditionsverband

Nach der Landung erwartete Oberst **Lebedjew** selbst die Besatzung am Standplatz. Die Verletzung der Vorschrift mußte ihm schon gemeldet worden sein. Nach der Meldung des Kommandanten und der von Major **Nikolajew** – sein Politstellvertreter hatte

an diesem riskanten Einsatz teilgenommen – entschied sich der Oberst, den Hauptmann wegen der Übertretung der Vorschriften vorerst nicht zu bestrafen. Zwei Tage später trafen Informationen von den Partisanen ein, die von ungewöhnlich großen Zerstörungen berichteten. Der Divisionskommandeur befahl, der Besatzung den Einsatz als »äußerst erfolgreich« zu bestätigen.

Ende Februar war die Pe-8 von M. **Rodnych** – mit neuen Triebwerken eingeflogen und bis ins letzte Detail geprüft –, erneut einsatzbereit. Am 1. März 1943 erging der Befehl, im Flugzeug Plätze für 20 Passagiere einzurichten. Alle Besatzungsmitglieder wurden in Moskau mit den gerade eingeführten Paradeuniformen neu eingekleidet. In der Division wurden die neuen Schulterstücke, die offiziell seit dem 6. Januar anstelle der Kragenspiegel den Dienstgrad auswiesen, gründlich bestaunt.

Am 12. März waren Flugzeug und Besatzung endgültig einsatzbereit. Der Flugauftrag lautete, sowjetische Besatzungen nach Großbritannien zu transportieren. Die Besatzungen sollten britische Kampfflugzeuge überführen. Schlechtes Wetter verzögerte den Start um noch einige Tage, ehe man am 14. März, genau vier Minuten nach Mitternacht, von Kratowo starten konnte. Nach 9:48 Stunden Flug über die Ostsee, Schweden, Norwegen und die Nordsee landete die Pe-8 in Prestwick.

In Großbritannien besuchte die sowjetische Abordnung Flugzeugwerke in London, u. a. die De Havilland Aircraft Company, in dem die »Mosquito« gebaut wurde.

In der Nacht zum 23. April 1943 flog **Puusepp** zum dritten Mal eine Pe-8 aus dem Vereinigten Königreich nach Moskau zurück. Das angestrebte Abkommen über den Erwerb der englischen Bomber kam damals allerdings nicht zustande. Da die britische Regierung nur bereit war, veraltete Typen zu liefern, verzichtete die Sowjetunion 1943 auf dieses Angebot.

Die 42 048 wurde wieder in den Gefechtsbestand der 45. Division eingegliedert.

Flugblätter

Am 2. Februar 1943 hatte sich das Schicksal der bei Stalingrad eingekesselten deutschen und verbündeten Soldaten vollendet – es gab keine Kampfhandlungen mehr. In der Heimat aber versuchten die Mächtigen, die von ihnen verursachte Katastrophe, den Tod und das ungeheure Leiden Hunderttausender zu glorifizieren. Am 4. Februar erschien der »Völkische Beobachter« mit der ganzseitigen Überschrift »Sie starben, damit Deutschland lebe«. In Deutschland schufen die Medien seit etwa Mitte Januar, als man sich in Hitlers Umgebung der Ausweglosigkeit des weiteren Kampfes endgültig bewußt war,

Im März 1943 weilte erneut eine Pe-8-Besatzung in Großbritannien. Hier ein Teil der Besatzung beim Besuch in der Firma De Havilland. 3. von links: Navigator S. A. Romanow, 4. von links: Bordtechniker A. Ja. Solotarjow, 5. von links: P. Borissenko, Mitarbeiter der Botschaft, 7. von links: Kommandant E. K. Puusepp, 10. von links: Navigator S. F. Uschakow. Fotochronik TASS

Eine Pe-8 mit AM-35A auf dem Flugplatz Kratowo im Winter 1942/43. Unter dem Flugzeug liegen 2 Sprengbomben FAB-1000. Rechts im Hintergrund ein zweiter Bomber mit Abdeckplanen. *Archiv Traditionsverband*

Startvorbereitungen. Der Bordtechniker läßt schon die Triebwerke warmlaufen, während sich Kommandant L. W. Sumzow den Fallschirm umschnallt. Nach dem Krieg erprobte Sumzow Flugzeuge des OKB W. M. Mjasischtschew und wurde »Verdienter Testflieger«. *Archiv Traditionsverband*

unentwegt einen Mythos der Verteidiger von Stalingrad. Um aber die Wahrheit über das Ausmaß der deutschen Niederlage zu verbreiten, druckte man im Sowjetischen Informationsbüro Flugblätter für Deutschland. Ihre Beförderung nach West- und Ostpreußen übertrug man Hauptmann S. S. **Sugak.**

Am 8. Februar wurde eine Pe-8, die 42028, mit 4,5 Tonnen Flugblätter beladen. Im ganzen Flugzeug gab es keinen Platz mehr, der nicht mit Papierpäckchen belegt gewesen wäre. Angesichts der Bedeutung des Fluges flog der Leiter der Politabteilung der Division, Juri **Nikolajew** als Kontrolleur und damit als 12. Mann, mit.

Am Abend startete der Bomber in Kratowo.

Schon etwas länger als drei Stunden fliegt die Pe-8 nun nach Westen. Sie befindet sich in 9000 m Höhe, da über den jetzt dichter besiedelten Gebieten von Zeit zu Zeit die Flak gegen den einsamen Bomber aktiv ist. An Bord arbeitet man und läßt sich durch den dünnen Beschuß kaum beeindrucken. Die Effektivität des Feuers gegen ein Flugzeug in dieser Höhe ist so gut wie Null.

Aber eben nur so gut wie ... Es tritt genau der Fall ein, der jeden Spezialisten auf dem Gebiet der Wahrscheinlichkeitstheorie hätte verzweifeln lassen: In unmittelbarer Nähe der Pe-8 explodiert bei Litwa (Kaunas) eine Granate, und für alle an Bord, trotz des Triebwerkslärmes unzweifelhaft wahrnehmbar, schlagen Splitter in der linken Fläche ein. Die Männer der Besatzung zucken zusammen und sitzen einige Sekunden unbeweglich auf ihren Plätzen. Aber dann entspannen sie sich und wollen schon die Schultern reckeln: Vielleicht ist es doch nur die Beplankung gewesen, als plötzlich schon die kratzige Stimme des Bordtechnikers N. **Prudyus** zu hören ist: »Kommandant, im Ersten ist der Öldruck gefallen.«

Wieder ist es für Sekunden so still in den Kopfhörern, daß man glaubt, alle hätten den Atem angehalten. »Ist er ganz unten? ... auf Null? ...« fragt Sergej zurück. Der Bordtechniker antwortet kurz und bestimmt: »Ja.« »Dann drehe die Blätter zum Anschlag und stell das Triebwerk ab«, befiehlt der Kommandant mit einer Ruhe in der Stimme, daß es scheint, als ob es ihm egal ist, ob er nun mit 3 oder mit 4 Triebwerken fliegt. Im gleichen Ton setzt er hinzu: »Na denn, fliegen wir halt mit dreien.«

Bis in das befohlene Gebiet ist es noch weit, und trotzdem steuert Kommandant **Sugak**, nunmehr im unvermeindlichen Sinkflug, relativ ruhig seinen Bomber. Er berät sich mit seinem Navigator **Ikonnikow**; wie weiter mit dem Flug? Der rechnet alles durch und man entscheidet, bis zur äußersten Reichweite zu fliegen. Bei der berechneten Stelle meldet sich Navigator **Ikonnikow**: »Kommandant, wir müssen anfangen, langsam zu kurven. Wir beginnen mit dem Abwurf! Alle, die Päckchen in der Nähe haben, anfangen! An die Luken einzeln herangehen wie abgesprochen. Also dann.«

Man sollte glauben, was ist einfacher, als Papier aus dem Flugzeug zu werfen? Weit gefehlt. An den Luken entstehen solche Luftwirbel, daß die Päckchen regelrecht hinaus-

gepreßt werden müssen. Einige reißen durch die Gewalten zu zeitig auf, und Unmegen der Blätter flattern in den Rumpf zurück, ja ganze Päckchen werden wieder zurückgeschleudert. Um die Arbeit besser in den Griff zu bekommen, nehmen die Männer ihre Sauerstoffmasken ab. Bald sehen die ersten von ihnen nur noch rote Ringe, und der Puls rast nur so. Erst als die letzten Zettel aus dem Bomber geräumt sind, begreift die Besatzung so richtig, daß die lächerliche Aufgabe des Ausladens, wie es anfangs schien, fast 40 Minuten gedauert hat und alle derartig fertig sind, als hätten sie Sand geschaufelt.

Als der Luftzug im Flugzeug sich dank der wieder geschlossenen Luken legt, fragt **Sugak** seinen Navigator: »Nun, was ist, fertig?«

»Fertig, Sergej Saweljewitsch!« preßt Konstantin **Ikonnikow** hervor und kommt langsam wieder zu sich. »Und wie steht es bei Euch, Kommandant?« »Mit diesem schiefen Flugzeug, wie du ja weißt, ist hier auch kein Zuckerschlecken.« »Ja Kommandant, ich weiß ... Nehme noch 5° größer, um schön weit weg von dieser Straßenkreuzung zu sein, bei der man uns das Ding verpaßt hat.« »Alles klar! ... Ein würdiger Gedanke, Navigator. So machen wir das auch«, antwortet der Kommandant. Dann wendet er sich an den Copilot A. S. **Ugrjumow**: »Wie fühlst du dich?« »Jetzt geht's schon wieder. Ich kam mir vor wie der Bär in der Klemme, der mit beiden Tatzen versucht, die Bienen loszuwerden.« **Ikonnikow** sagt lachend: »Ja so in etwa ... ich hätte nie gedacht, daß wir derartig 'ran müssen. Aber nun ist's vollbracht: Morgen wird man hier was zu lesen haben.«

An Bord tritt wieder Ruhe ein. Vielleicht denkt man darüber nach, wie man in Deutschland reagieren würde, wenn man die Wahrheit über Stalingrad wüßte. Allein 1 390 000 Flugblätter »Vernichtung der deutschen Truppen bei Stalingrad« flattern gerade zu Boden. Nach der nächsten routinemäßigen Befragung aller Besatzungsmitglieder zu ihrem Befinden wendet sich **Sugak** an **Ugrjumow**: »Lehn' dich etwas zurück. Ich übernehme die Steuerung.«

Trotz der nun um Tonnen geringeren Flugmasse endet das Sinken erst in 3 000 m Höhe. Abwechselnd steuern die Piloten das unsymmetrische Flugzeug nach Osten. Da passiert

Zufrieden lassen sich Kommandant S. Sugak (rechts) und Navigator K. Ikonnikow vor ihrer Pe-8 am Morgen des 9. Februar 1943 fotografieren. 8:15 Stunden hatte ihr schwieriger Flug zum Abwerfen von Flugblättern gedauert.
Archiv Traditionsverband

Rettet Euch, ehe es zu spät ist!

DEUTSCHE SOLDATEN! Was wir Euch vorausgesagt haben, ist eingetreten. Im Raum von Stalingrad ist die Rote Armee zur Offensive übergegangen. Die deutschen Truppen bei Stalingrad und östlich vom Don sind eingekesselt.

Zu gleicher Zeit hat die Offensive der Roten Armee auch am Terek, bei Wladikawkas begonnen. Die deutschen Truppen im Kaukasus sitzen in der Falle.

In Nordafrika ist die Rommel-Armee vernichtet. Starke Verbände amerikanischer Truppen haben ganz Nordwestafrika besetzt. Die italienischen und deutschen Streitkräfte in Afrika sind in der Zange zwischen den Engländern, die vom Osten und Süden, und den Amerikanern, die vom Westen her vorstoßen.

DER EISERNE RING UM HITLER SCHLIESST SICH.

es: Das rechte äußere Triebwerk fängt an zu stottern und versagt den Dienst. Der Flug wird nun in einen deutlich riskanten Zustand. Die Pe-8 hält sich aber Stunde um Stunde.

Nach Stalingrad wurden von den Luftstreitkräften auch einige erbeutete »Condor« geflogen. Hier eine FW 200C-3, ehemals I/KG40, noch mit dem Planetenzeichen. Der rote Stern befindet sich auf dem Rumpf vor der Bauchbinde. Foto S. Strunnikow, Zentrales Staatsarchiv für Film- und Fotodokumente

Dank der langen Dunkelheit überfliegt die Pe-8, trotz ihrer minimalen Geschwindigkeit, die Front ohne Zwischenfälle. Über Funk ist unterdessen die Erlaubnis erteilt worden, einen nahe der Front liegenden Flugplatz anzufliegen. Als er näher kommt, fragt Sergej **Sugak**: *»Navigator, kennst du diesen Flugplatz – Anflugsektoren, Bahnlänge und so?«* *»Das ist ein Feldflugplatz der Jagdflieger. Woher soll ich den kennen … ?« » Mit anderen Worten, die Wahrscheinlichkeit, den Flieger bei der Landung zu zertrümmern, ist so gering nicht … Wir versuchen, bis Klin zu kommen … Hol' die Erlaubnis, dort zu landen.« Die Erlaubnis kommt auch bald. Als aber Klin näher kommt, scheint es den Männern, daß man mit dem nun recht leichten Flugzeug über dem eigenen Territorium eigentlich riskieren sollte, bis ganz nach Hause zu fliegen. So befiehlt der Kommandant auch: »Wir fliegen nach Kratowo!«*

Nach 8:15 Stunden Flug gratuliert **Ikonnikow** *seinem Kommandanten auf dem Standplatz in Kratowo.*

Die Einzelheiten dieses dramatischen Fluges sprachen sich in der Division herum. Hier die Namen aller Besatzungsmitglieder:

S. S. **Sugak**	Kommandant
A. S. **Ugrjumow**	Copilot
K. P. **Ikonnikow**	Navigator
N. A. **Belouss**	Bombenschütze
N. S. **Prudyus**	1. Bordtechniker
Kutjawin	2. Bordtechniker
G. **Scherbow**	Funker
Pissarenko	Schütze
I. D. **Gurin**	Schütze
D. W. **Smagliew**	Schütze
S. P. **Tomko**	Schütze
J. E. **Nikolajew**	Kontrolleur

Solche Flugblattaktionen wurden mehrmals mit den Pe-8 geflogen. So startete am 19. März 1943 Kommandant **Suschin** mit seiner 42098 nach Warschau. Allein über der Stadt warf diese Besatzung gegen 23:00, aus 200 m Höhe, eine halbe Million Flugblätter ab. Die Fliegerabwehr Warschaus schwieg in dieser Nacht. Andere Flugblätter warf diese Besatzung an bestimmten Abschnitten ihres Flugweges ab. Nach 10:46 Stunden Flug setzte diese Pe-8 wieder in Kratowo auf.

Ein anderer Flugblatteinsatz verlief weniger erfolgreich. In der Nacht zum 8. August 1943 konnte Major **Makarenko** mit seiner 42059 die Gewitter nicht überwinden und landete nach sieben Stunden wieder in Kratowo mit den Flugblättern an Bord.

Am Abend des 10. April 1943 hatte sich die gesamte Division wieder auf Einsätze vorbereitet: Das 746. Geschwader sollte einen Eisenbahnknotenpunkt angreifen, das 890. Geschwader den Flugplatz Smolensk.

Wie so oft in den letzten Tagen schien auch dieser Einsatz wegen des schlechten Wetters nicht stattzufinden. An seiner 42 057 angekommen, nahm Alexander **Dodonow** die Meldung des Bordtechnikers Lt. **Prokofjew** entgegen, und die ganze Besatzung begab sich sofort in den Unterstand, um dem widerlichen Nieselregen zu entgehen. Länger als üblich warteten die Männer. Aber letztlich hupte der Bus, die Tür zum Unterstand wurde aufgerissen und eine Stimme brüllte hinein: »Aus mit Faulenzen, Entwarnung!« Die Piloten, Navigatoren und Schützen fuhren wieder in die Unterkünfte. Die Techniker blieben noch bei den Flugzeugen. Sie mußten die Zünder wieder aus den Bomben schrauben, die Bomben aushängen, die Tarnnetze über die Bomber spannen usw. usf. Wie immer verließ Bordtechniker P. M. **Prokofjew** als letzter den Standplatz des Flugzeuges.

Als die Flieger gerade zum Abendbrot wollten, erschien erneut der Diensthabende: »Das fliegende Personal sofort in den Stab, die letzten Informationen für den Einsatz empfangen!«

Das war ungewöhnlich. Tatsächlich waren die Einsätze in dieser Nacht außergewöhnlich wichtig – die ADD begannen wieder mit Fernangriffen. Als der Kommandeur des 746. Geschwaders eintrat, herrschte sofort Stille: »Die Aufgabe bleibt unverändert. Der Start ist von Oben befohlen. Sie sehen selbst, die Startbedingungen sind kompliziert. Die Wolkenuntergrenze liegt bei etwa 50 m. Die Sicht beträgt nicht mehr als 500 m. Zur Erleichterung des Starts wird am Ende der Bahn der Scheinwerfer eingeschaltet. Ich denke, daß er so an die 700 m weit zu sehen sein wird.«

Fragen gab es nicht mehr, und der Bus brachte die Männer wieder zu ihren Flugzeugen. Diesmal meldete der 2. Bordtechniker die Einsatzbereitschaft des Bombers. Am Ende seiner Meldung sagte er einen Satz, der alle wie der Blitz traf: »**Prokofjew** ist nicht da!«

»Was?« fuhr **Dodonow** auf, »wer hat ihn gesehen? Wer weiß, wo er sein könnte? Alle zum Flugzeug!« Das einzige, was die Beratung ergab, war, daß **Prokofjew** als letzter den Unterstand verlassen hatte und in der Unterkunft nicht eingetroffen war.

Nun war guter Rat teuer. Laut Vorschrift konnten ohne offizielle Übergabe des Flugzeuges nur der Staffel- oder der Geschwaderingenieur anstelle des Bordtechnikers als dessen direkte Vorgesetzten fliegen, da sie auch die persönliche Kontrolle über seine Arbeit hatten.

Der Wagen des Geschwaderkommandeurs fuhr heran, und **Dodonow** meldete – auch, daß der Bordtechniker fehlte. »Überlobt! Das haben wir nun davon!« »Genosse Oberstleutnant«, wandte sich der Staffelingenieur an ihn, »wenn Prokofjew nicht auftaucht, gestatten Sie mir zu fliegen. Ich habe die Einsatzbereitschaft der Technik persönlich überprüft.« »Ich weiß, aber ohne **Prokofjew** erlaube ich den Start nicht!« Die Besatzung stand wie versteinert: Nichterfüllung des Einsatzbefehls war Angelegenheit des Tribunals!

Als Oberst **Lebedjew** gefahren kam, war seinem Gesicht anzusehen, daß er bereits informiert war. Der Geschwaderkommandeur meldete und teilte seine Entscheidung mit.

Offensichtlich hatte der Divisionskommandeur nicht erwartet, daß schon eine Entscheidung gefallen war. Nach kurzem Schweigen sagte er: »Weiß denn wirklich niemand, wo **Prokofjew** sein könnte? Man hat ihn ja doch nicht umgebracht. **Dodonow**, laden sie alle, die Prokofjew näher kennen, ins Auto und ab zur Suchaktion.« Auf dem Tisch des Divisionskommandeurs lagen die Antragsunterlagen für eine Auszeichnung Pawel **Prokofjews** – und nun dies! »Genosse Oberst«, wandte sich der Staffelingenieur an den Kommandeur, »gestatten Sie mir, als Bordtechniker zu fliegen, die Vorschriften lassen das zu!« »Oder mich ...«, setzte der Geschwaderingenieur hinzu. Die Antwort folgte nicht sofort und sie klang dumpf: »Die

Entscheidung des Geschwaderkommandeurs bleibt in Kraft ...«

Mit elenden Gefühlen in der Magengegend verließen die Männer der Besatzung **Dodonow** den Flugplatz.

Mit **Prokofjew** war folgendes passiert. Nach der Entwarnung hatte ihn ein bekannter Gerätetechniker in seinen Unterstand geholt, um mit ihm seinen Geburtstag zu begehen. Beide stammten aus einer Stadt und kannten sich daher etwas näher. Letztlich hatte Pawel zugesagt. Da der Wind so stand, daß der Motorenlärm weggetragen wurde, hatten die zwei auch nichts gehört – wieder war einem Flieger der Alkohol zum Verhängnis geworden.

Tage später fand eine Parteiversammlung statt. Sie war sehr kurz. Nach den Worten **Prokowjews** wollte keiner mehr sprechen: »Freunde, ich will kein Mitleid von euch erbitten, nein. Die Scham für meine Schwäche ist zum Weinen. Wie konnte ich, Sohn eines Eisenbahners, der schon im Bürgerkrieg unser Land verteidigt hat, meine Verpflichtung verletzen, ehrlich der Heimat zu dienen. Das werde ich mir nie verzeihen und ich werde nicht um Nachsehen bitten. Um eines bitte ich euch. Glaubt mir, daß ich mit meinem Blut diese meine Schuld beseitigen werde.«

Nach etwa einem Monat traf im Geschwader der erste Brief **Prokofjews** aus dem Strafbataillon ein: »Gestern hatte ich das erste Gefecht. Mir hat man den Befehl über eine Gruppe anvertraut. Unser Bataillon hat seine Aufgabe erfüllt. Im Befehl wurde mein Können und persönlicher Mut gewürdigt. Ich bin leicht verwundet und im Lazarett. Es ist etwas leichter ums Herz geworden.« In einem weiteren Brief schrieb er, daß er einen Zug kommandiert und daß man die Frage seiner Freisprechung prüft. Die Entscheidung würde er an der vordersten Linie erwarten.

Tatsächlich wurde die Verurteilung **Prokofjews** bald aufgehoben. Er selbst lag schwerverwundet im Lazarett. Der Entscheid des Tribunals traf im Stab des 746. Geschwaders der Fernfliegekräfte schriftlich ein.

Die Superbombe

Seit dem September 1942 hatten die Fernfliegerkräfte keine Angriffe auf Deutschland mehr geflogen. Nun, im Frühjahr 1943, als sich Deutschland aktiv für den Sommerfeldzug an der Ostfront rüstete, begannen diese Einsätze wieder. Die Alliierten im Westen bombardierten vornehmlich die westlichen Teile Deutschlands. Das führte dazu, daß wichtige Einrichtungen und ganze Rüstungsbetriebe in vermeintlich sicheren Regionen Pommerns und Ostpreußens, die als »Luftschutzbunker des Reiches« galten, verlagert wurden. Diese Sicherheit sollten die ADD im April 1943 beenden.

Am 12. April kündigte **Stalin** in einer persönlichen und geheimen Botschaft an **Churchill** an: »… Es freut uns, daß Sie Hitler keine Atempause gönnen. Ihren starken und erfolgreichen Bombardements deutscher Großstädte setzten wir nun unsere Luftangriffe auf die deutschen Industriezentren Ostpreußens hinzu …«

In den Nächten zu folgenden Tagen flogen die Bomber der ADD ihre Fernangriffe:

11. April/Königsberg, Tilsit
Darunter flogen sieben Pe-8 nach Königsberg. Nur eine Maschine, der Dubleur, erreichte die Stadt bei starker Bewölkung. Alle anderen bombardierten Reserveziele in Ostpreußen, u. a. Tilsit. Weitere sieben Pe-8 flogen in dieser Nacht gegen Betriebe in Ordshonikidsegrad bei Dnepropetrowsk, wo wegen der starken Luftabwehr nur 2 ihr Ziel erfolgreich bekämpfen konnten.

13. April/Königsberg
Darunter waren drei Pe-8, die anderen griffen den Bahnhof Smolensk an. Die vierte Pe-8 nach Königsberg kehrte wegen technischer Probleme zurück.

15. April/Danzig, Königsberg
Darunter waren 4 Pe-8 über Danzig.

17. April/Tilsit, Danzig, Königsberg
Darunter starteten vier Pe-8 nach Danzig. Jedes dieser Flugzeuge bombardierte letztlich unterschiedliche Ziele: Eine erreichte Danzig, eine griff Friedland an, eine Kaunas und eine den Bahnhof von Newel. Fünf

Die größte Bombe der Luftwaffe war die SC 2500, in der Truppe auch als »Max« bezeichnet. Hier wird eine erbeutete SC 2500 für die Aufnahme in eine Pe-8 vorbereitet. *Archiv Traditionsverband*

weitere Pe-8 griffen in dieser Nacht den Flugplatz Orscha an, eine den Flugplatz Balbasowo.

21. April/Tilsit
Darunter erreichten sechs Pe-8 Tilsit, eine weitere bombardierte als Reserveziel Newel. 30 Bomben mit 16,5 Tonnen warfen die Pe-8 auf Tilsit. Drei andere Pe-8 bombardierten in dieser Nacht den Flugplatz Balbasowo.

23. April/Insterburg
Darunter starteten neun Pe-8 nach Insterburg. Acht davon warfen 45 Bomben mit einer Gesamtmasse von 26 Tonnen auf die Stadt. Der andere Bomber griff als Reserveziel Kreslawl an.

27. April/Königsberg
Die Pe-8 flogen in dieser Nacht gegen Thorn.

29. April/Königsberg, Tilsit
Darunter starteten 11 Pe-8 nach Königsberg. Neun erreichten die Stadt, eine bombardierte Tilsit und eine Friedland.

13. Mai/Warschau
Darunter starteten 11 Pe-8. Alle bombardierten mit 108 Bomben von insgesamt 30,55

Tonnen Masse die Eisenbahnanlagen der Stadt. Auf dem Rückflug stürzte die 42037 von Kommandant Oblt. **Sukorkin** und Navigator Major **Tkatschenko** ab.

Schon beim Hinflug hatte der Bomber in der Nähe von Minsk die ersten Treffer bekommen, die die Schmierstoffanlage des 3. Triebwerks beschädigten. Nach dem Angriff fiel diese Maschine aus. Weitere 1:55 Stunden später, in 4300 m Höhe und schon über eigenem Gebiet, versagte das 2. Triebwerk, und gleich danach fing das erste Feuer. Dieser Brand konnte gelöscht werden. So schien es jedenfalls der Besatzung. Nach weiteren 1:40 Stunden Flug explodierten dann aber plötzlich die linken Kraftstoffbehälter. Die Besatzung versuchte, sich mit dem Fallschirm zu retten, und das Flugzeug stürzte beim Dorf Martynowka 15 km südlich der Westlichen Dwina ab. Drei Mann überlebten die Katastrophe nicht.

Die 45. Division flog in diesen Nächten von Kratowo aus. Die anderen Einheiten der ADD nutzten teilweise Zwischenflugplätze näher an der Front.

Am Abend des 28. April erfuhr Oberleut-

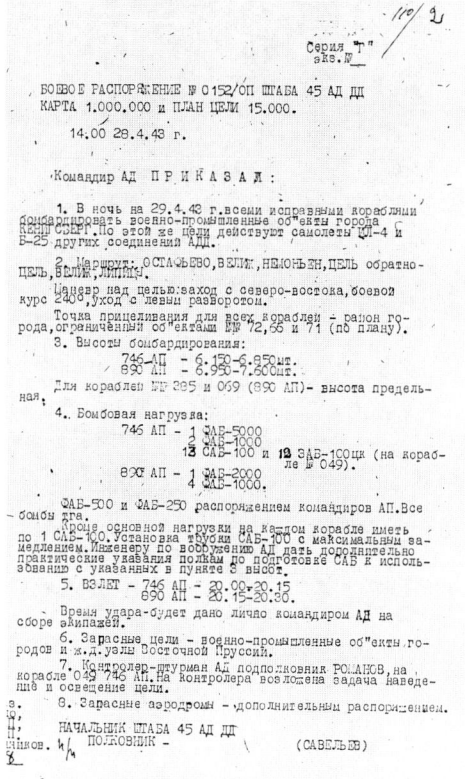

nant **Peregudow** eine Neuigkeit: Er sollte diese Nacht mit einer anderen Besatzung nach Königsberg fliegen, da deren Kommandant erkrankt war. **Peregudow** war wenig begeistert. Nicht, daß ihn die andere Besatzung nicht gefallen hätte. Ganz und gar nicht. Aber in dieser Pe-8, der 42 029, hing seit Tagen eine Superbombe, volle 5 400 kg schwer. Mit diesem Ding bis nach Königsberg – das waren etwa fünf Stunden Flug – wenn das man gut geht. Aber die andere Neuigkeit war dafür angenehmer. Als Copilot wollte W. W. **Nikolajew** fliegen. Obwohl es seit Oktober letzten Jahres in der Roten Armee keine Kommissare mehr gab, wurde der Major von allen aus alter Gewohnheit »Kommissar« genannt, nicht zuletzt wegen der Beliebtheit, derer sich **Nikolajew** bei den Fliegern erfreuen konnte.

*Seit einer halben Stunde ist die Pe-8 in der Luft. Die vier Diesel dröhnen gleichmäßig. Die Flughöhe beträgt schon über 2 000 m. Mit seiner Last steigt das Flugzeug deutlich schlechter als sonst. Das Ziel der 13 Männer sind die Hafenanlagen von Königsberg. Der Bordtechniker, A. K. **Subrizki**, schaut von*

Das abgebildete Dokument ist der Befehl zum erstmaligen Einsatz der Bombe FAB-5 000. Es hat folgenden Wortlaut:

»EINSATZWEISUNG Nr. 0152/OP DES STABES DER 45. AD DD … 14:00 28. 4. 43

Der Kommandeur der AD HAT BEFOHLEN:
1. In der Nacht zum 29. 4. 43 sind mit allen einsatzbereiten Flugzeugen militärisch-industrielle Objekte der Stadt KÖNIGSBERG anzugreifen.
Gegen das Ziel werden auch Flugzeuge Il-4 und B-25 anderer Verbände der ADD handeln.
2. Die Flugstrecke: OSTAFJEWO, WELISH, NEMONJEN, ZIEL zurück – ZIEL, WELISH, LIPIZY.
Manöver über dem Ziel: Anflug aus Nordosten, Kampfkurs 240°, Abflug mit Linkskurve.
Zielpunkt für alle Flugzeuge ist der Stadtsektor, der durch die Objekte Nr. Nr. 72, 66 und 71 begrenzt wird (siehe Plan).
3. Angriffshöhe:
746 AP – 6 150–6 850 m
890 AP – 6 950–7 600 m.
Für die Flugzeuge Nr. Nr. 385 und 069 (890 AP) – maximal mögliche Höhe.
4. Bombenzuladung:
746 AP – 1 FAB-5 000
          2 FAB-1 000
          13 SAB-100 und 12 ZAB-100zk
          (für das Flugzeug Nr. 049)
890 AP – 1 FAB-2 000
          4 FAB-1 000.
FAB-500 und FAB-250 entsprechend Weisung der
Geschwaderkommandeure. Alle Bomben tga (Spätzünder – U. U.).
Neben der Hauptzuladung hat jedes Flugzeug eine SAB-100 zu laden. Einstellung der SAB-100 auf maximale Verzögerung. Der Divisionsingenieur für Bewaffnung hat den Geschwadern zusätzliche praktische Hinweise zur Vorbereitung des Einsatzes der SAB aus den im Punkt 3 angewiesenen Höhen zu geben.
5. START   746 AP – 20:00–20:15
            890 AP – 20:15–20:30
Die Angriffszeit wird den Besatzungen durch den Divisionskommandeur persönlich zur Befehlsausgabe mitgeteilt.
6. Reserveziele – militärisch-industrielle Objekte in Städten und Eisenbahnanlagen in Ostpreußen.
7. Kontrolleur ist Divisionsnavigator Oberstleutnant ROMANOW an Bord des Flugzeuges 049 des 746 AP. Dem Kontrolleur ist die Aufgabe der Zielfindung und -beleuchtung übertragen.
8. Ausweichflugplätze werden durch zusätzliche Weisung bekanntgegeben.

STABSCHEF DER 45 AD DD
OBERST
(SAWELJEW)«

seinem Platz nach oben zu den Piloten – vorn **Peregudow***, hinten* **Nikolajew***. Die sind schweigend bei ihrer Arbeit.* **Subrizki** *wendet sich an* **Peregudow***: »Kommandant, die Zeit ist 'ran … Befehlen Sie, ihn fertigzumachen?« Obwohl* **Peregudow** *diesen Moment erwartet hat, schreckt er etwas auf: »Hm … Du meinst es ist Zeit? Na los, dann beginnt. Aber …« »Schon klar«, antwortet der Techniker melancholisch, »äußerste Vorsicht ist angesagt.« »Genau!«*

P. K. **Wolkow***, Bewaffungstechniker, ist schon lange bereit. Gemeinsam mit dem Oberingenieur für Bewaffnung, Oberstleutnant A. P.* **Taranenko***, befindet er sich zusätzlich zur Stammbesatzung an Bord. Jetzt beginnt einer der Höhepunkte dieses Fluges. Aus Sicherheitsgründen ist der Start ohne Zünder in der Bombe erfolgt. Diese acht Zünder sind nun, kurz vor Überflug der Front, in den Bombenkörper einzuschrauben. Die Position des Ausführenden: Liegend auf der Bombe, den halb geöffneten Bombenschacht unter sich.*

Wolkow *schraubt den Fallschirm von seinem Gurtzeug ab und legt ihn beiseite. Dafür befestigt* **Subrizki** *Seile am Gurtzeug, und beide,* **Wolkow** *voran, kriechen in das Tragflächenmittelstück. Von dort zwängt sich* **Wolkow** *in den Bombenschacht. Während er auf der Bombe arbeitet, sichert ihn* **Subrizki** *mit der rechten Hand, während die linke ihm mit der Taschenlampe leuchtet. Nach 20 Minuten meldet* **Wolkow** *an* **Peregudow***: »Kommandant, die Arbeit im Bombenschacht ist beendet. Die Bombe ist scharf.« »Gut.«*

In 6 500 m Höhe ist der Bomber querab Pskow, als plötzlich das zweite Triebwerk stottert. Die Ursache ist vorerst unklar. **Subrizki** *holt sich die Erlaubnis, in den Flügel zu kriechen und das Triebwerk zu inspizieren. Die Piloten quälten sich mit dem unsymmetrischen Flugzeug herum. Die Nutzung des Autopiloten ist nun vorbei. Endlich meldet sich der Bordtechniker wieder von seinem Arbeitsplatz: »Kommandant, äußere Beschädigungen sind nicht erkennbar. Schwingungen und Schläge von innen fehlen auch. Die Maschine kühlt ab. Es scheint, daß von dort keine weiteren Unannehmlichkeiten mehr drohen.«* **Peregudow** *brummt als Antwort nur: »Nun, wer weiß.«*

Eine mit Dieseltriebwerken M-30B ausgerüstete Pe-8 im Fluge. Foto A. Kritschewski, Archiv Zentralmuseum der bewaffneten Kräfte

*In den nächsten anderthalb Stunden herrscht an Bord großes Schweigen, ehe wieder ein Problem erörtert wird. »Navigator!« ruft **Peregudow** Pawel **Tankewitsch** an, der gemeinsam mit Bombenschütze Michail **Kononenko** im Bug sitzt. »Ja, ich höre, Kommandant«, antwortet **Tankewitsch.** »Es könnte sein, daß uns weder Kraft noch Möglichkeiten verbleiben, unser Schiff mit derartiger Last in ausreichender Höhe über das befohlene Ziel zu bringen … Studiere mal die Karte und stelle fest, wohin wir das Geschenk pflastern könnten, falls es ganz dick kommt …« Vom Navigator kommt prompt die Antwort: »Kommandant, wir haben Befehl, diese Bombe nicht auf das, wenngleich schon zeitweilig, vom Gegner besetzte Gebiet zu werfen. Nur auf Preußen!«*

*Es vergeht noch geraume Zeit, ehe der Navigator endlich die Position meldet: »Kommandant, ich melde! Wir sind über der Ostsee nördlich von Königsberg, wie es befohlen war. Jetzt müssen wir nach links genau nach Süden kurven, Kurs 180°, und nach 30 Minuten werden wir über dem Ziel sein, über dem Hafen.« **Peregudow** ist hellwach: »Na endlich, Navigator! Kurs 180! Wolodja, komm, hilf mir, halte das rechte Pedal!«*

Über das ausgefallene Triebwerk zu kurven ist für die Maschine, die an ihrer Leistungsgrenze fliegt, gefährlich. Äußerst präzise muß diese Kurve gesteuert werden, sonst schmiert das Flugzeug sofort ab. Gemeinsam meistern die Piloten diese Kurve.

Beim Anflug auf den Hafen gibt es eine herbe Enttäuschung für die Besatzung: Der Hafen ist von einer niedrigen, dünnen Wolkendecke bedeckt. Allerdings markieren die zahlreichen Scheinwerfer, deren Strahlen sich einzeln in den Wolken abzeichnen, recht genau die Karte der Stadt. Das Flak-Feuer bestätigt der Besatzung: Der Kurs ist richtig.

Energisch und abgehackt gibt der Navigator seine letzten Kommandos. Endlich tönt es: »So halten … Ja … gut … Abwurf!«

*Aus dem Rumpf ist deutlich das laute Klicken der Schlösser zu hören. Nur mit energischen Steuerbewegungen gelingt es **Peregudow,** den sich aufbäumenden Bomber wieder in eine normale Fluglage und unter Kontrolle zu bekommen.*

Über 30 Sekunden lang fällt die Bombe. Dann glüht es unter den Wolken auf. In Kreisen wird die Wolkendecke aufgerissen. Dann wird die Pe-8 von der Druckwelle erfaßt und geschüttelt.

Am Morgen glücklich nach Kratowo zurückgekehrt, erhält die Besatzung zwei Tage frei. Nun fielen auf den Osten Deutschlands Riesenbomben.

Die Geschichte dieser Bombe geht zurück bis in die Vorkriegszeit, als Prof. Dr. N. I. **Gelperin** den Auftrag zur Organisation eines Konstruktionsbüros für Fliegerbomben erhielt. Die Aufgabe des neuen KB bestand in der Entwicklung von Bomben mit maximaler Einsparung von wertvollem Stahl für die Bombenkörper. Die jungen Konstrukteure gingen damals einen radikalen Schritt: Sie entwickelten Bomben aus Stahlbeton. Am 12. Juni 1941 wurden die neuen Sprengbomben der Kaliber 100, 250, 500 und 1 000 kg in die Serienproduktion übernommen. Zur Unterscheidung von den üblichen Bomben erhielten sie die Zusatzbuchstaben »NG«, die Initialen des Konstrukteurs, nachgeordnet.

Die Aufgabe zur Entwicklung einer gezielt abwerfbaren Bombe größtmöglichen Kalibers wurde dem KB 1942 erteilt. Als Trägerflugzeug kam von Anfang an nur die Pe-8 in Betracht. So wurden Masse und Maße der Bombe von Flugzeug- und Bombenkon-

Eine FAB-5000 wird zur Aufnahme in den Bombenschacht vorbereitet. Die Aufhängebänder werden gerade angelegt. An der Bombe selbst sind gut die drei seitlichen Zünder zu sehen. Kratowo 1943. Archiv Zentralmuseum der bewaffneten Kräfte

Alle Winden zum Anheben der Superbombe sind eingerichtet. Archiv Traditionsverband

Langsam schwebt die FAB-5000 in den Bombenschacht der Pe-8 hinein.
Archiv Traditionsverband

strukteuren gemeinsam definiert. Man einigte sich, die Bombe nur von mit ASch-82 motorisierten Maschinen einzusetzen und den Nachteil zu akzeptieren, daß sich wegen der Maße der Bombe die Bombenluke nicht mehr vollständig schließen würde.

Eine ganz besondere Schwierigkeit war die Aufhängung der Bombe und die Sicherung eines zuverlässigen Abwurfes. Entwickelt wurde die Aufhängung, zu der allein sechs Winden gehörten, von den Ingenieuren der 45. Division. Federführend dabei war der Ingenieur für Bewaffnung des 890. Geschwaders, Major W. V. **Iwanow.** Um die Windkanalversuche einzusparen, entschlossen sich die Konstrukteure, sofort eine mit 3 200 kg Sand und Sägespäne gefüllte Bombe von 5,2 m Länge und etwa 1 m Durchmesser zum Test abzuwerfen. Über dem Flugplatzrand von Kratowo konnten viele Schaulustige erleichtert einen stabilen Flug der Modellbombe beobachten.

Der Kommandeur des 746. Geschwaders W. A. **Abramow** entschloß sich, die erste scharfe Bombe selbst in das Testgelände zu werfen. Man hatte kurzerhand festgelegt, diese Bombe mitten in den dichten Wald bei Faustowo, einem Ort unweit des Flugplatzes, zu werfen. Als seine Besatzung mit den beiden Navigatoren M. **Legkostup** und K. **Ikonnikow** in der Luft war, gab es eine böse Überraschung: In 2 500 m Höhe erreichte der Bomber die Wolkenuntergrenze. Zum Schutz vor der Druckwelle durfte die Bombe aber nicht unter 3 000 m abgeworfen werden! Eine Landung mit der Bombe war aber auch völlig unmöglich, denn einer der acht Zünder hätte bestimmt auf den Landestoß reagiert. Da man auch nicht ewig fliegen konnte, entschloß sich so der Kommandant, die Bombe exakt abzuwerfen und sofort maximal zu steigen. Gesagt – getan. Die Bombe fiel genau ins Ziel, und die Pe-8 ächzte in allen Fugen, als sie Sekunden später von der Druckwelle erfaßt wurde. Zum Glück nahmen Besatzung und Flugzeug keinen Schaden.

Auf dem Testgelände arbeiteten sich General **Golowanow,** sein Stabschef **Scheweljow,** Prof. **Gelperin** und weitere Beteiligte durch den unwegsamen Wald zum Zentrum der Detonation durch. Was sie zu sehen bekamen, war ein schaurig beeindruckendes Bild: ein relativ flacher Bombentrichter von etwa 100 m Durchmesser und rundherum aufgetürmten Baumstämmen. Man zählte nur die mit über 20 cm Durchmesser. Es waren ihrer mehr als 600 …

Am 15. Februar 1943 wurde die Bombe

Die FAB-5000 ist in ihren Schlössern verriegelt. Der Bombenschacht der Pe-8 läßt sich nicht vollständig schließen, da der Stabilisator der Bombe zu groß ist. Archiv Traditionsverband

mit der Typenbezeichnung FAB-5000NG in die Bewaffnung der Roten Armee aufgenommen. Der Chefkonstrukteur der Superbombe erhielt nach dem Krieg den Staatspreis der UdSSR – allerdings für die Entwicklung einer Technologie zur Herstellung von Penizillin. Wegen der komplizierten Herstellung der Bombe (der Sprengstoff TGA, 50% Trotyl, 35% Hexogen und 10% Aluminiumpulver, mußte in mehreren Apparaten gleichzeitig gekocht und dann von Hand vergossen werden) konnten nur 48 FAB-5000 produziert werden. Die Führung der Fernfliegerkräfte ihrerseits gestattete den Einsatz der Bombe nur dann, wenn das Ziel mit traditionellen Bomben nicht zu bekämpfen war.

Der Einsatz von 11 dieser Bomben konnte durch Recherchen belegt werden.

Für den oben beschriebenen 1. Einsatz wurde die 42029 mit den Triebwerken ATsch-30B vermutlich deswegen ausgewählt, weil sie nagelneu war. Sie war aus Kasan erst am 15. April in Kratowo eingetroffen. Zum anderen waren die neuen Triebwerke ASch-82 auf der Pe-8 noch nicht erprobt, die Erprobung der Maschine mit

den modifizierten Dieseln hingegen gerade erst abgeschlossen. Alle späteren Einsätze erfolgten mit den Doppelsterntriebwerken.

Die 42029 stand schon mindestens seit dem 25. April mit der Bombe bereit. Warum sie in der Nacht zum 26. nicht eingesetzt wurde, ist unklar. Wohin die erste FAB-5000 exakt fiel, ist unbekannt. In dieser Nacht warf allein die 45. AD 48 Bomben mit einer Masse von 26,72 Tonnen auf die Stadt.

Der nächste Einsatz der Superbombe erfolgte am 27. Mai während eines mächtigen Bombenangriffs der ADD gegen die deutsche Garnison von Mogiljow. In dieser Nacht warfen die Kommandanten Major **Ischtschenko** und Hauptmann **Selenski** je eine FAB-5000 ab. 16 Pe-8 griffen die Stadt mit 204 Bomben mit 69,84 Tonnen an. Es gab in der Stadt zwei Groß- und sechs mittlere Brände. Die Wirkung des Angriffs auf Mogiljow muß verheerend gewesen sein. Die Verwirrung der Führung war so groß, daß sich verschiedene aus der Stadt flüchtende Wehrmachtsverbände unter Einsatz schwerster Waffen ein fast zweistündiges Gefecht lieferten, da sie glaubten, die Rote Armee würde angreifen.

Künstler des Moskauer Bolschoi Theaters besuchten im Herbst 1943 die 45. Division in Kratowo. Staffelkommandeur Major A. S. Dodonow (2. von rechts) und der Politstellvertreter des Geschwaderkommandeurs Major W. W. Nikolajew (2. von links) begleiten die Gäste. In der Mitte der damals weit bekannte Tenor S. J. Lemeschew. Die Abgasrohre des ASch-82 sind schon mit Flammenvernichtern ausgerüstet. *Archiv Traditionsverband*

Die Künstler des Bolschoi Theaters vor einer FAB-5000. Ganz rechts Major Dodonow, zweiter von rechts S. J. Lemeschew, ganz links Major Nikolajew. *Archiv Traditionsverband*

Am 3. Juni fielen wieder 2 FAB-5000. Diesmal wurden sie gegen den Eisenbahnknotenpunkt Orjol zum Einsatz gebracht. Die 45. Division war allein über dem Ziel und warf 110 Bomben mit 57,76 Tonnen ab. Drei Großbrände wüteten auf dem Eisenbahngelände. In ihrer Kriegsmeldung schrieb eine Besatzung: »Die FAB-5000 explodiert mit einer gewaltigen Flamme und schwarzem Rauch, ganz ähnlich der Explosion von Benzintanks.«

Als nach der Befreiung der Stadt der Befehlshaber der WWS A. **Nowikow,** der Chefingenieur der Luftstreitkräfte A. **Repin** und weitere Generale diese Abwurfstelle besuchten, bestätigte sich ihnen: Wie Streichholzschachteln waren die Eisenbahnwaggons herumgeschleudert worden. Ein großer Schlafwagen lag etwa 100 m neben den Gleisanlagen. Auf über 100 m Länge war von letzteren gar nichts mehr zu entdecken.

In der Nacht zum 12. Juli, es tobte die Schlacht im Kursker Bogen, setzten die Majore **Ischtschenko** und **Kaminski** je eine FAB-5000 auf dem Schlachtfeld ein. Gegen 3 Ziele, befestigte Widerstandsnester, setzte die 45. AD 99 Bomben mit 47,63 Tonnen ein. Die Superbomben wurden gegen das Ziel Nr. 1, das Dorf Progress und die Höhe Nr. 254,9 eingesetzt. Die erste explodierte im Westteil des Dorfes, die zweite am Nordhang der Höhe.

Am Abend des 18. Juli startete die 45. AD erneut zum Angriff gegen Garnison und Bahnhof von Orjol. Kommandant F. A. **Schatrow** mit Navigator S. I. **Gontscharow** an Bord der 42 059 und Kommandant A. S. **Dodonow** mit Navigator K. P. **Ikonnikow** an Bord der 42 2110 hatten je eine Superbombe im Bombenschacht. 10 Pe-8 warfen in dieser Nacht 97 Bomben mit 45,52 Tonnen auf die Stadt. Eine der FAB-5000 explodierte 200–300 m vom Bahnhof entfernt in den Gleisanlagen, die andere 300–400 m vom Fluß entfernt im Stadtzentrum. Der Kontrolleur der Division schrieb am Morgen des 19. Juli in seine Kriegsmeldung: »Die Explosionen der FAB-5000 gaben nicht den erhofften Effekt. Der Beobachtung aus der Luft zufolge ist die Explosion der FAB-

5000 tga nur wenig stärker als die der FAB-2000 tga.«

Das waren neun eingesetzte Superbomben 1943. Anfang 1944 kamen nocheinmal 2 FAB-5000 zum Einsatz. Sie explodierten in Helsinki.

Über die wahre Effektivität der FAB-5000 konnte sich die Führung aber kein zuverlässiges Bild verschaffen. Letztlich wurde der Einsatz der Superbombe eingestellt.

Am seidenen Faden

Es war der Abend des 22. Juni 1943. Politstellvertreter Wladimir **Nikolajew** trat nach der Befehlsausgabe an seinen Kommandeur heran: »Endel Karlowitsch, man hat mir erlaubt, mit Dir zu fliegen.« »Na, dann mach Dich fertig. Ich fahre gleich zum Flugplatz. Natürlich wird Pedro wieder unzufrieden sein.« Mit letzterem meinte der Kommandeur seinen Copiloten. Wenn Major **Nikolajew** flog, mußte der ständige Copilot der Besatzung zwangsläufig am Boden bleiben.

Als E. K. **Puusepp** am Flugzeug erschien, meldete Bordtechniker **Dimitriejew:** »Genosse Oberstleutnant! Das Flugzeug ist startbereit. Bombenzuladung vier Tonnen. Zwei in den Luken, zwei unter den Flächen.« »Auf die Plätze! Als Copilot fliegt mit uns Major **Nikolajew.**« Aus den Augenwinkeln registrierte er, wie die Schultern des Copiloten absackten.

Den Start der Division leitete an diesem Abend der Kommandeur des 746. Geschwaders, Oberstleutnant **Abramow.** Er erteilte seinem Kollegen die Startfreigabe.

*Die Pe-8 **Puusepps** beschleunigt nur langsam. Bei der warmen Luft dieses Abends, mit vier Tonnen Bomben und weiteren Tonnen Kraft- und Schmierstoff beladen, ist das Flugzeug an seiner Leistungsgrenze.*

*Bei 150 km/h dreht **Puusepp** leicht das Trimmerrad und hebt damit die Maschine vom Boden ab. »Fahrwerk ein!« Als die Fahrwerkssignalisation die eingefahrene Stellung anzeigt, beginnt **Puusepp** seinen Rundblick über Cockpit und Flugzeug. Als sein Blick, von links kommend, nach rechts schweift, durchzuckt es ihn: Dicker Qualm hinter dem vierten*

*Triebwerk! Im gleichen Moment ertönt im Kopfhörer die Stimme des rechten Gondelschützen **Jarzew:** »Brand im vierten Triebwerk!« Ein Blick auf den Höhenmesser reicht dem Kommandeur: Nur ganze 40 m Höhe … die sichere Katastrophe … »Endel rege Dich nicht auf, immer ruhig«, spricht **Nikolajew** in die Anlage. Eindeutig hat hier der ansonsten perfekte Psychologe die verkehrte Saite erwischt. Die Situation ist sogar theoretisch aussichtslos, und von In-Ruhe-bleiben kann keine Rede sein.*

»Abstellen, das vierte Triebwerk! Luftschraube in Segelstellung!« brüllt der Kommandeur die ersten Befehle. Aber wie weiter? Die Bomben abzuwerfen war in dieser Höhe nicht möglich. Eine Landung voraus war auch nicht möglich. Es bleibt nur ein Ausweg: zurück mit einer 180°-Kurve.

*Allerdings kann bei dieser Masse die Pe-8 mit drei Triebwerken nicht mehr steigen – und in der Kurve kann sie eigentlich nur sinken! Aber der Entschluß steht fest. »Kraftstoff-Notablaß links öffnen!« Mit großen Augen sieht **Dimitriejew** nach oben, zu seinem Kommandeur. Der versteht ihn sogar. Das Vorhaben ist gefährlich. »Ausführung!« brüllt **Puusepp** verärgert und beginnt die Kurve nach links, zur Seite der arbeitenden Triebwerke hin.*

*Ständig hängt jetzt ein Auge **Puusepps** am Variometer. Sobald Sinken angezeigt wird, muß er die Querneigung verringern. Sobald die Maschine mit ihren drei in forcierter Leistungsstufe heulenden Triebwerken auch nur geringfügig steigt, erhöht er wieder die Querneigung – ein Balanceakt zwischen Leben und Tod. Alle 11 Seelen an Bord schweigen. Links vom Flugzeug sind die Baumwipfel zum Greifen nahe, rechts wallen schwarze Qualmwolken aus dem Triebwerk. Jeder Fehler, welcher Art er auch sein mag, ist mit Sicherheit der letzte.*

*In der linken Seite seines Sehfeldes bemerkt **Puusepp** eine aufsteigende Pe-8. Also muß die Kurve bald geschafft sein. »Kraftstoff-Ablaß schließen!« Jetzt fliegt der angeschlagene Bomber die Landebahn unter einem Winkel an. Das verkürzt zwar den Weg, aber so kann man nicht landen. Also muß **Puusepp** noch einmal nach links kurven und dann nach rechts*

Eine demolierte Pe-8. Das Seitenleitwerk ist zerstört und das 1. Triebwerk ist herausgerissen. Eventuell handelt es sich um die 4215, die am 31. Mai 1943 während des Kampfstarts von einer notlandenden Jak-7 gerammt wurde. Archiv Traditionsverband

ausleiten. Nach rechts zu kurven ist kreuzgefährlich. Diese letzte Kurve muß äußerst exakt geflogen werden. **Puusepp** *meistert auch diese Kurve – genau voraus liegt jetzt das rettende Betonband.*

»Fahrwerk aus!« Als die beiden grünen Lämpchen endlich aufleuchten, kommt das nächste Kommando in nunmehr 10 m Höhe: »Landeklappe!« Als die Pe-8 auf der ersten Betonplatte aufsetzt, kommt der Befehl: »Triebwerke abstellen!« Als das brennende Flugzeug endlich steht, wird es sofort von der Feuerwehr mit Schaum bespritzt. »Alle raus! Sofort das Flugzeug verlassen!« lautet der letzte Befehl **Puusepps,** *ehe er sich über die linke Bordwand aus dem Cockpit auf die Fläche und von dort auf den Boden stürzt. Schon im Laufen, hört er noch die saftige Stimme des Kommandeurs der Feuerwehr: »Los, weg vom Flugzeug!«*

Als sich die Besatzung am Flugplatzrand sammelt, sagt **Nikolajew,** *sich den Löschschaum aus den Augen wischend: »Pfundskerle, die Jungs!« Gemeint sind die Feuerwehrleute. Zu Recht erhalten sie am nächsten Tag für ihr optimales und energisches Handeln Auszeichnungen überreicht. Sie haben das Flugzeug gerettet.*

Sofort nach der Löschung schleppten die Techniker die Pe-8 auf ihren Standplatz und begannen mit der Reparatur.

Die beiden Piloten gingen in den Divi-

sionsstab. Neben der Freude, mit dem Leben davongekommen zu sein, waren sie vor allem unzufrieden: Mit seiner stark zerstörten Tragfläche war das Flugzeug für lange Zeit nicht einsatzfähig. Vor allem aber war der Einsatz geplatzt. Das 890. Geschwader flog in dieser Nacht gegen den Bahnhof von Pskow.

Der Chef des Funkdienstes **Nisowzew** meldete gerade: »Alle 12 Maschinen haben den Anfangspunkt der Strecke passiert.«

Wenig später wartete man im Stab schweigend auf die Meldungen von den Flugzeugen der Division, die die Funker aus dem Chaos von »Strichen« und »Punkten« auffingen. Letztlich war die Stimme **Nisowzews** zu hören: »11 Maschinen haben die Front überflogen.« »Wie das, 11?« fuhr **Iwaschtschenko** auf. »Wo ist die 12.?« »Die Verbindung mit Hauptmann **Schamraj** ist abgebrochen,« meldete ein Funker.

Alle Hoffnungen auf einen Funkspruch von der Pe-8 **Schamrajs** waren umsonst. Die anderen Flugzeuge meldeteten die Ergebnisse ihrer Bombardements, den Überflug der Front auf dem Rückweg und letztlich den Überflug des Endpunktes der Strecke.

Oberstleutnant **Puusepp** fuhr zum Flugplatz in der Hoffnung, daß **Schamraj** doch landen würde und nur die Funkanlage ausgefallen war.

Obwohl die Sonne noch nicht aufgegangen war, war es schon hell genug, um ohne Landescheinwerfer zu landen. Über die Moskwa erhob sich ein klarer und windstiller Morgen. Einer nach dem anderen landeten die schweren Bomber. **Puusepp** registrierte die Maschinen seines Geschwaders mit den hellblauen Nummern: Major **Archarow** und Major **Modestow**. Dann landete Hauptmann **Suschin**. Schon vom weiten war die ANT-42 Dubleur an ihrem »Bart« zu erkennen. Das war Major **Lawrowski**. Sein Flugzeug war bei den Piloten der ganzen Division beliebt, denn es war ganze 1,5 Tonnen leichter als die anderen Pe-8. Letztlich landeten die Maschinen von **Otkidatsch, Kondratjew, Rodnych** und als letzte die von Major **Belkow**. Eine halbe Stunde später verließ der Kommandeur den Flugplatz. Die 42 079 **Schamrajs** war nicht zurückgekehrt.

Nach dem Einsatz wieder in Kratowo. Von links nach rechts: Navigator Nikolai Jossifowitsch Turkowski, Kommandant Andrej Jakowlewitsch Schamraj, Kommandant Alexander Iwanowitsch Sukorkin und Navigator Iwan Petrowitsch Gontscharow. *Archiv Shukowski-Museum*

Wochen später. Abendlicher Befehlsempfang beim Divisionskommandeur. Plötzlich klingelte das Telefon und alle Offiziere im Raum hielten die Luft an, da der Direktapparat zum Befehlshaber der Fernfliegerkräfte schrillte. Jetzt kam etwas ganz Wichtiges. Oberst **Lebedjew** nahm den Hörer ab: »Ja ... Jawohl ... alles klar, Genosse Befehlshaber ... Danke für die gute Nachricht.« Das Gesicht des Kommandeurs löste sich in einem Lächeln auf: »**Schamraj** ist aufgetaucht«, der Oberstleutnant drehte sich um und warf den Hörer aufs Telefon, »bei den Pskowsker Partisanen. Der Befehlshaber

Eine Serie aus FAB-100 wird zur Einhängung vorbereitet. Auf diesem Bild sind der Laufabweiser für den Gondelstand und der Aufhängepunkt für Außenlasten zwischen Gondel und Rumpf gut zu erkennen. *Archiv Traditionsverband*

FAB-500 werden für die Aufhängung vor-
bereitet. Auf der Arbeitsbühne des rechten (4.)
Triebwerkes arbeitet ein Techniker.
Foto Tschernow, Archiv Shukowski-Museum

An der Winde wird eine FAB-2000 in den Bombenschacht der Pe-8 gezogen. Foto S. Loskutow, Archiv
Zentralmuseum der bewaffneten Kräfte

Sprengbomben FAB-2000 werden 1943 in Kratowo zur Aufhängung vorbereitet.
Foto S. Loskutow, Agentur Nowosti

meint, in einigen Tagen wird er ausgeflogen
und kommt wieder zu uns.« »Und die Besatzung, die anderen?« »Zur Zeit nichts bekannt. Kommt **Schamraj,** erfahren wir auch
das.«

Wenige Tage später stand A. J. **Schamraj**
vor seinem Kommandeur. Das ganze Bild
des Dramas setzt sich erst Jahre später
zusammen. Folgendes war geschehen.

Mit Außenlast, d. h. mit unter den Flächen hängenden Bomben, stieg die Pe-8
natürlich nicht so gut wie sonst. So wurde die
Front in 4000 m Höhe recht niedrig überflogen, und diesmal war hier die Luftabwehr
besonders stark. Letztlich explodierte eine
Granate in unmittelbarer Nähe, und das
vierte Triebwerk lief sofort fest. Selbst die
Luftschraube ließ sich nicht mehr verstellen.

Von hier waren es noch 28 Minuten bis zum
Reserveziel, und der Hauptmann entschloß
sich, es anzufliegen, obwohl die Maschine
stetig sank. Nach einer halben Stunde erreichte die Pe-8 in 3600 m Höhe ihr Reserveziel, den Eisenbahnknotenpunkt Dno.

Mit zwei FAB-1000 und vier FAB-500 an
Bord begann der angeschlagene Bomber den
Angriff aus dieser geringen Höhe. Im ersten
Anflug öffnete sich der Bombenschacht
nicht. Das gelang zwar im zweiten Anflug,
aber genau über dem Ziel flog der Bomber in

eine Wolke hinein. Im dritten Anflug dann erfolgte der Abwurf. Als das ganze Lokomotivdepot explodierte, wurde die Pe-8 von der Druckwelle erfaßt. Gleichzeitig zerfetzten die Garben schwerer MG das rechte Tragflächenaußenstück des von etwa 10 Scheinwerfern bestrahlten Flugzeuges. Als der Bomber schon gewendet hatte und im Abflug war, schlug eine Granate in die linke Fläche ein, und der ganze Bomber stand sofort in Flammen. Die Männer versuchten, sich mit dem Fallschirm zu retten. Die Pe-8 stürzte auf den Flugplatz Grinotschka.

Schamraj selbst gelangte allein über die Dörfer Myschkino, Belkina und Dedowitschi nach Tagen voller Abenteuer zu den Partisanen. Am 27. Juli überquerte er die Front, und am 29. stand er vor **Puusepp.**

Von den Einwohnern war zu erfahren, daß 6 Besatzungsmitglieder verbrannt und 5 in Gefangenschaft geraten sein sollen. Später kehrte noch Obersergant G. A. **Rosow** zurück. Mündlichen Berichten zufolge soll nach dem Krieg auch Navigator **Tkatschenko** zurückgekehrt sein. A. J. **Schamraj** absolvierte 1933 die Fliegerschule Balaschow der AEROFLOT. Danach flog er als Linienpilot der AEROFLOT in Taschkent. Im Juni 1941 wurde er Bomberpilot, und seit Anfang 1943 flog er als Oberleutnant die Pe-8. Zu erkennen war er immer gut: Zu allen Kampfeinsätzen trug er seine alte Lederjacke mit dem Bestenabzeichen der AEROFLOT. Nach seiner Demobilisierung 1946 flog er wieder bei der AEROFLOT.

Im Feuerbogen von Kursk

Am Horizont des Mittelabschnitts der Front, im sogenannten Kursker Bogen, zeigte sich der erste Silberstreif, als am 5. Juli aus 2 460 Rohren gegen die zur großen Sommeroffensive an der Ostfront angetretenen Wehrmachtsverbände ein Artillerieschlag erfolgte. Um 5:30 Uhr begann der deutsche Angriff. Durch den überraschenden sowjetischen Artillerieschlag aber mit 30 Minuten Verspätung. Schon in der folgenden Nacht starteten 293 Bomberbesatzungen der ADD gegen die Wehrmacht. In der Nacht zum 7. Juli waren es schon 495 Flugzeuge.

Eine der gewaltigsten Schlachten des Krieges hatte begonnen. Beide Seiten hatten sich gründlich auf das Treffen vorbereitet. Es tobte eine Entscheidungsschlacht riesigen Ausmaßes.

Die Fernfliegerkräfte flogen jede Nacht mit allen einsatzfähigen Bombern. Die 45. Division setzte in diesem Monat 4 FAB-5000 gegen deutsche Stellungen ein. Unter den sowjetischen Kampffliegern wurde es zur Redewendung: »Wer noch nicht über Brjansk oder Orjol war, weiß auch noch nicht, was Luftschlacht ist.« Diese Sommernächte 1943 gehörten den Bombern der ADD. Mit gründlich vorbereiteter Luftverteidigung versuchte die Luftwaffe gegenzuhalten. In diesem Ringen wurden im Juli fünf Pe-8 abgeschossen.

In der Nacht zum 15. Juli flog das 860. Geschwader den Angriff gegen Bojachow bei Orjol. Als Kontrolleur flog in dieser Nacht Geschwadernavigator Major **Sinizin** an Bord der 42069 des Kommandanten Major **Suschin.** Als diese Besatzung als letzte über dem Ziel erschien, flog sie einen Anflug zur Kontrolle des vorangegangenen Angriffs des Geschwaders. Während dieses Anfluges beobachteten die Bordschützen einen mit Scheinwerfern fliegenden Jäger. Selbst im zweiten Anflug, als die Pe-8 aus 5 300 m Höhe ihre Bomben abwarf, war der Jäger noch zu beobachten. Kurz nach dem Bombenabwurf, um 23:16 Uhr passierte es. Mit

Das verbrannte Heck einer Pe-8.
Archiv Traditionsverband

dem Einschlag einer ersten Garbe stand der Bomber in Flammen. Bei Wolchow stürzte er auf die Erde. Von der Besatzung kehrten bis zum 28. Juli sechs Mann, unter ihnen der Kommandant und der Navigator, nachdem sie sich mit Pistolenfeuer der Gefangennahme entziehen konnten, in die Division zurück. Die anderen sieben Mann waren gefallen.

Das Heck einer verbrannten Pe-8. Im Vordergrund sind noch die Reste der Tragflächenholme zu sehen.
Archiv Traditionsverband

Offiziere der militärischen Abwehr lassen sich von Major Wicharew über die Abenteuer dieser Besatzung nach deren Abschuß in der Nacht zum 21. Juli 1943 über Orjol bis zur glücklichen Rückkehr berichten. Archiv Traditionsverband

Heftige Kämpfe gab es in der Nacht vom 20. zum 21. Juli. Wieder flog die 45. Division gegen Orjol. Erfolgreich hatte die Besatzung von Major A. W. **Wicharew** und Navigator Oberleutnant W. M. **Alexejew** ihren Angriff aus 5750 m Höhe beendet. Nach dem Abkurven wurden sie von einem Scheinwerfer erfaßt. Um 22:15 Uhr schoß ein Jäger der Luftwaffe die 42109 mit dem ersten Feuerstoß in Brand. 10–12 km nordöstlich von Orjol, bei der Bahnstation Optuch, schlug die Pe-8 auf. Drei Mann der Besatzung fielen, die anderen kehrten zurück. Sie hatten keine Ahnung, was ihren Bomber in Brand geschossen hatte. Als Tage später der verwundete Navigator operiert war, ließ der Geschwaderkommandeur den Kommandanten zu sich rufen. **Puusepp** wickelte einen Metallsplitter aus einer Mullbinde, gab ihn dem Major und fragte: »Von welchem Geschoß stammt das Ding?« Major **Wicharew** drehte den Splitter in seiner Hand und entschied: »Von einer Flugzeugkanone oder einem schweren MG.« »Sehr gut, richtig erkannt«, lobte ihn sein Kommandeur. »Und gefunden wurde das Stück in der Wunde Ihres Navigators«, **Puusepp** wickelte

das Souvenir wieder ein. »Das kann doch nicht sein, uns hatte ja ein Scheinwerfer …« »Ja, eben dieser Scheinwerfer. Unsere Schützen waren geblendet …«

Vom 746. Geschwader flog die Besatzung von Hauptmann A. S. **Ugrjumow** und Navigator Oberstleutnant A. M. **Lebedjew** trotz eines ausgefallenen ASch-82 zwei Angriffe mit ihrer 42049. Allerdings waren sie deswegen nur bis zum Reserveziel, die Station Optuch geflogen. Auch diese Pe-8 schoß ein Jäger mit der ersten Garbe in Brand. 2–3 km östlich vom Ziel schlug die Maschine auf. Mit dem Fallschirm konnten sich der Kommandant und der Copilot Oberleutnant **Bulatnikow** retten. Alle anderen kamen um. Die Leiche des Schützen Starschina W. I. **Sekunow** wurde nicht gefunden.

Die dritte in dieser Nacht abgeschossene Pe-8 war die 42058 des Kommandanten Hauptmann W. W. **Ponomarenko** und Navigator M. Je. **Legkostup** vom 746. Geschwader. In 6000 m Höhe über Orjol schlugen um 22:45 Uhr Granaten der Flak in die rechte Fläche ein. 2–3 Minuten später brach ein Brand aus. 12 km südlich von Mzensk schlugen die Trümmer auf.

In der Nacht zum 23. Juli flogen die Pe-8 gegen den Flugplatz Seschtscha. Die 42019 von Hauptmann W. A. **Nemkow** und Navigator Hauptmann I. I. **Boshenok** sank auf die Angriffshöhe 4600 m und warf um 23:10 Uhr gezielt ihre Bomben ab, als sie von 9 Scheinwerfern erfaßt wurde. Um 23:20 Uhr wurde die sich schon auf dem Rückflugkurs befindliche Maschine von 2 Scheinwerfern erfaßt und von einem Jäger in der linken Tragfläche zwischen den Triebwerken in Brand geschossen. Zwei km vom Flugplatz Olsufjewo schlug die Pe-8 auf. Es sollen 5–6 Fallschirme beobachtet worden sein. Am 1. August kehrten 3 Besatzungsmitglieder zurück. Gefunden wurde später die Leiche von W. A. **Nemkow.** Vermutlich gefallen waren Navigator I. I. **Boshenok,** Obermechaniker Oberleutnant W. M. **Plaksin,** Mechaniker Oberleutnant A. J. **Suworow,** Funker Obersergant A. M. **Rogatschow** und 3 Schützen.

Am 29. Juli ging noch die 42110 verloren. Bis auf einen Verwundeten kam die gesamte Besatzung um.

Die Verluste des Juli mußten in der Division gründlich ausgewertet werden, wenn man als Einheit effektiv weiterkämpfen wollte.

Das entsprechende Dokument ist so informativ, daß wir es hier fast vollständig zitieren:

Ursachen der Kampfverluste des Juli 1943

1) Der Gegner verstärkte seine Jagdwaffe mit erfahrenen Nachtjagdpiloten, aktivierte sehr stark ihre Tätigkeit, was von den Besatzungen bei den Kämpfen im Juni bemerkt wurde.

Die hellen Nächte schufen günstige Voraussetzungen für aktives Handeln der gegnerischen Jäger. Die Nachtjäger patrouillierten in verschiedenen Höhen über dem Zielgebiet und beobachteten von unten nach oben. Dabei konnten unsere Flugzeuge vor dem hellen Himmel gut ausgemacht werden.

Bei 4 durch Jäger verursachten Kampfverlusten wurde nur in dem Fall in der Nacht zum 15. 7. 1943 der angreifende Jäger

Katastrophe in Kratowo am 29. Juli 1943. Wegen schlechten Wetters in Kratowo waren am Morgen nach dem Angriff von 11 Pe-8 beider Geschwader der 45. Division gegen die Bahnstation Mga 9 Flugzeuge weisungsgemäß in Iwanowo gelandet. Im Laufe des Tages flogen die Pe-8 nach Kratowo zurück. Nachdem die Besatzung der »Roten Sieben« des Kommandanten Major A. G. Kanarski 300 l Kraftstoff getankt hatte, startete sie um 15:00 nach Hause. Das Wetter war immer noch neblig und der erste Anflug in Kratowo gelang nicht, so daß der Bomber eine erneute Platzrunde flog. Als die Pe-8 in der zweiten Kurve war, schmierte sie um 16:00 plötzlich ab. Die Ursache wurde nie geklärt. Entweder waren die Flieger übermüdet gewesen und haben einen Steuerfehler zugelassen oder ein Triebwerk war in der Kurve ausgefallen. *Archiv Traditionsverband*

Die 42110 stürzte 4 km südwestlich Kratowo auf das Gelände der Kolchose »Ernst Thälmann«. Alle 11 Besatzungsmitglieder kamen um

Aus den Trümmern der »Roten Sieben« werden die toten Kameraden geborgen

erkannt. Das war aber zu spät, der Jäger war schon in unmittelbarer Nähe. In den anderen Fällen wurden die angreifenden Jäger weder von den Bordschützen noch von den anderen Besatzungsmitgliedern ausgemacht.

2) Im Juni griffen die gegnerischen Jäger unsere Flugzeuge hauptsächlich aus der hinteren Halbsphäre an und gerieten dabei stets in das starke Abwehrfeuer des Flugzeuges, so daß sie beim Abkurven Verluste hatten (im Juni wurden 2 gegnerische Jäger im Luftkampf durch unsere Flugzeuge abgeschossen).

In Auswertung der Luftkampferfahrung mit unseren Flugzeugen vom Juni, griffen die gegnerischen Jäger im Juli unsere Flugzeuge vorsichtiger und vornehmlich aus der vorderen Halbsphäre an, wobei sie im Paar handelten und die Methode anwandten, bei der ein Jäger hinten mit eingeschalteten Scheinwerfern flog, um die Aufmerksamkeit auf sich zu ziehen.

Der andere Jäger konnte dabei gedeckt und unbemerkt nahe heranfliegen und angreifen. Sonst wurde im Moment der Erfassung des Flugzeuges von Scheinwerfern angegriffen. Bei der Erfassung von Scheinwerferstrahlen wurde die Besatzung geblendet und war nicht in der Lage, den Luftraum zu beobachten.

3) Die schwache Feuerkraft in der vorderen Halbsphäre und die beschränkten Beobachtungsmöglichkeiten nach unten und zur Seite sind dem Gegner offensichtlich bekannt, und die Jäger des Gegners erreichten deshalb beim Angreifen unseres Flugzeuges von vorn unten im Juli einigen Erfolg.

4) Die massierten tagtäglichen Bombenangriffe der ADD gegen Soldaten und Technik des Gegners führten zur Verstärkung der Luftabwehrmittel im Orlowsker Raum. Wenn die Besatzungen in den ersten Tagen der Kampfhandlungen nur eine schwache Gegenwehr der Flak über Orjol ausmachten, so trafen die Besatzungen ab den 5. und 6. Tag der Bombardierungen auf eine starke und organisierte Gegenwehr von Flak und Jagdfliegern bei gutem Zusammenspiel mit einer großen Anzahl von Scheinwerfern.

5) Die kurzen Nächte erlaubten kein Zeit-

Der Abschied von den Gefallenen im Stabsgebäude Kratowo. Vier Offiziere sind unter den Toten: Kommandant Major A. G. Kanarski, Copilot Hauptmann P. A. Wiskowski, Navigator Hauptmann N. I. Goisjakow und Bordtechniker Oberleutnant J. G. Korotajew. Die Ehrenwache halten Divisionskommandeur Oberst V. I. Lebedjew (links) und sein Politstellvertreter Obstlt. Ju. I. Nikolajew. Die Aufschrift auf dem Band vor den Porträts lautet: »Ewiger Ruhm den Helden, die ihr Leben auf dem Schlachtfeld für die Freiheit und Ehre unserer Heimat gaben.« Die Aufschrift auf dem senkrecht liegendem Band lautet: »Für Gen. Kanarski vom Personal der Staffel.« Im Vordergrund liegen weitere Bänder vom Divisionskommandeur, der Politabteilung, der Parteiorganisation, der Geschwaderführung etc. Die Losung über der Bühne lautet: »Angespornt durch den Dank in den Befehlen des Genossen Stalin, werden wir noch stärkere Bombenschläge gegen den zurückweichenden Feind führen.«

manöver bezüglich des Angriffstermins, infolgedessen der Bombenschlag täglich fast immer um die gleiche Zeit mit einem Anflug aus einer Richtung (aus Nordosten) erfolgte. Da der Gegner Angriffszeit und -richtung kannte, brachte er seine Luftverteidigungsmittel in volle Kampfbereitschaft. Die Flugzeuge Pe-8 führten stets den letzten Schlag, als keine anderen Verbände der ADD mehr

über dem Ziel waren und damit das Feuer von Flak und Jägern nur auf sie gerichtet war.

6) Von den Kampfverlusten waren insbesondere die Flugzeuge mit den Triebwerken ASch-82 betroffen. Offensichtlich demaskieren die Flammen der unter der Fläche gelegenen Auspuffrohre das Flugzeug und erleichtern so den Jägern des Gegners das Auffin-

den unserer Flugzeuge in der Luft vor dunklem Hintergrund.

7) Es ist ebenfalls die Möglichkeit nicht auszuschließen, daß Besatzungsmitglieder früher abgeschossener Flugzeuge in Gefangenschaft zu den Deutschen gerieten und die Verteidigung des Flugzeuges, Gefechtsordnung, Höhe und Methoden des Angriffs offenbarten.

8) Das System zur Füllung der Benzinbehälter mit neutralem Gas ist uneffektiv bei der Behälterbeschädigung von unten. Alle im Juni und Juli von Jägern oder Flak abgeschlossenen Flugzeuge Pe-8 gerieten in der Luft in Brand. Die Besatzungen verließen die in Flammen stehenden Flugzeuge mit Fallschirmen.

1) Die Umstände jedes Kampfverlustes werden mit dem fliegenden Personal studiert, um Schlußfolgerungen zu ziehen und Kampferfahrungen zu sammeln.

2) Vor jedem Einsatzstart geben die Geschwaderkommandeure den Kommandanten Weisungen bezüglich der Anti-Flak-Manöver und der Möglichkeiten des Ausweichens vor Angriffen der Nachtjäger.

3) Mit den Bordschützen wurden spezielle Schulungen zur Methodik der Luftraumbeobachtung durchgeführt.

Vor jedem Kampfeinsatz teilen die Kommandanten jedem Besatzungsmitglied einen Beobachtungssektor zu, geben den Schützen Weisungen zur Führung sowohl des Sperr- als auch des Abwehrfeuers gegen die Flugzeuge des Gegners.

4) Um die Effektivität von Flak und Jägern des Gegners zu verringern, werden das Manöver über dem Ziel und die Angriffshöhe bei jedem Einsatz geändert.

5) Die ingenieur-technischen Dienste der Division unternehmen Anstrengungen, um an den Triebwerken M-82 Flammenvernichter einzusetzen. Ein Exemplar des Flammenlöschers wurde zur Erprobung übergeben.

6) Den Flugzeugkonstrukteuren wurde die Aufgabe gestellt, auf der Pe-8 einen Schützenstand (UBT) zum Beschuß der unteren vorderen Halbsphäre zu installieren.

Ein Foto aus dem 1. Halbjahr 1943. Links steht Geschwadernavigator Major A. M. Lebedjew, neben ihm der Politstellvertreter des Geschwaders, W. W. Nikolajew (der größere der beiden Majore). In der Nacht zum 21. Juli 1943, der verlustreichsten Nacht der Division, wurde auch die 42049 abgeschossen. Deren Navigator, Obstlt. A. M. Lebedjew, konnte sich zwar mit dem Fallschirm retten, geriet aber in Gefangenschaft. A. M. Lebedjew wurde im Gefängnis von Orjol erschossen. Er war 1907 in der Familie eines armen Bauern im Gebiet Jaroslawsk geboren worden. Erstmals kämpfte er am Chalchin-Gol. Sein letzter Flug war sein 80. Kampfeinsatz auf der Pe-8. Major Lebedjew trägt hier den Rotbannerorden, den Orden des Roten Sterns und eine Medaille. Major Nikolajew trägt einen Rotbannerorden. Archiv Traditionsverband

Das Jahr 1943 brachte auf beiden Seiten der Front schwerste Verluste. Hier die Reste einer He 111 bei Woroschilowgrad im April 1943.
Archiv Zentralmuseum der bewaffneten Kräfte

ДЕЙСТВУЮЩАЯ АРМИЯ. Тяжелые бомбардировщики части, которой командует Герой Советского Союза подполковник Э. К. Пусэп, готовятся к боевому вылету.   Снимок нашего спец. фотокорр. майора С. Лоскутова.

Dieses Foto des Frontberichterstatters Major Sergej Loskutow veröffentlichte die Armeezeitung »Krasnaja Swesda« am 15. August 1943. Die Bildunterschrift lautet: »Aktive Armee. Die schweren Bomber des vom Held der Sowjetunion Oberstleutnant E. K. Puusepp kommandierten Truppenteils werden zum Einsatz vorbereitet.« Im Vordergrund eine FAB-5000, in der Bildmitte zwei FAB-2000. Archiv Autor

Im Stab der 45. Division der ADD. Von links nach rechts: Geschwadernavigator Major Ikonnikow, Kommandeur des 746. Geschwaders Obstlt. Abramow, Kommandeur des 890. Geschwaders Obstlt. Puusepp, Divisionskommandeur Oberst Lebedjew, Fluginspektor Obstlt. Kondratjew und Stabschef Obstlt. Iwaschtschenko. Archiv Traditionsverband

Das zertrümmerte rechte Tragflächenaußenstück einer abgeschossenen Pe-8 des 890. Geschwaders unter Bewachung. Stadtarchiv Berlin

5. Vorschläge

1) Bei massierten Angriffen von mehreren Verbänden der ADD ist es wünschenswert, den Zielan- und -abflug aus verschiedenen Richtungen und Höhenstaffelungen vorzugeben.

2) Bei der Zeitstaffelung der Verbände der ADD ist es für die 45. AD wünschenswert, gemeinsam mit den anderen Verbänden anzugreifen.

3) Es ist wünschenswert, die Flugzeuge der Division nicht zu ein und demselben Ziel einige Nächte hintereinander zu schicken, sondern nach 2–3 Tagen die Handlungen der Division auf andere Ziele zu verlegen, um später wieder das erste Ziel anzugreifen.«

Vielleicht hat die Divisionsführung hier zu Unrecht in Gefangenschaft geratene Besatzungen der Preisgabe von Geheimnissen beschuldigt, denn schon im Herbst 1942 hatte die Luftwaffe die notgelandete 42018 gründlich untersucht. In der »Beuteauswertung Nr. 7, 25. 11. 1942, TB-7« waren gerade die Verteidigungsmöglichkeiten ausführlich dargestellt worden.

Der in der Division entwickelte Flammenlöscher erwies sich als effektiv und wurde bald an allen Sterntriebwerken installiert. Allerdings ging vorher durch die verräterischen Flammen noch ein Flugzeug verloren, als am 27. August ein Jäger der Luftwaffe die 42510 von Major **Wicharew** abschoß.

Das 890. Geschwader flog in der Nacht zum 28. August einen Angriff gegen die Eisenbahnanlagen von Roslawl. 40 km vor dem Ziel wurde die Pe-8 von Major **Wicharew**

Der Kommandeur der 45. Division Oberst Lebedjew (links) im Gespräch mit dem Chef der Rückwärtigen Dienste Obstlt. Jastreb, dem Stabschef Oberst Saweljew und dessen Stellvertreter Obstlt.
Iwaschtschenko (von links nach rechts). Kratowo, Herbst 1943. Archiv Traditionsverband

»Das Geschwader begann seine Formierung am 9. Juli 1941. Ab dem 10. August gehörte es zu den Schweren Bombenfliegerkräften und begann mit den Flugzeugen vom Typ Pe-8 die Kampfhandlungen ... Durch die schöpferischen Anstrengungen der Kommandeure, Ingenieure und des flieger-technischen Personals konnten Reserven bei der Erhöhung der Gefechtsmöglichkeiten der Pe-8 bezüglich Startmasse und Einsatzradius gefunden und realisiert werden. Die maximale Startmasse des Flugzeuges wurde von 32 auf 36,2 Tonnen erhöht. Die praktische Reichweite wurde auf 3 600 km mit einer garantierten Navigationsreserve von 1:30 Flugstunden gesteigert ... Zum 1. Oktober 1942 flog das Geschwader 452 Einsatzstarts, davon 91 gegen Fernziele (Berlin 7, Danzig 7, Königsberg 15, Warschau 11, Budapest 4, Bukarest 5, andere 42), warf 1 544 000 kg Bomben und 42 682 000 Flugblätter ab ... 138 Angehörige wurden mit Orden und Medaillen, 12 von ihnen zweifach, ausgezeichnet ...«

in 5 600 m Höhe abgeschossen. Fünf Besatzungsmitglieder kamen ums Leben. **Wicharew** selbst kehrte am 5. September nach Kratowo zurück, der Rest der Besatzung am 17. September.

In der Garde

Die Sommerschlachten an der sowjetisch-deutschen Front 1943 endeten mit dem Vormarsch der Roten Armee an nahezu allen Abschnitten der Front.

Nach **Stalins** Willen entstanden neue Traditionen zur Vertiefung der Siegesgewißheit. Am 5. August wurde erstmalig in Moskau zu Ehren siegreicher Verbände der Roten Armee ein Salut geschossen. 12 Salven aus 124 Rohren kündeten den Hauptstädtern von der Befreiung Orjols und Belgorods. Im entsprechenden Befehl des Obersten Befehlshabers hieß es u. a.: »Heute, am 5. August, eroberten die Truppen der Brjansker Front bei Unterstützung durch Truppen der West- und Zentralfront an den Flanken im Ergebnis schwerster Kämpfe die Stadt Orjol zurück ... Heute, am 5. August um 24 Uhr wird die Hauptstadt unserer Heimat den tapferen Truppen, ..., salutieren ...«

Diese Töne und andere neue Dinge im Leben waren für die meisten Menschen wie ein psychischer Befreiungsschlag. Außer Leiden, Ängste, Schreckensmeldungen und Hunger hatte es für sie in den letzten Jahren nichts gegeben. Nun änderte sich der desolate seelische Zustand der Menschen sehr rasch zum Besseren. Der Glaube an den Sieg in diesem Krieg war im Herbst 1943 durch nichts mehr zu erschüttern. Und noch etwas war wichtig im Bewußtsein der Menschen: Die Wende im Krieg war nahezu ausschließlich durch eigene Anstrengungen und Opfer erzwungen worden.

Am 17. September wurde nach der Forcierung der Desna Brjansk befreit. Für seinen großen Anteil an dieser Operation erhielt das Geschwader von Oberstleutnant **Puusepp** den Ehrennamen 890. Brjansker Fliegergeschwader der Fernfliegerkräfte.

Am 21. September veröffentlichte die Zeitung »Krasnaja Swesda« den Befehl des NKO Nr. 274 vom 18. September 1943 über die Aufnahme der 62. Division sowie des 3., 21. und 746. Geschwader der ADD in die sowjetische Garde. In dem entsprechenden Antrag für das 746. Geschwader hieß es:

Am 24. September schon berichtete die »Krasnaja Swesda« über das Meeting, auf dem das Mitglied des Kriegsrates der ADD Oberst **Tschernoussow** dem ehemaligen 746. Geschwader die Truppenfahne als nunmehrigem 25. Gardegeschwader der Fernfliegerkräfte überreichte: »Auf dem Flugplatz waren die Flieger in akkuraten Reihen angetreten. Das Meeting wurde eröffnet. Der Kommandeur des Truppenteils, Gardeoberst W. A. **Abramow**, hielt nach Verlesung des Befehls des Volkskommissars über die Aufnahme des Geschwaders in die Garde eine kurze Ansprache: ›Unser Geschwader hat von den ersten Kriegstagen an einen ruhmreichen Kampfweg absolviert‹, sagte er. ›Vielmals erschienen unsere mächtigen Bomber über den Hauptstädten Deutschlands, Rumäniens und Ungarns. Tausende Tonnen todbringender Last wurden auf feindliches Territorium abgeworfen. In hartnäckigen Kämpfen wuchsen erstklassige Piloten und Navigatoren heran. Unter ihnen befinden sich die Helden der Sowjetunion Gardeoberst **Puusepp**, Gardeoberst **Schtepenko**, Gardeoberst **Romanow**, Gardemajor **Ischtschenko** und andere ...‹«

Mit Befehl des Volkskommissars für Verteidigung vom 17. September 1943 wurde dem
890. Geschwader der ADD der Ehrenname »Brjansk« verliehen. Archiv Traditionsverband

Der Befehl Stalins wird vom Leiter der Politabteilung der Division, Obstlt. Ju. I. Nikolajew,
verlesen. Im Vordergrund Divisionskommandeur Gen.-Major der Flieger V. I. Lebedjew. Im Hintergrund steht eine B-25

Am 26. November befreite die Rote Ar-
mee Gomel. Für ihre Verdienste bei der
Durchführung dieser Operation wurde der
Division von V. I. **Lebedjew,** inzwischen zum

Generalmajor ernannt, ein Ehrenname verliehen. Sie war nun offiziell die 45. Gomeler
Bomberdivision der Fernfliegerkräfte.

Am 18. September wurde das 746. Geschwader
in die Garde als 25. Geschwader aufgenommen.
Am 22. September erhielt es seine neue
Truppenfahne. Archiv Traditionsverband

Kolchosbauern der Tatarischen Autonomen Republik spendeten 1943 das Geld für den Bau von zwei Pe-8, die auf die Namen »Bugulminski Kolchosnik«
(Kolchosbauer von Bugulma) und »Kaibizki Kolchosnik« (Kolchosbauer von Kaibizk) getauft wurden. In Kratowo ist eine Abordnung der Bauern eingetroffen,
um ihr Flugzeug an das 25. Gardegeschwader zu übergeben. Am Flugzeug steht die zukünftige Besatzung. Bei den Bauern stehen vor der Front
Geschwaderkommandeur W. A. Abramow und Staffelkommandeur W. M. Obuchow. Die Veteranen berichteten, daß es ihnen damals einige Mühe
bereitete, nach dem offiziellen Teil des Tages die offensichtlich hungernden Bauern zum gemeinsamen Essen in der Offizierskantine zu überreden.
Archiv Traditionsverband

Am 31. Januar 1943 traf in der 45. Division die 42058, die erste serienmäßig mit Asch-82 ausgerüstete Pe-8 ein.

Mit dem Einsatz der Triebwerke ASch-82 wurde das leidige Dauerproblem der Pe-8, die Triebwerksfrage, deutlich entschärft. Die Triebwerke trafen nahezu regelmäßig ein, und die gesamte Produktion lief erstmals kontinuierlich ab. In der 45. Division der ADD wurde die neue Modifikation gut beherrscht.

Das neue Bugteil, ohne Drehturm, war von J. F. **Neswal** in Kooperation mit den Fliegern entwickelt worden. In diesem Zusammenhang war auch die gesamte Zelle noch einmal zur Verbesserung der Aerodynamik durchgearbeitet worden. Auffälligste Änderung war das neue größere Seitenleitwerk bei den späteren Serien. Selbst der heutige Betrachter muß konstatieren, daß die Pe-8-Modifikation von 1943 modern und vollendet aussieht.

Die Leistungsgrenzen der Pe-8 wurden auch in diesem Sommer voll ausgereizt. Es waren diesmal nicht die extremen Startmassen von 36 Tonnen wie im Vorjahr, sondern extreme Zuladungen. Die mit den Sterntriebwerken ausgerüsteten Maschinen wurden während der Orlowsker Operation mit bis zu sechs Tonnen Bomben beladen. Das war für diese ja neuen Flugzeuge die Grenze. Bei den älteren Maschinen zeigten sich bei den ständigen Überlastungen schon ernsthafte Probleme. So brach z. B. über dem Bahnhof Orjol bei der 4218 der untere Holmgurt zwischen Rumpf und zweitem Triebwerk. Nach einer Notreparatur wurde die Maschine bis zur Grundüberholung nur für Trainingsflüge eingesetzt.

In dieses Jahr fiel auch die Teilnahme des Testpiloten Mark Lasarewitsch **Gallai** an Kampfeinsätzen mit der Pe-8. Der Leser weiß ja schon – der junge Mann, der den Erstflug der ANT-42 miterlebte.

Da **Gallai** bei der Flugerprobung der La-5 sehr viel zur Verbesserung des Triebwerkes Asch-82 beigetragen hatte, war er zur 45. Division abkommandiert worden, um dort die Einführung dieses Triebwerkes zu unter-

Die erste modifizierte Pe-8 mit der neuen Nase. Die Maschine trägt noch keine Waffen. Archiv OKB »A. N. Tupolew«

Eine Pe-8 der letzten Bauserien im Winter. Unter den Triebwerken befinden sich Heizrohre mit untergehängten Heizbrennern zum Vorheizen der Triebwerke. Archiv Traditionsverband

stützen. Es gelang aber auch 1943 nicht, das Problem der 2. Ladergeschwindigkeit zu beherrschen. In Kürze wurde diese Frage aber doch radikal entschieden, indem der Vergaser ganz abgeschafft und die Direkteinspritzung realisiert wurde. Mit diesem ASch-82FN stand damit ein sehr gutes Triebwerk zur Verfügung.

Gallai flog soviel er es ermöglichen konnte und mit allen Arten von Triebwerken. Da sein Flugerprobungsinstitut und die 45. Division auf dem gleichen Flugplatz in Kratowo stationiert waren, ging das relativ einfach. Er flog mit den Kommandanten **Modestow, Lisatschow, Makarenko** und anderen. Am 9. Juli 1943 flog er als Copilot mit Held der Sowjetunion M. W. **Rodnych** zum Einsatz nach Brjansk:

»... Ich hatte auf dem Fernbomber kein Glück.

Nach einigen Einsätzen auf der Pe-8 war ich zu dem Schluß gelangt, daß die Probleme dieser Einsätze eher psychologischer Natur (immerhin befindet man sich einige Hundert oder gar Tausend Kilometer auf der anderen Seite der Front) und die real auf die Besatzung wartenden Gefahren so groß denn wohl doch nicht sind. Sie lauern nicht während der gesamten Flugzeit wie bei den Tageinsätzen, sondern nur im Zielgebiet und noch teilweise beim Überflug der Front: Einmal dorthin und danach wieder zurück. Insgesamt also etwa 30 Minuten, nun meinetwegen auch 40 Minuten vom gesamten viele Stunden dauernden Flug.

Allerdings bewiesen mir die folgenden

Ereignisse sehr schnell die ganze Leichtsinnigkeit derartig hausgemachter Schlußfolgerungen. Es zeigte sich nämlich, daß 30–40 Minuten eine ganze Menge sind. Ja was heißt hier 30–40, manchmal auch 1 Minute! Zum Beispiel die, während deren Verlauf die Flak bei uns einschlug …

Alles endete mit langwierigen tagelangen Märschen in den (zu unserem Glück) unzugänglichen Brjansker Wäldern mit dem Navigator Georgi Nikitowitsch **Gordejew**. Er war der einzige von der Besatzung, den ich nach dem Fallschirmabsprung im Wald finden konnte. Ich muß sagen, daß ich mit meinem Gefährten unter diesen nicht gerade einfachen Bedingungen Glück hatte: **Gordejew** war früher schon einmal abgeschossen worden und hatte damit gewisse Erfahrungen bezüglich des Aufenthaltes im feindlichen Hinterland. Das Wichtigste aber: Er war ein ruhiger, überlegter, vielleicht sogar etwas phlegmatischer, dabei aber kontaktfreudiger Mensch. Bei der ganzen Schärfe unserer Situation entstand zwischen uns nicht ein einziger Konflikt. Allerdings trat unser physischer Zustand deutlich hinter unseren psychischen zurück: Beide waren wir bei der Landung leicht zerbeult worden (exakter: So dachten wir in der anfänglichen Erregung; danach auf der Großen Erde mußten sich die Ärzte ganz schön mit diesen unseren ›Einbeulungen‹ befassen.), waren aber insgesamt voll einsatzfähig. Das erste, rein intuitive Streben – schnell nach Hause, nach Osten! – wurde von uns nach reiflicher Überlegung einstimmig verworfen: Je näher die Front, um so mehr Deutsche. Nein, wir müssen die Partisanen finden – einen anderen Weg gibt es nicht.

Die ersten Tage gingen wir über tote, verbrannte Erde … Danach gelangten wir in eine Gegend, in der Dörfer noch existierten. Ihre Bewohner versorgten uns mit Eßbarem – Brot und Kartoffeln – sowie mit … Rat. Rat erhielten wir auf unsere Frage, wie die Partisanen zu finden seien. Konkret sagte uns niemand etwas, aber jedesmal empfahl man uns, zu irgendeinem bestimmten Dorf zu gehen. Vielleicht weiß man dort Näheres … Als ich später unseren Weg auf der Karte nachvollzog, sah ich, daß man uns wie an

Die Besatzung von A. P. Tschurilin vor dem linken Hauptfahrwerk ihrer Pe-8. Seit Kriegsbeginn auf der Pe-8, flog Tschurilin seit dem Frühjahr 1943 als Kommandant. *Archiv Traditionsverband*

Nach ihrer Rückkehr aus dem feindlichen Hinterland nach dem Abschuß ihrer Pe-8 bei Brjansk am 9. Juni 1943 werden Major M. L. Gallai (links) und Hauptmann G. N. Gordejew von Geschwaderkommandeur E. K. Puusepp (nicht im Bild) über deren Erlebnisse Befragt. *Archiv Gallai*

einer Schnur, von Dorf zu Dorf, direkt in das Quartier der Rognedinsker Partisanenbrigade geführt hatte. Dort angekommen fühlten wir uns gleich wie zu Hause! Und im Herzen wurde es leichter: Möge auch in allen vier Himmelsrichtungen der Feind stehen, immerhin waren wir im Bestand einer militärischen Einheit angekommen. Eingetroffen, wenn auch abgelumpert und zerrissenen, so aber mit Schulterstücken und Waffen. Jetzt würden wir im Fall der Fälle kämpfen und nicht kriechen auf dem Bauch im Busch beim Angesicht einer deutschen Patrouille! Ich erinnere mich, wie uns beide, sowohl Schorsch **Gordejew** als auch mich, solange wir im Wald umherirrten, besonders die Notwendigkeit erniedrigte, sich zu verstekken. Und das nicht irgendwo, sondern *bei sich zu Hause,* auf der eigenen Erde, wo wir die rechtmäßigen Herren sind! ...

Es vergingen noch einige Tage, und auf dem kleinen Partisanenflugplatz im Wald landeten Flugzeuge U-2 der Staffel des Hauptmanns **Kowaljow** und brachten Waffen, Munition, Medikamente und Literatur. Auf dem Rückflug nahmen sie G. **Gordejew** und mich mit. Noch einen Tag später waren wir wieder zu Hause auf dem Flugplatz der 45. Division – Dank der Tatsache, daß es General **Golowanow** durchzusetzen gelungen war, daß (als Außnahme von der damals gültigen Regelung) aus dem gegnerischen Hinterland zurückkehrende abgeschossene Besatzungsmitglieder der Fernfliegerkräfte wieder direkt in ihre Truppenteile zurück durften.«

Wir reichen noch die Daten zu diesem Flug nach.

Am Abend des 8. Juni startete die 45. Division wieder gegen das Eisenbahnnetz. Die Nachschubwege für den Aufmarsch der Wehrmacht im Süden sollten gestört werden. Das 890. Geschwader griff den Eisenbahnknotenpunkt Brjansk-II an.

Um 23:17 Uhr warf die Besatzung **Rodnych** aus 4700 m Höhe ihre erste Salve ab: 16 FAB-100 und 8 SAB-100. Danach kurvte der Bomber nach links, um in einer weiten Wende zum zweiten Angriff anzufliegen. Noch waren die RRAB abzuwerfen. Während dieser Kurve schlug eine Granate in die

42 048 ein, und die verbliebenen Leuchtbomben fingen Feuer. Die Besatzung sprang ab. Nach Kratowo kehrten zurück:

Am 21. Juni 1943 (bei den Partisanen am 16. Juni), Copilot Major M. L. **Gallai,** Bombenschütze Hptm. **Gordejew.**

Am 31. Januar 1944, Schütze Sergant W. W. **Kurokin.**

Am 4. Juni 1944, Schütze Sergant K. L. **Kotin.**

Am 11. Oktober 1945 (befreit am 26. April 1945), Kommandant Major M. W. **Rodnych.**

Am 16. Dezember 1945, Navigator Major P. U. **Prudki.**

Die Pe-8 1943 (Statistik)

In diesem Jahr flogen die Pe-8 insbesondere folgende Einsätze:

– gegen militärische und industrielle Anlagen in den Räumen Danzig, Königsberg, Insterburg, Tilsit, Warschau und Brest mit 47 Starts. Dabei kamen 313 Bomben mit einer Masse von 131,645 Tonnen zum Abwurf,

– gegen die Eisenbahnanlagen bei 27 Knotenpunkten. Bei 688 Einsatzstarts wurden 7367 Bomben mit 2784,915 Tonnen eingesetzt,

– während der Operationen im Kursker Bogen gegen Einrichtungen der Wehrmacht in der Stadt Orjol und den Orten Tomarowka, Komyschewa, Kamenka, Borwenkowo, Chrestischtschewo sowie auf dem Schlachtfeld bei den Punkten Otwerschek, Progress und Leski,

– während der Offensive der Westfront gegen die Garnisonen bzw. Anlagen von Sytschewka, Wjasma, Duchowschina, Smolensk und Roslawl sowie gegen die Flugplätze Balbasowo, Seschtscha und Olsufjewo,

– gegen Befestigungen bei Mga und Apraksin,

– gegen die auf Leningrad feuernde Festungsartillerie im Gebiet Bessabotny.

Gegen Hauptziele flogen 1049 Pe-8 (bzw. 87,6%). Reserveziele griffen 89 Maschinen an (7,4%). 59 zum Einsatz gestartete Bomber (5,0%) konnten den Einsatzbefehl nicht erfüllen.

Im Mittel konnten 71,2% der in der Division vorhandenen Pe-8 zum Einsatz gebracht werden, d. h. pro Einsatznacht 10 Flugzeuge mit einer durchschnittlichen Flugzeit von 47:13 Stunden.

Folgende Statistik fügte sich zum Jahresende:

	746./25. Geschwader	890. Geschwader
Einsatzstarts	639	558
Einsatzflugzeit nachts (h)	3010:40	2655:05
abgeworfene Bomben (Stück)	6460	5700
abgeworfene Bombenmasse (t)	2402	2110
verbrauchte Granaten SchWAK	8250	10223
verbrauchte Patronen UBT	6915	8993
abgeworfene Flugblätter (1000)	7519	8670
Flugzeugverluste	4	13
Personalverluste	16	62

Anzahl der Einsatzstarts der Division und ihrer Geschwader, 1943

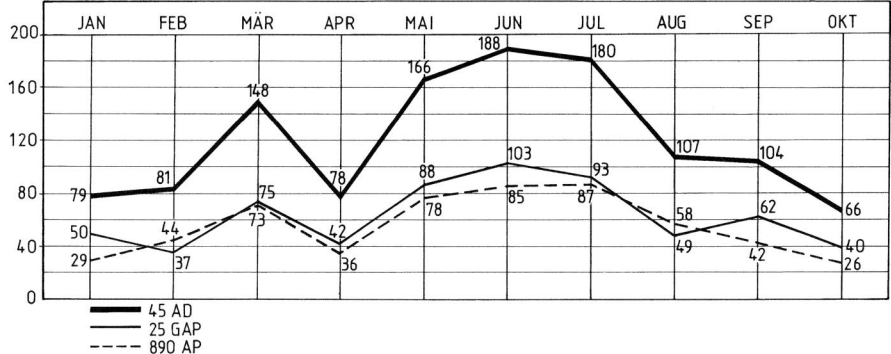

Einsatzflugstunden der Division und ihrer Geschwader, 1943

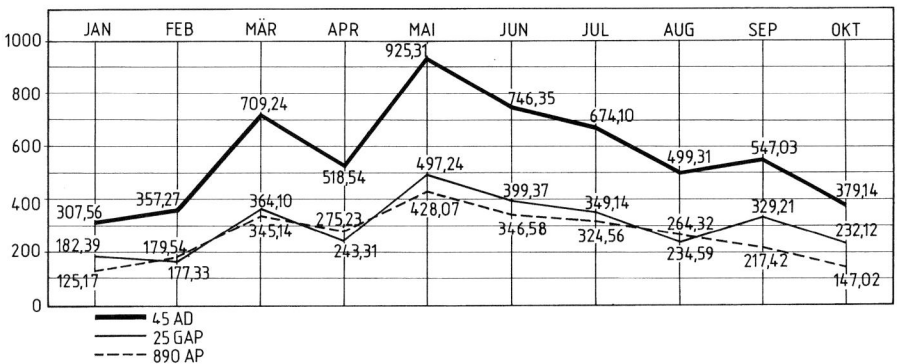

Abgeworfene Bombenmasse der Division und ihrer Geschwader (in Tonnen), 1943

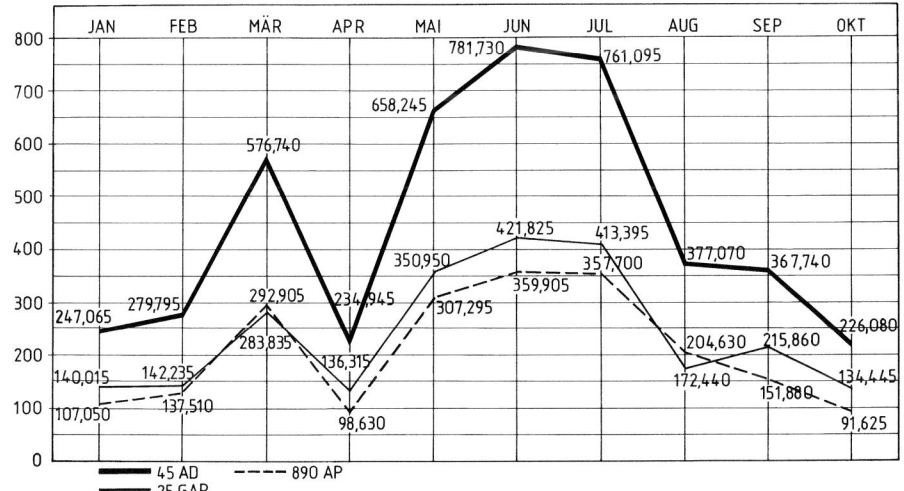

2.4. Nach Westen – das Jahr 1944

Mit Beginn des Jahres erhielt die 45. Division ein weiteres Geschwader. Im Befehl des Volkskommissars für Verteidigung Nr. 002 vom 10. Januar wies **Stalin** an, im Bestand der 45. AD der ADD das 362. Geschwader zu bilden. Wieder war es **Iljuchin,** dem die Formierung des neuen Geschwaders befohlen wurde. Diesmal wurde er allerdings in der Dienststellung des Geschwaderkommandeurs bestätigt. Am 25. Februar waren die organisatorischen Vorbereitungen so weit gediehen, daß das Flugtraining auf den Pe-8 begann.

Strategische Luftoperationen

Ende Januar 1944. Stockholm. Nach langwierigen Verhandlungen lehnte es die finnische Regierung ab, aus dem Krieg mit der Sowjetunion auszuscheiden. Daraufhin gab **Stalin** den Befehl, gegen Finnland eine Operation vorzubereiten, um das Land zum Austritt aus dem Krieg zu zwingen. Erstmalig in diesem Krieg hatten damit die Fernfliegerkräfte eine selbständige Luftoperation durchzuführen.

Für die Angriffe wurden Ziele in ganz Finnland ausgewählt, Schwerpunkt war dabei natürlich die Hauptstadt. Für die im Abstand von 10 Tagen geplanten Angriffe bereiteten sich die gesamten Fernfliegerkräfte vor.

Der Operationsplan der ADD war vom Obersten Hauptquartier bestätigt worden. Viele Einheiten der Fernfliegerkräfte verlegten zeitweilig in die Nähe von Leningrad und Bologoje. Die operative Gruppe der ADD unter Führung des Stabschefs M. I. **Scheweljow** befand sich bei den zeitweiligen Flugplätzen der Fernflieger. Befehlshaber A. Je. **Golowanow** selbst bezog in Leningrad einen vorgeschobenen Befehlspunkt und führte von dort die Einheiten direkt. Jeder Korpskommandeur hatte genaueste schriftliche

Befehle für die bevorstehende Operation gegen alle wehrwirtschaftlichen und militärischen Objekte Finnlands zur Verfügung.

Zum 6. Februar besserte sich das bis dahin sehr schlechte Wetter, und am Abend entschied der Befehlshaber, mit der Operation zu beginnen.

In der Nacht zum 7. Februar erfolgten zwei massierte Angriffe auf Helsinki. Um

den Überraschungseffekt dieser sehr geheim vorbereiteten Operation voll zu nutzen, flogen in dieser Nacht alle Einheiten mit Funkstille über den Finnischen Meerbusen an.

Die Pe-8 der 45. Division flogen in dieser Operation von Kratowo aus. Zum ersten Angriff starteten am Abend des 6. Februar folgende Bomber:

Kommandant	Werknummer	Startzeit	Abwurfhöhe (m)
25. Gardegeschwader			
Ischtschenko	42410	21:33	5200
Schatrow	42210	21:17	5500
Ugrjumow	421010	21:13	6800
Kaminski	42611	21:23	6900
Simonow	42028	21:15	6800
Adamow	42076	21:11	7100
Sugak	42088	21:10	6500
Selenski			5700
890. Geschwader			
Kondratjew	421011	21:38	6200
Olejnikow	42810	21:42	6000
Schamrai	42910	21:55	5200
Newentschanny	42211	21:22	6500
Romanow	42411	21:25	6500
Belkow	42078	21:22	6650
Otkidatsch	42098	21:38	7100
Sukorkin	385	21:23	6750

Alle 16 geplanten Pe-8 befanden sich damit in der Luft. Über die Flugstrecke Kratowo–Sagorsk–Nowgorod–Mys Kurgalowo gelangten 15 nach Helsinki. Wegen technischer Probleme bombardierte die Besatzung des Kommandanten **Selenski** als Reserveziel die Eisenbahnstation Sonda. An Bord der 42410 und einer weiteren Pe-8 befanden sich letztmalig je eine Superbombe FAB-5000. Über die Ergebnisse des Einsatzes meldete der Divisionsstab in seinem Kriegsbericht: »… Das Hauptziel, die militärisch-industriellen Objekte HELSINKIS, bombardierten in der Zeit 21:10–21:55 aus 5200–7100 m 15 Flugzeuge.

Auf das Ziel wurden abgeworfen:

2 FAB-5000tga, 6 FAB-2000tga, 6 FAB-2000, 4 FAB-1000tga, 22 FAB-500tga, 22 FAB-250tga, 11 ZAB-100zk, 2 SAB-100.

Insgesamt 75 Bomben mit einer Masse von 55,960 Tonnen.

Laut Beobachtungen von Besatzungen und der Kontrolleure explodierten alle Bomben in den Gebäuden der südlichen Stadtteile, 1 FAB-5000tga im Gebiet des Kabelwerkes (Objekt Nr. 49), 1 FAB-5000tga im Gebiet der Eisenbahnwerkstätten und Kasernen (Objekte Nr. 53 und 15). Beide Bomben entwickelten starke Explosionen mit gewaltiger Flammenbildung.

Die anderen FAB-2000, 1000, 500, 250 tga und normale Bomben explodierten zwischen den Gebäuden im Südteil der Stadt auf einem durch die Objekte Nr. 51, 66, 49 und 17 (Zielplan 10000) begrenztem Gebiet.

Im Ergebnis der Bombardierung entstanden in den südlichen Stadtteilen 15 Brandherde, davon 3 große Flächenbrände ganzer Häuserviertel sowie 6 Explosionen.

ANMERKUNG: Laut Meldung des Informbüros wird in der operativen Übersicht vom 7. 2. 44 bemerkt: ›Die Luftaufklärung stellte am 7. 2. 44 tags fest, daß die in der Stadt HELSINKI entstandenen Brände nicht liquidiert sind, die Stadt weiterhin brennt und mit Rauch gefüllt ist‹.

Luftabwehr: Das Ziel wurde gedeckt durch das Feuer von 25–30 Flak großer und

Vermutlich aus dem 1. Halbjahr 1943 stammt dieses Foto von Major S. S. Sugak. Er trägt hier einen Rotbannerorden, einen Orden des Vaterländischen Krieges 2. Klasse (beide in alter Ausführung) und einen Orden des Roten Sterns. Im Hintergrund eine der ersten Pe-8 mit ASch-82.
Archiv Traditionsverband

mittlerer Kaliber sowie von 18–20 kleinen Flak. Der Einsatz von Scheinwerfern wurde nicht beobachtet. Die Besatzungen vermerken das automatische Feuer von Flak mittleren Kalibers, Granatexplosionen in 5000–6000 m Höhe. Das Feuer der Luftabwehr wurde verstreut mit geringer Dichte geführt.

Luftkämpfe führten die Flugzeuge nicht, und gegnerische Jäger wurden nicht beobachtet.

...

Nach der Erfüllung der Aufgabe kehrten 15 Flugzeuge auf ihren Flugplatz zurück und landeten in der Zeit 23:45–00:50 (die HELSINKI angreifenden Flugzeuge landeten in der Zeit 00.21–00:50).
1 Flugzeug führte eine Notlandung auf dem Flugplatz IWANOWO durch.

7. Verluste hatte die Division keine.

8. Flugvorkommnisse:

Am 7. 2. 44 führte das Flugzeug Nr. 421010 des 25. Gw.AP DD (Ugrjumow-Wladimirow) beim Rückflug von der Bombardierung militärisch-industrieller Objekte HELSINKIS wegen Ausfalls von Flugzeugführungsgeräten und unzuverlässiger Arbeit des Anzeigers RPK-2 infolge Vereisung in der Höhe eine Notlandung auf dem Flugplatz Iwanowo durch. Am gleichen Tage kehrte das Flugzeug auf seinen Flugplatz zurück und landete ohne Zwischenfälle.

9. Negative Momente in der Arbeit sind:
a) Die schlechte Funkverbindung mit den Flugzeugen wegen der großen Pause in den Kampfeinsätzen der Bordfunker und wegen der unglücklichen Wahl der Frequenzen bezüglich ihrer Ausbreitungsbedingungen an diesem Tag.

Im Ergebnis hatten nur 2 Flugzeuge normale Verbindung. 5 Flugzeuge hatten bis zur Landung überhaupt keine Verbindung, mit den anderen bestand die Verbindung mit großen Unterbrechungen und verbesserte sich erst gegen Ende des Fluges. Die in Iwanowo gelandete Maschine hatte gar keine Verbindung.

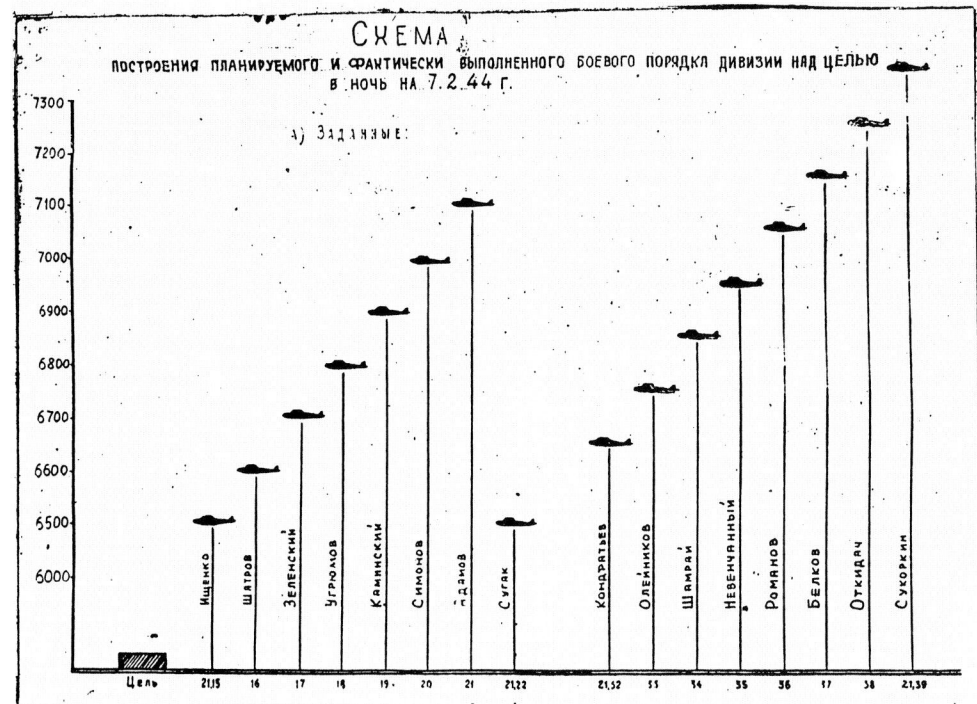

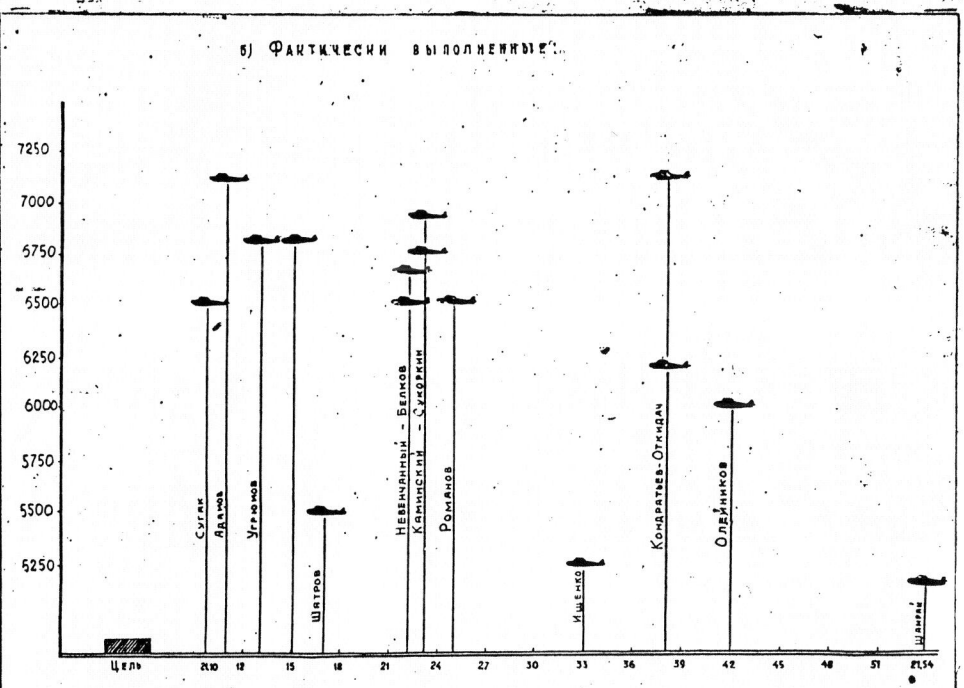

Die Angriffsstaffelungen wurden genau geplant. Hier ein Beispiel der vertikalen Staffelung.
a) Schema der geplanten Angriffsordnung über Helsinki in der Nacht zum 7. Februar 1944. Auf der Hochachse die Flughöhe, auf der Querachse die Zeit.
b) Schema der tatsächlichen Angriffsordnung der 45. AD über Helsinki.

b) Auf den Flugzeugen mit ASch-82 gab es viele Ausfälle von Kreiselgeräten und von Kreiselaggregaten des Autopiloten APG-1, die durch Luft versorgt werden, da in die Geräte Feuchtigkeit aus dem System der Druckversorgung gelangte ...«

Der 1. Angriff dieser Nacht dauerte 1:27 Stunden, der 2. währte zwei Stunden. Insgesamt kamen 773 Bomber zum Einsatz. Die Korps der ADD griffen jeweils als geschlossene Einheit an. Die Gefechtsordnung bestand dabei aus der Gruppe der Wetteraufklärer, der Welle zur Sicherstellung (Zielmarkierungs- und Beleuchtungsgruppe, Gruppe zur Niederkämpfung der Luftverteidigung), der Angriffswelle und der Kontrollgruppe.

In der Nacht zum 17. Februar erfolgte der 2. Schlag dieser Operation. Vermutlich nahmen daran keine Pe-8 teil.

10 Tage später, in der Nacht zum 27. folgte der 3., schwerste und letzte Schlag, an dem 850 Bomber, darunter 18 Pe-8 der 45. Division teilnahmen. Die Pe-8 warfen diesmal 113 Bomben mit einer Masse von 56,41 Tonnen ab. Superbomben wurden in dieser Nacht nicht mehr eingesetzt.

Von diesem Einsatz kehrte eine Pe-8 nicht zurück: »3 Besatzungen beobachteten über dem Ziel in 7000 m Höhe ein brennendes Flugzeug, das 10–15 km nordwestlich HELSINKIS abstürzte. Vermutlich war dies das nicht zurückgekehrte Flugzeug Nr. 421010 des 25. Gw.AP (Ugrjumow-Legkostup), abgeschossen durch Flak-Feuer über dem Ziel.«

Von der 12köpfigen Besatzung trafen niemehr Informationen ein. Unter den Gefallenen waren u. a. Kommandant Hauptmann A. S. **Ugrjumow,** Copilot Oberleutnant W. W. **Bulatnikow,** Geschwadernavigator M. J. **Legkostup** und Navigator S. I. **Gontscharow.**

Während der drei Nächte dieser Operation flogen die ADD 2120 Einsätze. Die Angriffsdichte auf Helsinki betrug 4 bis 5 Flugzeuge pro Minute in Abwurfhöhen von 2000 bis 7000 m. Auf die Objekte der finnischen Hauptstadt fielen in diesen drei Nächten 10 980 Bomben.

In den Nächten zum 11. und zum 23. Februar waren die Städte Kotka und Turku die Ziele der ADD.

Aber erst in der Nacht zum 4. September bot Finnland die Kapitulation an, nachdem seine Lage in diesem Krieg völlig hoffnungslos geworden war.

Major M. J. Legkostup, Geschwadernavigator des 25. GwAP. In der Nacht zum 27. Februar 1944 war er an Bord der 421010, die über Helsinki abgeschossen wurde. Die Besatzung ist damals offensichtlich gefallen. Legkostup wurde 1914 in einer ukrainischen Bauernfamilie bei Charkow geboren. Er arbeitete als Agronom, trat 1936 aber in eine Militärfliegerschule ein. 1940 kämpfte er im Sowjetisch-Finnischen Krieg, wofür er mit dem Orden des Roten Sterns ausgezeichnet wurde.
Im Vaterländischen Krieg seit den ersten Tagen Navigator. Insgesamt flog er 168 Kampfeinsätze, sein letzter Flug war der 70. auf der Pe-8. Schon im Juli 1943 war er abgeschossen worden, konnte aber damals zurückkehren. Auf dem Foto von Mitte 1943 trägt er den Lenin-Orden alter Ausführung. Die Pe-8 im Hintergrund ist mit ASch-82 ausgerüstet, hat aber noch die alte Nase. *Archiv Traditionsverband*

Mit dem gleichen Ziel, dem Austritt des Staates aus dem Krieg an der Seite Deutschlands zu erzwingen, flogen die Fernfliegerkräfte in den Nächten zum 14., 15., 19. und 20. September 1944 eine zweite strategische Operation, diesmal gegen Ungarn. In den vier Bombenschlägen gegen Budapest von 22 bis 45 Minuten Dauer warfen 1 129 Bomber über 8 000 Bomben an. Hier erreichte die Angriffsdichte 4 bis 9 Flugzeuge pro Minute.

Wegen der geringen Entfernung zum Ziel – höchstens 875 km, nur etwa die Hälfte da-

von über feindliches Gebiet, flogen in diesen Angriffen alle drei Geschwader der 45. Division, auch das neugebildete 362.

Neue Basis und neue Flugzeuge

Das Vorrücken der Roten Armee hatte mehr und mehr Veränderungen auch für die 45. Division zur Folge. Eine solcher Entscheidungen war der Fertigungsstopp für die Pe-8. Dementsprechend mußte ein neuer Flugzeugtyp in die Bewaffnung der 45. Division übernommen werden. Die Wahl fiel auf den modernen amerikanischen Bomber North American B-25 »Mitchell«. Insgesamt 862 dieser Flugzeuge erhielt die Sowjetunion von den USA. Für den Einsatz in den ADD baute man in die B-25 meist zusätzliche Kraftstoffbehälter ein.

Ende April trafen die ersten B-25 in Kratowo ein, wo das 362. Geschwader sein Flugtraining auf der Pe-8 schon eingestellt hatte. Nun begann es erneut. Das gesamte Geschwader erhielt den neuen Typ, und am 6. Juli 1944 startete das 362. AP der 45. AD mit 10 B-25-Maschinen zu seinem ersten Kampfeinsatz.

Auch für das 890. Geschwader gab es Konsequenzen. Es wurde teilweise auf die B-25 umgeschult, so daß einige Staffeln auf Pe-8 und ab Mai 1944 eine Staffel auf B-25 flogen. Das 25. Gardegeschwader blieb ausschließlich mit Pe-8 ausgerüstet.

Die Pe-8 wurden nun seltener eingesetzt. Mit der absehbaren Niederlage Deutschlands ergaben sich dafür mehrere Gründe:

– das gesamte Feindgebiet war mit zweimotorigen Bombern nunmehr gut zu erreichen,

– das fliegende Personal der 45. Division, das jetzt zu den erfahrendsten der Sowjetunion zählte, sollte möglichst erhalten bleiben und mußte nicht mehr in erbarmungslosen Gefechten regelrecht verheizt werden,

– da es keine neuen Pe-8 mehr geben würde, sollten die vorhandenen nur noch bei tatsächlicher Notwendigkeit eingesetzt werden.

Die Führung des neugebildeten 362. Geschwaders auf B-25. Von links nach rechts: Geschwadernavigator W. G. Ragosin, Stellvertretender Geschwaderkommandeur N. I. Modestow, Geschwaderkommandeur N. N. Iljuchin und der Politstellvertreter W. I. Buchanez; bis auf letzteren alles ehemalige Pe-8-Flieger.
Archiv Traditionsverband

Ein Einsatz aus dieser Zeit ist den Veteranen ob seines ungewöhnlichen Endes gut im Gedächtnis. In der Nacht zum 11. April flogen die ADD einen massierten Angriff gegen den rumänischen Hafen Constanţa. Fast 400 Bomber gerieten beim Rückflug in eine komplizierte Lage: Fast das gesamte eigene Territorium, fast alle Flugplätze wurden von Nebel überzogen. Der Einsatz endete mit massenweisen Landungen sowjetischer Bomber auf Feldern und Wiesen Europas. Die Pe-8 hatten relatives Glück. Es gab nicht einen Unfall. Allerdings landeten drei Besatzungen, Major **Simonow** mit der 42 028, Major **Dodonow** mit der 42 067 und Oberleutnant **Adamow** mit der 42 076 ebenfalls auf verschiedenen Feldern und Wiesen weit von Moskau.

Vom 1. bis zum 25. Mai flog die Division keine Kampfeinsätze. Am 27. Mai wurden die Verdienste des 25. Geschwaders bei den Kämpfen um Orjol gewürdigt. Mit dem Befehl Nr. 0137 des NKO wurde ihm der Ehrenname »Orlowsker« verliehen.

Ende Mai 1944 verließ die 45. Division der ADD Kratowo. Länger als zwei Jahre hatte die Division von hier aus gekämpft, gesiegt und Niederlagen erlitten. Nun war die Front so weit von Moskau entfernt, daß auch die Fernbomber der Front folgen mußten. Am 30. Mai starteten die Geschwader zum Flug

In der Nacht zum 31. März 1944 wurde die 42 098 der Besatzung des Hauptmanns T. P. Kokerew abgeschossen. Niemand kehrte zurück. Auf dem Foto vom August 1943 ist Kokerew zu sehen, wie er die Glückwünsche seines Navigators, Major Akkuratow, zum erfolgreichen Flug gegen den Eisenbahnknotenpunkt Mga erhält. Bemerkenswert ist das Flugzeug, die ANT-42 Dubleur von 1938, die das Kriegsende überstand. Foto S. Loskutow, Zentrales Staatsarchiv Film- und Fotodokumente

auf die neue Basis, dem Flugplatz Olsufjewo bei Smolensk. Etwa 1:20 Stunden dauerte der Flug zur neuen Basis.

Letzte Kämpfe der Pe-8

Auch in den Kämpfen des Jahres 1944 verzeichnete die Bomberflotte erhebliche Verluste.

Am Morgen des 31. März kehrte die 42098 von einem Angriff auf den Bahnhof der Stadt Tapa, südlich des Hafens Kunda in Estland, nicht zurück. Vermutlich wurde der Bomber um 22:07 Uhr von Jägern abgeschossen. Von der Besatzung des Hauptmann T. P. **Kokerew** mit Navigator **Selesnew** kehrte niemand zurück.

Am 28. Juni flog um 01:38 Uhr die 42211 nach ihrem Angriff gegen die Bahnstation Borissow in Belorußland ab, als sie von Me110 angegriffen wurde. In 4050 m Höhe verlor die Pe-8 den Luftkampf und stand in Flammen. Der Kommandant, Major **Makarenko,** und der Navigator, Major **Karagodow,** konnten nach dem Absprung alle Besatzungsmitglieder sammeln. Geschlossen überquerte diese Besatzung die Front.

Als letzte Besatzung der 45. Division erreichte während dieses Angriffes die 42088 von Major S. S. **Sugak** mit Navigator Hauptmann T. M. **Wassiltschenko** den brennenden und explodierenden Eisenbahnknotenpunkt. Die Aufgabe dieser Besatzung bestand im Fotografieren der Ergebnisse des Angriffs. Noch im Anflug stellte man an Bord schwarzen Humor zur Schau, als jemand bemerkte, man hätte heute wieder drei Gegner: Die Flak, die Jäger und den Mond. **Sugak** entschied, im ersten Anflug aus 4100 m Höhe zu fotografieren. Da er wußte, daß die beiden Geschwader aus 6000 bzw. 6400 m Höhe angegriffen hatten, glaubte er die Luftabwehr noch auf diese Höhen eingeschossen. Im zweiten Anflug wollte er dann selbst die Bomben abwerfen.

Im hellen Mondschein war plötzlich während des Anfluges ein angreifender Jäger zu erkennen. Dessen Angriff wehrten die Schützen sicher ab. Über den Bahnanlagen aber krachte es: Eine Flak-Granate explodierte in der linken Fläche. **Sugak** versuchte mit sei-

In der Nacht zum 28. Juni 1944 wurde die 42211 der Besatzung des Majors Makarenko vom 890. AP abgeschossen. Nach dem Absprung konnte sich die gesamte Besatzung sammeln und geschlossen die Front überqueren. Auf dem Foto ist ein Teil dieser Besatzung nach ihrer Rückkehr auf den Flugplatz Olsufjewo zu sehen. Von links nach rechts: Copilot A. Schewertalow, unbekannt, Schütze W. Iskornejew, Geschwadernavigator Major M. Karagodow, Bordtechniker I. Wostrikow, unbekannt

Eine Form der Auszeichnung in der Roten Armee war das »Foto vor der Truppenfahne«. Hier ist ein solches Foto, das den Heckschützen einer Pe-8, Stabsfeldwebel L. G. Jarzew, vor dem Gardebanner des 25. GwAP zeigt. Die Aufschrift auf der Fahne lautet: »Tod den deutschen Eroberern«. L. G. Jarzew trägt den Orden des Roten Sterns, die Medaille »Für Tapferkeit« und das Gardeabzeichen.
Archiv Traditionsverband

ner brennenden Pe-8 möglichst weit vom Ziel weg über den Wald zu gelangen ehe er befahl: »Alle verlassen das Flugzeug!«

Am 1. Juli befreite die Rote Armee Borissow. Im Befehl des Obersten Befehlshabers wurde der 45. AD der ADD Dank ausgesprochen.

Einen Monat später, am 26. Juli, starteten 12 Pe-8 des 25. Geschwaders und sieben des 890. Geschwaders ins Gefecht. Aus diesem Kampf kehrte die 42028 von Hauptmann **Choroschilow** nicht zurück.

Für den 1. August befahl Geschwaderkommandeur Gen.-Major der Flieger V. I. **Lebedjew** erneut den Angriff gegen den Rigaer Hafen. Dieser Angriff war schon mehrmals angesetzt, aber immer wieder verschoben worden. Die entsprechende Weisung des Divisionsstabes lautete:

»Kriegsweisung Nr. 54 des Stabes der 45. AD, Olsufjewo, 18:00, 1.8.44, Karte 1.000.000 und Plan des Zieles 20.000.

In der Nacht vom 1.8. zum 2.8.44 vernichtet die 45. AD Schiffe und Hafeneinrichtungen im Hafen von RIGA. Gegen dieses Ziel handeln in der Zeit von 24:00 bis 00:45 Flugzeuge anderer Einheiten der ADD.

In der Nacht zum 28. Juni wurde als 2. Pe-8 die 42088 des 25. GwAP von Kommandant Major S. S. Sugak und Navigator Hptm. T. M. Wassiltschenko abgeschossen. Auf dem Foto sind Sugak (rechts) und Wassiltschenko vor der Roten Vier des 25. GwAP zu sehen.
Archiv Traditionsverband

DER GESCHWADERKOMMANDEUR HAT BEFOHLEN:

1. Das 25. Gw. und das 890. Geschwader haben mit allen einsatzbereiten Flugzeugen Pe-8 Schiffe zu vernichten und Hafenanlagen im Hafen RIGA zu zerstören. Zielpunkt ist das Zentrum des Exporthafens (Quadrat G-2 des südöstlichen Viertels des Zielplanes der Stadt RIGA).

2. Start:
25. Gw. AP   22:00–22:16
890. Ap   22:18–22:25
Der Schlag beider AP erfolgt in der Periode 00:50–01:00.

3. Die Besatzungen sind zu warnen, nur den Hafen anzugreifen. Andere Ziele sind nicht zu bombardieren.

4. Das 890. AP schickt eine B-25, Kommandant Oberstleutnant KONDRATJEW, Navigator Oberstleutnant ROMANOW zur Wetteraufklärung. Start 19:00. Flugstrecke:

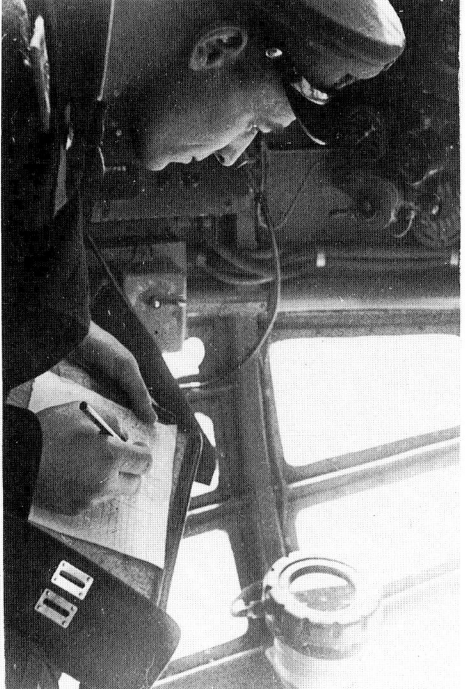

Navigator Major K. P. Ikonnikow bestimmt am 7. März 1944 die Kompaßdeviation seiner Pe-8 Die Anzeigen des am Boden befestigten Kompasses müssen genau fixiert werden

Oblt. Srajewski, der Autor der beiden vorhergehenden Fotos. Nahezu alle Fotos aus dem Archiv des Traditionsverbandes stammen von ihm

OLSUFJEWO, ROSLAWL, POLOZK, DWINSK, SIAULIAI, MITAWA, POLOZK, ROSLAWL, OLSUFJEWO.
Die Wettermeldung ist entsprechend der Aufgabe für Wetteraufklärung vorzulegen.

5. Zu allen anderen Fragen der Vorbereitung und Durchführung des Kampfeinsatzes ist entsprechend der Kriegsweisung

Der Major auf dem normalen Arbeitsplatz des Navigators. Er füllt das Protokoll aus

des Stabes der AD Nr. 52 vom 28.7.44 zu verfahren.
ANLAGE: Flugberechnung auf 1 Seite.

DIENSTHABENDER STABSCHEF DER 45. GOMELER FLIEGERDIVISION DER ADD OBERSTLEUTNANT (OWTSCHINNIKOW).«

Um 21:57 Uhr startete die erste Pe-8. Von den Geschwadern waren beteiligt:

Kommandant	Werknummer
25. Gardegeschwader	
Schatrow	42059
Lisatschow	42412
Grjasnow	42512
Besdolny	42312
Tschurilin	42911
Siminow	42112
Ischtschenko	42410
Adamow	42076
Choroschilow	42811
890. Geschwader	
Lawrowski	385 D
Tschernitschenko	421011
Archarow	4218

Major **Ischtschenko** konnte seine Pe-8 nicht in die Luft bringen. Er mußte seine Startvorbereitungen abbrechen: Das Heckrad hatte die Luft verloren. Dessen Wechsel brauchte zuviel Zeit. Um 22:30 Uhr war die letzte Maschine gestartet.

Im Fluge hatte auch Oberleutnant **Besdolny** Probleme mit der Technik. Nachdem ein Triebwerk stand und im zweiten der Schmierstoffdruck sank, entschied er, den Einsatz abzubrechen. Die Besatzung warf ihre Bomben über unbewohntem Gebiet ab und kehrte zurück.

Auch von den 3 Maschinen des 890. Geschwaders gelangte eine nicht über das Ziel. Hauptmann **Tschernitschenko** mußte wegen starken Schmierstoffverlustes eine Notlandung durchführen, die dann auch glatt verlief.

Nach dem Angriff wartete man in Olsufjewo lange auf die Rückkehr der Pe-8 von Hauptmann **Grjasnow.** Er war mit 1966 Flugstunden, davon 76 auf der Pe-8, ein relativ junger Kommandant. Elf Einsätze hatte er mit der Viermotorigen schon geflogen. Um 23:51 Uhr war die letzte Meldung von Bord der 42512 im Stab eingegangen. Auf dem Rückflug hatte die Besatzung gerade Polozk überflogen. Es blieb die letzte Meldung. Erst viele Monate später sollten vier Mann der Besatzung zurückkehren, unter ihnen der Kommandant und der Navigator Unterleutnant **Eirandshan.**

In den nächsten Tagen erfolgten keine Einsatzbefehle aus dem Stab der ADD. Dafür kam eine neue Verlegung. Der Aufenthalt der 45. Division im Brjansker Gebiet war nur von kurzer Dauer gewesen. Noch im August verlegte die Division auf den Flugplatz Balbasowo, südlich von Orscha im Gebiet Witebsk. Der nächste Einsatz am 25. August wurde schon vom neuen Standort aus geflogen. Diesmal kamen ausschließlich B-25 zum Einsatz.

Die weiteren Ereignisse sollten zeigen, daß dieser Angriff auf den Rigaer Hafen der letzte Kampfeinsatz der Pe-8 war. Hauptmarschall der Flieger **Golowanow** befahl, daß die Pe-8 »bis auf Widerruf« nicht mehr zu Kampfeinsätzen herangezogen werden dürfen. Es erfolgte kein Widerruf mehr.

Die Besatzung von W. M. Obuchow (hält die linke Hand an seinem Koppel) unter der rechten Fläche ihrer Pe-8. Neben den 11 Mann der fliegenden Besatzung sind hier auch die Männer der Bodenbesatzung zu sehen. Bemerkenswert die Bemalung der Unterseite des Bombers. Das Foto entstand vermutlich 1944. *Archiv Traditionsverband*

In eine Pe-8 werden 10 Kassetten zu je 4 FAB-100 eingehangen. Der Techniker im Hintergrund bereitet die Luftbildkamera vor. An den Bomben werden gerade die Zündpropeller eingeschraubt. Flugplatz Kratowo, 1943. *Archiv Traditionsverband*

Neue Viermotorige

Das 890. und das 362. Geschwader flogen ihre Kampfeinsätze nun mit den B-25. Auch die meisten Pe-8-Besatzungen flogen »nebenbei« Einsätze mit diesen Bombern.

Aber die Führung der Fernfliegerkräfte hatte für die 45. Division auch schon eine neue Aufgabe. Möglichst viele der aus welchem Grund auch immer in die Sowjetunion gelangten ausländischen viermotorigen Bomber sollten in dieser Einheit konzentriert werden. Grundlage dafür waren Verhandlungen mit den USA über die Lieferung von »Liberators« und »Fortresses«. Schon 1941 gab es solche Verhandlungen. Die Regierung der USA aber hatte damals kurzfristig, die sowjetischen Flieger waren schon angereist, ihr Angebot zurückgezogen. Anstelle der Viermotorigen erwarb die Sowjetunion damals dann B-25.

Die gleiche Situation wiederholte sich nun. Schon im Juli 1944 war das Personal der Pe-8-Geschwader umgeschult; das 25. Gardegeschwader auf B-24, das 890. Geschwader auf B-17. Gemeistert wurde dieses ganze Programm mit jeweils einem Flugzeug. Was nicht kam, waren die Flugzeuge. Die USA hatten es sich wieder anders überlegt. Am 5. Juni informierte ihr Botschafter in Moskau offiziell, daß man keine B-29 liefern werde.

Trotzdem trafen in der Division Viermotorige ein. Die erste B-17 war noch im Frühjahr 1944 von einer kompletten ehemaligen Polarbesatzung gebracht worden. Kommandant G. K. **Orlow** erhielt den Befehl, eine »große amerikanische Maschine unbekannten Typs« aus der Nähe von Łódź zu bergen. So wurde die C-47 der Division nach Polen startklar gemacht, und Georgi **Orlow** flog mit seiner Besatzung, Navigator V. **Akkuratow**, Funker G. **Nisowzew**, Bordtechniker A. **Samochwalow** und einer Reparaturbrigade ab. Die Polarflieger hatte man für diese Aufgabe ausgewählt, weil von ihnen bekannt war, daß sie vor dem Krieg auf amerikanischen Flugzeugen über dem Arktischen Ozean geflogen waren. Wer dann, wenn nicht sie!

Als die Männer die auf einer Wiese ohne

Seit 1941 boten die USA der Sowjetunion mehrmals die B-17 an, um dann in letzter Minute ihr Angebot wieder zurückzuziehen. Hier sowjetische Flieger beim Flugtraining in den USA am 25. April 1945. Foto Boeing Corporation

Fahrwerk sauber gelandete Maschine sahen, waren sie begeistert.

»Ja, das ist eine Fregatte! Mir will scheinen, daß dies eine Boeing B-17 sein müßte«, rief **Akkuratow** aus.

Ohne jegliche Unterlagen zu dem Flugzeug begann man zu arbeiten. Nach einer Woche stand der Bomber auf eigenen Beinen, und nach einer weiteren Woche waren Flugzeug und Besatzung startbereit. Vorher war allerdings ein erhebliches Problem zu lösen gewesen. Vieles war nach Gefühl und Erfahrung gemacht worden. Daß aber die Startstrecke zu kurz war, sah selbst das ungeübte Auge. Von der Kommandantur Łódź stellte man der Besatzung »gegen Unterschrift« ein Bataillon Gefangener zur Verfügung. Diese fällten eine Schneise hinter der Wiese in den Wald.

Der Start verlief glatt, und nach einer Zwischenlandung in Warschau flog die B-17 nach Balbasowo.

Da die Flugzeuge aus den USA nicht eintrafen, befahl **Stalin**, alle von der Sowjetunion internierten Flugzeuge zusammenzuziehen. Eine größere Anzahl viermotoriger Bomber holten die Flieger der 45. Division aus Jugoslawien und Ungarn, von den Flugplätzen Sombor und Pécs. Letztlich waren in der Division alle Typen der Viermotbomber versammelt, bis hin zur B-29. Kampfeinsätze wurden mit all diesen Typen nicht geflogen.

Zum Kriegsende verlangten die Verbündeten ihre Flugzeuge wieder zurück. Aufklärer ohne Kennzeichen überflogen im April 1945 die Flugplätze der Division – eindeutig Maschinen der US Air Force. Der Streit wurde noch 1945 politisch beigelegt. Entsprechende diplomatische Noten beendeten das Gezerre um diese Flugzeuge: Sie blieben in der Sowjetunion. Lediglich ein Teil der B-29 wurde nach Poltawa geflogen, wo sie wieder von US-Besatzungen übernommen wurden.

Eine B-29 wurde damals nicht übergeben.

Wieder ist eine B-17 zum Flug nach Balbasowo vorbereitet. Schnell wird noch ein (illegales – fotografieren generell verboten) Erinnerungsfoto auf dem ungarischen Flugplatz geschossen. *Archiv Grinjuk*

Hauptmarschall der Flieger A. J. Golowanow. Seit dem August 1941 bis zum Kriegsende flog der Pe-8-Verband im Verantwortungsbereich Golowanows; anfangs in der 81. Schweren Bombenfliegerdivision, seit dem März 1942 in den Fernfliegerkräften und ab Dezember 1944 in der 18. Luftarmee. Das Foto entstand vermutlich 1944. Der Marschall trägt hier den Lenin-Orden, 2 Rotbannerorden, den Suworow-Orden 1. Klasse, die Medaille »Für die Verteidigung Moskaus«. Die zweite Medaille ist vermutlich die Medaille »Partisan des Vaterländischen Krieges.« Unter dem Suworow-Orden befinden sich zwei ausländische Auszeichnungen. Am Kragen hängt der Marschallstern. *Archiv Zentralhaus Luft- und Raumfahrt*

Diese stammte aus dem Fernen Osten, eine dort notgelandete Maschine. Ähnlich wie die Besatzung von G. K. **Orlow** bei Łódź, hatte dort die Besatzung der Luftstreitkräfte der Seekriegsflotte des Kommandanten S. B. **Rejdel** diesen Bomber flugbereit gemacht und zum Flugplatz der Seekriegsflotte Moskau-Ismailowo geflogen. Nach der Entscheidung, die »Großen« in der 45. AD zusammenzuführen, flog N. A. **Ischtschenko** diese B-29 von Ismailowo nach Balbasowo.

Am 1. November 1944 hatte das 890. Geschwader in seinem einsatzbereiten Bestand offiziell 10 Pe-8, 11 B-25 und 1 B-24D. Bei der B-24 handelte es sich um die zum Training in der Division seit Januar geflogene Maschine.

Eine neue Luftarmee

Ende 1944 hatte sich die Front von der Ostsee bis zu den Karpaten auf etwa 1 200 km verkürzt. Die Angriffsziele der sowjetischen Flieger waren weitestgehend in die Reichweite sogar der Frontfliegerkräfte gerückt. In dieser Lage schlug das Oberste Hauptquartier Schritte vor, die Schlagkraft

der ADD in Hinsicht auf das sich nähernde Kriegsende intensiver mit den Operationen der Luftstreitkräfte zu koordinieren. **Stalin** entschied sich wieder zu einer radikalen Maßnahme. So wichtig 1942 in den Händen der obersten militärischen Führung eine zentral und mobil einsetzbare strategische Bomberwaffe war, so unwichtig war diese jetzt in der Endphase des Krieges, als der Kampf sich auf das Territorium Deutschlands zu verlagern begann, im Westen die Zweite Front bestand und die alliierten Bomberflotten in Großbritannien und Italien standen.

Am 6. Dezember 1944 unterschrieb **Stalin** den Beschluß des Staatlichen Verteidigungskomitees Nr. 7082 über die Reorganisation der Fernfliegerkräfte des Hauptquartiers des Obersten Befehlshabers (ADD) in die 18. Luftarmee der Luftstreitkräfte der Roten Armee (18. WA WWS). In der neuen Dienststellung als Befehlshaber der 18. Luftarmee kommandierte Hauptmarschall der Flieger A. Je. **Golowanow** mit seinem bewährten Befehlsapparat bei nur wenig veränderter Struktur weiterhin die sowjetischen Fernbomber.

Die 18. Luftarmee bestand zum Jahres-

wechsel aus 19 Bomberdivisionen mit 58 Geschwadern, davon 35 der Garde. Das waren 1 461 Kampfflugzeuge (davon 1 255 einsatzbereit) mit 1 627 Einsatzbesatzungen.

Die Produktion der Pe-8

Nachdem der Bau der modernisierten Pe-8 mit den luftgekühlten Sternmotoren in Kasan relativ rhythmisch lief, glaubte man dort, daß nun mit den ständigen Umrüstungen der Triebwerksanlage Schluß sei. Aber gegen Ende des Jahres erfolgte der Befehl aus dem NKAP: Weiterbauen mit Diesel!

Die Ursache für diesen Befehl war recht einfach. Schon 1943 war A. D. **Tscharomski** freigelassen und erneut zum Chefkonstrukteur des Triebwerkswerkes Nr. 500 berufen worden. Sofort begann er mit der Modernisierung des M-30, um dessen Defekte zu beseitigen. So entstand die Variante M-30B. Dieses Triebwerk besaß nun ein kombiniertes Ladersystem aus zwei Turboladern und zwei mechanisch gekoppelten Ladern. Noch 1943 erfolgte der Befehl zur Serienproduktion dieses Triebwerks, nunmehr mit den Initialen des Konstrukteurs als ATsch-30B bezeichnet.

Gleichzeitig arbeitete man an der Leistungssteigerung des Diesels, und schon im Sommer erfolgte die Flugerprobung der Triebwerke ATsch-30BF im Versuchsbomber Il-6.

In Kasan baute man noch vier Pe-8 mit diesen Triebwerken. Im Kampfeinsatz erwiesen sich die neuen Diesel allerdings kaum besser als die alten Modifikationen.

Unter diesen vier Diesel-Flugzeugen sind die Pe-8 Nr. Nr. 42 612 und 42 712 bewaffnete Reiseflugzeuge, bei der bis auf den zentralen Schützenstand die gesamte Abwehrbewaffnung beibehalten wurde. Der Auftrag zum Bau dieser Variante Pe-8 ON (osobogo naznačeniâ – besonderer Bestimmung) ging auf eine persönliche Weisung **Stalins** zurück. Auf die gleiche Weisung hin wurde auch eine Jer-2 als Passagiervariante mit den Triebwerken ATsch-30B gebaut.

Dem Leser sei mitgeteilt, daß **Stalin** diese Flugzeuge wohl kaum für sich selbst bauen ließ, denn er war persönlich selten bereit, in ein Flugzeug zu steigen. Ein Fall ist bekannt, daß er flog. Zur An- und Abreise während der Konferenz von Teheran nutzte er eine C-47 zwischen Baku und Teheran.

Mit der 42 712 wurde im Forschungsinstitut der Luftstreitkräfte im April und Mai 1945 die staatliche Erprobung für die Pe-8 ON geflogen. Über den Einsatz dieser Reiseflugzeuge ist leider nichts bekannt.

Die Lagen der Front hatte zum Ende 1944 ja schon zum organisatorischen Ende der Fernfliegerkräfte als eigenständige Teilstreitkraft geführt. Der Einsatz von Langstreckenbombern war bei den geringen Entfernungen zu den faschistischen Machtzentren schon kaum sinnvoll. Unter diesen

1944 entwickelte Chefkonstrukteur J. F. Neswal das bewaffnete Reiseflugzeug Pe-8 ON. Zwei dieser Flugzeuge wurden in Kasan mit den Triebwerken ATsch-30B und den Luftschrauben WISch-61W1 fertiggestellt. Auf dem Flugplatz Tschkalowskoe im NII WWS wurde die Werknummer 42 712 im April/Mai 1945 zur Erprobung geflogen. Dabei zeigten sich Mängel des Schmierstoffsystems und der Belüftung der Passagierkabine. Archiv Shukowski-Museum

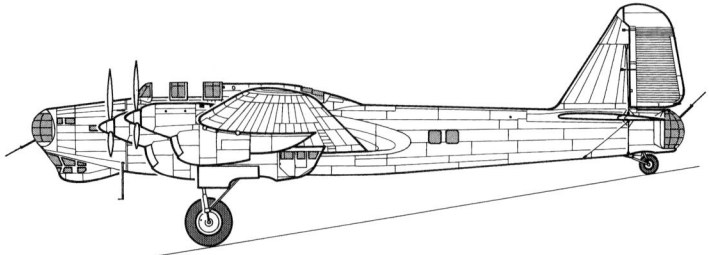

Der erste Prototyp ANT-42 während der Werkerprobung
mit eingebauten Waffen. Die Triebwerkskühler sind geschlossen.
1. Quartal 1937

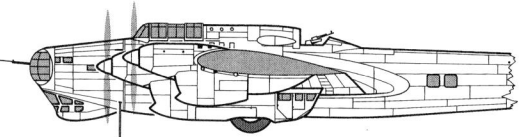

Das gleiche Flugzeug, aber mit geöffneten Kühlerjalousien

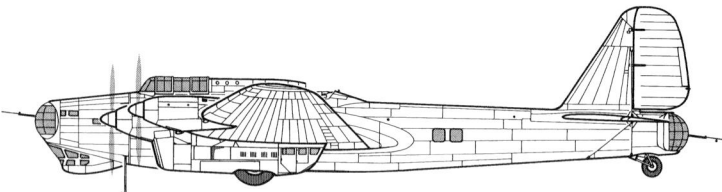

Der erste Prototyp ANT-42 während der gemeinsamen Erprobung
im März/April 1938. Das Seitenleitwerk ist umgebaut

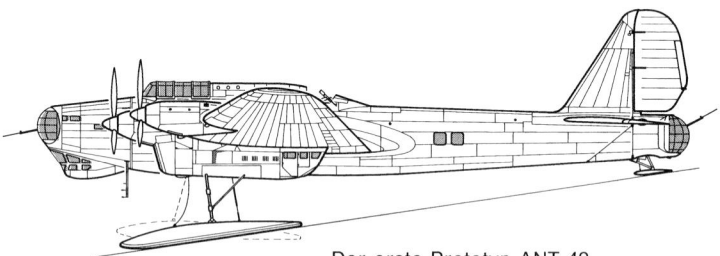

Der erste Prototyp ANT-42
zur gemeinsamen Erprobung im Winter 1938/1939

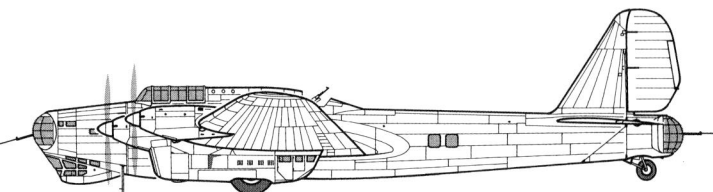

Das gleiche Flugzeug mit eingezogenem Radfahrwerk

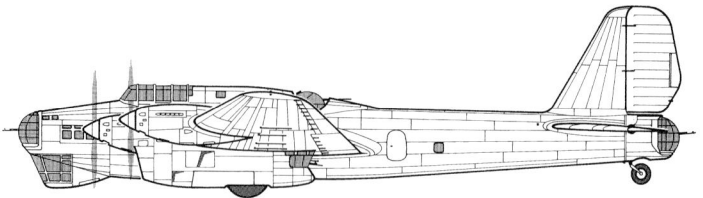

Der zweite Prototyp ANT-42 Dubleur im Herbst 1938

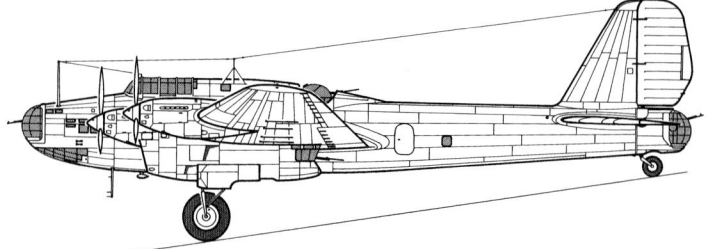

Erstes Serienflugzeug TB-7 ohne Zentrallader, 1940

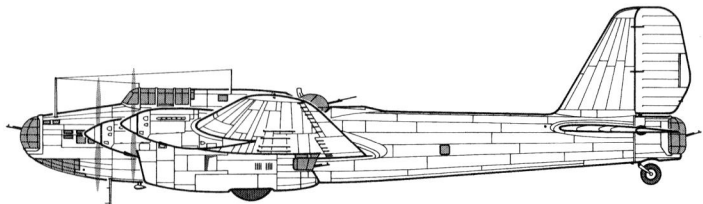

TB-7 der ersten Serie mit Zentrallager, 1940

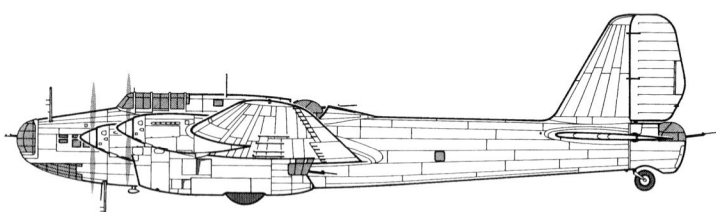

Das erste Serienflugzeug TB-7,
Werknummer 4211, während der Erprobung. Winter 1939/1940

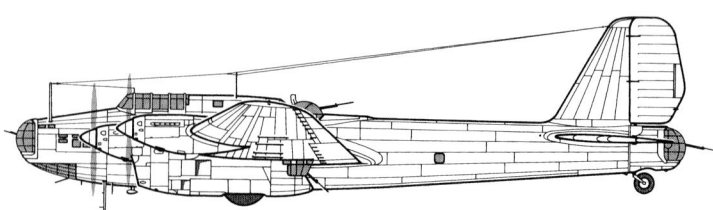

Die TB-7, Werknummer 4218, mit verändertem Heckstand

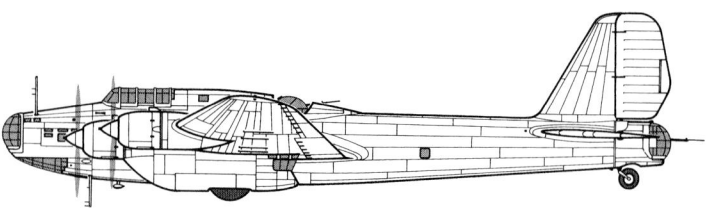

Die Pe-8, Werknummer 42066, Frühjahr 1942

Die erste Pe-8 mit Doppelsternmotoren ASch-82,
Werknummer 42058, Herbst 1942

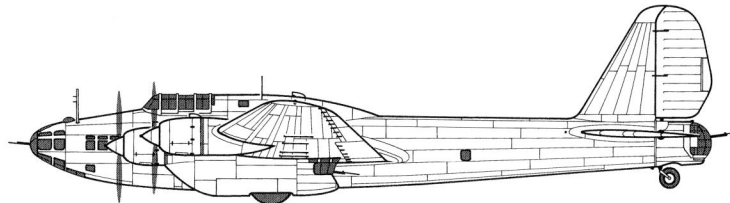

Pe-8 mit verändertem Bugstand, gefertigt seit 1943

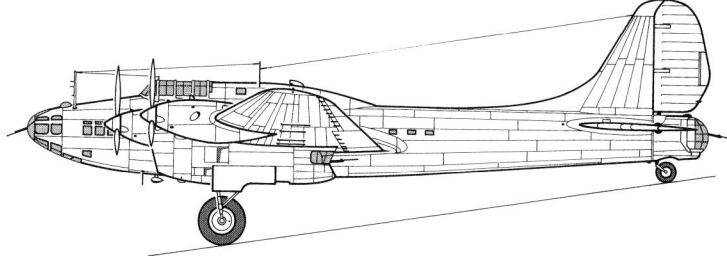

Bewaffnetes Reiseflugzeug Pe-8 ON, Werknummern 42 612
und 42 712, ausgeliefert 1944

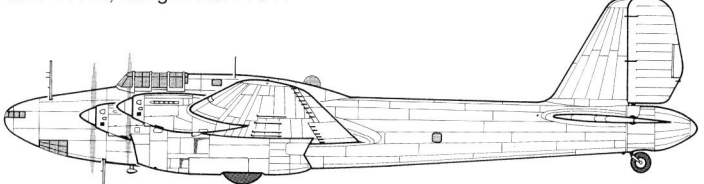

Für die Polarluftflotte umgebaute Pe-8,
Eintragungszeichen CCCP-H 419

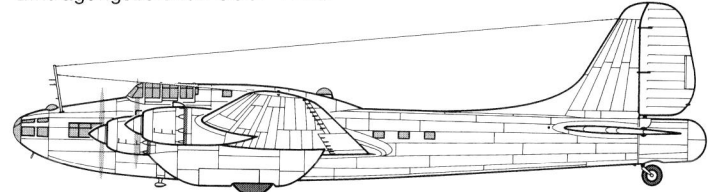

Für die Polarluftflotte umgebaute Pe-8,
Eintragungszeichen CCCP-H 396.
Vermutlich eine ehemalige Pe-8 ON

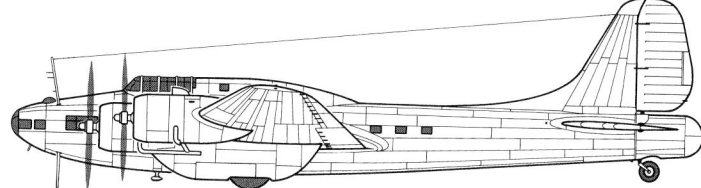

Für die Polarluftflotte umgebaute und mit einem neuen
Triebwerkstyp ausgerüstete Pe-8, Eintragungszeichen CCCP-H 562.
Vermutlich eine ehemalige Pe-8 ON

Die Kabine war mit 12 Passagiersitzen der Li-2 ausgestattet.
Im Tragflächenmittelstück befand sich eine Schlafkabine mit 3 Betten
sowie ein Büfett. Der Laderaum für 1200 kg Gepäck war anstelle
des Bombenschachts eingerichtet worden.
Archiv Shukowski-Museum

Der Einstieg für die Gäste befand sich auf der rechten Seite.
Gut sind die zusätzlichen Fenster und der Lufteinlauf zur Ventilation
der Kabine zu sehen

Blick in die Kabine nach hinten

Flugzeugvariante	Projekt	ANT-42	ANT-42	ANT-42Dub	TB-7	TB-7	Pe-8	Pe-8 ON
Baujahr	1934	1936	1938	1938	1940	1941	1942	1944

Antriebsanlage								
Triebwerkstyp	M-34FRN	AM-34FRN	AM-34FRNB	AM-34FRNW	AM-35A	M-40F	ASch-82	ATsch-30B
Startleistung je (PS)	950	1 200	1 200	1 200	1 350	1 500	1 350	1 500
Dauerleistung je (PS)	850	930	1 050	1 050	1 120	1 250	1 330	1 080
Ladertriebwerk			M-100	M-100A				
Startleistung (PS)			860	860				
Dauerleistung (PS)			780	770				
Luftschraubentyp		WPSch-3B	WISch-24	WPSch-3B	WISch-24	WISch-24		WISch-61
Durchmesser (m)		3,9	4,1	3,9	4,1	4,1		
Abmessungen								
Spannweite (m)	39,00	39,00			39,13			39,13
Länge (m)	22,85	22,78			23,20			23,59
Höhe im Flug (m)	7,90	8,16			8,26			
Höhe im Stand (m)		6,40						
Flügelfläche (m²)	188,40	188,40			188,66			188,66
Spannweite Leitw. (m)		11,12			12,00			
Höhenleitwerksfl. (m²)	21,22	26,82	29,28	30,80	31,39			
Seitenleitwerksfl. (m²)	12,33	10,85	11,30	11,95	11,95			
Spurbreite (m)		6,94			6,64			
Achsstand (m)					15,58			
Fahrwerksrad (mm)		1 600 × 500			1 600 × 500	1 660 × 585	1 660 × 585	1 660 × 585
Heckrad		600 × 250		700 × 300	700 × 300	700 × 300		
Massen (kg)								
Leermasse	11 350		18 000	18 755	18 380	19 790	18 570	22 864
Startmasse norm.	18 600	23 600	24 000	26 000	27 000	26 000	30 000	30 000
Startmasse max.			30 000	32 000	32 000	33 500	35 000	35 500
Bombenmasse norm.	500		2 000		2 000			
Bombenmasse max.			4 000		4 000		6 000	
Betriebsstoffe (1)								
Kraftstoffanlage		10 996	10 500	11 050	12 455	11 660	16 355	13 600
Schmierstoffanlage		175			462	670		670
Flugleistungen								
prakt. Gipfelhöhe (m)	7 000	8 240	11 250	10 400	10 300	9 200	7 820	8 200
Steigzeit auf 5 km (min)	20		16,3	20,0	14,6	16,2	15,0	19,5
Höchstgeschw. in 0 m (km/h)	306	322	312	310	337	355	362	342
Höchstgeschwindigkeit (km/h)	370	430	444	443	393	422	390	
in x m Höhe		3 600	8 600		6 360	5 640	5 600	6 000
Reichweite (km)	1 500		3 000	3 000	4 700	5 460	5 140	5 600
Startrollstrecke (m)			280	450				600
Startstrecke auf 15 m (m)								1 300
Landerollstrecke (m)			370	550				770

Aerodynamische Daten

Maximale aerodynamische Güte	Widerstandsbeiwert in Bodennähe	Mittlere aerodynamische Flügeltiefe	Flügelprofil
$K = 14,8$	bei Maximalgeschwindigkeit $c_w = 0,027$	$t = 5,350$	ZAGI-40

2. Im Krieg

Eine Pe-8 mit Dieseltriebwerken der letzten Serie auf einem verschneiten Flugplatz. Im Hintergrund links eine Junkers mit dem umrandeten Roten Stern auf dem Leitwerk. Das Foto entstand vermutlich im Winter 1944/45. Archiv Petrow

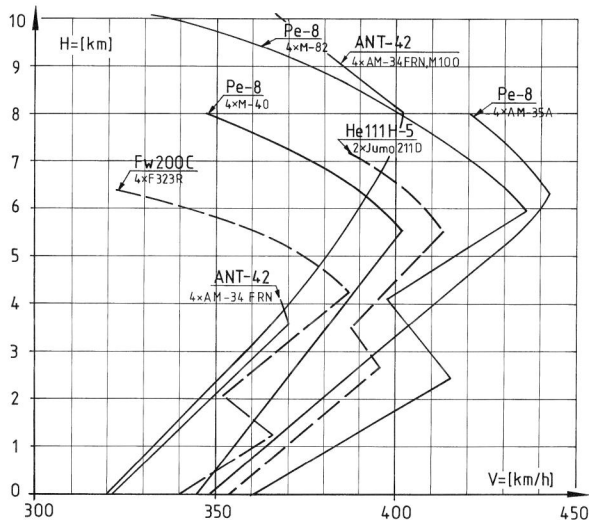

Höhen-Geschwindigkeitscharakteristiken
verschiedener Bomber

ANT-42 mit Am-34 FRN,
Werkserprobung 1936/37,
Flugmasse 19560 kg

ANT-42 mit AM-34 FRN und Ladertriebwerk M-100. Staatliche
Erprobung 1937, Flugmasse 23 860 kg,

Pe-8 mit M-40, Serienflugzeug, 1941

Pe-8 mit ASch-82,
erstes Flugzeug 42058, 1942,
Flugmasse 25 700 kg

Pe-8 mit AM-35A, Serienflugzeug, 1941

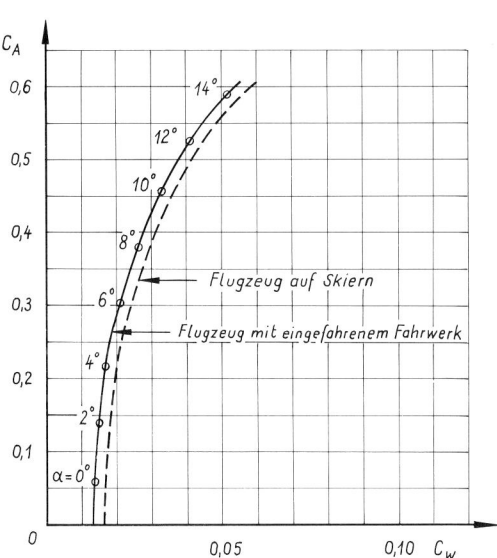

Flugzeugpolare der Pe-8
mit AM-35A.
Flügelprofil ZAGI-40

Leistungs-
Geschwindigkeits-
charakteristiken
der Pe-8 mit AM-35A

Zum Vergleich
sind die FW-200C
und He-111H
aufgeführt, beide
Charakteristiken
wurden ohne
Bombenzuladung
erflogen

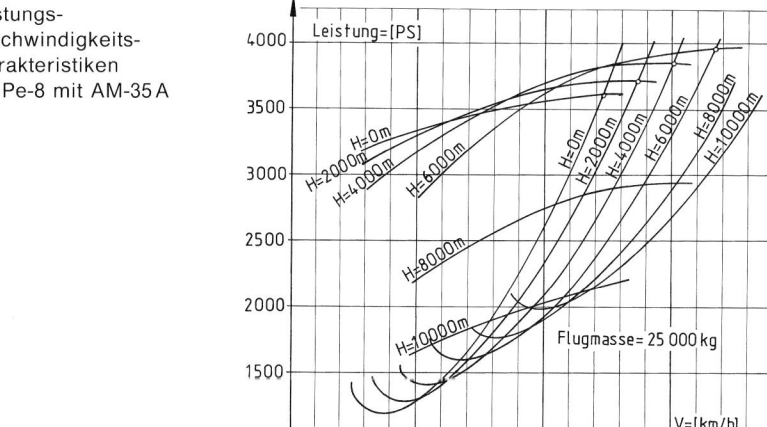

Bedingungen war es ein logischer Beschluß, den Bau der Pe-8 zu beenden, zumal eine weitere Modernisierung kaum mehr möglich war. Es mußten neue Bombertypen entwikkelt werden.

Die Flugzeugbauer von Kasan hatten für die Rote Armee unter meist sehr komplizierten Produktionsbedingungen und kaum beschreiblichen persönlichen Opfern bei ärmlichsten Lebensbedingungen 91 viermotorige Bomber hergestellt.

Die Pe-8 1944 (Statistik)

In diesem Jahr operierte die Division von den Flugplätzen Kratowo, Olsufjewo und Balbasowo aus. Sie erfüllte in 41 Einsatznächten folgende Aufgaben:

– Bombardierung von Objekten und Städten auf gegnerischem Territorium wie Helsinki, Budapest, den Bahnhof von Debrecen, Insterburg, Tilsit, Pogegen, Constanţa. In diesen Einsätzen werden bei 221 Starts 1002 Bomben mit 404,1 Tonnen abgeworfen.

– Während der Operationen zur Befreiung Belorußlands und des Baltikums werden insbesondere das Eisenbahnnetz (Borissow, Ossippowitschi, Gulbene, Rězekne, Dwinsk, Orany, Šiauliai, Pskow, Tapa) und Häfen (Liepāja, Windawa, Memel, Riga, Tallinn) angegriffen. Gegen des Transportnetz werden in 327 Starts 2047 Bomben mit 929,17 Tonnen abgeworfen.

– Angriffe wurden auf gegnerische Truppenkonzentrationen geflogen.

Insgesamt wurden 881 Kampfstarts durchgeführt:

Pe-8: 276   B-25: 605

Die Flugzeit der Kampfeinsätze betrug 4239:21 Stunden:

Pe-8:   B-25:
1564:19 Stunden   2675:02 Stunden

Es wurden 4201 Bomben mit 1739,385 Tonnen abgeworfen:

Pe-8:   B-25:
1061,570 Tonnen   677,815 Tonnen

Die mittlere Bombenzuladung pro Flugzeug betrug:

Pe-8:   B-25:
4,163 Tonnen   1,230 Tonnen

Pro Einsatznacht starteten im Mittel 21 Bomber. Die mittlere Flugzeit pro Einsatznacht betrug entsprechend 103:24 Stunden.

Für die Geschwader fügte sich folgende Jahresstatistik:

	25. Gw.AP	890. AP	362. AP
Kampfstarts	159	384	338
Einsatzflugzeit (h)	957:57	1796:16	1484:08
abgeworfene Bomben (Stück)	1123	1697	1378
abgeworfene Bombenmasse (t)	602,000	715,580	421,640
Granaten SchWAK (Stück)	315	6465	—
Patronen UBT (Stück)	375	6660	—
Patronen Colt-Browning (Stück)	—	22760	14817
Angriffe auf Hauptziele	146	306	302
Angriffe auf Reserveziele	7	7	1
Aufgabe nicht erfüllt	6	30	23
Flugzeugverluste	4	10	5
Personalverluste	42	27	32

Einsatzflugstunden der Division und ihrer Geschwader, 1944

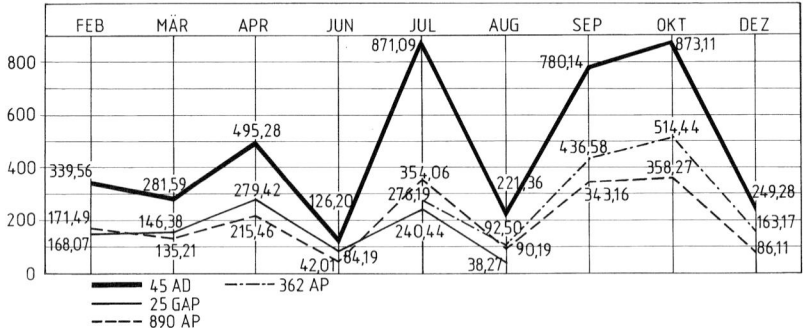

Abgeworfene Bombenmasse der Division und ihrer Geschwader (in Tonnen), 1944

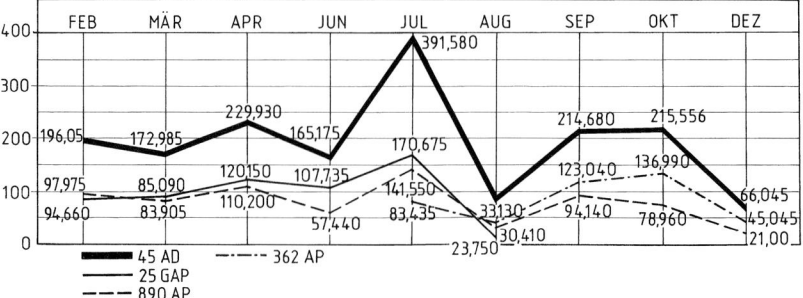

2.5. Der Sieg – das Jahr 1945

Die 45. AD kämpfte jetzt mit ihren B-25 vor allem gegen die feindlichen Ostseehäfen und gegen die Wehrmachtsverbände in Ostpreußen. In diesen Kämpfen fielen auch noch mehrere Pe-8-Besatzungen. So wurde am 21. Februar eine B-25 des 890. Geschwaders abgeschossen. Neben den beiden Schützen kamen dabei von den Pe-8 um:
Kommandant Hauptmann I. I. **Olejnikow**
Navigator Hauptmann B. P. **Nisowzew**
Politstellvertreter Oberstleutnant F. I. **Alferow.**

In der zweiten Märzhälfte verlegte die 45. AD der 18. WA erneut ihren Standort. Seit dem 23. März 1945 befanden sich der Divisionskommandeur und sein Stab offiziell in Baranowitschi in Belorußland. Allerdings verlegten nur das 890. und das 362. Geschwader. Das 25. Gardegeschwader blieb in Balbasowo stationiert.

Der Angriff auf Königsberg

Der Beginn des Sturms auf die Festung Königsberg war für den 5. April geplant, aber das schlechte Wetter störte: Nebel, tiefe Wolken und Regen. Nach Konsultationen mit dem Chef des Meteorologischen Dienstes der Luftstreitkräfte hatte daher A. A. **Nowikow** schon am 4. April dem Befehlshaber der Front, Marschall der Sowjetunion A. M. **Wassilewski,** die Verlegung des Angriffstermins auf den 6. April nahegelegt. In Anbetracht der außerordentlichen Rolle, welche den Fliegern in der bevorstehenden Operation zugedacht war, willigte der Frontbefehlshaber ein. Noch in der Nacht flogen Po-2 657 Einsätze, von den 40 gestarteten Bombern der 18. WA fanden aber nur 16 ihre Ziele. Am ersten Tag des Sturmes wurden so von 4000 geplanten nur 1052 Einsätze geflogen.

Wie auch die anderen Fliegereinheiten flog die 45. AD nun schon den 3. Tag

Keine Kampfeinsätze für die schweren Fernbomber mehr. Geschwadernavigator K. P. Ikonnikow vor einer Pe-8 des 25. GwAP mit verändertem Heckstand auf dem Flugplatz Balbasowo am 31. Januar 1945

lediglich zur Wetteraufklärung. Endlich, im Verlaufe des 7. April, verbesserte sich das Wetter. Sofort gruppierte der Befehlshaber der Luftstreitkräfte, Hauptmarschall der Flieger A. A. **Nowikow,** seine Kräfte um. Von Süden flog jetzt die 1. Luftarmee ihre Einsätze, von Osten die 3., von Norden die 15., und aus Westen griffen die Marineflieger der Baltischen Flotte an.

Gegen Mittag des 7. April 1945 entschloß man sich, den Hauptschlag mit den Kräften der Luftstreitkräfte zu führen. Marschall **Nowikow** befahl der 18. Luftarmee, ihre Operation um 13:30 zu beginnen.

In Anbetracht der Absicht, die gesamte 18. Luftarmee zum Einsatz zu bringen, hielt es der Befehlshaber für notwendig, das Hauptquartier in Kenntnis zu setzen. Der Chef des Generalstabes, Armeegeneral A. I. **Antonow,** hörte ihn aufmerksam an.

»Die Zeit drängt«, sagte **Nowikow,** »das Wetter ist hier sehr unzuverlässig. Es ist nicht auszuschließen, daß es eine solche Möglichkeit nicht noch einmal gibt.«

»Handeln Sie nach eigenem Ermessen«, antwortete ihm **Antonow.** »Na schön, wenn auf die eigene, so eben auf eigene Verantwortung«, dachte der Marschall, »das Wichtigste – das Gelingen der Operation.« Und er entschied sich: Sämtliche Verbände der 18. WA sind einzusetzen. Es war eine kühne Entscheidung, alle Bomber der ehemaligen ADD, die seit Jahren nur nachts flogen, gleichzeitig in die Luft zu befehlen. Er rief **Golowanow** an und fragte ihn nochmals nach seiner Meinung über die längst detailliert vorbereitete Operation. Der Hauptmarschall der Flieger versuchte, dem Risiko auszuweichen, verwies auf die geringe Erfahrung seiner Besatzungen mit Verbandsflügen am Tag, insbesondere aber auf die Gefahr, daß die relativ langsamen Bomber Opfer der Luftwaffe werden könnten.

»Ja haben Sie doch keine Angst!« unterbrach ihn **Nowikow** verärgert. »Ich gebe Ihren Flugzeugen einen solchen Begleitschutz von 125 Jägern, daß nicht ein ›Messer‹ auf die Idee kommt, anzugreifen. Außerdem werden ständig zwei- bis dreihundert Schlachtflieger unter mächtiger Jagdfliegerdeckung über der Stadt hängen, und die werden im Zusammenwirken mit der Ari der Flak nicht einmal einen Pips erlauben …«

Golowanow wollte wohl noch irgendwelche Zweifel vorbringen, aber der Befehlshaber sagte entschieden: »Also, die Aufgabe ist Ihnen klar – die Bereitschaft Ihrer Armee zum Start im vollen Bestand ist bis Dreizehn Null Null hergestellt. Die Angriffsziele stimmen Sie noch einmal mit Genossen **Chrjukin** ab. Die Startbereitschaft ist zu melden …«

Der Befehlshaber der Luftstreitkräfte ging einige Zeit erregt in dem großen Unterstand auf und ab. Als **Golowanow** die Bereitschaft meldete, machte er eine energische Armbewegung: »Um Dreizehn Zehn bringen Sie die Armee nach Königsberg in die Luft!«

Danach befahl er der 1. und 3. WA, alle noch am Boden befindlichen Flugzeuge für die Angriffe auf die gegnerischen Flugplätze und die Flak-Stellungen zu starten.

Die peinlich genau berechnete und geplante Luftoperation hatte begonnen. Von Baranowitschi aus reihte sich die 45. Division mit

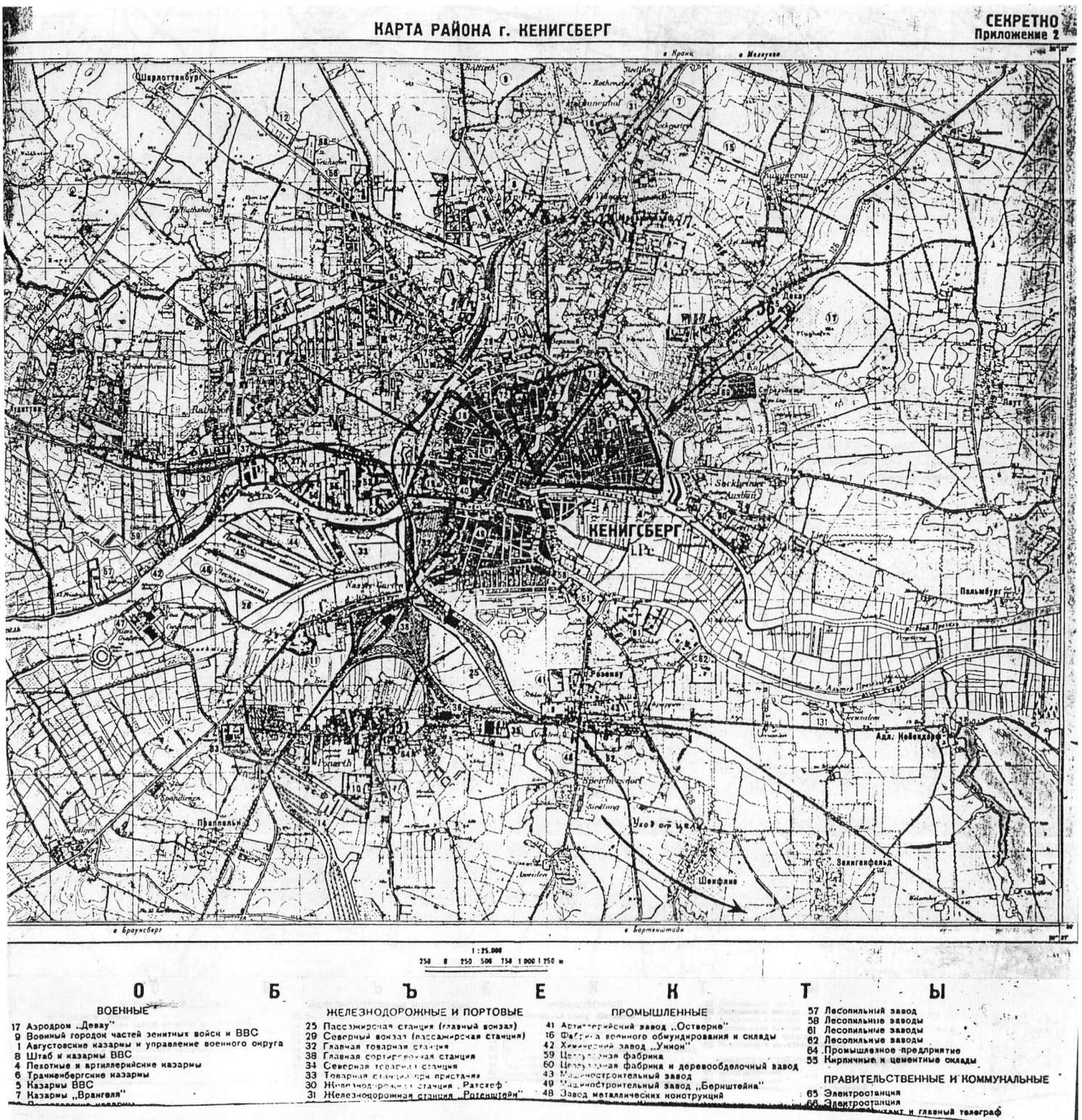

Карта района г. Кенигсберг

СЕКРЕТНО
Приложение 2

О Б Ъ Е К Т Ы

ВОЕННЫЕ

17 Аэродром „Девау"
9 Военный городок частей зенитных войск и ВВС
1 Августовские казармы и управление военного округа
8 Штаб и казармы ВВС
4 Пехотные и артиллерийские казармы
6 Трагенбергские казармы
5 Казармы ВВС
7 Казармы „Врангеля"

ЖЕЛЕЗНОДОРОЖНЫЕ И ПОРТОВЫЕ

25 Пассажирская станция (главный вокзал)
29 Северный вокзал (пассажирская станция)
32 Главная товарная станция
38 Главная сортировочная станция
34 Северная товарная станция
33 Товарная станция при пристани
30 Железнодорожная станция „Ратсгоф"
31 Железнодорожная станция „Ротенштейн"

ПРОМЫШЛЕННЫЕ

41 Артиллерийский завод „Остверке"
16 Фабрика военного обмундирования и склады
42 Химический завод „Унион"
59 Целлюлозная фабрика
60 Целлюлозная фабрика и деревообделочный завод
49 Машиностроительный завод „Бернштейна"
48 Завод металлических конструкций

57 Лесопильный завод
58 Лесопильные заводы
61 Лесопильные заводы
62 Лесопильные заводы
64 Промышленное предприятие
55 Кирпичные и цементные склады

ПРАВИТЕЛЬСТВЕННЫЕ И КОММУНАЛЬНЫЕ

65 Электростанция
66 Электростанция
главная телеграф

Karte Königsbergs, wie sie von den Pe-8-Besatzungen zur Zieleinweisung verwendet wurde. Maßstab 1:25 000. In den Kreisen die Nummern der Zielobjekte. Unten befindet sich die Liste der Objekte, getrennt nach »Militärische«, »Eisenbahn- und Hafenanlagen«, »Industrielle« und »Regierung und Verwaltung«.

150   2. Im Krieg

zwei Geschwadern in die Ströme Hunderter Bomber ein. Mit 28 B-25 war sie in der Luft. Außerdem war noch ein Wetteraufklärer eingesetzt.

Exakt zur befohlenen Zeit begann die 18. Luftarmee ihren Angriff auf die Festung. Sie flog, wie sich A. A. **Nowikow** später ausdrückte, im »sterilen Himmel«. Nicht ein deutscher Jäger zeigte sich, die Flak schwieg, alle Bomber kehrten auf ihre Flugplätze zurück. Das war auch das Verdienst der französischen Piloten des Geschwaders »Normandie – Neman«, die in diesen Kämpfen flogen.

Der Angriff der 516 Bomber dauerte etwa eine Stunde. In dieser Zeit wurden auf die genau aufgeteilten Ziele in der Festung 3743 Bomben mit einer Gesamtmasse von 550 Tonnen abgeworfen. Die Bomber der 45. Division warfen im Zeitraum 14:18–14:45 Uhr 49 Bomben FAB-500 und 57 FAB-250 über den Objekten 67, 72 und 71 der Festung ab.

Der Widerstand der Festungsgarnison nahm nach dieser Luftoperation drastisch ab. Die Führung der Truppe war kaum mehr möglich, ebenso das Manövrieren mit Reserven. Die deutsche Verteidigung zerfiel in einzelne Widerstandskerne.

An diesem Tag flogen die Luftstreitkräfte insgesamt etwa 5000 Einsätze, am 8. April über 6000, und am 9. April nahm die Rote Armee die Festung. In den vier Tagen des Sturms waren etwa 4440 Tonnen Bomben auf die Festung gefallen.

Als man Frontbefehlshaber, Marschall der Sowjetunion **Wassilewski**, die Erfolge meldete, resümierte er: »Der Erfolg im Gefecht wird durch die gemeinsame Anspannung aller Waffengattungen und Teilstreitkräfte errungen. Aber diesmal ist der Beitrag der Flieger besonders beeindruckend.«

Von den Pe-8 flogen in diesem Angriff u. a. die dem Leser schon bekannten Kommandanten **Schamrai, Marusitschenko, Tschernitschenko** und **Orlow**. Manch einer der Pe-8-Überlebenden mag sich vielleicht des Angriffes auf Berlin im August 1941 erinnert haben. Wie hatte sich die Einsatzfähigkeit der Fernfliegerkräfte in vier Jahren Krieg doch entwickelt!

Die Führung der 45. Division der Fernfliegerkräfte vor einer Pe-8 der letzten Serien. Man beachte den auf der Wartungsbühne des rechten (4.) Triebwerkes arbeitenden Techniker. Aufgenommen vermutlich im Herbst 1943. Von links nach rechts:
Stellvertreter des Stabschefs Obstlt. Iwaschtschenko,
Stellvertreter des Divisionsingenieurs Major Mamsurow,
Chef der Rückwärtigen Dienste Obstlt. Jastreb,
Stellvertretender Leiter der Politabteilung Obstlt. Nikolajew,
Stellvertreter des Divisionskommandeurs
Oberst Stschottschikow, Divisionskommandeur Oberst Lebedjew, Stabschef Oberst Saweljew,
Leiter der Politabteilung Oberst Petlenko,
Divisionsingenieur Obstl. Anurow, Kommandeur des 890. Geschwaders Obstlt. Puusepp und
Leiter der Parteikontrollkommission, Major (unbekannt). *Archiv Traditionsverband*

Das 25. Orlowsker Garde-Bombenfliegergeschwader der 18. Luftarmee am Tag des Sieges, dem 9. Mai 1945. Von links nach rechts:
P. I. Rodionow, Geschwadernavigator K. P. Ikonnikow,
Stellvertretender Geschwadernavigator M. I. Kononenko. *Archiv Traditionsverband*

In der folgenden Nacht flog die 45. AD mit 22 Maschinen und einer B-25 zur Wetteraufklärung einen Angriff auf Fischhausen. 94 Bomben gingen von 21:15 bis 21:45 nieder.

Finale über Berlin

Am 21. April steuerten Piloten der 45. AD erstmals seit dem August 1942 ihre Flugzeuge wieder nach Berlin. Im Zeitraum 23:09–23:39 Uhr bombardierten 12 B-25 des 362. AP Reinickendorf sowie ein Bomber um 23:58 Uhr das Stadtzentrum. Von 23:17 bis 23:34 Uhr warfen 9 B-25 des 890. AP über Weißensee 27 Bomben mit einer Masse von 11,25 Tonnen ab. Dabei erhielt der Bomber des Kommandanten **Schamrai** einen Treffer. Er schaffte es aber, mit einem stehenden Triebwerk in Poznań notzulanden.

Am 1. Mai flog das 890. Geschwader seinen letzten Kampfeinsatz: einen Angriff auf den Hafen Swinemünde.

Am 9. Mai hielt die 45. Bombenfliegerdivision der 18. Luftarmee in Baranowitschi ihre Siegesparade ab. Bei einem Sollbestand von 2925 Mann hatte der Verband jetzt etwa 2500 Angehörige. 310 Mann hatte die Division im Krieg gegen Deutschland verloren. 16 Flieger waren mit der höchsten Auszeichnung dekoriert worden: sie wurden Helden der Sowjetunion – ausnahmslos für ihre Einsätze mit der Pe-8.

Die Helden der Pe-8

Der Titel »Held der Sowjetunion« war am 16. April 1934 gestiftet worden. Eigentlicher Anlaß war die Ehrung von sieben Fliegern, die nach dem Untergang der »Tscheljuskin« im Arktischen Ozean in schier aussichtsloser Lage 104 Menschen gerettet hatten. Jahre später, am 1. August 1939, wurde als äußeres Zeichen für den mit diesem Titel Geehrten die Medaille »Goldener Stern« eingeführt. Bis zum Überfall auf die Sowjetunion gab es 626 Helden der Sowjetunion, über ein Viertel von ihnen Flieger.

Während des Großen Vaterländischen Krieges wurde 11635 Personen der Titel verliehen.

Gegenwärtig leben etwa 2000 Helden der Sowjetunion. Die Achtung vor dieser Ehrung ist ungeachtet des Mißbrauches durch die höchste Nomenklatura in der späten UdSSR in der Bevölkerung nach wie vor hoch, da ihre Träger fast ausnahmslos wirklich als Helden angenommen wurden, »sich der Auszeichnung würdig erwiesen«, wie es so schön formuliert wurde. Nicht von ungefähr ist dieser Titel nahezu die einzige Auszeichnung der UdSSR, die heute als »Held der Russischen Föderation« fortbesteht. Nicht von ungefähr wurden die verbrieften Privilegien der Titelträger, wie etwa materielle Vergünstigungen, nach dem Untergang der UdSSR von niemanden zur Disposition gestellt.

Die Vorstellung der Helden der Pe-8 beginnt mit A. D. **Alexejew,** der einzige in diesem Kapitel, der schon vor dem Krieg den Titel erhielt. Der Vollständigkeit zuliebe sei noch eingefügt, daß vor dem Krieg auch M. W. **Wodopjanow** schon Held der Sowjetunion war – er gehörte zu den ersten sieben.

Anatoli Dimitrijewitsch Alexejew

A. D. **Alexejew** wurde am 4. Januar 1902 in der polnischen Stadt Łomza in einer russischen Familie geboren. 1918 absolvierte er ein Gymnasium, und seit 1920 diente er in der Roten Armee. 1921 beendete er eine Ausbildung an der Elektrotechnischen Schule für Kommandeurskader der Roten Armee. Danach wurde er Funkinstruktor an der Marinefliegerschule Sewastopol.

Erstmalig bekannt wurde der Name **Alexejews** 1928, als er als Funker der Besatzung B. G. **Tschuchnowskis** an der Rettung der italienischen Expedition des Generals **Nobile** bei Spitzbergen teilnahm. 1930 wurde er Pilot und begann in der Polarluftflotte zu arbeiten. 1937 war er Kommandant einer der vier Transportflugzeuge ANT-6, die die **Papanin-**Expedition am Nordpol absetzte. Für seine Leistungen während dieser Expedition wurde er am 27. Juni 1937 als »Held der Sowjetunion« geehrt. Seine Urkunde trägt die Ordnungsnummer 28. Im Frühjahr 1938 leitete er eine Rettungsaktion zur Evakuierung von ca. 500 Seeleuten von ihren einge-

frorenen Schiffen aus dem Ostsektor des Arktischen Ozeans.

Bei Kriegsbeginn war er Testpilot auf der Jer-2 im Konstruktionsbüro W. G. **Jermolajews.** Er meldete sich zur Front und wurde im 432. Geschwader eingesetzt. Mitten im Krieg wieder als Testpilot tätig. 1958 wurde er fluguntauglich und ging als Oberst in die Reserve.

Am 29. Januar 1974 ist er verstorben.

Auszeichnungen: drei Lenin-Orden, fünf Rotbannerorden, Orden des Vaterländischen Krieges 1. Klasse, drei Orden des Roten Sterns, Medaillen.

Pawel Michailowitsch Archarow

P. M. **Archarow** wurde am 29. Juni 1909 im Dorf Melkowo des heutigen Bezirks Konakowsk des Gebiets Twer in einer russischen Bauernfamilie geboren. 1932 trat er in die Rote Armee ein und beendete 1934 die Militärfliegerschule Katsch. 1939 kämpfte er in der Mongolei am Chalchin-Gol.

Seit dem ersten Tag des deutschen Überfalls befand er sich an der Front. Im Oktober 1943 diente er als Major in der Dienststellung Stellvertretender Staffelkommandeur im 890. Geschwader der Fernfliegerkräfte. Am 13. März 1944 wurde ihm der Titel »Held der Sowjetunion« verliehen.

Archarow flog 196 Kampfeinsätze, davon 88 auf TB-3, 97 auf Pe-8 und 11 auf B-25. Dabei betrug seine Flugzeit 786 Stunden. Insgesamt flog er bis zum Ende seiner Pilotenlaufbahn 10107:27 Stunden.

1946 begann P. M. **Archarow** bei der AEROFLOT zu arbeiten. Später war er im Moskauer Institut für Chemieanlagen beschäftigt. Lebt heute als Rentner in Moskau.

Auszeichnungen: Lenin-Orden, zwei Rotbannerorden, zwei Orden des Vaterländischen Krieges 1. Klasse, Medaillen.

Sergej Alexandrowitsch Asjamow

S. A. **Asjamow** wurde 1907 in Krasnojarsk in einer russischen Arbeiterfamilie geboren. In der Roten Armee diente er von 1929 bis 1933. 1931 hatte er die Militärfliegerschule Jeysk absolviert, und bis zu seiner Demobilisierung verblieb er als Instruktor an der Schule. Ab 1933 flog er bei der AEROFLOT

P. M. Archarow. Hier gratulieren ihm die Kameraden im Mai 1943 nach dem 153. Kampfeinsatz. Die Triebwerke ASch-82 haben noch keine Flammenvernichter. An beiden Triebwerken sind die aufgeklappten Arbeitsbühnen gut zu sehen. Zentrales Staatsarchiv Film- und Fotodokumente

A. S. Dodonow. Als erster Pilot flog er mit der Pe-8 100 Kampfeinsätze. Hier sitzt er auf dem Platz des Kommandanten dieses Bombers. Archiv Traditionsverband

und ab 1935 in der Lena-Fliegergruppe der Polarluftflotte.

An der Front flog **Asjamow** seit dem Juli 1941 als Hauptmann. Ende 1941 hatte Major **Asjamow** schon 48 Kampfeinsätze als Kommandant einer TB-7 absolviert. Bis zu seinem Einsatz für den Flug nach Großbritannien hatte er an fast allen Missionen des Pe-8-Geschwaders teilgenommen.

Am 29. April 1942 kam er bei einer Flugzeugkatastrophe in England ums Leben. Der Titel »Held der Sowjetunion« wurde ihm postum am 20. Juni 1942 verliehen.

Auszeichnungen: Lenin-Orden, Orden des Roten Sterns, eine Medaille.

Alexander Sergejewitsch Dodonow

A. S. **Dodonow** wurde am 28. August 1907 im Dorf Norskoe (heute Teil der Stadt Jaroslawl) in einer russischen Arbeiterfamilie geboren. Nach Abschluß der 7-Klassen-Schule wurde er Arbeiter in der Jaroslawler Fabrik »Krasny Perewal«. 1929 trat er in die Rote Armee ein. 1933 absolvierte er die Militärfliegerschule Woroschilowgrad. Auf

S. A. Asjamow. Hier in der Uniform eines Piloten der Polarluftflotte. Aufnahme vor dem Krieg. Archiv Traditionsverband

der TB-7 flog er seit 1940 im 14. Schweren Bombenfliegergeschwader.

In dem Pe-8-Geschwader befand er sich seit dessen Gründung im Juli 1941. In den ersten Monaten flog er zunächst als Copilot,

seit Mai 1942 als Kommandant. Ende Juni 1942 wurde er Staffelkommandeur im 746. Geschwader der ADD. Im Februar 1943 war Major **Dodonow** erster Flieger der 45. Division mit 100 Kampfeinsätzen. Held der Sowjetunion wurde er am 25. März 1943.

Auf der Pe-8 flog er 134 Kampfeinsätze. **Dodonow** galt in der Division als einer der effektivsten und zuverlässigsten Piloten. Allein bei den komplizierten Fernangriffen auf Königsberg gelangte er 6mal über das Ziel.

Ab 1946 flog **Dodonow**, inzwischen in die Reserve versetzt, in der Polarluftflotte. Lebt heute in Moskau.

Auszeichnungen: Lenin-Orden, Rotbannerorden, Alexander-Newski-Orden, Orden des Vaterländischen Krieges 1. Klasse, zwei Orden des Roten Sterns, Medaillen.

Nikolai Alexandrowitsch Ischtschenko

N. A. **Ischtschenko** wurde 1910 im Dorf Bolschesiderowskoe (im heutigen Adygejsker Autonomen Gebiet des Gebiets Krasnojarsk) in einer russischen Bauernfamilie geboren. In Maikop beendete er die Berufs-

N. I. Ischtschenko vor einer Pe-8 mit ASch-82. Die Abgasanlage noch ohne Flammenvernichter. Das Foto entstand vermutlich im 1. Halbjahr 1943. Museum der 35. Schule in Dsershinsk

schule und arbeitete als Traktorist in einem Sowchos, später im Forstwirtschaftsbetrieb von Maikop. 1934 beendete er die Fliegerschule der AEROFLOT in Bataisk und begann in der Swerdlowsker Fliegergruppe der AEROFLOT zu arbeiten. 1937 verhinderten er und sein Bordmechaniker nach technischen Ausfällen durch Können und persönliches Risiko eine Katastrophe ihres vollbesetzten Linienflugzeuges. 1940 wurde er zum 212. Bombenfliegergeschwader eingezogen, das als Eliteverband ausschließlich aus erfahrenen Fliegern formiert wurde. Am zweiten Kriegstag flog er seinen ersten Kampfeinsatz als Il-4-Kommandant. Am 30. Juni 1941 wurde die Il-4 des Unterleutnants **Ischtschenko** durch eine Me109 abgeschossen. Aus der am Boden brennenden Maschine wurde die Besatzung durch den zufällig vorbeifahrenden bekannten Schriftsteller Jewgeni **Petrow** und seinen Fahrer gerettet.

Nach der Demobilisierung begann er auf dem Swerdlowsker Flughafen (heute wieder Jekaterinenburg) zu arbeiten. Als sein ehemaliger Geschwaderkommandeur A. Je. **Golowanow** zum Befehlshaber der Fernflieger-

kräfte ernannt wurde, erreichte **Ischtschenko** über diese Bekanntschaft sein Ziel: Er wurde wieder eingezogen und kam im April 1942 in die 45. Division, wo er auf die Pe-8 umschulte.

Im Mai 1943 war Major **Ischtschenko** Staffelkommandeur im 746. Geschwader und hatte 107 Kampfeinsätze absolviert. Am 27. Juli 1943 wurde er Held der Sowjetunion. Insgesamt flog er 142 Kampfeinsätze, davon 135 auf Pe-8.

Am 12. September 1945 kam er beim Absturz seiner Pe-8 ums Leben.

Auszeichnungen: Lenin-Orden, Rotbannerorden, Alexander-Newski-Orden, Orden des Vaterländischen Krieges 1. Klasse, Orden »Zeichen der Ehre«, Medaillen.

Konstantin Iwanowitsch Marusitschenko

K. I. **Marusitschenko** wurde am 9. Mai 1917 im Dorf Kirowska des Gebietes Poltawa in einer ukrainischen Bauernfamilie geboren. Sein Arbeitsleben begann er in einem Sowchos. 1936 beendete er ein Studium am Institut für Obst- und Gemüseanbau Woroschilowgrad. Im August 1936 wurde er Kur-

sant der Militärfliegerschule Woroschilowgrad, die er 1937 beendete.

Seit Kriegsbeginn war **Marusitschenko** an der Front. 1942 kam er von der südlichen Front in das 890. Geschwader der Fernfliegerkräfte, wo er als Kommandant einer Pe-8 flog. Im November 1943 hatte Major **Marusitschenko** 182 Kampfeinsätze geflogen. Am 13. März 1944 wurde ihm der Titel »Held der Sowjetunion« verliehen. Gegen Kriegsende war er stellvertretender Kommandeur des 25. Gardegeschwaders der 18. Luftarmee. Er absolvierte 198 Kampfeinsätze, davon 124 auf DB-3f, 43 auf Pe-8 und 10 auf B-25. In den Kampfeinsätzen flog er 768 Stunden.

1950 absolvierte er eine Militärakademie der Luftstreitkräfte und 1961 die Militärakademie des Generalstabes der Sowjetarmee. Schon 1959 war er zum Generalmajor der Flieger ernannt worden. 1963 beendete er seine aktive Laufbahn.

Seit 1965 arbeitete er als Chefingenieur im Minsker Autowerk, danach in einem Projektinstitut. Seit 1971 war er im Stab der Zivilverteidigung Beloruslands tätig. Am 7. Juli 1989 starb K. I. **Marusitschenko.**

Auszeichnungen: Lenin-Orden, vier Rotbannerorden, zwei Orden des Vaterländischen Krieges 1. Klasse, zwei Orden des Roten Sterns, Medaillen.

Wassili Michailowitsch Obuchow

W. M. **Obuchow** wurde am 30. Dezember 1909 in Ishewsk in einer russischen Arbeiterfamilie geboren. Sehr jung verlor er seine Eltern. Nach dem Abschluß einer 4-Klassen-Schule lernte er in einer Ishewsker Berufsschule und begann danach in der Gesenkschmiede des Ishewsker Werkes zu arbeiten. 1931 begann er seine Ausbildung in der Fliegerschule Balaschow der AEROFLOT.

Nach dem Schulabschluß behielt man ihn als Fluglehrer an der Schule und schon nach einem Jahr arbeitete er als Staffelleiter. Auf eigenen Wunsch hin verließ er die Schule, um als Linienpilot zu arbeiten. Dabei flog er u. a. in Tadshikistan, in Nowosibirsk und auf der Linie Moskau–Irkutsk.

Im Februar 1941 wurde er eingezogen. In der Armee nahm er schnell wichtige Dienst-

W. M. Obuchow. Das Foto wurde 1944 aufgenommen. Gardemajor Obuchow trägt hier 2 Lenin-Orden (alte und neue Ausführung), den Rotbannerorden (neue Ausführung), die Medaille »Goldener Stern« und die Medaille »Für die Verteidigung Stalingrads«.
Archiv Traditionsverband

Endel Karlowitsch Puusepp

E. K. **Puusepp** wurde am 1. Mai 1909 in einem der sogenannten Wyimow-Bauernhöfe des Schalin-Gebietes bei Krasnojarsk (heute Partisanen-Bezirk des Gebiets Krasnojarsk) in einer estnischen Bauernfamilie geboren. Diese Höfe gehörten estnischen Bauern, die dem Druck der Ausbeutung nicht mehr standhalten konnten und die mit ihren Familien kurzentschlossen mit Hab und Gut illegal nach Sibirien umsiedelten. So entstanden dort ganze estnische Siedlungsräume.

1927 delegierte ihn das Gebietskomitee der Partei zum Studium an das Estnisch-Finnische Institut nach Leningrad (heute wieder Sankt Petersburg). Aber schon nach einem Jahr wollte er das Institut verlassen, denn er war »an der Fliegerei erkrankt«. Auf seine Bitte hin und mit Unterstützung des Komsomol des Stadtbezirks Wassilewski-Insel wurde er Kursant der Leningrader Militärtheoretischen Schule der Luftstreitkräfte.

Die fliegerische Grundausbildung absolvierte **Puusepp** auf Avro-504K in Wolsk, und im Januar 1931 wurde er nach einer Ausbildung an der Orenburger Militärfliegerschule zum Militärflieger ernannt. Als guter Flieger verblieb er an der Schule als Fluglehrer, wo er auf der U-1 (sowjetische Variante der Avro 504K), der DH-9, der Fokker D XI, verschiedenen »Martinsyde« und »Nieuport« flog. Im Winter 1933 flog er als erster Angehöriger der Schule einen sowjetischen Flugzeugtyp, eine Tupolew I-3. In seinen 5 Dienstjahren an der 3. Militärschule für Flieger und Beobachter avancierte **Puusepp** zum Oberinstrukteur und Staffelkommandeur.

Im Sommer 1935 wurde er an die Marinefliegerschule Jeysk versetzt, wo er eine Instrumentenflugausbildung erhielt. Dort begann er auch TB-1 und TB-3 zu fliegen. Seinen Prüfungsflug absolvierte er im Juni 1937 als totalen Blindflug nach Moskau und zurück mit dem Chefnavigator der Luftstreitkräfte I. T. **Spirin** als Prüfer an Bord.

Die gute Beherrschung des Instrumentenfluges ist sicher entscheidend dafür gewesen, daß er 1937 in die Polarluftflotte abkom-

E. K. Puusepp. Die Aufnahme entstand 1945. Der Oberst trägt hier den Lenin-Orden, den Rotbannerorden, den Suworow-Orden 3. Klasse, den Alexander-Newski-Orden, den Orden des Vaterländischen Krieges 1. Klasse, 2 Orden des Roten Sterns, die Medaille »Goldener Stern« sowie 5 weitere Medaillen (alle Auszeichnungen in neuer Ausführung).
Archiv Traditionsverband

mandiert wurde, um an der Suche nach dem am Nordpol verschollenen Flugzeug des Helden der Sowjetunion S. A. **Lewanewski** teilzunehmen. Die rauhe Arktis war für den jungen Flieger wohl das Richtige, denn 1938 schrieb **Puusepp** ein Gesuch um den Verbleib in der Polarluftflotte. Sein erster großer Einsatz als Polarflieger war die Sicherung der großen »Sedow«-Expedition. Mit Kommandant G. **Orlow** hielten sie den ganzen Winter 1939/1940 über ihre ANT-6 auf Franz-Joseph-Land einsatzbereit.

Am ersten Kriegstag meldete sich die Besatzung **Wodopjanow** der Polarluftflotte – **Puusepp** war in ihr Copilot – geschlossen zur Armee. Er wurde als Hauptmann Kommandant einer TB-7. Am 20. Juni 1942 wurde ihm der Titel »Held der Sowjetunion« verliehen.

Im Mai 1946 wurde Oberst **Puusepp** aus

stellungen ein: Geschwaderinspekteur, Instrukteur für Instrumenten- und Nachtflug, Instrukteur für Langstreckenflüge. Er absolvierte einen Lehrgang für Führungskräfte.

Den Krieg begann er auf Il-4, und schon im Oktober 1941 erhielt er den Rotbannerorden. Nach dem Flug in die USA flog er im Juli 1942 22 Kampfeinsätze.

Nach Aussagen seiner Kampfgefährten war W. M. **Obuchow** ein nahezu idealer Kamerad und Kommandeur: ehrlich, sachlich, exakt, die höchsten Anforderungen an sich selbst stellend. Als Stellvertretender Staffelkommandeur wurde ihm am 13. März 1944 der Titel »Held der Sowjetunion« verliehen. Er flog 172 Kampfeinsätze, 154 auf Pe-8 und 150 nachts, ehe er mit seiner Pe-8 zu Erprobungsflügen nach Mittelasien abkommandiert wurde. Dort kam er am 6. Mai 1945 nach einem Autounfall ums Leben.

Auszeichnungen: zwei Lenin-Orden, Rotbannerorden, Orden des Vaterländischen Krieges 1. Klasse, eine Medaille.

gesundheitlichen Gründen (Rückgrad-Verletzung bei Flak-Beschuß) demobilisiert, und er schaltete sich in den Wiederaufbau des verwüsteten Estoniens ein. 4 Jahre lang leitete er die Hauptverwaltung Autotransport im Ministerrat. 13 Jahre lang war er Stellvertretender Vorsitzender des Ministerrates. 10 Jahre lang fungierte er als Minister für Sozialwesen der Estnischen Republik. Lange Jahre war er Vorsitzender der Flugsportföderation seiner Republik.

Lebt heute mit seiner Frau in Tallinn.

Auszeichnungen: Lenin-Orden, Rotbannerorden, Suworow-Orden 3. Klasse, Alexander-Newski-Orden, zwei Orden des Vaterländischen Krieges 1. Klasse, zwei Orden des Roten Sterns, drei Rotbanner-Arbeitsorden, Orden der Völkerfreundschaft, Orden »Zeichen der Ehre«, Medaillen.

Michail Wassiljewitsch Rodnych

M. W. **Rodnych** wurde am 5. November 1906 in Woronesh in einer russischen Arbeiterfamilie geboren. Er absolvierte eine fliegerische Fachschule in Leningrad (heute wieder Sankt Petersburg) und Speziallehrgänge für Piloten an der Fliegerschule Bataisk der AEROFLOT. Danach arbeitete er als Linienpilot der AEROFLOT und später als Leiter einer AEROFLOT-Transportstaffel. Von 1928 bis 1930 diente er in der Roten Armee, wobei er eine Ausbildung als Militärflieger erhielt.

Seit Juni 1941 flog M. W. **Rodnych** an der Front. Im Februar 1943 war Hauptmann **Rodnych** Stellvertretender Staffelkommandeur im 890. Geschwader und hatte 85 Kampfeinsätze geflogen. Am 25. März 1943 wurde er Held der Sowjetunion. Im Juni 1943 wurde seine Pe-8 über besetztem Gebiet abgeschossen; er geriet in Gefangenschaft. Am 26. April 1945 wurde er befreit.

1953 wurde Oberstleutnant **Rodnych** in die Reserve versetzt. Danach nahm er eine Tätigkeit als Flugleiter am Flughafen Kasan auf.

Rodnych verstarb am 28. 12. 1970.

Auszeichnungen: Lenin-Orden, zwei Rotbannerorden, Orden des Vaterländischen Krieges 1. Klasse, Orden des Roten Sterns, Medaillen.

S. M. Romanow. Das Foto entstand im Frühjahr 1943. Der Oberstleutnant trägt hier den Lenin-Orden, den Rotbannerorden und die Medaille »Goldener Stern.« Archiv Traditionsverband

Sergej Michailowitsch Romanow

S. M. **Romanow** wurde am 11. Juni 1908 im Dorf Mytischtschi (heute Stadt im Moskauer Gebiet) in der Familie eines russischen Angestellten geboren. Nach dem Abschluß der Lehre arbeitete er als Schlosser im Werk Mytischtschi. 1927 trat er in die Rote Armee ein und absolvierte die Vereinigte Militärschule »Zentrales Allunions-Exekutivkomitee«. In der Truppe diente er als Artillerist. Später wurde er an die Fliegerschule Orenburg kommandiert. Danach versah er seinen Dienst als Beobachter in den Luftstreitkräften. Noch vor dem deutschen Überfall absolvierte er 1941 die Fakultät für Navigation der Fliegerakademie der Luftstreitkräfte.

An der Front flog er seit Juni 1941. Im März 1942 war Major **Romanow** Geschwadernavigator des 746. Geschwaders. Am 20. Juni 1942 wurde er Held der Sowjetunion.

Den Dienst in den Luftstreitkräften beendete Sergej Michailowitsch 1959 als Oberst. Danach arbeitete er als Ingenieur in einem Forschungsinstitut.

S. M **Romanow** lebt heute in Moskau.

Auszeichnungen: Lenin-Orden, zwei Rotbannerorden, Alexander-Newski-Orden, zwei Orden des Vaterländischen Krieges 1. Klasse, zwei Orden des Roten Sterns, Medaillen.

Fjodor Anissimowitsch Schatrow

F. A. **Schatrow** wurde am 24. Dezember 1914 in Emba im heutigen Gebiet Aktjubinsk in einer russischen Arbeiterfamilie geboren. Er absolvierte in Minsk eine metallurgische Fachschule und 1934 die Fliegerschule der AEROFLOT in Tambowsk. Danach arbeitete er als Linienpilot in der Ukrainischen Verwaltung der AEROFLOT, wo er die Typen U-2, Stal-2, K-5, PS-35 und Li-2 flog.

Mit dem Flugzeugtyp Li-2 begann er im Juni 1941 auch seine Einsätze. So nahm er mit der Li-2 an Luftlandeoperationen teil. Er war der erste sowjetische Pilot, der mit der Il-4 1000-kg-Bomben einsetzte. Über dem Mamajew-Kurgan in Stalingrad wurde seine Il-4 1942 in Brand geschossen. Die Explosion des am Wolgaufer notgelandeten Flugzeuges überlebte damals die ganze Besatzung.

Am 12. Mai 1943 kam er in die 45. AD und flog noch 45 Kampfeinsätze auf Pe-8. Mit 281 Kampfeinsätzen, 179 davon nachts, wurde Hauptmann **Schatrow**, Pe-8-Kommandant im 25. Gardegeschwader, am 13. März 1944 als Held der Sowjetunion geehrt. Bis zum Sieg flog er noch 17 Kampfeinsätze.

Nach seiner Demobilisierung am 18. September 1946 flog er in der Polarluftflotte und der AEROFLOT. Damals landete er auch mehrmals am Nordpol. Als erfahrener Polarflieger leitete er auch eine Fliegereinheit in der Antarktis. In 35 Fliegerjahren befand er sich über 20000 Stunden in der Luft.

1990 verstarb F. A. **Schatrow** in Moskau.

Auszeichnungen: Lenin-Orden, drei Rotbannerorden, Orden des Vaterländischen Krieges 1. Klasse, drei Rotbanner-Arbeitsorden, Medaillen.

Alexander Pawlowitsch Schtepenko

A. P. **Schtepenko** wurde am 10. Oktober 1904 in Welikije Michailowka im heutigen Gebiet Dnepropetrowsk in einer ukraini-

A. P. Schtepenko. Die Aufnahme entstand im 1. Halbjahr 1943. Der Oberstleutnant trägt hier den Lenin-Orden, 2 Rotbannerorden, den Orden des Vaterländischen Krieges 1. Klasse, den Rotbanner-Arbeitsorden und die Medaille »Goldener Stern« (alle Auszeichnungen alte Ausführungen). Archiv Traditionsverband

M. W. Simonow. Auf dem Foto ist Gardemajor Simonow im Herbst 1943 zu sehen. Unmittelbar hinter ihm eine Pe-8 mit Triebwerken ASch-82. Die Kühljalousien sind voll aufgefahren, die Abgasrohre noch ohne Flammenvernichter. Weiter hinten steht eine Pe-8 mit AM-35A.
M. W. Simonow trägt hier den Lenin-Orden, 2 Rotbannerorden, den Orden des Vaterländischen Krieges 1. Klasse, die Medaille »Goldener Stern« und das Gardeabzeichen. Archiv Traditionsverband

schen Bauernfamilie geboren. Nach Abschluß der 7-Klassen-Schule ging er 1921 als Freiwilliger zur Roten Armee, absolvierte in Batumi eine Schule für Kommandeure der Infanterie. 1927 beendete er die Elektro- und Funkschule für Marineflieger in Sewastopol. 1939 absolvierte er noch eine Hochschulausbildung für Navigatoren an der Ingenieurakademie der Luftstreitkräfte.

Seit 1935 flog A. P. **Schtepenko** in der Polarluftflotte. 1937 nahm er am ersten transarktischen Flug durch die gesamte sowjetische Arktis in der Polarnacht teil. Für diesen Flug über 23 000 km mit 47 Landungen erhielt er den Rotbanner-Arbeitsorden. Einen zweiten Orden erwarb er sich mit der Eisaufklärung für Schiffskonvois 1939. Im Sowjetisch-Finnischen Krieg flog er als Zivilist seine ersten Kampfeinsätze.

An der Front war er seit Juli 1941. Ende April 1942 war er Staffelnavigator im 746. Geschwader und hatte 28 Kampfeinsätze geflogen. Am 20. Juni 1942 wurde er Held der Sowjetunion. **Schtepenko** wurde zweimal verwundet und flog insgesamt über 100 Kampfeinsätze.

Im April 1946 verließ er als Oberstleutnant die Armee und kehrte als Chefnavigator in die Polarluftflotte zurück. Während aller bedeutenden Polarexpeditionen, einschließlich des Aufbaues der driftenden Polarstationen Nordpol-2 bis Nordpol-7, trug er die Verantwortung für die navigatorische Sicherstellung.

Im April 1957 ging er in den Ruhestand. Etwas über 2 Millionen Flugkilometer standen zu diesem Zeitpunkt in seinem Flugbuch. Am 15. Januar 1972 starb A. P. **Schtepenko.**

Auszeichnungen: drei Lenin–Orden, drei Rotbannerorden, Alexander-Newski-Orden, Orden des Vaterländischen Krieges 1. Klasse, Rotbanner-Arbeitsorden, Orden des Roten Sterns, Medaillen.

Michail Wassiljewitsch Simonow

M. W. **Simonow** wurde am 1. August 1913 im Dorf Kutejnikowo (heute Wojkowski) im Donezker Gebiet in einer ukrainischen Angestelltenfamilie geboren. Er besuchte eine 7-Klassen-Schule, und 1935 absolvierte er die Fliegerschule Balaschow der AERO-

FLOT. Seine Arbeit als Linienpilot begann er in der Fernöstlichen Verwaltung der AEROFLOT, wo er vor allem über Kamtschatka und Sachalin flog. So führte er 1937 einen komplizierten und damals sehr publik gewordenen Flug Chabarowsk–Nikolajewsk/Amur–Ochotsk–Buchta Nogajewa–Petropawlowsk/Kamtschatka durch. Er war einer der ersten Piloten der AEROFLOT, der die moderne PS-40 flog. 1940 wurde er in das 212. Geschwader von Oberst **Golowanow** eingezogen.

Seinen ersten Kampfeinsatz flog Leutnant **Simonow** in der Nacht zum 22. Juni 1941 mit einer Il-4. Dabei kam es u. a. zu einem Luftkampf, in dem 4 deutsche Jäger abgeschossen wurden. Allein im ersten Kriegsjahr wurde sein Bomber viermal schwer getroffen. Am 18. August 1942, dem Tag der Luftflotte, hatte er 150 Kampfeinsätze geflogen. Am 31. Dezember 1942 wurde Major **Simonow** der Titel »Held der Sowjetunion« verliehen. Im August 1943 hatte er schon über 220 Kampfeinsätze geflogen, bis zum Sieg waren es 278 mit 1 441 Flugstunden. Als Bomberpilot konnte er während des Krieges bemerkenswerte 7 Luftsiege seiner Besatzung gegen Jäger erringen.

1950 wurde **Simonow** Testpilot und erreichte die Qualifikation eines Testpiloten 1. Klasse. 1961 wurde er als Oberst in die Reserve versetzt und flog in der Polarluftflotte. Insgesamt flog er auf 24 Flugzeugtypen.

Lebt heute in Kasan.

Auszeichnungen: drei Lenin-Orden, drei Rotbannerorden, zwei Orden des Vaterländischen Krieges 1. Klasse, drei Orden des Roten Sterns, Medaillen.

Sergej Saweljewitsch Sugak

S. S. Sugak wurde am 6. Oktober 1909 im Dorf Rudnaja Worobjowka (im heutigen Gebiet Brjansk) in einer russischen Bauernfamilie geboren. Er absolvierte in Rshewsk die Pädagogische Fachschule und arbeitete danach in Sebesh (Gebiet Pskow) als Lehrer für Literatur. 1934 trat er in die Rote Armee ein und absolvierte die Militärfliegerschule in Engels. Er flog im Sowjetisch-Finnischen Krieg.

S. S. Sugak. Das Foto entstand vermutlich in der 2. Hälfte des Jahres 1944.
Gardemajor Sugak trägt hier den Lenin-Orden, den Rotbannerorden, den Orden des Vaterländischen Krieges 2. Klasse, den Orden des Roten Sterns, die Medaille »Goldener Stern«, die Medaille »Für Verdienste im Gefecht« sowie das Gardeabzeichen. Archiv Traditionsverband

Seit dem Juni 1941 kämpfte er an der Front. So flog er als Kommandant einer TB-3 u. a. 12 komplizierte Tageseinsätze mit schweren Luftkämpfen zur Versorgung des blockierten Leningrads. Im Sommer 1942 wurde er in die 45. Division der Fernfliegerkräfte versetzt. Im März 1944 hatte Major **Sugak** 171 Kampfeinsätze geflogen. Den Titel »Held der Sowjetunion« verlieh man ihm am 13. März 1944. Insgesamt flog er genau 200 Kampfeinsätze, davon etwa 150 auf Pe-8. Seinen letzten Kampfeinsatz flog er im August 1944 mit einer B-25 nach Riga.

1959 beendete **Sugak** seine fliegerische Laufbahn als Kommandeur einer mit Tu-16 ausgerüsteten Fernfliegerdivision. Seinen Dienst in der Armee beendete Oberst **Sugak** 1962 als Stellvertretender Korpskommandeur.

Lebt heute bei Moskau.

Auszeichnungen: zwei Lenin-Orden, zwei Rotbannerorden, Orden des Vaterländischen Krieges 1. und 2. Klasse, zwei Orden des Roten Sterns, Medaillen.

Arseni Pawlowitsch Tschurilin

A. P. Tschurilin wurde am 16. Mai 1909 in Riga in einer russischen Angestelltenfamilie geboren. 1926 beendete er eine Lehre als Schlosser, und danach arbeitete er bis 1932 in seinem Beruf in der Porzellanfabrik des Dorfes Pesotschnaja (heute die Stadt Kirow im Gebiet Kaluga). 1932 meldete er sich zur Roten Armee. 1933 beendete er die Militärfliegerschule Odessa; 1939 kämpfte er am Chalchin-Gol in der Mongolei gegen die Japaner.

Seit Kriegsbeginn flog er auf der Pe-8. Im Frühjahr 1943 wurde er Kommandant dieses Bombers. Im Oktober 1943 war er Major im 25. Gardegeschwader mit 146 Kampfeinsätzen. Der Titel »Held der Sowjetunion« wurde ihm am 13. März 1944 verliehen.

1947 wurde er als Oberstleutnant in die Reserve versetzt. Am 10. Februar 1957 starb A. S. **Tschurilin.**

Auszeichnungen: Lenin-Orden, zwei Rotbannerorden, Orden des Vaterländischen Krieges 1. Klasse, Orden des Roten Sterns, Medaillen.

A. P. Tschurilin. Auf diesem Foto aus dem 1. Halbjahr 1943 trägt Major Tschurilin 2 Rotbannerorden und den Orden des Vaterländischen Krieges 1. Klasse (alle Auszeichnungen alte Ausführung). Archiv Traditionsverband

Sergej Fjodorowitsch Uschakow

S. F. Uschakow wurde am 11. Juni 1908 im Dorf Krasny Mai in der Nähe von Wyschewolsk im heutigen Gebiet Twer in einer russischen Arbeiterfamilie geboren. Nach Abschluß der 10. Klasse arbeitete er in einer Glasfabrik. 1930 wurde er zur Roten Armee einberufen. 1935 absolvierte er die Militärfliegerschule Woronesh. **Uschakow** kämpfte im Sowjetisch-Finnischen Krieg, wo er 19 Kampfeinsätze auf DB-3 flog. Dafür wurde er mit dem Rotbannerorden ausgezeichnet.

Der deutsche Überfall überraschte ihn als Hörer der Lehrgänge zur Qualifikationserhöhung für Navigatoren. An der Front flog er seit Juli 1941. Im Mai 1943 kämpfte Oberstleutnant **Uschakow** als Staffelnavigator im 746. Geschwader und hatte 94 Kampfeinsätze absolviert. Der Titel »Held der Sowjetunion« wurde ihm am 27. Juli 1943 verliehen. Am gleichen Tag wurde er zum Oberst befördert. Seit September 1943 diente er im Stab der Fernfliegerkräfte. Insgesamt flog er auf der Pe-8 113 Kampfeinsätze.

1949 absolvierte **Uschakow** die Generalstabsakademie. Seit 1967 war er 1. Stellvertreter des Chefs des Hauptstabes der Luftstreitkräfte. Im Mai 1971 wurde er als Generaloberst der Flieger in die Reserve versetzt.

Uschakow verstarb am 14. März 1986.

Auszeichnungen: zwei Lenin-Orden, vier Rotbannerorden, Alexander-Newski-Orden, zwei Orden des Vaterländischen Krieges 1. Klasse, Orden des Roten Sterns, Medaillen.

Alexej Wassiljewitsch Wicharjew

A. W. **Wicharjew** wurde am 16. Oktober 1912 im Dorf Alexandrowskoje (heute Teil der Stadt Rybinsk) in einer russischen Bauernfamilie geboren. Nach seiner Lehre arbeitete er auf Dampfern der Flußschiffahrt.

Von 1931 bis 1933 diente er in den Luftstreitkräften. 1936 beendete er die Vereinigte Fliegerschule der AEROFLOT und nahm eine Tätigkeit als Linienpilot auf. Später

A. W. Wicharew. Das Foto entstand Ende 1943. Gardemajor Wicharew trägt hier den Lenin-Orden, 2 Rotbannerorden, den Orden des Roten Sterns, die Medaille »Goldener Stern«, die Medaille »Für die Verteidigung Stalingrads« sowie das Gardeabzeichen.
Archiv Traditionsverband

wurde er Staffelleiter im sowjetischen Luftverkehrsunternehmen. Er war Teilnehmer des Sowjetisch-Finnischen Krieges.

An der Front kämpfte er seit dem Januar 1942. Zuerst flog er eine Il-4, später dann eine Pe-8. Im September 1943 absolvierte er als Major seinen 200. Kampfeinsatz. Er war damals Kommandant im 890. Geschwader der Fernfliegerkräfte. Am 18. September 1943 wurde er Held der Sowjetunion.

1946 wurde **Wicharjew** demobilisiert und begann wieder bei der AEROFLOT zu arbeiten. Er starb am 21. Juni 1952.

Auszeichnungen: Lenin-Orden, zwei Rotbannerorden, Orden des Roten Sterns, Medaillen.

Die Techniker im Krieg

Die vorgenannten Personen sind ausnahmslos Piloten oder Navigatoren. Das ist verständlich, hatten sie doch die letzte Entscheidung und Verantwortung für die Erfüllung des Einsatzbefehls. Nur ihr persönlicher Mut und ihr Können ermöglichten es, die Mühen der vielen Kämpfer einer Fliegerdivision mit dem Sieg im Gefecht zu krönen. Es ist wohl das Problem aller Fliegerbücher, daß die Dienste im Hintergrund, vornehmlich die technischen, zu wenig gewürdigt werden. Deshalb soll hier über die technische Sicherstellung des Betriebes der Pe-8 berichtet werden.

Am Beginn des Krieges war auch die Organisation der technischen Dienste unvollkommen – um nicht zu sagen chaotisch. Die Kommandeure planten die Einsätze der Pe-8 ohne Rücksicht auf die Bedingungen von Instandhaltung und Instandsetzung. Aber auch hier zwang das Leben bald zu Korrekturen. Ab etwa Anfang 1942 wurde versucht, wenn irgend möglich, nach 5 Tagen Flugbetrieb einen Parktag für die einzelnen Bomber zu planen.

An der Spitze des Fliegertechnischen Dienstes stand ohne Unterbrechung S. I. **Anurow**. Einer seiner Unterstellten, S. A. **Awetisjan**, erinnerte sich an eine Episode vom März 1943: »... ich wurde zu Divisionsingenieur **Anurow** befohlen. Er gab mir folgenden Auftrag: ›Hör' zu, Sohn des armeni-

schen Volkes. Du weißt, wir haben an mehreren Flugzeugen zu schweißen. Karbid aber haben wir nicht. Fahre wie und mit welchem Transportmittel auch immer nach Jerewan. Agitiere im Werk, und wenn Du Karbid bekommst, sag' Bescheid. Ein Flugzeug schicke ich sofort.‹

Man gab mir den Dienstreiseauftrag und einen Brief, adressiert an den Vorsitzenden des Ministerrats von Armenien. Die Lage im Werk war außerordentlich angespannt ... Nachdem ich alles erklärt hatte, gaben mir die Arbeiter ihr Wort, daß sie das nötige Karbid zusätzlich zum Plan schon noch erarbeiten werden. Auf ihr Ehrenwort hin forderte ich aus Kratowo die ›Douglas‹ an.«

Ein Ereignis wiederholt sich in vielen Erinnerungen, weil recht spektakulär, als Beispiel für die Leistungsfähigkeit des Fliegertechnischen Dienstes der 45. Division. Die Story ist tatsächlich kaum zu glauben.

Am 6. Juli 1942 flog nach nächtlichem Einsatz Major N. N. **Iljuchin** vom 890. Geschwader mit der 42 087 die Landebahn in Kratowo an. In der dunstigen Morgendämmerung setzte er den Bomber sanft auf den Beton. Plötzlich, nach wenigen hundert Metern, quietschten die Bremsen der Pe-8, und langsam senkte sich der Bug zum Beton. Weiter schlimmer: Auf dem Beton zersplitterte die Verglasung der Nase, und das Heck erhob sich einen Bogen von 30 m Radius, stand fast ruhig in der Senkrechten um dann den Bogen zu vollenden. Krachend knallte der Bomber auf den Rücken.

Als der Major nach den Ursachen des energischen Bremsens befragt wurde, konnte er nur mit den Schultern zucken: »Ich kann mir das selbst nicht richtig erklären ... genau kann ich mich erinnern: Zuerst berührte das Flugzeug den Boden und begann zu rollen. Dann sah ich das Ende der Landebahn auf mich zukommen! Dahinter schien schon das Wasser der Moskwa zu leuchten! Im Nachhinein ist mir klar: Ich hatte die Kreuzung mit der anderen Landebahn und den Fluß verwechselt ... Ich ging voll auf die Bremsen.«

Der Bomber lag mit den Rädern nach oben mitten auf der Landebahn. Am Abend

Der verantwortliche Ingenieur des 25. GwAP für Elektro- und Spezialausrüstung Hauptmann S. A. Awetisjan. Er sitzt hier auf Sprengbomben des Kalibers 1000. Archiv Traditionsverband

Mit sechs Zugmaschinen schaffte man es rechtzeitig. Man schaffte sogar die Reparatur. Aus Kasan hatte man lediglich ein komplettes Vorderteil, das sogenannte F-1, kommen lassen. Alles andere war in den Werkstätten der Division gerichtet worden. Dennoch flog die 42087 noch 86 Kampfeinsätze.

Wie Divisionskommandeur Gen.-Major der Flieger V. I. **Lebedjew** seinen technischen Dienst (bezeichnet als 5. PAM) einschätzte, geht aus einem Brief hervor, den er am 19. Juni 1944 an den Chef des Fliegertechnischen Dienstes der ADD, Gen.-Lt. I. W. **Markow**, unterzeichnete: »Die Kampferfahrungen der 45. ADD haben gezeigt, daß beim Betrieb von 25–30 Flugzeugen Pe-8 monatlich ständig 2 Flugzeuge Pe-8 zu größeren Wartungsereignissen stillgelegt sind. Ein Flugzeug wird dabei unmittelbar in der Division, das andere in der 5. PAM gewartet.

In Verbindung mit der Verlegung der Division auf einen neuen Flugplatz verlieren

mußten hier aber wieder die Bomber mehrerer in Kratowo stationierter Divisionen starten. Das Erstaunlichste bei diesem Überschlag war aber trotzdem ein Riesenglück: Niemand war ernsthaft verletzt. Vorschriftsmäßig waren zur Landung der Navigator und sein Helfer, der Bombenschütze aus dem Bugturm, zurück in den Rumpf gegangen. Die gesamte Besatzung war ordentlich angeschnallt. Die beiden Piloten wurden von ihren gepanzerten Rückenlehnen, insbesondere den hochgezogenen Kopfpanzerungen, die den Schlag auf sich nahmen, gerettet.

Eine eigene Geschichte wäre allein die Bergung der Pe-8 von der Startbahn wert. Da die Techniker sofort entschieden hatten, den Bomber wieder zu reparieren, mußte das also möglichst ohne zusätzliche Zerstörungen bewerkstelligt werden. Am Abend erschien sogar General **Golowanow**, um eventuell einzugreifen. Bald sollten hier mehrere Bomberdivisionen starten, und der Flugplatz war immer noch blockiert. Ehe hier eine Verzögerung einträte, wäre die Pe-8 auf der Stelle zerschweißt worden.

Am 6. Juli 1942 überschlug sich die 42087 bei der Landung. Nach wenigen Wochen hatte der Fliegertechnische Dienst der Division diese Pe-8 wieder einsatzbereit! Aus dem Werk war lediglich ein neues Bugteil F-1 zur Verfügung gestellt worden. Archiv Traditionsverband

wir die Reparaturbasis 5. PAM, die alle Arbeiten zur Reparatur der Flugzeuge Pe-8 beherrscht.

Die uns verbleibenden qualifizierten Spezialisten reichen zur Grundüberholung von monatlich 2 Flugzeugen nicht aus.

Ich bitte um Ihre Weisung, eine Brigade von 5 Personen, die alle Reparaturformen der Flugzeuge Pe-8 kennen und durchgeführt haben, aus der 5. PAM in die 45. ADD zu versetzen:

1. LAPIN M. Ja.   Untersergeant (Brigadeleiter)
2. LYLIN   Gefreiter (Nieter)
3. KUSNEZOW   Gefreiter (Nieter)
4. SCHTSCHIPETKOW   Sergeant (Nieter)
5. KRASILNIKOW   Sergeant (Klempner)

Die Dringlichkeit für o. g. Spezialisten wird auch dadurch hervorgerufen, daß mit dem Ende der Ersatzteillieferungen von der Industrie die Reparatur der Flugzeuge Pe-8 besonders kompliziert wurde.

Zum Austausch der umgesetzten Spezialisten werden von der Division 5 Personen zur Verfügung gestellt.

KOMMANDEUR
DER 45. GOMELER FLIEGER-
DIVISION
DER FERNFLIEGERKRÄFTE
GENERAL-MAJOR DER FLIEGER
(LEBEDJEW)«

Folgende mittlere Einsatzfähigkeit konnte der technische Dienst für die Pe-8 gewährleisten:

Offiziere des Fliegertechnischen Dienstes vor einer Pe-8 des Gardegeschwaders: Hauptmann S. A. Awetisjan (links) und I. E. Okon.
Archiv Traditionsverband

Noch 1945 erstellte der Fliegertechnische Dienst der Division eine Einschätzung des Betriebs der Pe-8, die wir wegen ihres Informationsgehaltes hier anführen: »Das Flugzeug Pe-8 besitzt im Vergleich zu den Flugzeugen B-17 und B-24 gute aerodynamische Charakteristiken, eine bedeutende Bombenzuladung und relativ geringe Kraftstoffverbräuche:

Pe-8 mit 4 AM-35A   – 3,0 kg/km
Pe-8 mit 4 ASch-82   – 2,5 „
Pe-8 mit 4 ATsch-30B   – 1,8 „

Wegen unzureichender Festigkeit einzelner Konstruktionsteile, wie z. B. die Holme des Tragflächenmittelstücks, das Fahrwerk, die Räder 166/585, die Luftschrauben-Triebwerkseinheit mit den Triebwerksaggregaten und die Kraftstoffbehälter, ist der Betrieb kompliziert und erfordert eine große Anzahl Ersatzteile sowie hochqualifiziertes technisches Personal.

Das Fehlen einer ausreichenden Hermetisierung zwischen Flügel und Rumpf bei Ausbruch eines Brandes wegen von Flak oder Jägern getroffener Benzinbehälter erlaubt es der Besatzung nicht, den Brand zu bekämpfen, der schnell in die Pilotenkabine eindringt.

Die Anordnung des Schachtes für die Leuchtbomben unter der Kabine der Bordtechniker raubt bei deren Entzündung der Besatzung (außer den Piloten) die Möglichkeit, das Flugzeug in der Luft zu verlassen.

Die Kabinen des Flugzeuges sind nicht beheizt und haben keine Schallisolierung. Längere Flüge in großer Höhe erschöpfen die Besatzung stark.

Die Reparatur der Flugzeuge unter Feldbedingungen und beim Vorhandensein von Ersatzteilen stellt keine großen Probleme dar.

Der Betrieb der Flugzeuge mit den Triebwerken ASch-82 mit Vergaser ist kompliziert wegen des schwierigen Anlassens der Triebwerke bei Temperaturen unter −10 °C und der Unzulänglichkeit des Systems zur Schmierstoffverdünnung.

…

Die Qualität des Flugzeuges Pe-8 als schwerer Fernbomber wurde in solchen Kampfeinsätzen wie die Angriffe gegen die Hauptstädte und großen ökonomischen Zentren

Harte Arbeit beim Wechseln der Luftschraube an einem ASch-82. Archiv Traditionsverband

Jahr	1942	1943	1944	1945
mittlere Flugzeugzahl	24	23	30	29
mittlere Einsatzfähigkeit	73,0%	75,5%	65,6%	52,2%
Dazu zum Vergleich die Zahlen für die B-25				
mittlere Flugzeugzahl			26	44
mittlere Einsatzfähigkeit			93,9%	89,6%

Wartungsarbeiten am rechten inneren (3.) Triebwerk vom Typ ASch-82. Die Jalousien an beiden Triebwerken sind geöffnet. Die Abgasrohre haben keine Flammenvernichter. *Archiv Traditionsverband*

In diese Pe-8 werden Kassetten mit je einer FAB-500 und einer FAB-250 eingehangen. *Archiv Traditionsverband*

des Gegners …, sowie zum Durchbrechen der gegnerischen Verteidigung während der Kursk–Orlowsker Operation ausgeschöpft. Der Verband handelte von ein und demselben Flugplatz Kratowo.

Die bedeutende Reichweite der Einsätze bis 3 600 km forderte eine gründliche Vorbereitung der Technik und ein präzises Einhalten der Flugparameter …

Zeit- und Betriebspläne dieser Flüge wurden vom Oberingenieur der Division erarbeitet und mit dem fliegenden Personal vor dem Einsatz durchgearbeitet. Nach dem Einsatz wurden die faktischen Flugprofile und Betriebszustände unter Leitung der Divisionsführung erfaßt und ausgewertet.

Die besten Ergebnisse bei Ferneinsätzen erreichten solche Flieger wie die Helden der Sowjetunion Oberst PUUSEPP, Oberst ALEXEJEW und Gardemajor DODONOW sowie Gardemajor KAMINSKI und Oberstleutnant LAWROWSKI.

Für die Ferneinsätze wurden die individuellen Besonderheiten jedes Flugzeuges für die Bombenzulassung sowie Betankung berücksichtigt.

Die Einsätze gegen BERLIN und BUDAPEST mit den Flugzeugen Pe-8 mit 4 AM-35A wurden mit einer Bombenzuladung von 1,5 bis 2,0 Tonnen geflogen.

Die Einsätze gegen HELSINKI und TALLINN mit den Flugzeugen Pe-8 mit 4 ASch-82 wurden mit einer mittleren Bombenzuladung von 5 000 kg geflogen.

Während der Orlowsker Operation erreichte die Bombenzuladung der Flugzeuge Pe-8 mit 4 ASch-82 6 000 kg.

Die Sicherstellung der Kampfeinsätze brachte hinsichtlich Stationierungsbedingungen, Aufteilung des Personals und der Reparaturmittel keine Probleme mit sich.
…
Bei der Verlegung der Divisionsteile auf neue Flugplätze (Olsufjewo, Balbasowo, Baranowitschi) wurde in der ersten Welle das Vorkommando des technischen Personals zusammen mit einem Satz Ersatzteile und Reparaturmittel PARM-1 geschickt. Das technische Personal folgte mit den Kampfflugzeugen und auf »Douglas« am Tag der Verlegung.

Diese Organisation erlaubte es, die Kampfeinsätze sofort nach dem Überführungsflug zu beginnen.

Während der Kampfeinsätze gab es keine Einsatzverzögerungen oder gar ein Scheitern wegen Versagens des ingenieur-technischen Personals.«

Während des Krieges wurden etwa 50 schwer beschädigte Pe-8 instand gesetzt; 6 Flugzeuge wurden nach Kasan ins Werk Nr. 22 zur Reparatur gebracht. Von diesen kehrten bis Kriegsende 4 wieder an die Front zurück.

Die Pe-8 im Krieg (Statistik)

Während des Krieges flog die 45. AD 3 527 Kampfeinsätze, davon
2 521 auf Pe-8
1 006 auf B-25.

Die Flugzeit während der Kampfeinsätze betrug 16 739:17 Stunden, davon tags 194:06 Stunden und nachts 16 545:11 Stunden, nach Typen

auf Pe-8	tags	9:43 Stunden
	nachts	12 223:38 Stunden
auf B-25	tags	184:23 Stunden
	nachts	4 521:33 Stunden.

Es wurden 68 919 Bomben mit einer Gesamtmasse von 9 755,11 Tonnen abgeworfen.

Das 25. Gardegeschwader, das ja seit Kriegsbeginn ohne Unterbrechung nur mit der Pe-8 kämpfte, legte folgende Statistik vor:

Einsatzstarts	1 509
Flugzeit im Einsatz	8 337:35 Stunden
abgeworfene Bombenmasse	5 371,198 Tonnen
abgeworfene Flugblätter	5 126 400 Stück.

Die Division verlor während des Krieges 48 Pe-8 und 21 B-25:

Art des Verlustes	insges.	bis Juni 1942	Juli bis Dez. 1942	1943	1944	1945
vom Einsatz nicht zurück	2/2	1	1	—	—/1	—/1
abgeschossen durch Jäger	10/3	1	—	7	2/3	—
abgeschossen durch Flak	13/3	3	2	4	4/1	—/2
Katastrophe im Einsatz	9/5	3	4	2	—/2	—/3
Havarie im Einsatz	7/5	3	1	2	1/1	—/4
Katastrophe	2/2	1	—	—	1/2	—
Havarie	5/1	3	—	2	—/1	—
insgesamt	48/21	15	8	17	8/11	—/10

Anmerkung: im Zähler Pe-8, im Nenner B-25

Für die tragischste Statistik eines Krieges, die Menschenverluste, mußte der Divisionsstab folgende unwiederbringliche Verluste von Divisionsangehörigen zusammenzählen. Berücksichtigt sind dabei die Verluste des Pe-8-Geschwaders vor Bildung der 45. AD. Für die Befreiung ihres Landes und den Sieg über Hitlerdeutschland gaben 320 Männer ihr Leben. Nach Dienststellungen waren dies:

Dienststellung	gesamt	Art des Verlustes		
		im Einsatz	bei Katastrophe	sonstige
Piloten	59	31	26	1
Navigatoren	39	24	15	—
Bombenschützen	10	6	4	—
Bordschützen	95	66	28	1
Bordfunker	35	20	13	2
Techniker	55	31	20	4
sonstige	27	4	4	19
insgesamt	320	183	110	27

Die Personalverluste verteilten sich über die Kriegsjahre wie folgt:

Dienststellung	gesamt	bis Juni 1942	Juli bis Dez. 1942	1943	1944	1945
Piloten	59	11	7	9	21	11
Navigatoren	39	7	4	9	12	7
Bombenschützen	10	—	4	4	2	—
Bordschützen	95	22	11	26	29	7
Bordfunker	35	8	5	5	12	5
Techniker	55	13	11	17	9	5
sonstige	27	—	3	8	13	3
insgesamt	320	61	45	78	98	38

Die gefallenen Kameraden. Aus den noch rauchenden Trümmern einer Pe-8 werden die verkohlten Leichen der Besatzung geborgen.
Archiv Traditionsverband

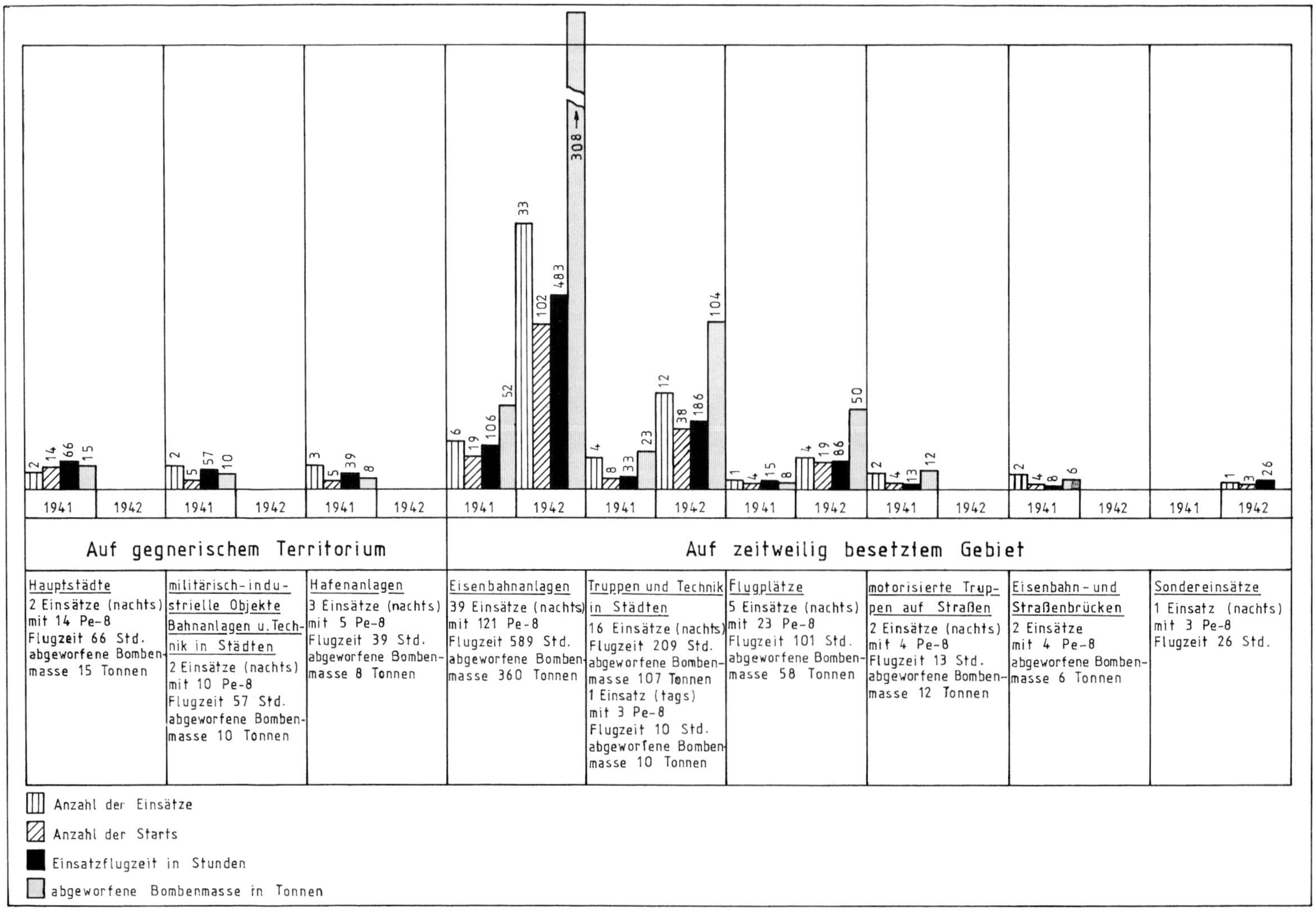

	1941	1942	1941	1942	1941	1942	1941	1942	1941	1942	1941	1942	1941	1942	1941	1942	1941	1942

Auf gegnerischem Territorium			Auf zeitweilig besetztem Gebiet					

Hauptstädte	militärisch-indu-strielle Objekte Bahnanlagen u.Technik in Städten	Hafenanlagen	Eisenbahnanlagen	Truppen und Technik in Städten	Flugplätze	motorisierte Truppen auf Straßen	Eisenbahn- und Straßenbrücken	Sondereinsätze
2 Einsätze (nachts) mit 14 Pe-8 Flugzeit 66 Std. abgeworfene Bombenmasse 15 Tonnen	2 Einsätze (nachts) mit 10 Pe-8 Flugzeit 57 Std. abgeworfene Bombenmasse 10 Tonnen	3 Einsätze (nachts) mit 5 Pe-8 Flugzeit 39 Std. abgeworfene Bombenmasse 8 Tonnen	39 Einsätze (nachts) mit 121 Pe-8 Flugzeit 589 Std. abgeworfene Bombenmasse 360 Tonnen	16 Einsätze (nachts) Flugzeit 209 Std. abgeworfene Bombenmasse 107 Tonnen 1 Einsatz (tags) mit 3 Pe-8 Flugzeit 10 Std. abgeworfene Bombenmasse 10 Tonnen	5 Einsätze (nachts) mit 23 Pe-8 Flugzeit 101 Std. abgeworfene Bombenmasse 58 Tonnen	2 Einsätze (nachts) mit 4 Pe-8 Flugzeit 13 Std. abgeworfene Bombenmasse 12 Tonnen	2 Einsätze mit 4 Pe-8 abgeworfene Bombenmasse 6 Tonnen	1 Einsatz (nachts) mit 3 Pe-8 Flugzeit 26 Std.

⫿⫿⫿ Anzahl der Einsätze

⫽⫽ Anzahl der Starts

■ Einsatzflugzeit in Stunden

▨ abgeworfene Bombenmasse in Tonnen

Diagramm der taktischen Verwendung des 432. bzw. 746. Fliegergeschwaders im Zeitraum August 1941 bis Mai 1942

Der Pe-8-Verband nach dem Krieg

Sofort nach dem Krieg begannen natürlich umfangreiche Veränderungen zur Demobilisierung und Neustrukturierung, zur Anpassung der Streitkräfte an die Friedenszeit. So wurde am 28. Juni 1954 das 52. Gardegeschwader mit 20 TB-3 als viertes Geschwader in die 45. Division eingegliedert. Die anderen Geschwader hatten zum 1. Juli 1945 folgende Kampfflugzeuge in ihrem Bestand:

	25.	890.	362.
Pe-8	17	9	—
B-24	19	—	—
B-17	—	17	—
B-25	2	19	23

Am 1. Juni verlegte das 890. Geschwader von Baranowitschi zurück auf den Flugplatz Balbasowo, wo es nun wieder mit dem 25.

Zwei Offiziere vor einer B-24 des 25. GwAP. Auf dem Rumpf der »Liberator« sind das Gardeabzeichen, der Schriftzug »Orlowsker« und eine Sieben gemalt. Hinten am Rumpf ist der Stern zu sehen. Archiv Traditionsverband

vereint war. Dorthin brachten die Besatzungen weiterhin die irgendwo notgelandeten und von ihnen wieder reparierten Viermotorigen der Alliierten und trainierten auf ihnen.

Dabei kam es auch zu einer Katastrophe. Am 25. Mai stürzte eine B-24 des 25. Gardegeschwaders ab. Wieder waren Tote zu beklagen.

Als man im NKAP beschlossen hatte, die Charakteristiken der B-29 zu erfliegen, mußte die Maschine aus Balbasowo geholt werden. Vom LII kam Testpilot M. L. **Gallai.** Gemeinsam mit N. A. **Ischtschenko** flog er den Bomber ins NII NKAP nach Kratowo. Eventuell fand dieser Flug auch schon kurz vor Kriegsende statt.

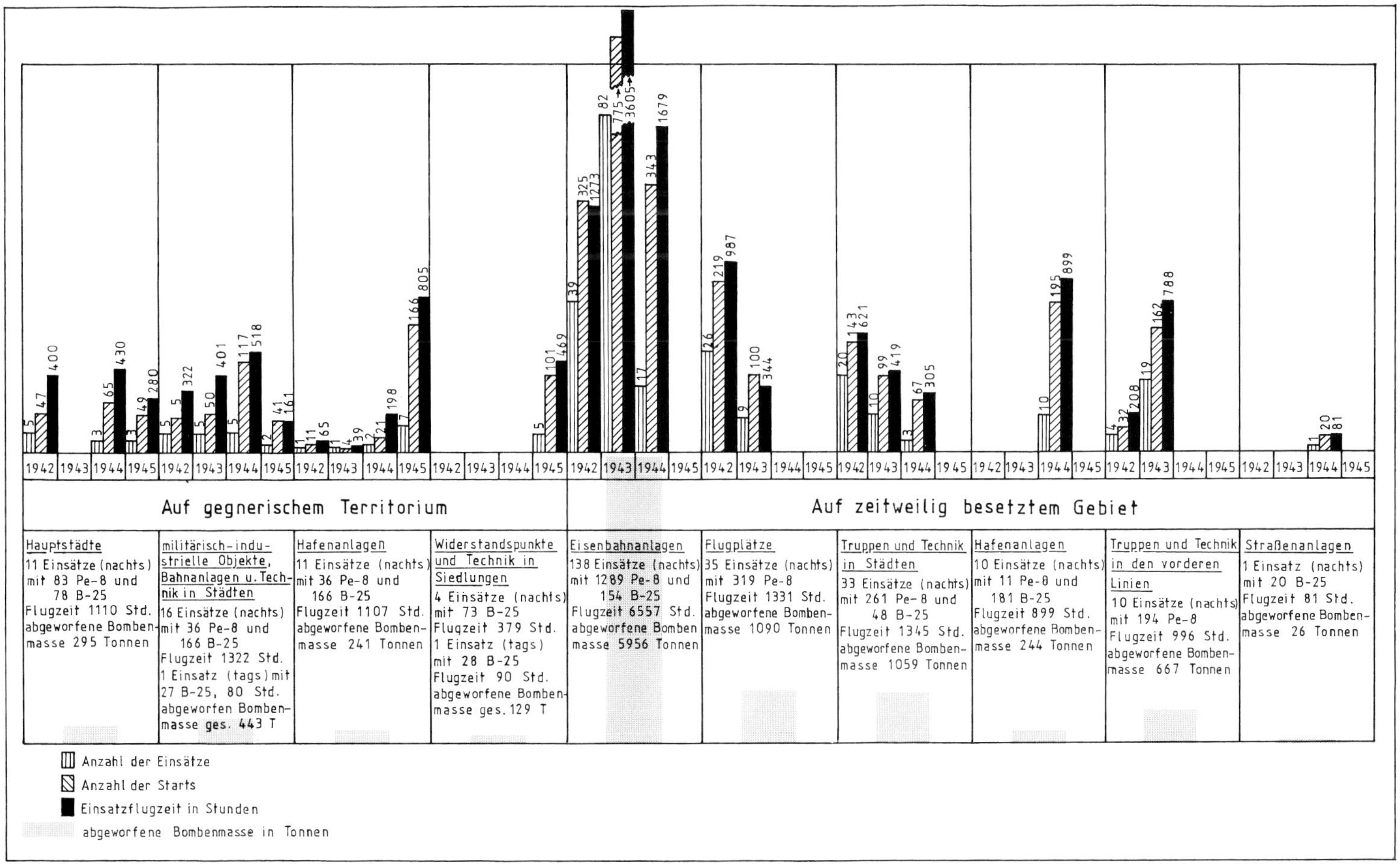

Diagramm der operativ-taktischen Verwendung der 45. Fliegerdivision im Zeitraum Juli 1942 bis Mai 1945

Auf gegnerischem Territorium

Hauptstädte
11 Einsätze (nachts) mit 83 Pe-8 und 78 B-25 Flugzeit 1110 Std. abgeworfene Bombenmasse 295 Tonnen

militärisch-industrielle Objekte, Bahnanlagen u.Technik in Städten
16 Einsätze (nachts) mit 36 Pe-8 und 166 B-25 Flugzeit 1322 Std. 1 Einsatz (tags) mit 27 B-25, 80 Std. abgeworfen Bombenmasse ges. 443 T

Hafenanlagen
11 Einsätze (nachts) mit 36 Pe-8 und 166 B-25 Flugzeit 1107 Std. abgeworfene Bombenmasse 241 Tonnen

Widerstandspunkte und Technik in Siedlungen
4 Einsätze (nachts) mit 73 B-25 Flugzeit 379 Std. 1 Einsatz (tags) mit 28 B-25 Flugzeit 90 Std. abgeworfene Bombenmasse ges. 129 T

Auf zeitweilig besetztem Gebiet

Eisenbahnanlagen
138 Einsätze (nachts) mit 1289 Pe-8 und 154 B-25 Flugzeit 6557 Std. abgeworfene Bombenmasse 5956 Tonnen

Flugplätze
35 Einsätze (nachts) mit 319 Pe-8 Flugzeit 1331 Std. abgeworfene Bombenmasse 1090 Tonnen

Truppen und Technik in Städten
33 Einsätze (nachts) mit 261 Pe-8 und 48 B-25 Flugzeit 1345 Std. abgeworfene Bombenmasse 1059 Tonnen

Hafenanlagen
10 Einsätze (nachts) mit 11 Pe-8 und 181 B-25 Flugzeit 899 Std. abgeworfene Bombenmasse 244 Tonnen

Truppen und Technik in den vorderen Linien
10 Einsätze (nachts) mit 194 Pe-8 Flugzeit 996 Std. abgeworfene Bombenmasse 667 Tonnen

Straßenanlagen
1 Einsatz (nachts) mit 20 B-25 Flugzeit 81 Std. abgeworfene Bombenmasse 26 Tonnen

Legende:
- Anzahl der Einsätze
- Anzahl der Starts
- Einsatzflugzeit in Stunden
- abgeworfene Bombenmasse in Tonnen

Zum Jahresende gab es erneute Veränderungen. Das 890. Brjansker Bombenfliegergeschwader der 18. Luftarmee wurde aufgelöst und sein Kommandeur, Held der Sowjetunion Oberst Endel Karlowitsch **Puusepp,** in die Reserve versetzt.

Am 15. Dezember 1945 bekam das verbliebene Geschwader von Oberst Wladimir Alexejewitsch **Abramow** eine neue Nummer. Es war nun das 203. Orlowsker Garde-Bombenfliegergeschwader. Dieses nahm das Personal des 890. auf, soweit es nicht demobilisiert wurde.

Das 203. Geschwader verfügte über:

Pe-8:   15 Flugzeuge   16 Besatzungen
B-24:   20 Flugzeuge   15 Besatzungen.

Staffelkommandeure waren die dem Leser schon bekannten Kommandanten

Sergej Saweljewitsch **Sugak**
Alexander Sergejewitsch **Dodonow**
Iwan Sergejewitsch **Lisatschow.**

Tragödie nach der Siegesparade

Am 24. Juni 1945 fand in Moskau die große Siegesparade der Roten Armee statt. Mit 18 Pe-8 war die 45. AD nach Moskau geflogen, um an der Luftparade teilzunehmen. Die WWS aber erwartete eine herbe Enttäuschung. Am Tag der Parade goß es in Strömen; an eine Luftparade war nicht zu denken. In den folgenden Tagen und Wochen flogen die Pe-8 zurück nach Balbasowo.

Am 12. September bereiteten sich auf dem Flugplatz Bykowo, etwa 10 km von Kratowo entfernt, zwei Besatzungen zum gemeinsamen Rückflug vor. Der gemeinsame Flug kam aber nicht zustande, da eines der Triebwerke der Pe-8 von N. A. **Ischtschenko** nicht zum Laufen zu bringen war. Erst nach etwa zwei Stunden, die andere Pe-8 war längst abgeflogen, arbeiteten alle vier Triebwerke einwandfrei. Nach dem Start flog die Besatzung eine schulmäßige Platzrunde zum Steigen auf die vorgeschriebene Höhe. Wieder über Bykowo angekommen, legte **Ischtschenko** seine Pe-8 energisch in eine Kurve, um den Kurs nach Balbasowo aufzunehmen.

Am 12. September 1945 stürzte über dem Flugplatz Moskau-Bykowo die Pe-8 des Helden der Sowjetunion N. A. Ischtschenko ab. Die Tragfläche zerbrach direkt über dem Flugplatz. Von der Besatzung konnte sich niemand retten

Die Tafel auf dem Grab des Kommandanten. Die Inschrift lautet: »Held der Sowjetunion, Major Ischtschenko, Nikolai Alexandrowitsch, 1910–1945. Gefallen beim Schutz der Heimat.« Foto Autor

Die Tafel auf dem Grab der Besatzungsmitglieder. Die Inschrift lautet: »Ewiger Ruhm den kämpfenden Fliegern, die fielen bei der Erfüllung ihrer dienstlichen Pflicht vor der Heimat am 12. 09. 1945.« Es folgen die Namen von 13 Besatzungsmitgliedern. Foto Autor

Die Beobachter am Boden weideten sich am herrlichen Anblick des Fluges dieses im Kampf erprobten Bombers ... bis sich ihre Gesichter plötzlich zum blanken Entsetzen verzerrten. Sie sollten Zeugen einer Tragödie werden. Beim Ausleiten der Kurve löste sich von dem Bomber eine Tragfläche, und ehe es sich die Beobachter des Geschehens bewußt machen konnten, was da geschah, krachten die Flugzeugtrümmer auf den Flugplatz.

Diese Katastrophe, der Bruch des Flügels, führte zu Festigkeitsuntersuchungen aller anderen Pe-8. Das Ergebnis war niederschmetternd: Viele Flügelholme wiesen bedenkliche Schäden auf. Erstmalig waren die sowjetischen Flugzeugbauer mit dem Problem der Dauerfestigkeit ihrer Konstruktionen konfrontiert worden. Bis auf 15 Maschinen mußten die Pe-8 abgeschrieben werden.

2. Im Krieg

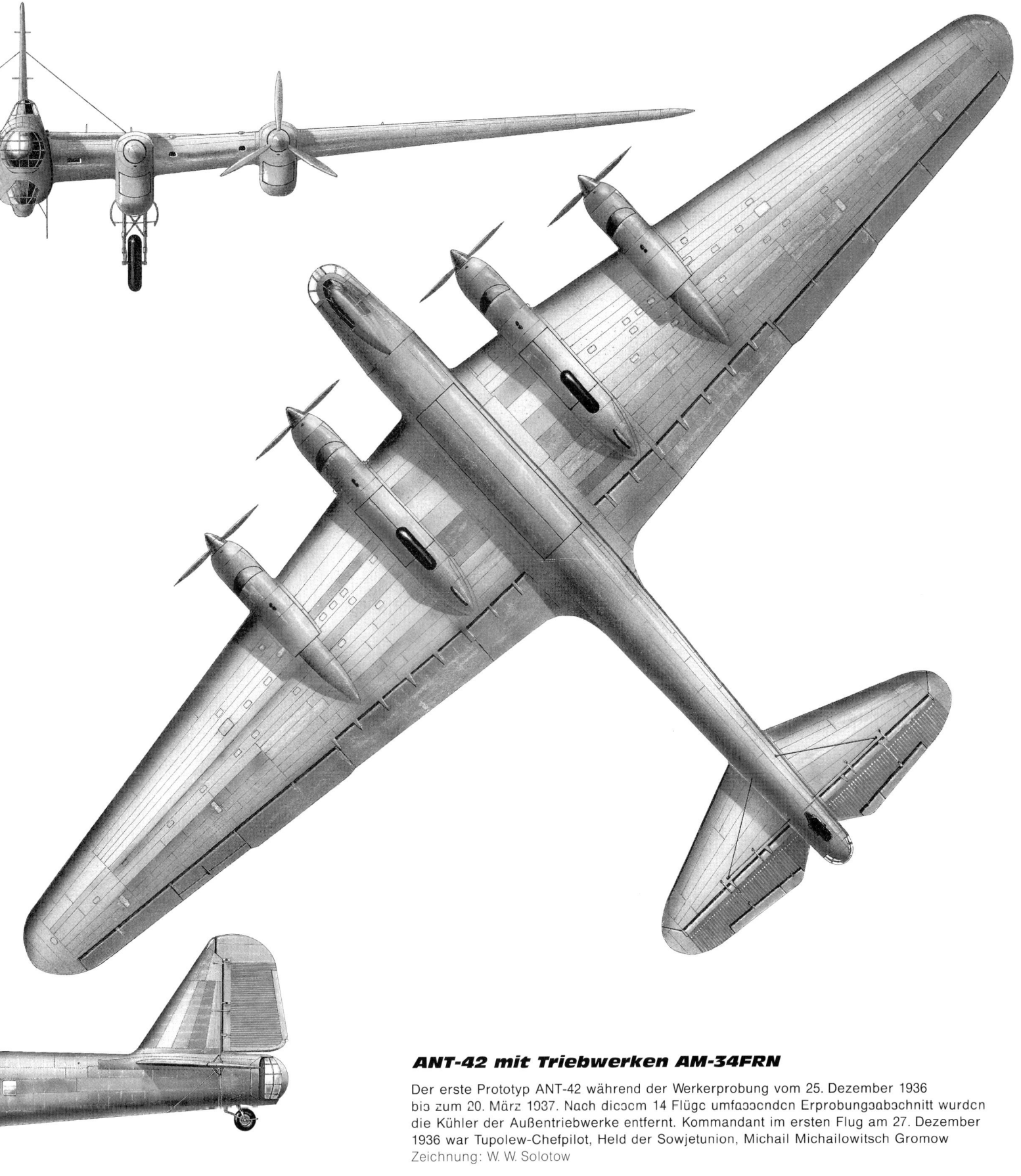

ANT-42 mit Triebwerken AM-34FRN

Der erste Prototyp ANT-42 während der Werkerprobung vom 25. Dezember 1936
bis zum 20. März 1937. Nach diesem 14 Flüge umfassenden Erprobungsabschnitt wurden
die Kühler der Außentriebwerke entfernt. Kommandant im ersten Flug am 27. Dezember
1936 war Tupolew-Chefpilot, Held der Sowjetunion, Michail Michailowitsch Gromow
Zeichnung: W. W. Solotow

2. Im Krieg

Pe-8 mit Triebwerken AM-35A

Diese Maschine des 746. Geschwaders der Fernfliegerkräfte, Werknummer 42066, Baujahr 1941, überquerte in dieser Bemalung vom 19. Mai bis 12. Juni 1942 auf der Strecke Moskau–Washington–Moskau den Atlantik. Kommandant während dieses Fluges war Staffelkommandeur Major Endel Karlowitsch Puusepp
Zeichnung: W. W. Solotow

2. Im Krieg

Pe-8 mit Triebwerken ASch-82

In dieser Variante wurde der Bomber seit 1943 gefertigt. Das Flugzeug trägt
die Aufschrift »Kolchosbauer von Kalbizki«, sein Bau war aus Spenden tatarischer
Bauern finanziert worden. Kommandant dieses Bombers des 25. Gardegeschwaders
der Fernfliegerkräfte war Hauptmann Wladimir Petrowitsch Selenski
Zeichnung: W. W. Solotow

2. Im Krieg

Umgebaute Pe-8 mit Triebwerken ASch-82FN

Diese Maschine wurde 1950 von der Polarluftflotte zur Errichtung und Versorgung der driftenden Forschungsstation »Nordpol-2« eingesetzt. Kommandant war Held der Sowjetunion, Wassili Nikiforowitsch Sadkow
Zeichnung: W. W. Solotow

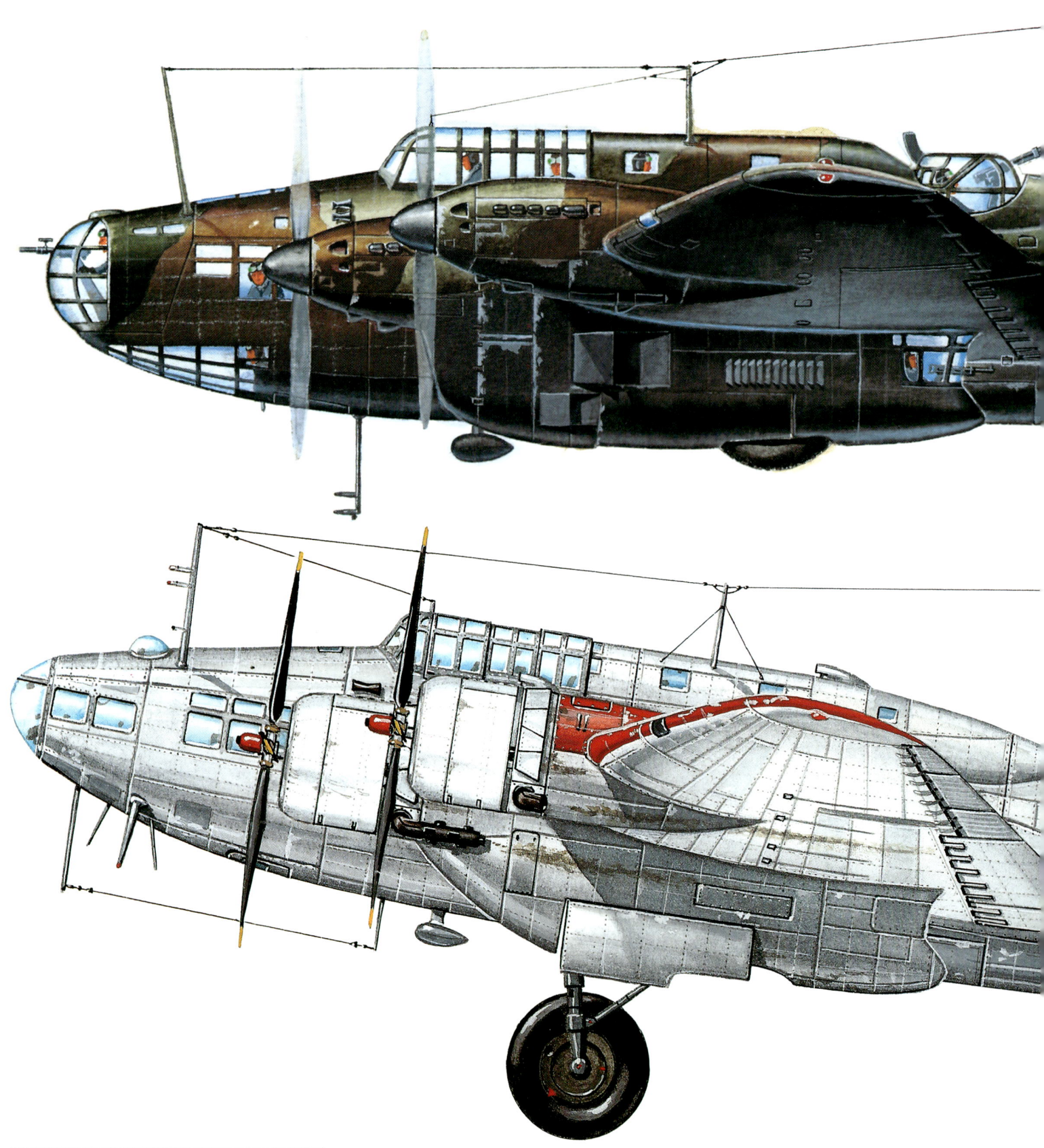

2. Im Krieg

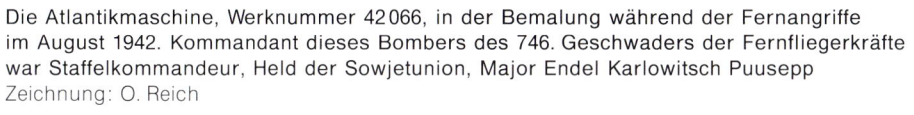

Pe-8 mit Triebwerken AM-35A

Die Atlantikmaschine, Werknummer 42066, in der Bemalung während der Fernangriffe
im August 1942. Kommandant dieses Bombers des 746. Geschwaders der Fernfliegerkräfte
war Staffelkommandeur, Held der Sowjetunion, Major Endel Karlowitsch Puusepp
Zeichnung: O. Reich

Umgebaute Pe-8 mit Triebwerken ASch-73

Es ist dies die vermutlich letzte in der Polarluftflotte eingesetzte Pe-8.
Der Triebwerkstyp ist dokumentarisch nicht zu belegen. 1954 landete dieses
Flugzeug am geographischen Nordpol. Kommandant war Held der Sowjetunion,
Wassili Nikiforowitsch Sadkow
Zeichnung: M. Meyer

2. Im Krieg

Röntgenschnitt einer Pe-8 mit wassergekühlten Reihentriebwerken AM-35A
aus den ersten Herstellungsserien
Zeichnung: O. Reich

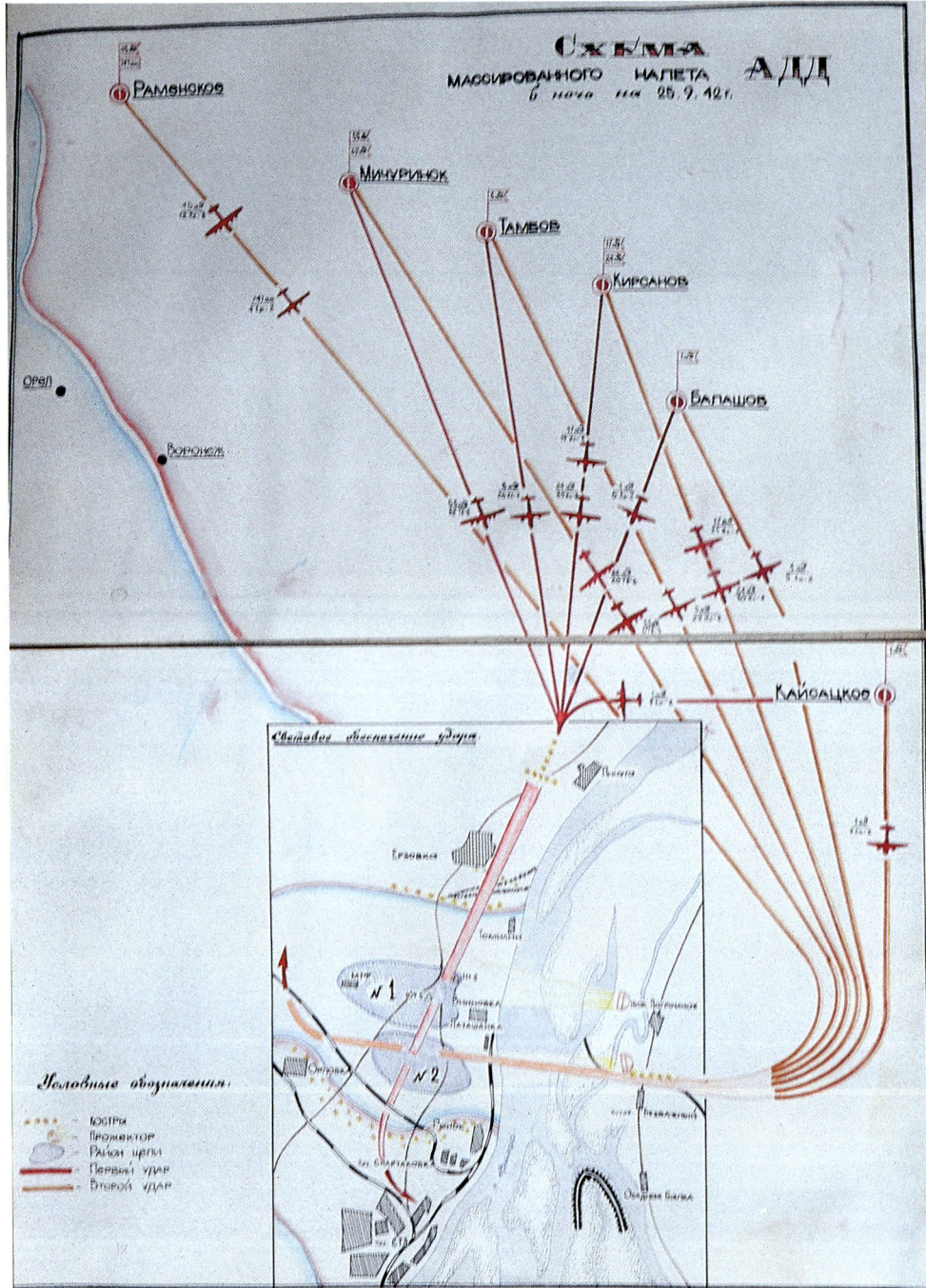

Schema des Angriffs der ADD
auf die vorderen Linien der Wehrmacht
bei Stalingrad in der Nacht
zum 25. September 1942 (siehe S. 98)

Dieses Schema wurde erst nach dem Krieg gezeichnet. In dem Ausschnitt ist das Befeuerungssystem dargestellt. Zur Unterstützung der Stalingrader Richtung hatten die ADD 5 Divisionen (1., 17., 24., 53. und 62.) von den Moskauer Flugplätzen näher nach Stalingrad verlegt. Sie waren dem Kommando des Generals **Skribko** unterstellt.

Es wurden zwei zeitversetzte Angriffe geflogen. Der erste gegen Ziel Nr. 1 und gegen Ziel Nr. 2, der zweite nur gegen Ziel Nr. 2. Von den einzelnen Flugplätzen flogen in dieser Nacht (von links oben nach rechts unten)

Ramenskoe

	2. Angriff
	45. AD mit 12 Pe-8
	747. AD mit 4 Jer-2

Mitschurinsk

1. Angriff	2. Angriff
53. AD mit 12 TB-3	44. AD mit 20 TB-3
	62. AD mit 17 TB-3

Tambow

1. Angriff	2. Angriff
6. AD mit 26 Il-4	6. AD mit 22 Il-4

Kirsanow

1. Angriff	2. Angriff
17. AD mit 19 Il-4	17. AD mit 21 Il-4
24. AD mit 20 Il-4	24. AD mit 20 Il-4

Balaschow

1. Angriff	2. Angriff
1. AD mit 6 Li-2	1. AD mit 5 Li-2

Kaisatzkoe

1. Angriff	2. Angriff
1. AD mit 9 Li-2	1. AD mit 9 Li-2

Legende
– Lagerfeuer
– Scheinwerfer
– Zielgebiet
– erster Angriff
– zweiter Angriff

Zeichnung: Archiv der 35. Grundschule der Stadt Dsershinski

3. Weiter am Himmel - Einsätze im Frieden

3.1. Die Pe-8 beendet ihren Dienst als Bomber

1946 änderten sich auch staatliche Strukturen der Sowjetunion. Anstelle der Volkskommissariate entstanden Ministerien. An der Spitze des am 15. März 1946 gegründeten Ministeriums für Luftfahrtindustrie (MAP) stand M. W. **Chrunitschew.**

Sein Vorgänger, A. I. **Schachurin,** war urplötzlich abgelöst und zum Stellvertretenden Vorsitzenden des neuen Ministerrates der Russischen Föderation ernannt worden.

Schon bald nach seiner Ernennung bestellte der neue Minister A. N. **Tupolew** mit seinem Stellvertreter A. A. **Archangelski** in den Kreml. **Stalin** wollte mit ihnen sprechen.

Im Vorraum zu Stalins Arbeitszimmer trafen die beiden M. W. **Chrunitschew.** Als sie eingelassen wurden, musterte **Archangelski Stalin** sehr genau. Vor fünf Jahren hatte er ihn zum letzten Mal gesehen. **Stalin** hatte sich äußerlich sehr verändert. Er trug die Uniform des Generalissimus. Er war merklich gealtert. Die rötlichen Haare waren ergraut. Wie früher aber ging er maßvoll mit seiner Pfeife auf und ab.

Als sich alle gesetzt hatten, fragte er: »Genosse Tupolew, kennen Sie den amerikanischen Bomber B-29 gut?« »Ja, Genosse Stalin.« **Tupolew** stand auf. **Stalin** bedeutete ihm mit einer Geste, sich zu setzen und fragte erneut: »Was meinen Sie, ist das ein gutes Flugzeug?« »Ein sehr gutes, Genosse **Stalin**«, und **Tupolew** zählte die wichtigsten Vorzüge der Maschine auf. »Nun, und was ist Ihre Meinung?« wandte sich **Stalin** an **Archangelski.** »Ich bin auch der Meinung, daß dies ein sehr gutes Flugzeug ist, Genosse **Stalin**«, sagte **Archangelski** schnell. »Also gut«, wiederholte **Stalin** langsam und schritt

an dem langen Tisch entlang. Dann drehte er sich um: »Also, Genossen, wir brauchen ein Flugzeug mit identischen Leistungsdaten. Wir haben vor, diese Sache Ihnen zu übertragen. Nehmen Sie an?« »Ja, Genosse **Stalin**«, **Tupolew** stand auf, »allerdings …« »Sprechen Sie.«

Der Nachbau der B-29 wurde eingeleitet. Die erste Maschine startete als Tu-4 im Mai 1947, Kommandant N. S. **Rybko.** Wenige Tage später startete vom Flugplatz des Werkes Nr. 22 in Kasan die Tu-4, Werknummer 002. Kommandant dieser Maschine war M. L. **Gallai.**

Es gehört zu den Anachronismen der sowjetischen Luftfahrtgeschichte, daß das Land stets über eine gewaltige strategische Bomberflotte verfügte – außer der Zeit, wo sie dringender denn je benötigt wurde. Vor dem Krieg waren es einige hundert TB-3 und TB-1, nach dem Krieg waren es Hunderte Tu-4, während des Krieges waren es einige Dutzend Pe-8. Daher bat **Stalin** die USA auch ständig um Fernbomber, erst um B-17 danach um B-29.

Zum Tag der Luftflotte am 18. August 1946 zeigte das 203. Geschwader auf einer Flugzeugausstellung in Moskau drei seiner Pe-8. Im Herbst des Jahres übergab man alle 15 Pe-8 an das NII WWS und das LII MAP. Die Pe-8 hatte ihren aktiven Dienst als schwerer Bomber beendet.

Mit der erneuten Schaffung einer selbständigen strategischen Bomberflotte, der Fernflieger (DA), anstelle der 18. Luftarmee, fand die organisatorische Neuordnung der sowjetischen Bombenfliegerkräfte 1946 ein vorläufiges Ende.

Der große Kampf der Sowjetunion um die blanke Existenz war gerade erst zu Ende, da suchte der Diktator schon wieder neue Feindbilder. Ohne Feinde, die zu bekämpfen

waren, konnte er das Land nicht absolut regieren. Schon 1946 schlug sein Terror mit neuer Kraft zu.

Wassili Jossifowitsch, der zweite Sohn **Stalins,** war zu jener Zeit General und kommandierte ein Fliegerkorps. Nicht ohne Zutun von Wassili, der zwar genauso gewissens- und gefühllos wie sein Vater, aber im Unterschied zu ihm bar jeder Begabung und Disziplin war, fabrizierte der Chef der Hauptverwaltung Gegenaufklärung, W. S. **Abakumow,** den »Fall Schachurin«.

Keinen Monat nach seiner Berufung in den Ministerrat wurde A. I. **Schachurin** verhaftet. Beschuldigt wurde er »staatsfeindliche« Handlungen begangen zu haben, indem er während des Krieges und danach Flugzeuge und Triebwerke mit großen Produktionsdefekten und ernsthaften Konstruktionsfehlern »durchgebracht« und dies alles vor der Regierung »verheimlicht« hätte. Im Untersuchungsgefängnis wurden alle in der Sache Verhafteten schwer gefoltert.

Vor dem Gericht, das den »Fall Schachurin« verhandelte, fanden sich neben dem Hauptangeklagten wieder: der Befehlshaber der WWS, zweifacher Held der Sowjetunion, Hauptmarschall der Flieger A. A. **Nowikow,** der Chefingenieur der WWS A. K. **Repin,** der Chef der Hauptverwaltung Beschaffung der WWS N. P. **Selesnow,** die Abteilungsleiter Flugzeug- bzw. Flugmotorenbau im ZK der KPdSU(B) A. W. **Budnikow** und G. M. **Grigorjan.** Das Militärkollegium des Obersten Gerichts der UdSSR tagte in geschlossener Sitzung ohne Teilnahme von Verteidigung und Zeugen. Das Urteil erging in letzter Instanz. Der Hauptangeklagte A. I. **Schachurin** wurde zu sieben, A. A. **Nowikow** zu fünf, die anderen Angeklagten zu Freiheitsstrafen zwischen sechs und zwei Jahren verurteilt.

Das Jahr 1946 neigte sich seinem Ende zu. **Stalin** brachte das Land wieder zurück in seinen normalen Rhythmus – jedenfalls in die Normalität nach dem Verständnis des genialen Führers.

3.2. Die Pe-8 im Einsatz für Spezialaufgaben

Als Trägerflugzeug für eine neue Waffe

1945 begann in der Sowjetunion die Flugerprobung des Flugkörpers »10X«. Es war eine der deutschen V-1 entsprechende Waffe. Diese Flügelrakete wurde ebenfalls von einem Staustrahltriebwerk angetrieben, sollte aber im Unterschied zur V-1 ausschließlich von Flugzeugen gestartet werden. Entwickelt hatte man diese Waffe seit 1942 im Konstruktionsbüro von W. N. **Tschelomey**, der schon vor dem Krieg an Staustrahltriebwerken gearbeitet hatte. Im ZIAM zeigten sich 1942 A. I. **Schachurin** und A. A. **Nowikow** bei der Triebwerkserprobung zufrieden und gaben ihre Zustimmung zur Fortführung der Arbeiten.

Als im Juni 1944 der Beschuß Englands mit der V-1 begann, wurden **Tschelomej, Schachurin** und **Nowikow** sofort zu **Stalin** befohlen. Der forderte, die Arbeit an diesem Flugkörper maximal zu beschleunigen. W. N. **Tschelomej** wurde zum Direktor und Chefkonstrukteur des Konstruktionsbüros des verstorbenen N. N. **Polikarpow** ernannt. Hier konzentrierte man die Arbeit auf die Variante »10X« der verschiedenen Projekte für die Flügelrakete. Da das Triebwerk schon weitestgehend erprobt war, befaßte man sich nun insbesondere mit der Zelle des Flugkörpers. Für das Steuersystem zeichnete das Konstruktionsbüro von Jewgeni **Antipow** verantwortlich. Dieses Büro war spezialisiert auf die Entwicklung von Autopiloten.

Für die im März 1945 begonnene Flugerprobung der neuen Waffe setzte man zunächst einen Bomber Jer-2 ein. Aber schon nach fünf Testflügen war klar, daß dieses zweimotorige Trägerflugzeug für diese Aufgabe über zu geringe Flugleistungen verfügte. So entschied man, die Flugerprobung der »10X« mit einer Pe-8 weiterzuführen.

Offensichtlich für diesen Einsatz wurde 1944 Major W. M. **Obuchow** vom 25. Gardegeschwader mit Besatzung und Flugzeug »zur Erprobung einer neuen Waffe« nach Mittelasien abkommandiert. Am 6. Mai 1945 kam **Obuchow** in der Folge eines Autounfalls in der Nähe von Taschkent ums Leben.

Während dieser Erprobungen ging auch eine Pe-8 verloren, allerdings aus purer Leichtfertigkeit. Nach dem Start stieg die Maschine übermäßig steil nach oben, verlor an Geschwindigkeit und schmierte ab. Als Ursache ermittelte man die festgestellten Ruder, die vor dem Start nicht gelöst worden waren. Mit festgestellten Rudern konnte die Besatzung des Kommandanten A. J. **Jemeljanow** die Katastrophe nicht verhindern. Sie kam ums Leben. Nicht gelöste Ruder führten bereits während des Krieges zu Flugkatastrophen.

Die »10X« wurde nicht mehr in die Bewaffnung der Roten Armee übernommen. Insbesondere hatte man erkannt, daß der militärische Wert dieser Waffe gering war, es sich im Wesentlichen um eine Terrorwaffe handelte. Ebenso erging es den später geschaffenen Flügelraketen. 1954 wurden diese Arbeiten beendet und das OKB geschlossen. Als die ersten V-1 in sowjetische Hand fielen, zeigte es sich, daß die »10X« sehr ähnliche technische Leistungsdaten besaß.

Als Erprobungsträger für neue Triebwerke

Die letzte Version der Pe-8, die von der Luftfahrtindustrie gebaut wurde, war ein Erprobungsträger für luftgekühlte Flugmotoren. Diese Modifikation entstand 1944 auf Vorschlag des Chefs des NII WWS Generaloberst der Flieger P. A. **Losjukow.**

Dieses fliegende Laboratorium ging nach dem Kriege, während eines Testfluges im Rahmen eines Erprobungsprogramms für einen neuen Triebwerkstyp, verloren. Aus ungeklärten Gründen fing im Fluge das 1. Triebwerk, ein ganz gewöhnlicher und eigentlich zuverlässiger ASch-82, zu brennen an. Alle Versuche der Besatzung des erfahrenen Testpiloten N. T. **Swonarjew**, den Brand zu löschen, schlugen fehl. **Swonarjew** vermochte noch, die Pe-8 mit der unterdessen schon in Flammen stehenden linken Tragfläche zu landen und die Besatzung zu retten. Das Flugzeug selbst verbrannte vollständig.

Einige Pe-8 wurden auch für die Erprobung von Strahltriebwerken verwendet. Diese Flüge führte der Testpilot M. A. **Samusew** durch.

Als Trägerflugzeug für Experimentalflugzeuge

Im Juni 1946 wurde aus dem Institut für reaktive Bewegung, dem RNII, eine Abteilung herausgelöst, die sich bald zu einem eigenständigen Werk entwickelte. Direktor und Chefkonstrukteur dieses Werkes war M. R. **Bisnowat.** Dieser Flugzeugkonstrukteur hatte schon im Krieg ein Konstruktionsbüro, das OKB-55, geleitet, in dem das Raketenflugzeug »302P« entstanden war. 1943 liefen bereits Flugversuche, allerdings ohne aktiven Antrieb.

Nunmehr sollte wieder ein Raketenflugzeug, diesmal für aerodynamische Forschungsflüge entstehen. Dieses Programm hatte ebenfalls, wie die etwa gleichzeitig laufenden amerikanischen Programme mit den Skyrocket der Firmen Bell und Douglas, die Erforschung der Hochgeschwindigkeitsaerodynamik zum Ziel. Diese Programme waren insofern sehr riskant, da in ihnen die Praxis der Theorie und der Modellierung weit vorauseilte.

Das neue Flugzeug »5« war von Beginn an für den Start von einer Pe-8 vorgesehen. Dementsprechend wurde eine Pe-8 der letzten Serie mit Triebwerken ASch-82FN umgerüstet. Für die Aufnahme des Flugzeuges »5« wurde der Aufhängepunkt unter der rechten Tragfläche mit einem entsprechenden Pylon modifiziert.

Im Sommer 1948 begann im LII MAP die Verwirklichung dieses Experiments. Das Experimentalflugzeug »5-1« war vorerst zur

Eine Pe-8 mit ASch-82 im Einsatz zur Erprobung des im OKB W. N. Tschelomej entwickelten Flugkörpers »10XH«. Die Flugerprobung der Flügelrakete begann im März 1945. Foto OKB W. N. Tschelomej, Archiv GFI

Diese Pe-8 trägt einen erst nach dem Krieg entwickelten Flugkörper, vermutlich »14X« oder »16X«. Kommandanten der Pe-8 während dieser Versuche waren W. M. Obuchow und A. I. Jemeljanow. Foto OKB W. N. Tschelomej, Archiv GFI

Erprobung als Segelflugzeug vorgesehen und besaß noch kein Triebwerk. Als Leitender Testpilot war A. K. **Pachomow** (der Vater der bekannten Eiskunstläuferin Ljudmilla **Pachomowa** – d. A.) berufen worden. Auf der Pe-8 hatte sich W. A. **Ginze** mit seiner Besatzung vorbereitet.

Am 14. Juli 1948 startete die Pe-8 mit der »5-1« unter der rechten Tragfläche und stieg auf 7000 m Höhe. Bis dahin ging alles planmäßig. Beim Ausklinken aber verhakte sich das Flugzeug »5-1« in seinem

Die Pe-8 mit ASch-82FN mit dem Forschungsflugzeug »5-1«. Die Flüge begannen im Sommer 1948. Foto LII, Archiv Kosminkow

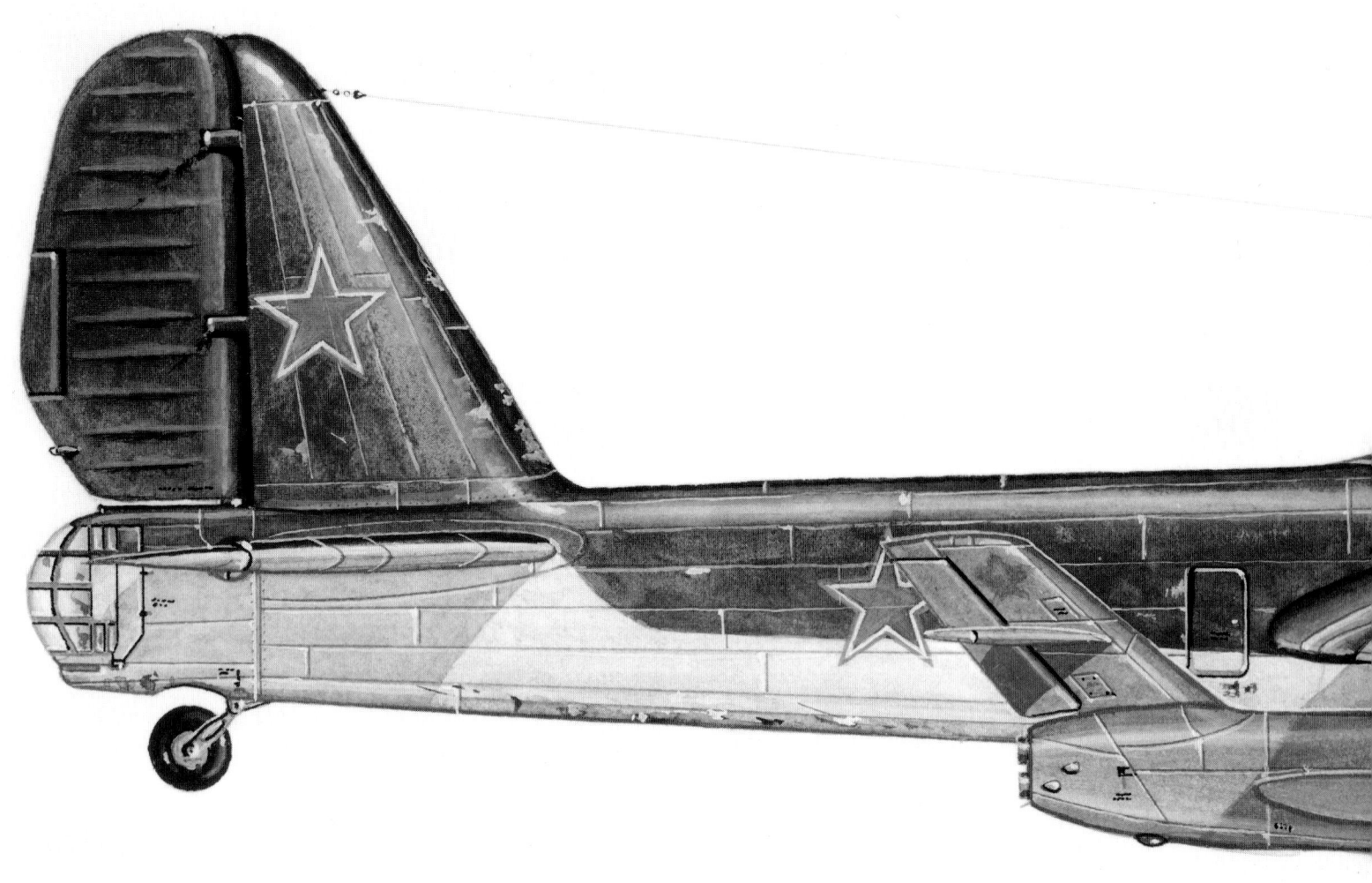

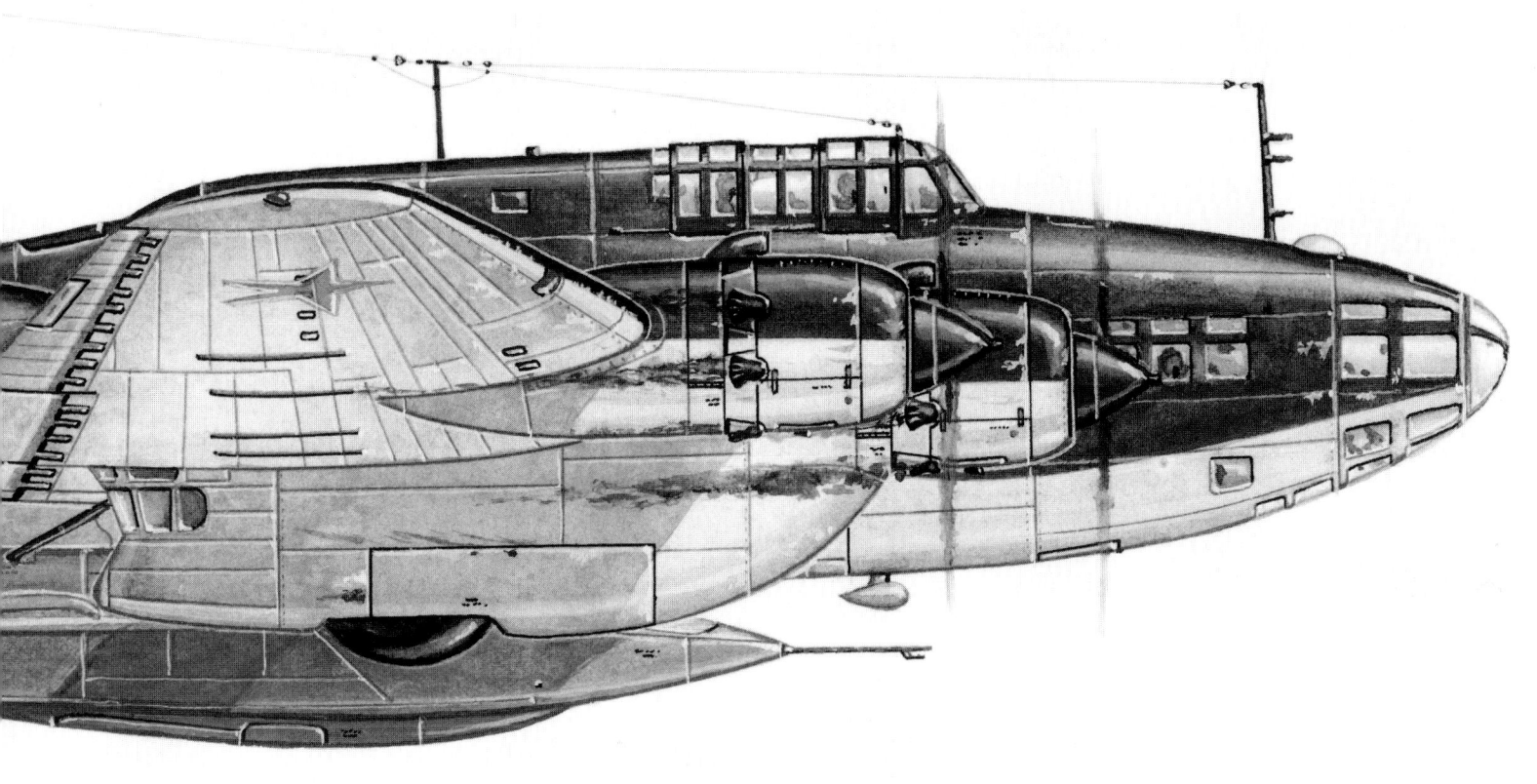

Umgebaute Pe-8 mit Triebwerken ASch-82FN

Diese Maschine flog vom Juli 1948 bis zum Juni 1949 als Trägerflugzeug für das Experimentalflugzeug »5« im Flugerprobungsinstitut des Ministeriums für Luftfahrtindustrie. Abgebildet ist die untergehängte modifizierte Variante »5-2«. Kommandant der Pe-8 war Wladimir Alexandrowitsch Ginze. Das Experimentalflugzeug wurde gesteuert von Georgi Michailowitsch Schijanow
Zeichnung: M. Meyer

Befestigungspylon, beschädigte seine Tragfläche. Endlich im freien Flug, stellte der Pilot noch ein teilweises Versagen der Längssteuerung fest. Aber es gelang ihm, die Katastrophe abzuwenden. Mehr oder weniger glücklich konnte er das Experimentalflugzeug auf einem Feld landen. Die »5-1« wurde ins Werk zur Reparatur gebracht.

Nach diesem mißglückten Erstflug änderte man die Aufhängung am Trägerflugzeug. Nunmehr verliefen die beiden Flugzeuglängsachsen nicht mehr parallel, sondern die »5-1« wurde um 4° nach unten geneigt. Damit sollte das Ausklinken sicherer werden. Auch die Steuerung des Experimentalflugzeuges wurde überarbeitet.

Der nächste Flug verlief dann ohne Zwischenfälle. Im 3. Flug am 5. September 1948 setzte der Pilot die »5-1« bei der Landung mit großer Querneigung zuerst mit dem linken Randbogen auf. Im Ergebnis gab es eine Bruchlandung, das Flugzeug war nicht mehr reparabel. Ursache für die Komplikationen bei der Landung war ein sehr ungünstiges Verhältnis von Längs- und Querstabilität, das auch schon im Windkanal festgestellt worden war.

Beim Bau des nächsten Flugzeuges, der »5-2«, versuchten die Konstrukteure diesen Defekt zu beseitigen. Insbesondere war das Leitwerk stärker gepfeilt und verlängert worden. Das Flugzeug »5-2« sollte von dem später berühmten Testpiloten G. M. **Schijanow** gesteuert werden.

Am 26. Januar 1949 hob W. A. **Ginze** mit seiner Pe-8 die »5-2« zu ihrem ersten Flug in die Höhe. Dieser verlief bis auf die Landung zufriedenstellend. Es gelang Schijanow nicht, auf dem Flugplatz zu landen, und so gab es wieder Bruch. Es erwies sich als äußerst schwierig, mit diesen Experimentalflugzeugen eine einigermaßen genaue visuelle Landeeinteilung vorzunehmen, insbesondere im ersten Flug.

Bei der Reparatur wurde das Flugzeug weiter verbessert. Der zweite Flug der »5-2« verlief danach erfolgreich. Das Steuerverhalten des Flugzeuges erwies sich aber nach wie vor als unzureichend.

Nunmehr modifizierten die Konstrukteure radikal die Tragfläche der »5-2«. Ins-

Insgesamt 3 Flüge führte die Pe-8 mit dem Forschungsflugzeug »5-1« ohne aktiven Antrieb durch. Kommandant der Pe-8 war W. A. Ginze, die »5-1« steuerte A. K. Pachomow.
Foto LII, Archiv Subbotin

besondere wurden stark nach unten geneigte Randbogen angesetzt. Bis zum Juni 1949 trug die Pe-8 die modifizierte »5-2« noch sechsmal zum Start in den Himmel. Die höchste Geschwindigkeit erreichte das Experimentalflugzeug bei einem dieser Flüge mit $M = 0,775$ in 5400 m Höhe. Auch die nicht-

umkehrbare Boostersteuerung funktionierte jetzt ohne Beanstandungen.

Nunmehr begannen die Vorbereitungen für die Flüge mit aktivem Antrieb. Unbekannt ist, warum an dieser Stelle das Erprobungsprogramm abgebrochen wurde. Zur gleichen Zeit jedoch begann die Realisierung

Das Forschungsflugzeug »5-2« unter der Pe-8. Die Flugerprobung begann im Januar 1949.
Foto LII, Archiv Subbotin

Die modifizierte »5-2« wird von der Pe-8 im Sommer 1949 in den Himmel getragen. Kommandant der Pe-8 ist wieder W. A. Ginze, die »5-2« wird gesteuert von G. M. Schijanow. Foto LII, Archiv Kosminkow

Obwohl seit 1944 nicht mehr gebaut, stellte sich schon bald nach Kriegsende neuer Bedarf an der Pe-8 ein. Es waren die Polarflieger, die sich an den leistungsfähigen und zuverlässigen Bomber erinnerten.

Im Auftrage der Hauptverwaltung des Nördlichen Seeweges, kurz Glawsewmorputi genannt, wandte sich der Polarflieger I. I. Tscherewitschny an Chefkonstrukteur J. F. Neswal mit dem Vorschlag, zwei Pe-8 für arktische Fernflüge umzurüsten. Die Luftfahrtindustrie nahm den Vorschlag an. Aus den beiden ausgewählten Pe-8 wurde die Bewaffnung ausgebaut, alle nicht mehr benötigten Luken und Öffnungen der Zelle sauber verkleidet und die umfangreiche Spezialausrüstung installiert.

Neswal und Tscherewitschny erarbeiteten gemeinsam die Betriebsvorschrift für den Einsatz in der Polarluftflotte. Eine der bei-

eines ähnlichen Versuchsprogramms mit dem Raketenflugzeug »346«, das deutsche Konstrukteure unter Leitung von Heinz Roessing im OKB-2 aus der DFS 346 entwickelt hatten. Dieses Experimentalflugzeug wurde aber nicht mehr von der Pe-8, sondern von einer B-29 getragen.

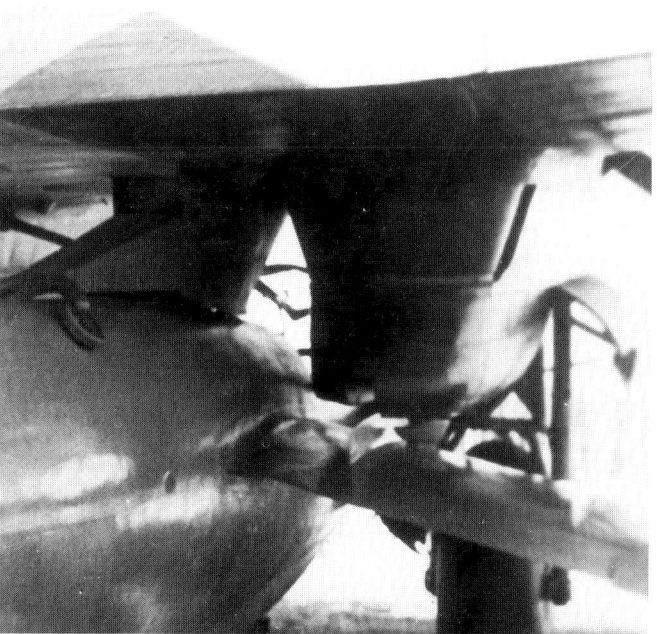

Die modifizierte »5-2« unter der Pe-8. Wegen der großen Masse des Flugzeuges von 1710 kg mußte der Aufhängepunkt verstärkt werden. Auf der Tragflächenoberseite sind die Verstärkungen zu sehen. Gut zu erkennen ist die Verkleidung des ehemaligen zentralen Schützenstandes. Foto LII, Archiv Kosminkow

Hier ist die Befestigung der »5-2« am Pylon unter der Pe-8 zu sehen. Zum Rumpf hin führt eine zusätzliche Strebe. Foto LII, Archiv Kosminkow

Die hier im Vordergrund zu sehende Pe-8 ist vermutlich die CCCP-H395 mit ASch-82. Das Foto entstand im Juni 1947 in Dickson, einer der wichtigsten Stützpunkte der Polarluftflotte an der Karasee. Im Hintergrund 2 C-47. Foto Lispekow, Zentrales Staatsarchiv Film- und Fotodokumente

den Maschinen übernahm **Tscherewitschny** selbst, die zweite war für den Polarflieger W. N. **Sadkow** vorgesehen.

Im Frühjahr 1980 wurde der 11. Mittelschule von Scholkowo bei Moskau der Name »Held der Sowjetunion Iwan Iwanowitsch Tscherewitschny« verliehen. Es war dies die Anerkennung für die Arbeit der Schüler bei der Aufklärung des Schicksals einer Pe-8.

Das Flugzeug war 1979 wiederentdeckt worden. Genauer gesagt, es war nicht ein Flugzeug, sondern die Reste seiner Trümmer. Diese lagen auf der Halbinsel Chara-Tumus, östlich des Taimyr. Folgendes hatten die Schüler in Erfahrung gebracht.

Die orange lackierte Pe-8 CCCP-H395 der Polarluftflotte führte 1947 einen Flug von Moskau nach Mys Schmidt durch. Kommandant war I. I. **Tscherewitschny,** als Navigator flog W. I. **Akkuratow.** Als am 7. Juni 1947 die Maschine von Mys Kosisty startete, fielen plötzlich alle vier Triebwerke aus. Der Versuch, den Flugplatz wieder zu erreichen, schlug fehl, und **Tscherewitschny** führte in der sumpfigen Tundra, weniger als einen Kilometer vom Flugplatz entfernt, eine Notlandung durch. Dabei wurde das Flugzeug zwar so zerstört, daß an eine Reparatur nicht zu denken war, aber die Besatzung blieb am Leben. Ursache des Unglücks war wohl die

schlechte Konzentration des Bordmechanikers gewesen, der durch eine Fehlschaltung die Kraftstoffversorgung der Triebwerke unterbrochen hatte.

Die »H395« war die erste von der Polarluftflotte eingesetzte Pe-8. Heute ist sie – oder besser das, was von ihr übrig blieb – die letzte noch vorhandene Maschine dieses Typs. Die Fotos zeigen die Reste der »H395«. Die Metallreste führten im Rumpf einer Il-76 ihren letzten Flug nach Monino bei Moskau durch, wo sie vorerst im Museum der russischen Luftstreitkräfte lagern. In Kasan glaubt man, den Bomber damit rekonstruieren zu können. Wir können nur hoffen, daß dies gelingt, und daß das Bemühen Tatarstans um seine staatliche Unabhängigkeit von Rußland dieses Vorhaben nicht behindert.

Naturerscheinung

1946 erlebte die Besatzung einer Pe-8 ein Naturschauspiel. Die Maschine kehrte von der arktischen Eisaufklärung nach Moskau zurück und flog in 1200 m Höhe in den Wolken über den Njandomy-Wäldern des Gebietes Wologda. Die Temperatur der umgebenden Luft betrug $-14\,°C$.

Da bemerkte der Copilot G. I. **Samochin,** wie am rechten Randbogen, neben dem grünen Positionslicht, ein leuchtend weißes Kügelchen auftauchte. Dieses Kügelchen bewegte sich an der Tragflächenvorderkante langsam zum Rumpf hin, bis es der Pilot nicht mehr sehen konnte.

Zur gleichen Zeit fragte Chefnavigator W. I. **Akkuratow** den Navigator der Pe-8, N. W. **Subow,** nach der Farbe der Leuchtkugel für die Freund-Feind-Erkennung, wenn jetzt das Flugzeug die Wolken verlassen würde. »Weiß, Genosse Navigator«, antwortete **Subow** mit der Leuchtpistole in der Hand, als plötzlich ein weißes Kügelchen neben seinem Kopf aufleuchtete. »Navigator! Was ist denn los!? Kannst Du nicht mit der Leuchtpistole umgehen?«, brüllte **Akkuratow** und begriff aber sogleich: ein Kugelblitz! Vor Jahren schon hatte er einmal so ein Ding erlebt. Die Kugel bewegte sich langsam an der linken Bordwand entlang auf W. I. **Akkuratow** zu und blieb in 30–40 cm Entfernung vor dessen Gesicht stehen. Dann änderte sich die Farbe des Blitzes langsam ins Grünliche, und die Kugel schwebte weiter nach hinten zur Luke, wo die Füße des Funkers O. A. **Kuksin** zu sehen waren.

»Oleg!«, dröhnte **Akkuratow,** »den Sender ausschalten!« Aber es war schon zu spät. Mit einem ohrenbetäubenden Knall explodierte der Kugelblitz unter dem Funkersitz. Schwarzer Rauch füllte die Kabine, und die Bordsprechanlage versagte.

Akkuratow arbeitete sich durch den Qualm zu den Piloten hinauf: »Notsinken! Hindernisfreiheit hier 240 m!« Der Bord-

Ein Polarflieger am Steuer der Pe-8. Vielleicht hält der ehemalige Bomber gerade Kurs auf den Nordpol. Vermutlich ist hier Georgi Iwanowitsch Samochin abgebildet. Archiv Museum des Arktisch-Antarktischen Institutes

ingenieur, die Techniker und der Funker bekämpften das Feuer im Rumpf. Als es endlich gelöscht war, wunderte sich Oleg **Kuksin:** »Das war ein verrückter Kurzschluß! Hauptstation und Bordsprechanlage sind ausgefallen. Und überhaupt, wie es meinen Sitz zugerichtet hat, sogar die Streben sind abgeschmolzen!«

Reste der letzten »erhaltenen« Pe-8, des Polarflugzeuges CCCP-H395, nach ihrem Transport nach Monino. Aufgenommen 1986. Foto Autor

Die CCCP-H396 mit ASch-82FN, das größte Flugzeug der Expedition »Nordpol-2«, auf der Basis in Tiksi. Bis zum Nordpol über Mys Schmidt sind es von hier noch Tausende Kilometer. Staatsarchiv Film- und Fotodokumente St. Petersburg

Nun, die erfahrene Besatzung brachte die Situation wieder unter Kontrolle. In 400 m Höhe flog die Pe-8 bald wieder zuverlässig über die Wälder in Richtung Moskau.

»Norden-2«

Im April/Mai 1948 führte das Arktische Wissenschaftliche Forschungsinstitut der AW der UdSSR seine erste große Expedition nach dem Kriege durch. Unter der Bezeichnung »Norden-2« sollten bei dem Unternehmen von Mys Schmidt aus zwei Hauptbasen und sieben Hilfspunkte für Forschungen im Arktischen Ozean errichtet werden.

Fliegerischer Leiter der Expedition war Held der Sowjetunion I. P. **Masuruk**. Ihm stand eine Flotte von sechs Li-2, vier Il-12 und einer Pe-8 zur Verfügung. Kommandant der blau lackierten Pe-8 mit dem Kennzeichen CCCP-H419 war W. N. **Sadkow**. Er sollte vor allem die zeitweiligen Stützpunkte mit Fracht und Flugbenzin versorgen.

Diese erste komplexe Forschungsexpedition stützte sich auf mehrere getrennt handelnde Gruppen, sogenannte »springende Abteilungen«, die planmäßig von Punkt zu Punkt fliegen und dort ihre Untersuchungen über mehrere Tage durchführen sollten. Diese komplexen Expeditionen »Norden«

werden in dieser Art bis heute regelmäßig durchgeführt.

Am 11. April 1948 sollte die schwere Maschine W. N. **Sadkows** zum ersten Mal eingesetzt werden. Am Tag vorher hatte man auf Grund der Informationen aus dem »Lager I« entschieden, das Fahrwerk nicht auf Skier umzurüsten und damit die Nutzlast um nahezu zwei Tonnen zu erhöhen.

Als Copilot wollte an diesem Flug der Expeditionsleiter und erfahrene Marineflieger A. A. **Kusnezow** selbst teilnehmen. In Tiksi, auf dem Weg zum Flugzeug, traf er einen 24jährigen Bordmechaniker der Pe-8.

Der junge Mann war W. M. **Wodopjanow**, der Sohn des bekannten Fliegers. Fünf Stunden später begrüßte er seinen

Die rechten Triebwerke laufen schon warm und die Letzten der Besatzung gehen an Bord. Bald wird die Pe-8 im Arktischen Ozean landen. Die Triebwerke ASch-82FN sind hier noch mit Flammenvernichtern ausgerüstet – sichere Zeichen eines Nachtbombers. Staatsarchiv Film- und Fotodokumente, St. Petersburg

Die Basis der Expedition »Nordpol-2« in Tiksi an der Laptewsee 1950. Auf dem Hügel sind die Antennen eines Funkfeuers, vermutlich eines Vierkurs-funkfeuers, zu erkennen. Im Vordergrund die Pe-8 CCCP-H396, links von ihr eine Il-12, rechts eine Tu-2 und eine Li-2.
Staatsarchiv Film- und Fotodokumente St. Petersburg

Hier werden die ASch-82 zum Anlassen vorbereitet, indem die Luftschraube einige Male durchgedreht wird. Die Pe-8 steht noch auf dem Festland, denn im Hintergrund sind einige Felsen zu erkennen. Die Aufschrift am Bug bedeutet »Polarluftflotte«. Archiv Petrow

Vater im Gebiet nördlich der Neusibirischen Inseln.

Der Einsatz der Pe-8 wurde ein voller Erfolg. Sobald ein zeitweiliges Lager eröffnet worden war, begann seine Versorgung durch den »fliegenden Tanker« Sadkows. Mehrere Tage hintereinander pendelte er dann zwischen Tiksi und dem betreffenden Lager. Ein Aufenthalt dauerte mindestens zwei Stunden. Entladen wurde die Fracht, meist Benzinfässer, über eine schiefe Ebene aus der Seitentür heraus. Danach mußten die Triebwerke vorgewärmt werden, und erst dann ging es an die unmittelbaren Startvorbereitungen.

Insgesamt wurden auf diese Art und Weise drei große Lager versorgt. Die Rückauslastung war in der Regel immer die gleiche: In der Mitte des riesigen Rumpfes stand eine einzige Kiste mit den jeweils letzten Untersuchungsergebnissen, den Proben von Meereswasser aus verschiedenen Tiefen, Plankton, Bodenproben vom Meeresgrund u. ä.

Überragendes Ereignis, mit dem »Norden-2« wissenschaftlichen Ruhm erlangte, war die Entdeckung des Lomonossow-Rückens auf dem Grund des Arktischen Ozeans.

»Norden-4«

Am 17. Mai 1949 landete die CCCP-H419 um 11:15 Uhr in Moskau. Eine größere Gruppe lief auf die Pe-8 zu. Die Tür öffnete sich, und der stellvertretende Stabschef der Expedition »Norden-4«, Jewgeni Susjumow, erschien mit einem Eimer in der Hand. »Empfangt das Geschenk des Nordpols!« rief er laut. Viele Hände entrissen ihm den Eimer, und die Menschen bewarfen sich bei +27 °C mit dem darin enthaltenen Schnee. Vor 18 Stunden hatte dieser noch auf dem Nordpol gelegen. Das war das Finale eines der bemerkenswertesten Pe-8-Flüge überhaupt.

Initiatoren dieses selbst heute noch beeindruckenden Fluges waren Kommandant W. N. Sadkow und der Chefnavigator von »Norden-4« A. P. Schtepenko. Ihren Berechnungen zufolge sollte ein Flug gelingen, mit dem die Expeditionsleitung zum Abschluß

des Unternehmens »Norden-4« ohne Zwischenlandung nach Moskau zurückfliegen könnte.

Das letzte Lager der Expedition wurde am 16. Mai 1949 am 89. Breitengrad geschlossen. Die Flugzeuge von W. I. Maslennikow und F. A. Schatrow waren schon gestartet, und im Eis standen noch die Li-2 des Kommandanten P. P. Moskalenko sowie die Pe-8. Erst als beide Flugzeuge startbereit waren, durfte die Li-2 starten. Sie kreiste nun über dem Eisfeld und überwachte den Start der Pe-8. Um 18:18 Uhr lösten sich deren Räder vom Eis. Mit einem Flächenwackeln verabschiedeten sich die beiden Besatzungen voneinander: die Li-2 flog nach Süden, die Pe-8 nach Norden.

An Bord der Maschine befanden sich die Besatzung

Kommandant	W. N. Sadkow
Co-Pilot	G. I. Samochin
Navigator	N. W. Subow
Funker	O. A. Kuksin
1. Bordmechaniker	I. M. Korotajew
2. Bordmechaniker	W. M. Wodopjanow

und die Passagiere
A. A. Kusnezow, der Expeditionsleiter und Chef der Glawsewmorputi,
A. P. Schtepenko, der Chefnavigator und Stabschef der Expedition,
Dr. sc. nat. W. Ch. Bujnitzki, der wissenschaftliche Leiter der Expedition,
B. W. Roshkow, der Inspekteur des Funkdienstes,
J. M. Susjumow, der stellvertretende Stabschef der Expedition
sowie der Kameramann M. A. Trojanowski.

In 2000 m Höhe überflog der ehemalige Bomber um 19:05 Uhr den Nordpol, über dem ein Wimpel abgeworfen wurde. Obwohl 1949 dieser Punkt schon nahezu alle seine Geheimnisse preisgegeben hatte, übte er immer noch seine magische Wirkung aus. Mit einer Linkskurve nahm die Pe-8 Südkurs auf dem 58. östlichen Meridian.

Wechselvoll verlief dieser über 17 Stunden dauernde Flug. Im Fluge füllte die Besatzung gar die Kraftstoffanlage aus Fässern nach, um die 5000 km zu überbrücken.

»Nordpol-2«

Trotz allen gesammelten wissenschaftlichen Materials blieb der Jahreszyklus der meteorologischen und hydrologischen Prozesse in der Arktis in vielen Punkten unklar. Deswegen beschloß die AW der UdSSR, eine neue driftende Polarstation, die »Nordpol-2« zu errichten.

Von Mys Schmidt kommend, setzte am 31. März 1950 um 19:50 Uhr die Pe-8 CCCP-H396 auf das von der Expeditionsleitung ausgewählte Eisfeld mit der Position 76°02′N/193°00′E auf. Die Eisscholle selbst war etwa 3 m stark und hatte Abmessungen von ca. 2–13 km. Aus der wieder von W. N. Sadkow, seit kurzem Held der Sowjetunion, und seiner Besatzung geführten Pe-8 entstiegen die ersten 6 von 16 Polarforschern, die hier leben und arbeiten wollten. Die Geschichte der zweiten driftenden Polarstation der Menschheitsgeschichte hatte damit begonnen.

Insgesamt 60 Tonnen Fracht waren zur Station geflogen worden, ehe sie am 15. April 1950 offiziell eröffnet wurde. Auf 5 Monate war ihre Existenz berechnet.

Die Drift verlief aber in eine völlig unerwartete Richtung. Es wurde eine sogenannte zyklische Drift. Niemand hatte vorher gewußt, daß es so etwas wirklich gibt. Um dieses Neue weiterzuverfolgen, entschied die Glawsewmorputi, die Arbeit der »Nordpol-2« zu verlängern. Das erforderte neben dem Austausch eines Teils der Besatzung, bis zu 20 Tonnen Fracht nunmehr schon in die Nähe des Pols der relativen Unzulänglichkeit zu fliegen. Jetzt bestand nämlich die reale Aussicht, auf der Eisscholle überwintern zu müssen.

Zum Leiter dieser Expedition wurde M. W. Wodopjanow berufen. An Flugzeugen verfügte er über die Pe-8 W. N. Sadkows und zwei Li-2, die CCCP-H369 und die CCCP-H556. Das absolut neue Element dieses Unternehmens war das Fliegen in der Polarnacht. Nie hatte dies vorher jemand praktiziert.

Am 25. Oktober 1950 starteten die beiden Li-2 von Mys Schmidt in den Arktischen Ozean. Nach einigen Flugstunden aber nahmen die Funker die Information auf, daß das

Zum Rückflug startete zuerst **Ossipows** Li-2. Kurz vor dem Abheben krachte es fürchterlich,in der Polarnacht war nichts mehr zu sehen. Die Li-2 H369 existierte nicht mehr. Daß es keine Toten gab, war wohl mehr als einem glücklichen Umstand zu verdanken. Mit Schwierigkeiten konnte die Li-2 **Titlows** beide Besatzungen, darunter die Verletzten, zum Festland bringen.

Damit war die Erfüllung des Expeditionsauftrages, die Versorgung der »Nordpol-2« mit 12 Tonnen Fracht, kaum noch erfüllbar.

Unter diesen Bedingungen entschied **Wodopjanow,** der Pe-8 ihre ursprüngliche Funktion zurückzugeben und die Forschungsstation aus der Luft zu versorgen. Im Tiefflug wurden die Säcke mit Fleisch und Pelmeni, verlötete Kisten mit Zigaretten usw. abgeworfen.

Die Männer auf dem Eis funkten nach Beginn des »Bombardements« sofort, das »tierische Verhalten gegenüber den Lebensmitteln« zu beenden. Da aber alle entbehrlichen Besatzungsmitglieder, einschließlich Funker, im Schweiße ihres Angesichts die Tonnen aus der Tür beförderten, konnten die Alarmrufe nicht empfangen werden. Bald sendete man verzweifelt von Mys Schmidt und letztlich gar direkt aus Moskau an den Bomber über dem Ozean.

So erfuhr die ganze Arktis, daß das neueste »Wodopjanowsche Experiment« ein völliger Fehlschlag war. Lediglich die Pelmeni konnten von den Forschern gerettet werden. Als wären es Pilze, sammelten sie Tausende verstreute Pelmeni auf den Eis- und Schneefeldern ein.

Am 31. Oktober 1950 hatten die Forscher dann einen neuen Flugplatz geschaffen, und mit 4,5-Tonnen-Fracht beladen konnte die Pe-8 nach fünf Stunden Flug aus Tiksi im Eis landen. Begeistert beschrieb später der Kameramann J. P. **Jazun,** dem auch der Abschied von der Station bevorstand, diese Landung: »Im Leben habe ich keine schöneren Bilder aufgenommen. Die anfliegende Maschine war in der dunstigen Finsternis nur zu hören und zeigte sich erst durch ihre plötzlich aufflammenden Scheinwerfer. Diese helle Beleuchtung sank langsam auf das

Ein Leben für die Polarluftflotte. M. W. Wodopjanov vor dem Abflug einer seiner Expeditionen aus Moskau in den 50er Jahren. Foto A. Ustinow

etwa 900 m lange Landefeld in etwa zwei gleich große Teile zerbrochen war. Nach der kurzen Beratung über Funk entschieden sich die beiden Kommandanten M. A. **Titlow** und B. S. **Ossipow,** ihren Flug fortzusetzen. In der Polarnacht konnten sie dann auch meisterlich auf dem 500 m langen Eisstück landen.

Eine der aufregendsten Transportoperationen in der Arktis 1952: ein Hubschrauber Mi-1 im Bombenschacht der Pe-8 CCCP-562. Nicht eindeutig feststellbar ist der Triebwerkstyp der Pe-8. Es handelt sich um Doppelsterntriebwerke entweder des Typs ASch-72 oder ASch-82FN mit Luftschrauben AW-9E und Flügelnasenenteisung unmittelbar durch die Triebwerksabgase. Archiv Petrow

mit Fackeln beleuchtete Eis herab, und erst hier konnte man die Konturen des Flugzeuges erkennen.«

Elf Polarforscher blieben im Arktischen Ozean. Am 11. April 1951 wurden sie nach einer sehr schweren Überwinterung mit Flugzeugen zur Wrangel-Insel evakuiert.

Hubschrauber an Bord der Pe-8

1952 erhielt die Glawsewmorputi einen der ersten Hubschrauber Mi-1. Für den Einsatz im Arktischen Ozean war der Hubschrauber ein sehr nützliches Fluggerät, die Frage war nur, wie ihn dorthin bringen. Der Hubschrauber mit der Zulassung CCCP H-1 hatte nur eine zugelassene Flugzeit von 200 Stunden. Wenn er mit eigener Kraft in die Arktis flöge, wären diese Reserven schon bei der Ankunft verbraucht. Er mußte also transportiert werden.

Man erinnerte sich wieder der Pe-8. Im Bombenschacht der CCCP-H562 gelang es, den Hubschrauber aufzuhängen. Von Moskau aus beförderte dann der »Hubschrauberträger« die Mi-1 in der Zeit vom 1. bis 3. September 1952 in 10 Flugstunden zur Expeditionsbasis. Die Startmasse der Pe-8 erreichte dabei 31 495 kg. Die Besatzung während dieser Mission war:

Kommandant W. N. **Sadkow**
Copilot F. A. **Schatrow**
1. Bordmechaniker I. M. **Korotajew**
2. Bordmechaniker **Kunakow**
Funker O. A. **Kuksin.**

»Nordpol-3« und »Nordpol-4«

1954 wurde die Errichtung der driftenden Polarstationen »Nordpol-3« und »Nordpol-4« durch die Teilnahme von Journalisten weit bekannt. Bis dahin verliefen sowohl die sowjetischen als auch die amerikanischen Arktisforschungen nach dem Weltkrieg unter strengster Geheimhaltung.

Im Rahmen dieser Expedition wurde vermutlich letztmalig eine Pe-8 eingesetzt. Es war dies die CCCP-H562. Diese Maschine war vor 11 Jahren, 1943, in Kasan zum ersten Mal gestartet.

Für die Station »Nordpol-3« bestätigte der Expeditionsleiter und Chef der Glawsewmorputi W. F. **Burchanow** am 12. April 1954 ein Eisfeld bei der Position 86°00′N/175°45′W. Der Flugplatz war hier etwa 9 km vom eigentlichen Stationslager entfernt. Für die Frachttransporte vom Flugplatz zum Lager wurde seit dem 18. April gar ein Hubschrauber Mi-4 eingesetzt, der erstmalig vom Festland in das arktische Eis geflogen war.

Nachdem man etwa 100 Tonnen Fracht auf dieses Eisfeld geflogen hatte, startete Mitte Mai das vorerst letzte Flugzeug von der neuen Forschungsstation. Es war dies unsere Pe-8.

Für die Station »Nordpol-4« war am 8. April 1954 ein Eisfeld bei der Position 75°48′N/175°25′W bestimmt worden. Hierher wurden in den folgenden Wochen über 150 Tonnen Fracht transportiert. Bei dieser Station wurde neben der Mi-4 auch eine

An-2 eingesetzt. Der Hauptteil der Stationsbesatzung flog von Tiksi aus mit der Pe-8 zur Station.

Im Rahmen dieser Frühjahrsexpedition 1954 flog die Pe-8 CCCP-H562 auch zum geographischen Nordpol. Dort mußte die zeitweilige Forschungsgruppe des Geophysikers M. J. **Ostrjokin** mit Kraftstoff versorgt werden.

Als »fliegender Tanker« war im ehemaligen Bombenschacht der H562 ein zusätzlicher Kraftstofftank installiert worden. Die

Der Hubschrauber Mi-1 in seiner Befestigung im Bombenschacht der Pe-8. Über 31 Tonnen Startmasse erreichte das Flugzeug. Archiv Zeitschrift »Mir Aviacii«

Offiziell begann die Expedition am 25. März 1954 in Moskau. Das Unternehmen selbst war in drei Gruppen organisiert:

Gruppe 1: I. S. **Kotow** zum Aussetzen der Station »Nordpol-3«,

Gruppe 2: M. A. **Titlow** zum Aussetzen der Station »Nordpol-4«,

Gruppe 3: I. I. **Tscherewitschny** für zeitweilige Forschungspunkte im Eis. W. N. **Sadkow** flog mit der Pe-8 formell in der Gruppe **Titlow,** wurde aber praktisch im Interesse aller Gruppen eingesetzt.

Besatzung überflog am 30. Mai 1954 um 13:50 Uhr Moskauer Zeit den Nordpol und landete 10 Minuten später an diesem Punkt bei der kleinen Gruppe mutiger Polarforscher.

Die Station »Nordpol-3« existierte etwa ein Jahr und wurde am 20. April 1955 evakuiert.

Über 3 Jahre lang dagegen driftete die »Nordpol-4«. Bis zu ihrer Evakuierung im April 1957 arbeiteten drei verschiedene Besatzungen auf dieser Eisscholle.

In einigen Episoden wurde versucht, den fast 10 Jahre währenden Einsatz der Pe-8 in der Polarluftflotte zu zeigen. Eine lückenlose Dokumentation ist nicht möglich, da die Polarluftflotte 1961 aufgelöst worden war und das alte Archiv bis heute nicht aufzufinden ist. Es kann aber angenommen werden, daß hier alle eingesetzten Pe-8 Erwähnung fanden.

1970 fand in Moskau eine Jubiläumsveranstaltung zum 40. Jahrestag der Schaffung der Polarluftflotte statt. Unter den geladenen Gästen befanden sich Chefkonstrukteur J. F. **Neswal** und sein ehemaliger Stellvertreter für die Pe-8, A. G. **Agladse.** Der Festredner I. I. **Tscherewitschny** würdigte, daß das Konstruktionsbüro **Neswal,** so-

1954 startete von Moskau eine der größten Polarexpeditionen zum Errichten zweier driftender Polarstationen. Größtes Flugzeug war wiederum die Pe-8 CCCP-H562. Es war wohl auch der letzte Einsatz dieses Typs in der Polarluftflotte. Hier das Flugzeug bei der offiziellen Verabschiedung am 25. März Foto Rjumkin, Archiv Autor

fort nach dem Kriege, der Polarluftflotte die ersten Flugzeuge zur Verfügung stellte, die dann mit großer Zuladung auch Langstreckenflüge durchführen konnten und damit zur Erforschung der Arktis beitrugen.

Am Schluß des Abschnittes über die Pe-8 in der Polarluftflotte schließen sich noch die Biographien der beiden Polarflieger an, die für ihre Arktisflüge Helden der Sowjetunion wurden.

Jossif Fomitsch Neswal, der Chefkonstrukteur der TB-7/Pe-8 Foto: Archiv Shukowski-Museum

Die Pe-8 im Arktischen Ozean. Das Expeditionsgut ist schon teilweise entladen. Am 30. Mai 1954 landete die CCCP-H562 auch am geographischen Nordpol. Foto Rjumkin, Archiv Autor

Auf dem Flugplatz der Expedition an der Küste des Arktischen Ozeans werden die Triebwerke vorgeheizt. Im Hintergrund die Pe-8. Diesmal ist im Bombenschacht der CCCP-H562 ein Zusatztank zum Transport von Benzin für die driftenden Polarstationen installiert. Archiv Autor

Im August 1945 gab die sowjetische Post eine Briefmarkenserie »Sowjetische Flugzeuge im Großen Vaterländischen Krieg« heraus. Einer der 9 Werte zeigt die Pe-8 mit einer FAB-5000. Farbe: dunkelgrau, Auflage: 2 Millionen, Zeichnung: B. Liwanow. Die Briefmarkenserie wurde im April 1946 mit den gleichen Motiven wiederholt. Geändert wurden die Farben und Nominalwerte der 9 Marken. Farbe: dunkelgrün, Nominalwert: 1 Rubel, Auflage: 3 Millionen.
Archiv Autor

W. I. Akkuratow, der Chefnavigator der Polarluftflotte. 1937 hatte er auf dem Nordpol eine
Sternstunde. Unter dem Zwang der Situation
gebar er dort die Idee der Gitternavigation und
rettete damit Flugzeug und Besatzung. Im Krieg
wurde er bei der Havarie der 4214 schwer
verletzt. Nach dem Krieg lebte er wieder für
die Arktis. Auf diesem Bild trägt Akkuratow die
Uniform der AEROFLOT mit folgenden
Auszeichnungen: 2 Lenin-Orden, 2 Rotbannerorden, 2 Orden des Roten Sterns,
4 Rotbanner-Arbeitsorden, die Medaille
»Für Verdienste im Kampf«, die Medaille
»30. Jahrestag des Sieges«, die Gedenk-
medaille »800 Jahre Moskau«, die Medaille
»50 Jahre Streitkräfte der UdSSR«, weitere
2 Medaillen, das Abzeichen »Verdienter
Navigator«, die Qualifikationsspange der
AEROFLOT »Navigator 1. Klasse«, das
Abzeichen »Bester der AEROFLOT«. Das Foto
entstand Ende der 70er Jahre.
Archiv Autor

Wassili Nikiforowitsch Sadkow

W. N. **Sadkow** wurde am 15. August 1907 in
Wladiwostok in einer russischen Angestelltenfamilie geboren. 1925 beendete er die
9-Klassen-Schule, und im folgenden Jahr
begann er als Schweißerhelfer in der Fabrik
»Dalsawod« zu arbeiten. Seit 1927 diente er
in der Roten Armee. 1928 absolvierte er die
Leningrader Schule der Luftstreitkräfte und
1929 die Marinefliegerschule in Sewastopol.
Danach diente er in den Luftstreitkräften der
Schwarzmeerflotte und später als Staffelkommandeur in der Militärfliegerschule
Engels. W. N. **Sadkow** kämpfte im Sowjetisch-Finnischen und im Großen Vaterländischen Krieg. Als Pe-8-Kommandant der
Polarluftflotte wurde er am 6. Dezember
1949 »für Mut und Tapferkeit bei der Erfüllung einer Sonderaufgabe der Regierung« als
Held der Sowjetunion geehrt.

Sadkow lebt heute in Moskau.

Auszeichnungen: zwei Lenin-Orden,
zwei Orden des Vaterländischen Krieges
1. Klasse, Orden des Roten Sterns, Medaillen.

Iwan Iwanowitsch Tscherewitschny

I. I. **Tscherewitschny** wurde am 1. April 1909
in Olwipole, dem heutigen Perwomaisk, im
Gebiet Nikolajew (Ukraine) in einer russischen Arbeiterfamilie geboren. Er beendete
eine 7-Klassen-Schule und diente von 1928
bis 1930 und von 1932 bis 1933 in der Roten
Armee. 1929 beendete er eine Theoretische
Fliegerschule und 1932 die Vereinigte Militärschule für Flieger und Techniker. Seit
1934 flog er in der Polarluftflotte. Er erwarb
sich Verdienste beim Aufbau des Luftver-
kehrs in Sibirien, bei der Sicherstellung des
Nördlichen Seeweges. 1938 war er an der
dramatischen Evakuierung der Papanin-Ex-
pedition aus dem arktischen Eis bei Grön-
land beteiligt. Im 1. Halbjahr 1941 leitete er
die erste Polarexpedition der Welt zum nördlichen Pol der relativen Unzugänglichkeit.
Während des Krieges war er an der fliegerischen Sicherstellung des strategisch wichtigen Nördlichen Seeweges beteiligt. Dabei
wurde seine Besatzung mehrmals in Kampfhandlungen im westlichen Nordpolarmeer
verwickelt.

Für die langjährige Arbeit in der Polarluftflotte und den dabei gezeigten persönlichen Mut wurde er am 6. Dezember 1949
mit dem Titel »Held der Sowjetunion« geehrt. In den Jahren 1955 bis 1957 leitete er
den fliegerischen Teil der sowjetischen Ant-
arktisexpeditionen.

Tscherewitschny starb am 15. Februar
1971.

Auszeichnungen: drei Lenin-Orden, Rotbannerorden, zwei Rotbanner-Arbeitsorden, Orden des Roten Sterns, Orden »Zeichen der Ehre«, Medaillen.

Am 1. März 1953 erlitt **Stalin** einen Insult. Er
kam nicht mehr zu Bewußtsein. Am 5. März
wurde sein Tod bekanntgegeben.

In der Arktis flogen die verbliebenen Pe-8
ihre letzten Flugstunden. Auf den Flugzeug-
friedhöfen, in den abgelegenen Winkeln verschiedener Flugplätze des Riesenlandes, ver-
rotteten Rümpfe und Flächen des einstmals
so begehrten Fernbombers.

In der Sowjetunion begann die sogenannte
Periode des Tauwetters.

In der Fliegerei hatte die Ära der Strahl-
flugzeuge längst begonnen.

4. Die Pe-8 und ihre Veteranen heute

Unsere Geschichte der Pe-8 begann vor fast 60 Jahren und war vor etwa 40 Jahren beendet.

Was ist aus den Helden unseres Buches geworden?

Was ist heute noch davon zu finden?

Die Antworten auf solche Fragen könnten schnell ein neues Buch füllen. Hier wollen wir uns beschränken: Einige Bilder sollen die Brücke zur Gegenwart bilden.

Treffen der Pe-8-Veteranen in Moskau am 8. April 1978. Einige dem Leser bekannte Flieger auf diesem Bild sind: W. I. Akkuratow (1), A. S. Dodonow (2), K. P. Ikonnikow (3), M. N. Kaminski (4), W. W. Pnomarenko (5), S. F. Uschakow (6), S. S. Sugak (7)

Oberst K. P. Ikonnikow war bis Mitte der
80er Jahre Dozent an der Testfliegerschule beim
Flugerprobungsinstitut LII »M. M. Gromow«
in Shukowski. Foto Traditionsverband

Am ehemaligen Stabsgebäude der Pe-8-Divi-
sion, dem »Hotel«, heute Kulturhaus, wurde im
Oktober 1981 eine Erinnerungstafel angebracht.
Der Text lautet:
Hier befand sich von 1941 bis 1944 die Basis
der 45. Gomeler Fliegerdivision der ADD der
strategischen Bomber
Пе-8.
Für die erfolgreiche Erfüllung spezieller
Kampfaufgaben wurde den Teilen der Division
Ehrennamen verliehen:
25. Orlowsker Gardegeschwader
890. Brjansker Geschwader
362. Rigaer Geschwader

A. N. Tupolew mit seinen Kindern Julia Andre-
jewna und Alexej Andrejewitsch. Nach dem Tod
des Vaters am 22. Dezember 1972 wurde sein
Sohn Generalkonstrukteur und leitete die Firma
bis zum April 1992. Jetzt ist er Mitarbeiter in der
Firma. Foto A. W. Ustinow

Im Konstruktionsbüro A. N. Tupolew stellte man sich am 4. Dezember 1959 am Modell
der Tu-124 dem Fotografen. Von links nach rechts: S. M. Jeger, A. N. Tupolew,
A. A. Archangelski, B. M. Kondorski, J. F. Neswal. Foto B. Je. Wdowenko

Das ehemalige 25. Orlowsker Gardegeschwader der Fernfliegerkräfte auf Pe-8, nach dem Krieg umbenannt in das 203. Garde-Bombenfliegergeschwader der 18. Luftarmee, gehört heute zu den Fernfliegern und fliegt bis jetzt den schon etwas betagten Überschallbomber Tu-22. Es ist auf dem Flugplatz Baranowitschi stationiert.

Pe-8-Veteranen zu Besuch in ihrem Geschwader. Hier im Traditionskabinett von links nach rechts: A. S. Dodonow, W. W. Ponomarenko, S. S. Sugak, der Kommandeur des Tu-22-Geschwaders und dessen Stellvertreter.
Archiv Traditionsverband

W. W. Ponomarenko, »Verdienter Militärflieger« und Veteran der Fernflieger, wurde als Oberst in die Reserve entlassen. Er wohnt heute in der Nähe Moskaus. Das Foto entstand 1987.
Foto Autor

Dieses Gebäude an der Ecke Uliza Radio und Nabereshnaja Akademika Tupolewa an dem Fluß Jausa in Moskau ist der Geburtsort der Pe-8. In den 30er Jahren wurde der Bau von A. N. Tupolew initiiert und nach dessen Fertigstellung zog hier die Konstruktionsabteilung des ZAGI, das sog. KOSOS ein. Der Name »Gebäude des KOSOS« ist bis heute üblich. In diesem Gebäude wurde 1937 A. N. Tupolew verhaftet. Von 1938 bis 1941 befand sich hier das Spezialgefängnis ZKB-29 des Volkskommissariats des Inneren, in dem u. a. die Gefangenen A. N. Tupolew und W. M. Petljakow einsaßen. Jetzt befindet sich hier natürlich das Konstruktionsbüro »A. N. Tupolew«, genau an der runden Hausecke ist eine große Gedenktafel für den Firmengründer befestigt. Hinter dem Gebäude steht das Werk, das früher die Nummer 156 trug, und in dem die ANT-42 und der Dubleur entstanden. Foto Autor

Berlin, am 9. Mai 1975. Sowjetische Kriegsveteranen ehren ihre gefallenen Kameraden im Treptower Park, wo 5000 Tote liegen. Im Vordergrund im hellen Anzug Puusepp, Präsident des Aeroklubs Estlands. *Archiv Agentur Novosti*

Großer Beliebtheit erfreut sich in Rußland das Sammeln von Abzeichen. Hier eine kleine Auswahl

E. K. Puusepp mit seiner Frau. Vom ersten bis zum letzten Kriegstag waren sie gemeinsam an der Front. Da das Ehepaar erst nach dem Krieg nach Estland zog, vorher gar noch in der Roten Armee diente, und damit keine Staatsbürgerschaft bekommt, ist seine materielle Lage derzeit katastrophal. 1992 mußten sie, beide über 80, ihr Häuschen verlassen, da der Alteigentümer von vor 1940 Ansprüche geltend machte. Im Winter zuvor hatte das Ehepaar schon keine Mittel mehr, Heizmaterial zu kaufen. Das Foto entstand im September 1978. Foto Autor

Am Denkmal für die Pe-8-Besatzungen auf dem Gelände des Flugerprobungsinstitutes am 7. Mai 1986. Die Inschrift lautet: Den Komsomolzen der brennenden 40er von der Jugend der 80er im Jahre 40 des großen Sieges. Im Kreis ist eine Pe-8 dargestellt

Im August 1983 zeigt der AEROFLOT-Pilot A. Kabatschenkow mit Vergnügen dem Flieger-Veteran E. K. Puusepp das Cockpit seiner Jak-40. Foto W. Rudko und Ju. Wendelin, Archiv Fotochronik TASS

Stetig vergrößert sich die Zahl der Pe-8-Veteranen, welche die letzte Linie überquert haben. Hier ein Grabstein auf dem Ehrenfriedhof von Shukowski. Die Inschrift lautet:
Held
der Sowjetunion
Garde-Oberstleutnant
TSCHURILIN
ARSENI PAWLOWITSCH
1909–1957   Foto Autor

Links liegt die Seitenleitwerksflosse und in der Bildmitte ein Tragflächenholm

Hier liegt ein Stück Rumpfschale, offensichtlich mit der rechten Tür und den Fenstern.

Die letzten noch vorhandenen Trümmer einer Pe-8, die der 1947 in der Arktis havarierten CCCP-H395. Diese triesten Fotos wurden im Sommer 1986 im Museum der Luftstreitkräfte in Monino aufgenommen. Noch glimmt die Hoffnung auf eine Rekonstruktion des Bombers. Fotos Autor

Diese Start- und Landebahn wurde von den Pe-8 kaum genutzt

Training zur Flugshow im August 1992 über Shukowski. Zwei MIG-29 verlassen den Tanker Il-78
Foto: S. P. Paschkowski

Der Flugplatz

August 1992, Moskau, große Airshow in Shukowski. Tausende und Abertausende Menschen defilieren innerhalb einer Woche an den auf einer Start- und Landebahn ausgestellten Fluggeräten entlang, fassen an und diskutieren. Kaum einer der vielen Tausend weiß, daß er sich auf genau der Start- und Landebahn bewegt, auf der von 1942 bis 1944 die Fernbomber Pe-8 der 45. Division ins Gefecht starteten.

Auf dem Flugplatzfoto befindet sich diese Runway ganz links im Bild. Auf ihr sind die Exponate ausgestellt. Diese Bahn war schon vor dem Krieg von 2 auf 3 km verlängert worden. Im oberen linken Bildrand befinden sich die Anlagen der Firmen »A. N. **Tupolew**« und »S. W. **Iljuschin**«. Während des Krieges wuchsen hier die Bäume, unter denen die Pe-8 abgestellt waren. Die Runway, die von links quer in die Bildmitte läuft, existierte auch schon vor dem, war aber nur 1 km lang und wurde von den Pe-8 fast nicht genutzt. Auf dem Kartenschema vom 12. April 1943 ist oben links der Flugplatz gezeichnet. Diese Karte wurde gezeichnet,

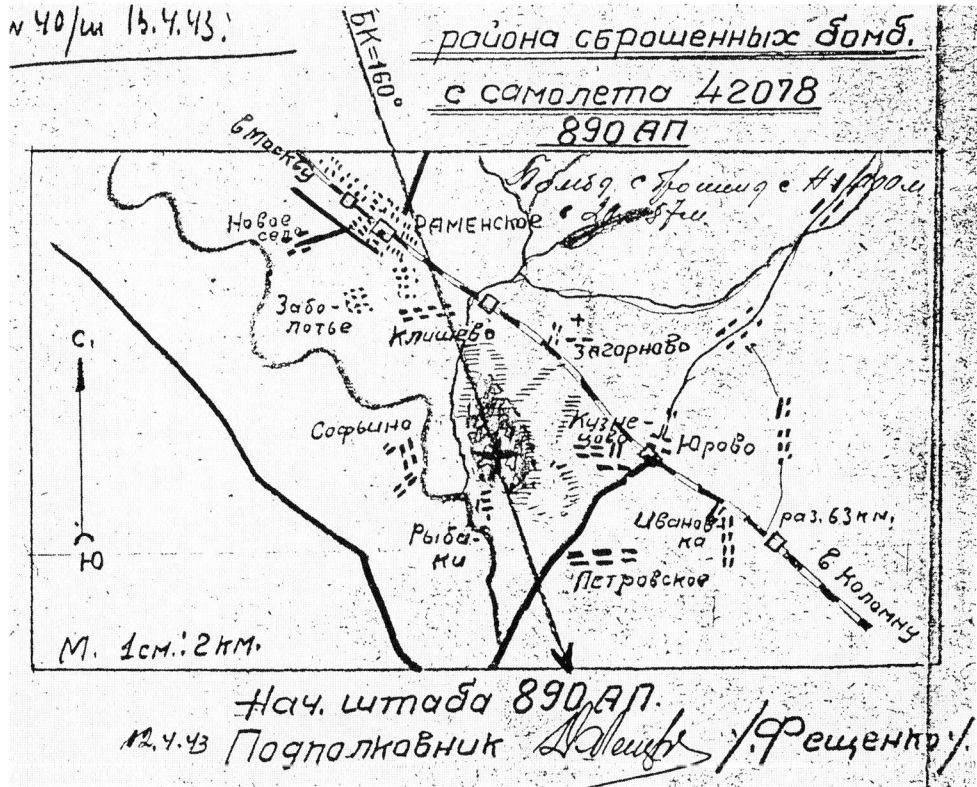

Schema aus dem Stab der 890. AP vom 12. April 1943. Links oben sind die beiden damals existierenden Start- und Landebahnen von Kratowo eingezeichnet

um den Ort zu fixieren, an dem die Besatzung der 42078 vom 890. AP ihre Bomben notabgeworfen hatte.

Dieser Flugplatz entstand unmittelbar neben den Neubauten des ZAGI und war 1940 als Basis des neugeschaffenen Flugerprobungsinstitutes der Luftfahrtindustrie (LII NKAP) in Betrieb genommen worden. Damals wurde er als Kratowo nach dem nächstliegenden Ort bezeichnet. Im Laufe der Zeit wurde dann die Bezeichnung Ramenskoe üblich, da dieser Ort viel bekannter und auch größer war. Nach dem Krieg entstand dort auf der Basis von ZAGI und LII ein gewaltiges Zentrum der Luftfahrtindustrie. Die Orte Nowoe Selo und Stachanowski Posolok verschwanden, es entstand eine ganz neue Stadt mit dem Namen Shukowski. Unter diesem Namen ist der Flugplatz heute bekannt, der nun regelmäßig die Besucher des Moskauer Luft- und Raumfahrtsalons empfängt.

An die Zeit der Pe-8 erinnert heute an der Einfahrt zum Flugplatz ein Denkmal.

Festliche Flugplatzatmosphäre in Berlin-Schönefeld zur ILA-92. Flieger im Gespräch.
In der Bildmitte von rechts nach links: Inspekteur Luftwaffe Generalleutnant J. Kuebart,
Oberst a. D. Dr. sc. M. L. Gallai, Befehlshaber der GUS-Luftstreitkräfte Generaloberst der Flieger
P. S. Deynekin.
Foto W. Kopenhagen

Die Abwurfbewaffnung der Pe-8

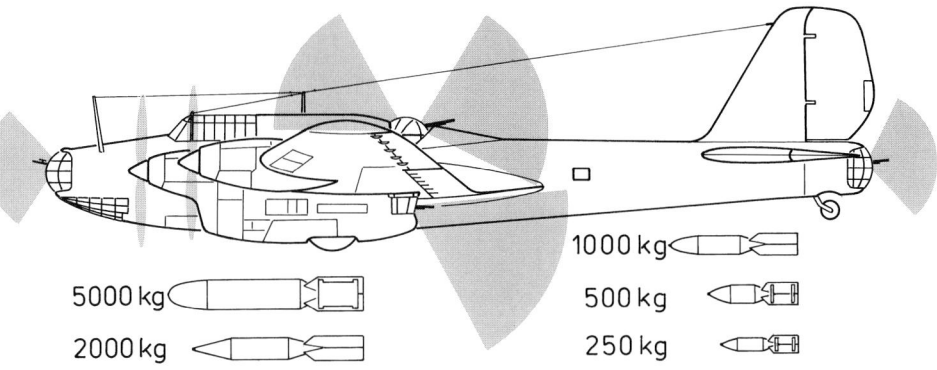

Die Hauptbewaffnung eines Bombers wurde entsprechend ihrer Bestimmung in drei Gruppen eingeteilt:

- Hauptbomben als eigentliche Angriffsmittel (Spreng-, Brand-, Splitterbomben usw.),
- Hilfsbomben zur Unterstützung des Einsatzes der Hauptbomben (insbesondere Leuchtbomben),
- Spezialbomben zur Lösung besonderer Aufgaben (Rauch-, Orientierungs-, Fotobomben u. ä.).

Die Pe-8 war für jede Bombenart mit einem eigenen Bombenschacht ausgestattet. Zur Beförderung größerer Bombenmassen besaß das Flugzeug zwischen Rumpf und innerem Triebwerk je eine Aufhängung für Außenlasten.

Sprengbomben

Diese Bomben trugen die Bezeichnung FAB (**f**ugasnaja **a**viacionnaja **b**omba) mit der Angabe des Kalibers. Auf den Zeichnungen sind Standardbewaffnungen mit Sprengbomben dargestellt. In der Praxis wurde von diesem Standard entsprechend der Einsatzziele ständig variiert.

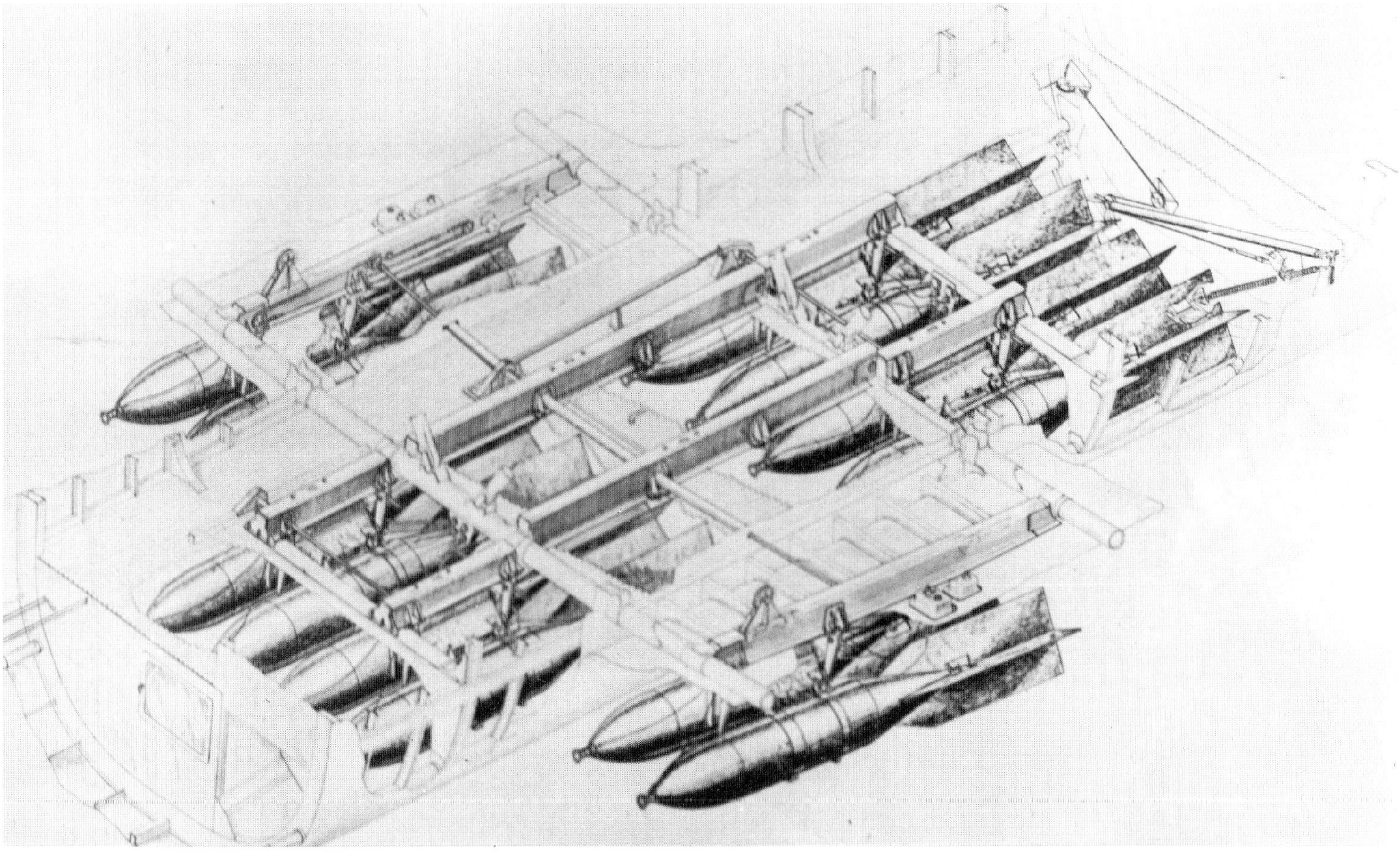

Eine plastische Darstellung der Unterbringung von 250-kg-Bomben in der Pe-8. Jeweils 2 sind als Außenlast an jeder Tragfläche befestigt. Archiv Autor

Folgende Kampfsätze waren von den Konstrukteuren als Standard vorgesehen:

FAB-100:
40 Bomben, befestigt an 10 Kassetten zu je 4 Bomben. 4 Kassetten als Außenlast. Gesamtmasse 4 Tonnen.

FAB-250:
12 Bomben, befestigt an 6 Kassetten zu je 2 Bomben. 2 Kassetten als Außenlast. Gesamtmasse 3 Tonnen.

FAB-500:
6 Bomben in Einzelaufhängung, 2 davon als Außenlast. Gesamtmasse 4 Tonnen.

FAB-1000:
4 Bomben in Einzelaufhängung, 2 davon als Außenlast. Gesamtmasse 4 Tonnen.

FAB-2000:
1 Bombe, aufgehangen an 2 Schlössern im Bombenschacht.

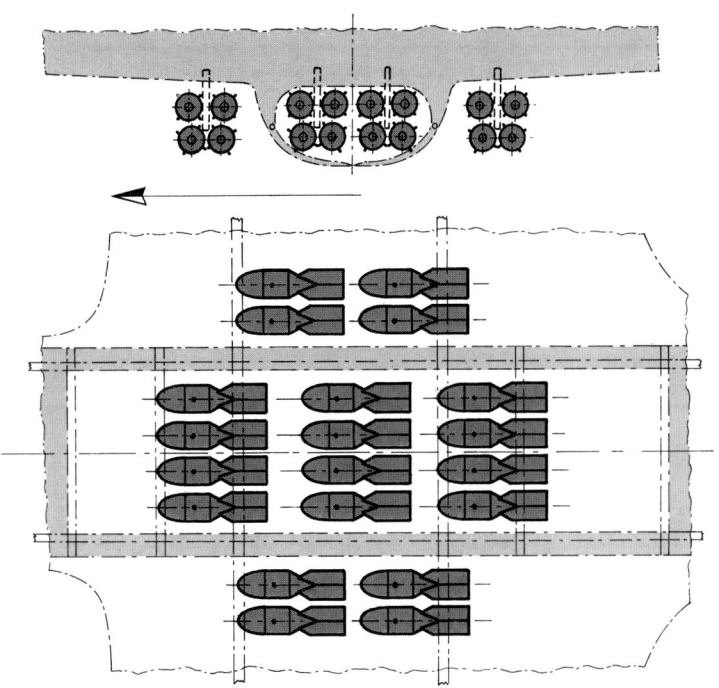

40 Sprengbomben FAB-100

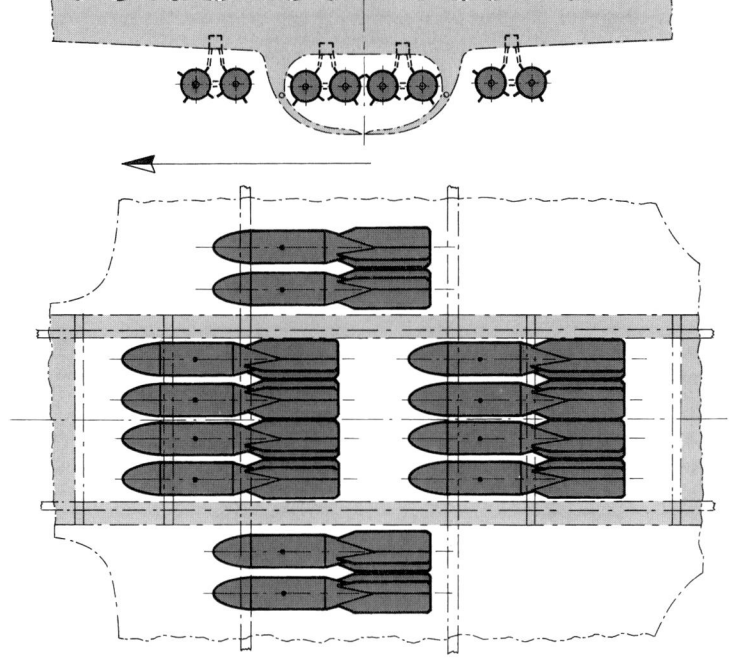

12 Sprengbomben FAB-250

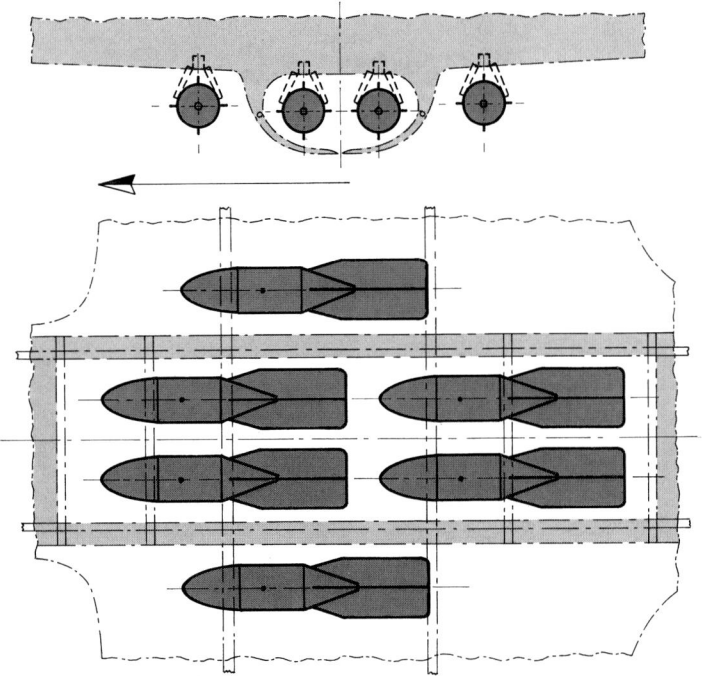

6 Sprengbomben FAB-500

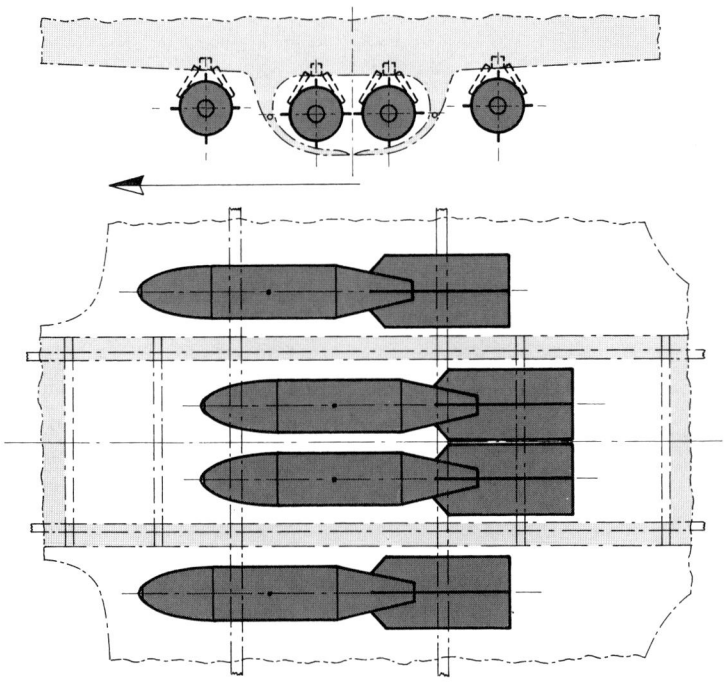

4 Sprengbomben FAB-1000

Eine FAB-1000 als Außenlast an der rechten Tragfläche der Pe-8. Man beachte die Anzeige für die Kühlerklappenstellung an der Triebwerksgondel links im Bild. Der Techniker befestigt hier die Sicherungsdrähte am Zündpropeller. Archiv GFI.

Brandbomben

Diese Bomben trugen die Bezeichnung ZAB (**z**ažigatelnaja **a**via**b**omba) und wurden in großer Vielfalt hergestellt. Die verbreitetsten waren folgende:

ZAB-100-ZK:
Spreng-Brandbombe, die schon vor dem Krieg produziert wurde und sich gut bewährte.
ZAB-100-65TSch:
Bombe, gefüllt mit 65 Brandkugeln (**t**ermitnye šary). Beim Aufschlag wurden die Kugeln durch Explosion verstreut.
ZAB-500-300TSch:
Bombe mit 500 Brandkugeln. Diese Bombe wurde ab Sommer 1942 vornehmlich gegen Bahnhöfe und Flugplätze eingesetzt. Konstruktiv handelte es sich um den mit Kugeln gefüllten Körper der FAB-500.

Am 22. Oktober 1944 meldete die 45. AD an den Chefingenieur der ADD, daß es im Truppenteil 24 mit ASch-82 und 2 mit ATsch-30B ausgerüstete Pe-8 gibt, die zwei FAB-2000 im Bombenschacht aufhängen können.

Die FAB-2000 war während des Krieges entwickelt und durch die 45. Division im Juli 1942 bei Angriffen auf den Eisenbahnknotenpunkt Brjansk erprobt worden.

Die FAB-5000NG, in der Division mit dem Spitznamen »Marija Iwanowna« bedacht, ist im Abschnitt »Superbombe« beschrieben.

Spreng- und Splitterbomben

Durch die Pe-8 wurden keine reinen Splitterbomben, sondern nur die Spreng- und Splitterbomben größeren Kalibers eingesetzt. Diese trugen die Bezeichnung OFAB (**o**sko-**lo**čno-**f**ugasnaja **a**via**b**omba). Das für die Pe-8 übliche Kaliber war die OFAB-100.

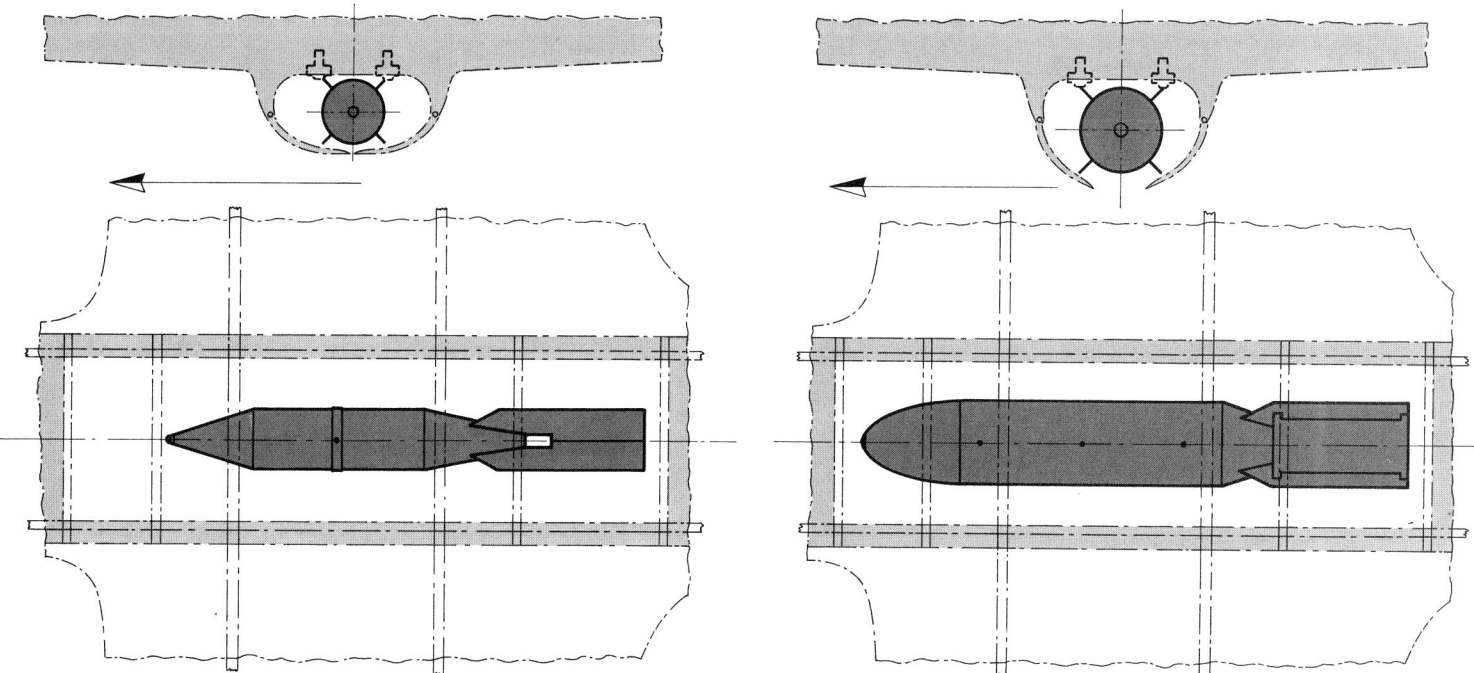

1 Sprengbombe FAB-2000   1 Sprengbombe FAB-5000

Rotations-Verstreuungsbomben

Diese Bomben waren schon vor dem Krieg entwickelt worden. Es handelte sich um aus einzelnen Teilen montierte Körper, die mit 1 bis 2,5 kg schweren Splitter- und Brandbomben gefüllt waren. Nach dem Abwurf öffneten die sich propellerartig zum Luftstrom angestellten Flügel des Stabilisators. Diese versetzten die Bombe im Fall so lange in Drehungen, bis der Körper zerriß und der Inhalt sich verstreute. Diese Bomben trugen die Bezeichnung RRAB (rotativno-rasseivajuščaja aviabomba) und wurden in den Kalibern 250, 500 und 1 000 kg eingesetzt.

Brückenbomben

Die Entwicklung dieser Bombe war im Krieg notwendig geworden, da die Fliegerkräfte außerordentliche Probleme bei der Zerstörung von Fachwerkbrücken hatten. Um die relativ kleinen Bauwerke exakt zu treffen, mußte tief geflogen werden. Dies wiederum gestattete nur den Einsatz kleiner Kaliber. Selbst wenn genau getroffen wurde, fielen die Bomben oft durch die Brückenkonstruktion und blieben wegen des geringen Kalibers ohne ausreichende Zerstörungskraft.

Letztlich entstand die Brückenbombe MAB-250 (mostovaja aviabomba). Es handelte sich um eine modifizierte FAB-250 mit Fangarmen. Die Bombe sank am Fallschirm. Damit konnte sie in geringer Höhe abgeworfen werden, denn das Flugzeug schaffte es, der Druckwelle zu entkommen. Wenn einer der Fangarme die Brückenkonstruktion berührte, arbeitete der Zünder.

Behälter mit brennbarer Flüssigkeit

Zur Vernichtung von Flächenzielen konnte die Pe-8 Behälter mit brennbarer Flüssigkeit mitführen. Beim Überflug des Zieles wurden diese geöffnet, und die Flüssigkeit ergoß sich ins Ziel. Diese Behälter wurden als WAP (vylivnoj aviacionnyj pripor) bezeichnet und in den beiden Kalibern 500 und 1 000 eingesetzt. Die WAP wurden stets als Außenlasten befördert.

An der linken Außenaufhängung wird eine Rotations-Verstreuungsbombe RRAB-2000 befestigt. Am Boden befinden sich die Techniker N. W. Berlin und Bondarenko. Auf der Leiter steht W. S. Lebedjew. Kratowo, 1943. Archiv Traditionsverband

Eine Pe-8 beim Abbremsen vor dem Start. Als Außenlasten befördert der Bomber je einen Behälter mit brennbarer Flüssigkeit WAP-1000. Archiv Petrow

Leuchtbomben

Die normalen Leuchtbomben trugen die Bezeichnung SAB (svetjaščaj aviabomba) und wurden in den verschiedensten Varianten eingesetzt. In der Pe-8 wurden diese Bomben in einem eigenen Bombenschacht im Rumpfbug untergebracht, und der Navigator konnte sie unabhängig von der geschlossenen großen Bombenluke abwerfen.

Folgende Kaliber waren üblich:
SAB-15, SAB-20-25, SAB-100-55, SAB-100-75.

So brannte z. B. die SAB-100-55 vier Minuten lang und verbreitete eine Helligkeit von 1 400 000 Candela. Diese Bombe war ab Ende 1942 anstelle der noch vor dem Krieg entwickelten SAB-100 mit acht Minuten Leuchtdauer produziert worden.

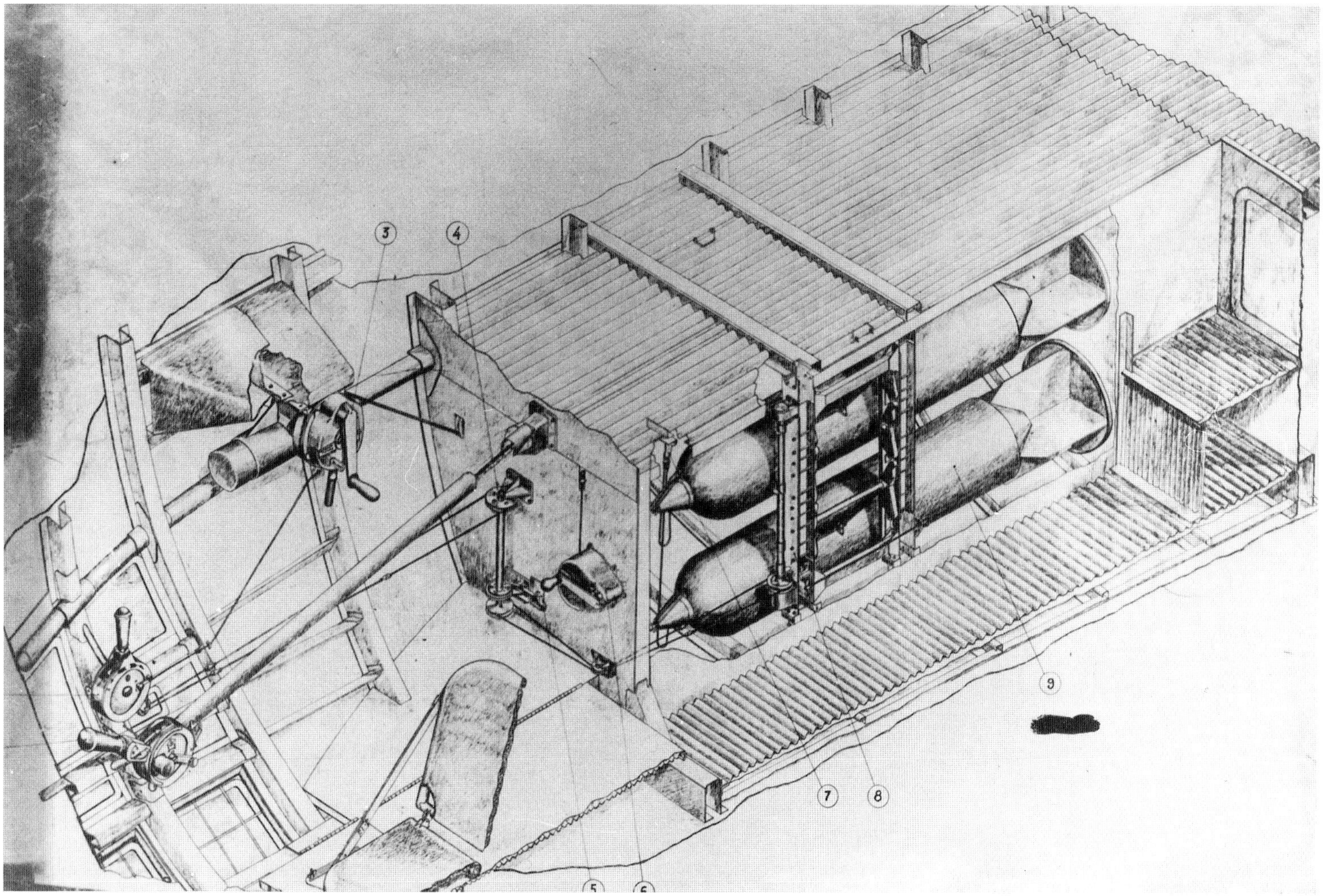

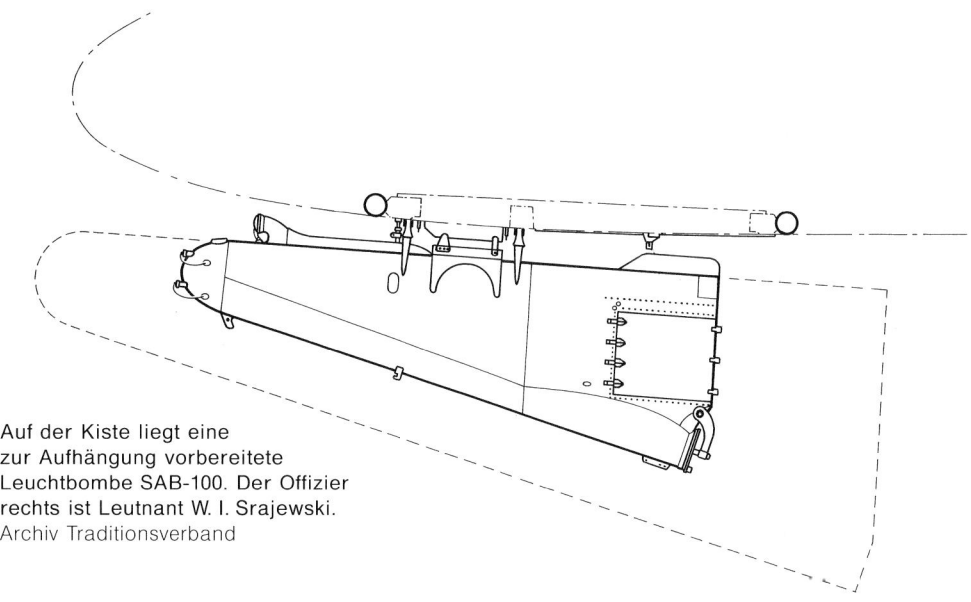

Der Schacht zur Unterbringung der Leuchtbomben im Rumpf rechts vorn. Links ist der Beginn der Bugverglasung zu sehen. Archiv Autor

Auf der Kiste liegt eine zur Aufhängung vorbereitete Leuchtbombe SAB-100. Der Offizier rechts ist Leutnant W. I. Srajewski.
Archiv Traditionsverband

Der Behälter mit brennbarer Flüssigkeit WAP-500 am Aufhängepunkt unter der Tragfläche. Das Kaliber WAP-1000 ist gestrichelt dargestellt

Eine spezielle Ausführung der Leucht-bombe war die ZOSAB (**c**vetnaja **o**rientirna-ja **s**ignalnaja **a**via**b**omba), eine farbige Orien-tierungs-Signalbombe, die ihre Truppen-erprobung im August 1944 in der 45. Divi-sion der ADD durchlief. Diese Bombe diente der Markierung von Zielen und Wende-punkten für nachfolgende Flugzeuge. Sie wurde in den Leuchtfarben rot und grün produziert, leuchtete 10 Minuten lang und sank mit 3,7 m/s am Fallschirm. Die rote Bombe war 90 km und die grüne 60 km weit zu sehen.

Fotobomben

Die Fotobomben waren für das Fotografie-ren in der Nacht vorgesehen. Die Pe-8 nutzte sie zum Fotografieren der Angriffsergebnis-se. Aufklärungseinsätze der Pe-8 sind nicht bekannt. Generell wurde die Bombe FO-TAB-50-35 (**fot**oavia**b**omba) verwendet, die schon vor dem Krieg entwickelt worden war. Bei der Explosion strahlte die Bombe kurz-fristig mit 700 Millionen Candela. Die Ex-plosionshöhe konnte an der Bombe einge-stellt werden. Fotografieren war bis aus einer Höhe von 7 500 m möglich. In der Pe-8 wurden die Fotobomben im Heck, in der Nähe der Fotoausrüstung, in einem eigenen Bombenschacht untergebracht.

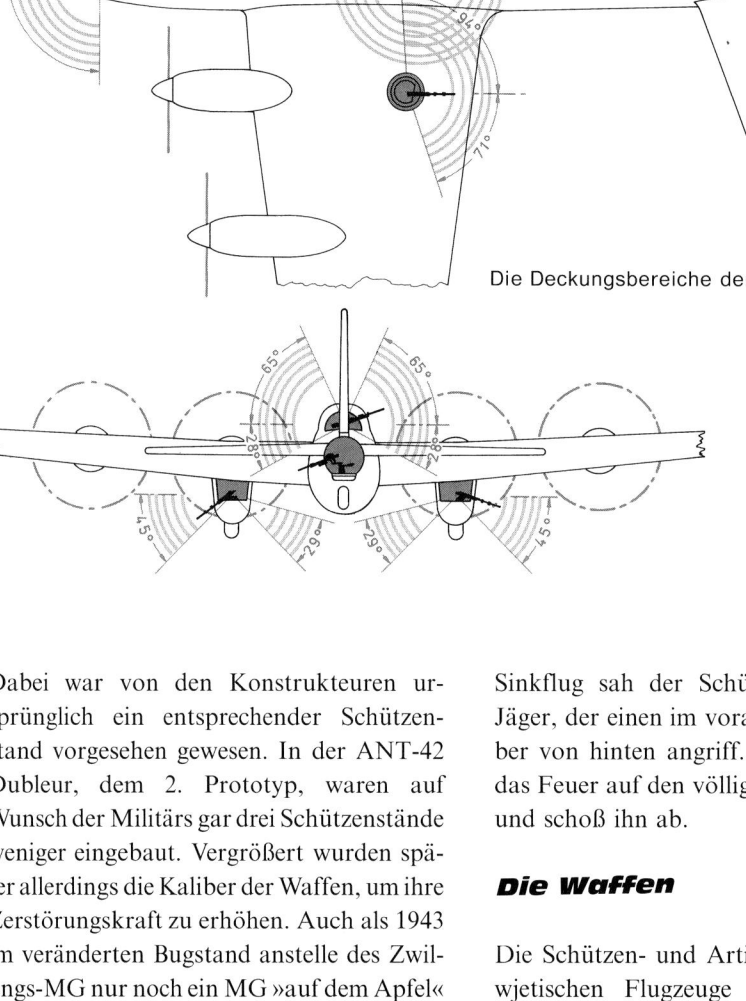

Die Deckungsbereiche der Feuerstände

Anlage Nr.: 2

Die Abwehrbewaffnung der Pe-8

Die Pe-8 wurde während des Krieges nie als fliegende Festung bezeichnet. Solche Wen-dungen tauchen erst in späterer Literatur auf. Dessen ungeachtet, war die Kombina-tion von Panzerung und Bordwaffen ein sehr starker Schutz. Lediglich während der schweren Luftschlachten im Sommer 1943 wurden Schwächen in der Verteidigung vor von unten angreifenden Jägern konstatiert.

Dabei war von den Konstrukteuren ur-sprünglich ein entsprechender Schützen-stand vorgesehen gewesen. In der ANT-42 Dubleur, dem 2. Prototyp, waren auf Wunsch der Militärs gar drei Schützenstände weniger eingebaut. Vergrößert wurden spä-ter allerdings die Kaliber der Waffen, um ihre Zerstörungskraft zu erhöhen. Auch als 1943 im veränderten Bugstand anstelle des Zwil-lings-MG nur noch ein MG »auf dem Apfel« installiert wurde, entsprach dies den Erfah-rungen des Krieges, denn zur Abwehr von Jägern wurde aus dem Bugstand so gut wie nie geschossen. Es ist ein einziger Fall münd-lich überliefert, wo aus dem Bugstand ein Angriff abgewehrt wurde, und der war mehr ein Zufall: Beim Verlassen der Wolken im

Sinkflug sah der Schütze vor sich einen Jäger, der einen im voraus fliegenden Bom-ber von hinten angriff. Sofort eröffnete er das Feuer auf den völlig überraschten Jäger und schoß ihn ab.

Die Waffen

Die Schützen- und Artilleriewaffen der so-wjetischen Flugzeuge waren Spitzenpro-dukte. Nicht von ungefähr wurden, wenn irgend möglich, in Beute- oder Lend-Lease-Flugzeuge sofort Bordwaffen eigener Pro-duktion eingebaut. Letztere hatten insbeson-dere eine höhere Feuergeschwindigkeit. Die Pe-8 trug vor allem drei Typen von Bord-waffen:

Der Bugturm NEB mit dem Zwillings-SchKAS vor dem Einbau. Archiv Autor

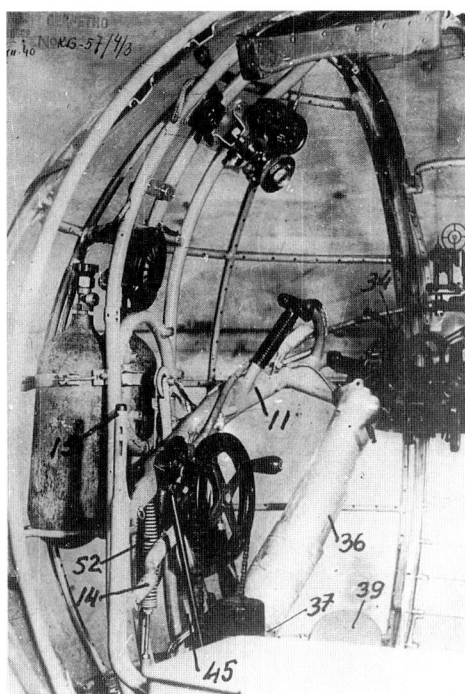

Der Bugturm NEB innen linke Seite.
Archiv Autor

Der Bugturm NEB innen rechte Seite. Hier ist der Patronenkasten mit Zuführungen zu sehen

Wartungsarbeiten am zentralen Stand. Diese Pe-8 hat auf dem Rumpf eine Verstärkung aufgenietet (im Bild rechts unten).
Archiv Traditionsverband

Das Maschinengewehr SchKAS

Seine offizielle Bezeichnung war »7,62 mm **a**viacionnyj **s**korostrel'nyj pulemët sistemy Špital'nogo – **K**omarickogo ŠKAS«, d. h. 7,62 schnellfeuerndes Flieger-MG des Systems Schpitalny – Komarizki. Die erste Variante dieser Waffe der Konstrukteure Boris Gawrilowitsch **Schpitalny** und Irinarch Andrejewitsch **Komarizki** wurde am 11. Oktober 1932 in die Bewaffnung der Luftstreitkräfte übernommen. 1940 lieferte die Industrie schon 34 233 Stück dieses MG in verschiedenen Varianten.

Das SchKAS Baujahr 1935 hatte eine Feuergeschwindigkeit von 1 800 Schuß/Minute und eine Lebensdauer von nicht unter 15 000 Schuß. Mit dem Ultra-SchKAS, das am 13. Mai 1939 in die Bewaffnung

Ein zentraler Stand in Bereitschaftsstellung. Der aerodynamische Kompensator ist ausgefahren und der Windabfluß vor und hintor dem Stand ist in den Rumpf eingefahren. Das Seitenwandblech dient als Waffenabweiser.
Archiv Traditionsverband

Der Drehturm TAT in Bereitschaftsstellung

übernommen wurde, erreichte die Schuß-folge 2800–3000 Schuß/Minute. Das Zwillings-SchKAS feuerte mit 6000–6400 Schuß/Minute (1937).

1945 fand man in den Arbeitsräumen **Hitlers** ein unter Glas aufbewahrtes SchKAS mit einem vom Führer unterzeichneten beigelegten Schreiben, demzufolge dieses MG aus Tula so lange in der Reichskanzlei zu verbleiben habe, bis ein gleichwertiges MG für die Luftwaffe geschaffen sei …

Das schwere Maschinengewehr SchWAK

1935 begann die Serienproduktion des »Špital'nogo – **V**ladimirova **a**viacionnyj

Der Heckstand mit dem Turm KEB. Die Kanone ist ganz nach links (in Flugrichtung) gedreht und der rechte Einstieg geöffnet. Das ist gleichzeitig die Stellung zum Abspringen aus dem Flugzeug: Nach hinten fallen lassen. Archiv Autor

krupnokalibrenyj«, eines schweren Flieger-MG des Kalibers 12,7 mm der Konstrukteure **Schpitalny** und Semjon Wladimirowitsch **Wladimirow.** Diese Waffe war so gelungen, daß es lediglich durch den Tausch des Laufes gelang, das Kaliber zu erhöhen. So entstand:

Die Bordkanone SchWAK

1936 wurde die erste Serie der 20-mm-Kanone-SchWAK hergestellt. Mit diesem 12,7/20 mm-System entstand erstmalig in der Welt ein doppelkalibriges System für Bordwaffen. Später entstanden derartige Systeme auch in anderen Ländern.

Das schwere Maschinengewehr UB

Diese Waffe des Konstrukteurs Michail Jewgenjewitsch **Beresin** wurde erst kurz vor Kriegsbeginn, am 22. April 1941, als »12,7 mm **u**niversal'nyj **B**erësin« in die Bewaffnung übernommen. Am Anfang des Krieges wurden die Schützenstände in den Fahrwerksgondeln der TB-7 mit der Variante UBT ausgerüstet.

Die Systeme im Flugzeug

Die Feuersysteme des Flugzeuges wurden im KOSOS selbständig entwickelt. Allerdings entstand noch während des Baues der ANT-42 aus den Waffenexperten des Büros ein eigenes Konstruktionsbüro, das OKB-32 (später umbenannt in OKB-487 und OKB-454). Das Abwehrsystem des Flugzeuges war so aufgebaut, daß es nur in unmittelbarer Nähe der Zelle tote Winkel gab, ansonsten der gesamte Raum um den Bomber von mindestens zwei Bordwaffen gleichzeitig gedeckt wurde.

ANT-42

Der erste Prototyp besaß acht Waffenstände:
– Der Bugstand mit einer Kanone SchWAK-20 in einem Drehturm.
– Der Zentrale Stand mit einem MG SchKAS unter einer Abdeckung hinter dem Cockpit.
– Der Lukenstand mit einem MG SchKAS. Dieses MG befand sich unter dem Zen-

Der später modifizierte Heckstand. Es gibt jetzt nur noch einen Einstieg. Archiv Autor

Gesamtansicht des modifizierten Heckstandes in der Roten Sechs des 25. GwAP. Auf diesem Bild vom Januar 1944 lacht Geschwadernavigator K. P. Ikonnikow

tralen Stand und feuerte durch eine Bodenluke.

– Der Fensterstand mit einer Kanone SchWAK-20. Diese Kanone war auf einem Dreifuß in der Rumpfmitte montiert. Man konnte damit nach beiden Seiten aus den Fenstern im Rumpf feuern.
– Die Fahrwerksstände mit je einer Kanone SchWAK-20.
– Der Kommandeursstand mit einem MG SchKAS. Dieses MG befand sich vor dem Cockpit über dem Arbeitsplatz des Navigators.
– Der Heckstand mit einer Kanone SchWAK-20 in einem Drehturm.

In der Werkserprobung flog die ANT-42 noch ohne Waffen. Diese wurden erst in einer späteren Erprobungsphase installiert.

Die ANT-42 Dubleur

Auf Weisung der Luftstreitkräfte wurde die Abwehrbewaffnung des 2. Prototyps wesentlich geändert. So verzichtete man auf den Lukenstand, den Fensterstand und den Kommandeursstand. Anstelle der Kanonen erhielten Bug- und Heckstand je ein Zwillings-SchKAS. Der Zentrale Stand erhielt nun einen Drehturm mit einer Kanone SchWAK. Auch die Gondelstände waren völlig neu konstruiert worden und trugen nunmehr je ein MG SchKAS.

In dieser neuen Konzeption blieb dann das Feuersystem in allen weiteren Modifikationen erhalten.

Die Serienflugzeuge

Zum ersten Einsatz im August 1941 starteten die TB-7 mit folgender Abwehrbewaffnung:

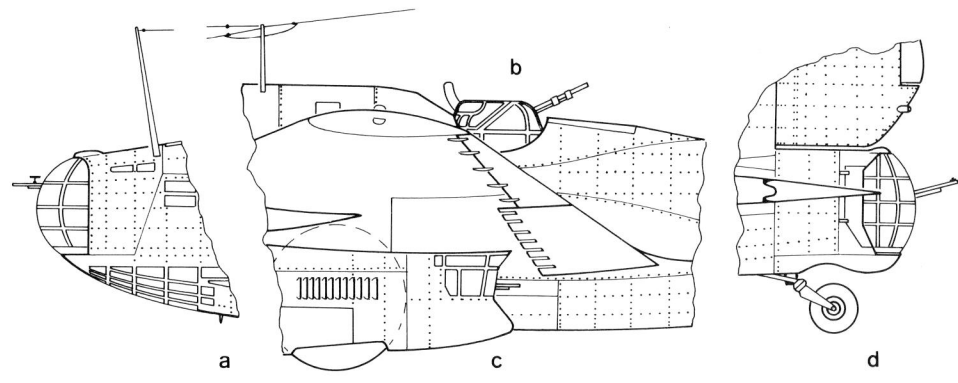

a) Bugstand mit Drehturm NEB, Zwillings-SchKAS 7,62 mm
b) Zentraler Stand mit Drehturm TAT, Kanone SchWAK 20 mm
c) Gondelstände SchU, MG UBT 12,7 mm
d) Heckstand KEB, Kanone SchWAK 20 mm

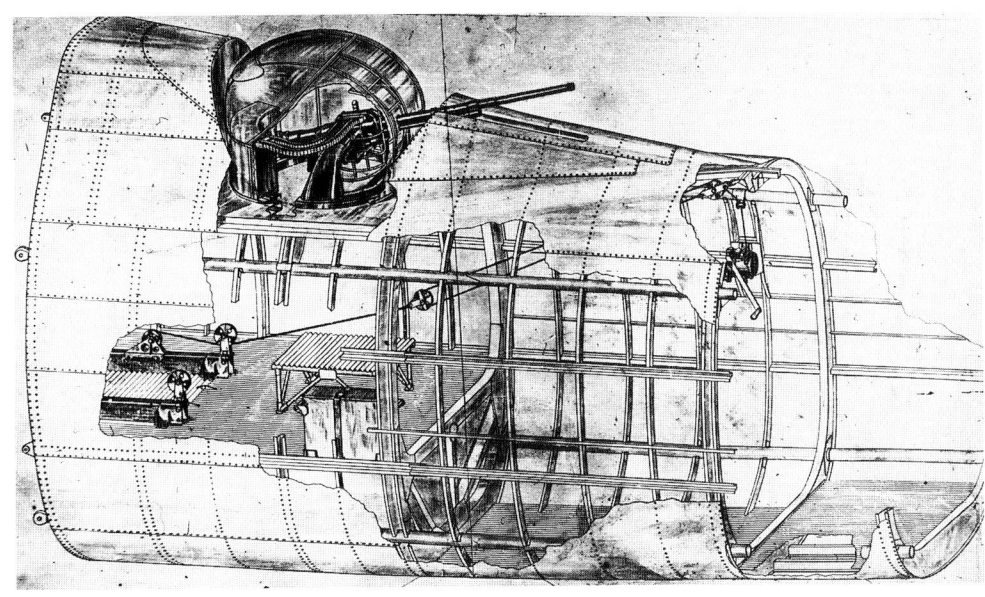

Darstellung des zentralen Standes in Ruhestellung. Der Windabfluß ist aus- und der Kompensator eingefahren. Archiv Autor

Bugstand:

Lafette	– Drehturm NEB (**n**oseva**â** **e**lektričeska**â** **b**ašn**â**)
Waffe	– Zwillings-SchKAS, Kaliber 7,62 mm
Munitionsvorrat	– 3 200 Schuß, 106 kg

Zentraler Stand:

Lafette	– Drehturm TAT (**t**âžela**â** **a**viacionna**â** **t**urel')
Waffe	– Kanone SchWAK, Kaliber 20 mm
Munitionsvorrat	– 200 Schuß, 46 kg

Fahrwerksstand:

Lafette	– SchU (**š**assijna**â** **u**stanovka)
Waffen	– MG UBT, Kaliber 12,7 mm
Munitionsvorrat	2 mal 400 Schuß, 134 kg

Heckstand:

Lafette	– KEB (**k**ormova**â** **e**lektričeska**â** **b**ašn**â**)
Waffe	– Kanone SchWAK, Kaliber 20 mm
Munitionsvorrat	– 230 Schuß, 53 kg

Völlig geändert wurde später nur mit der Neukonstruktion der Rumpfnase F-1 der Bugstand. Der Turm NEB verschwand, und an seiner Stelle wurde nach dem Vorbild der sich in großen Zahlen im Einsatz befindlichen Il-4 lediglich ein SchKAS installiert.

Weitere Änderungen in der Abwehrbewaffnung trugen nur vereinzelten Charakter und waren Versuche zur Verbesserung der Anlagen. So hatte z. B. die Pe-8 Nr. 4218 einen veränderten Heckstand.

Der Turm TAT des Zentralen Standes wurde vom OKB-140 1944 modernisiert. Elektrifiziert absolvierte der neue Turm auf der 42076 im Februar 1944 seine Erprobung und wurde in Serie gebaut. Äußerlich unterscheidet er sich durch fixierte aber kleinere Widerstandausgleichklappen.

Bei den bewaffneten Reiseflugzeugen Pe-8 ON wurde auf den Zentralen Stand verzichtet.

Alle Abwehrwaffen besaßen optische Visiere des Typs PAL-23U.

Panzerung

In der Pe-8 waren die Gondel und der Bugstand durch 12-mm-Panzerplatten geschützt. Auch die beiden Piloten verfügten über einen 9 mm starken Panzerrücken. Die Darstellung der Panzerung ist der Beuteauswertung der Luftwaffe von 1942 entnommen.

Erzielte Abschüsse

Es konnte keine Statistik der durch Pe-8 erzielten Luftsiege gefunden werden. Einige derartiger Fälle sind aber dokumentiert:

17. Juli 1942

Um 22:10 Uhr schießt die Besatzung des Oblt. **Rodnych** vom 890. AP über Orjol eine Me-110 ab. Der Schütze war Obersergeant **Prudnikow.**

26. Januar 1943

Um 19:04 Uhr schießt die Besatzung des Oblt. **Schamrai** vom 890. AP in 4 300 m Höhe über Wjasma eine Me 110 oder Ju 88 ab.

12. Oktober 1943

In der Nacht zum 13. Oktober schießt die Pe-8 Werknummer 42028 mit dem zweiten Feuerstoß über dem Flugplatz Orscha einen angreifenden Jäger ab.

Einen Luftkampf in der Nacht zum 18. August 1943 um 2:40 Uhr durchstand eine Pe-8 nur mit Mühe. In 5 600 m Höhe wurde

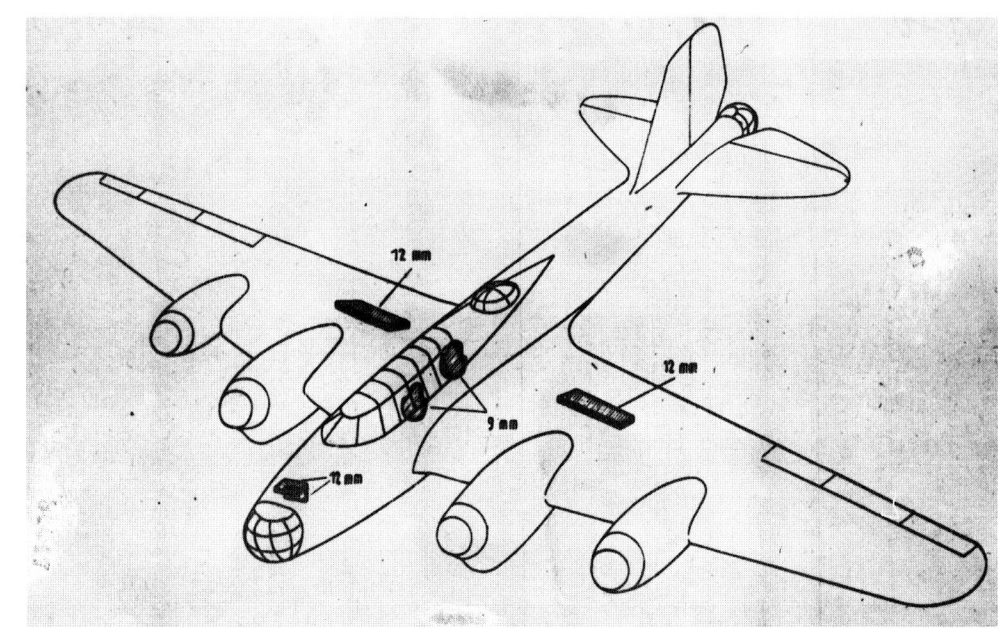

Die Panzerung der Pe-8 in der Darstellung einer Beuteauswertung der Luftwaffe. Militärarchiv

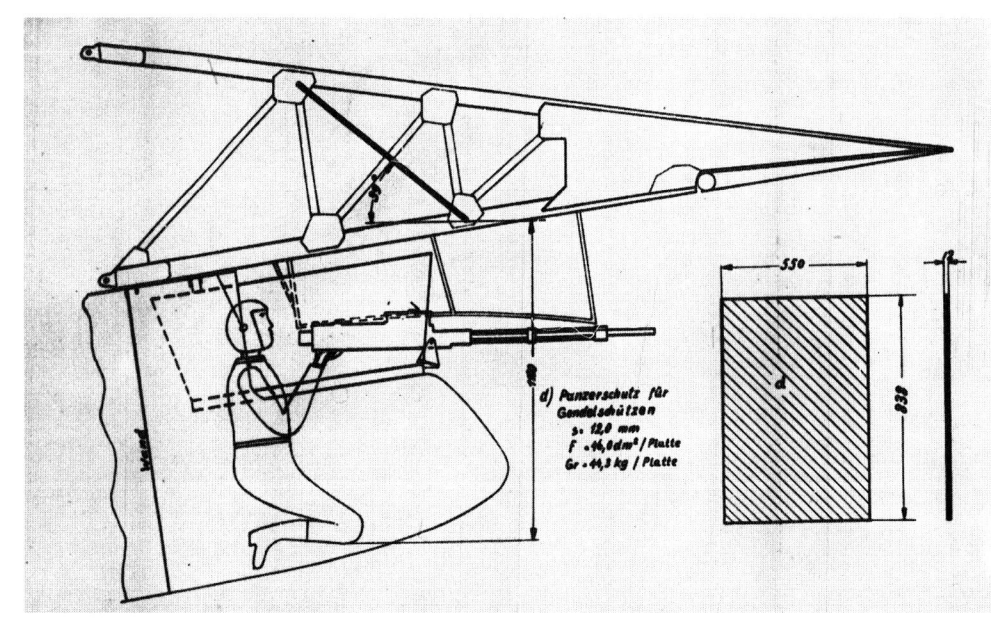

Der Gondelstand SchU in der Darstellung einer Beuteauswertung der Luftwaffe. Militärarchiv

die Maschine über dem Flugplatz Orscha von Me 110 während des Bombenwurfes angegriffen. Die Besatzung konnte den Angriff zwar abwehren, hatte aber vier Verwundete zu beklagen. Drei von ihnen waren Schützen. Einer von ihnen verstarb später im Lazarett.

Produktionsliste der Pe-8

Lfd. Nr.	Werknummer	Bordnummer Jahr	Triebwerke	Bemerkungen
			1936	
01	4201			Prototyp ANT-42
			1938	
02	4202,385			Dubleur ANT-42
			1939–1940	
1	42211		AM-34FRNW+AZN-2 getauscht auf AM-35A	
2	4212	8 blau 41 ohne 43	AM-34FRNW+AZN-2 getauscht auf AM-35A	
3	4213		AM-35FRNW+AZN-2 getauscht auf AM-35A	
4	4214		AM-34FRNW+AZN-2 getauscht auf AM-35A	
5	4215	3 blau	AM-35 getauscht auf AM-35	
6	4216		AM-34FRNW+AZN-2	
7	4217		AM-35 getauscht auf AM-35A	
8	4218	1 blau	AM-35 getauscht auf AM-35A	
9	4219		AM-35 getauscht auf AM-35A	
10	4220		AM-35 getauscht auf AM-35A	
11	4221		AM-35 getauscht auf AM-35A	
12	4222		AM-35 getauscht auf AM-35A	
13	4223		AM-35A	
14	4224		AM-35A	
15	4225	6 blau	M-40 getauscht auf AM-35A	
16	4226		AM-35A	
17	4227		M-40 getauscht auf AM-35A	
18	42015	5 rot	AM-35A	staatliche Erprobung vor dem Krieg
			1941	
19	42025	2 blau	M-40F getauscht auf AM-35A	
20	42035	3 blau	M-40F getauscht auf AM-35A	
21	42045	5 blau	M-40F	
22	42055	9 blau	M-30	staatliche Erprobung begonnen

Lfd. Nr.	Werknummer	Bordnummer Jahr	Triebwerke	Bemerkungen
23	42016	1 blau	M-30	
24	42026		M-30	
25	42036	8 blau	M-30	
26	42046	7 blau	M-30	
27	42056		M-30	
28	42066	1 rot	M-30 getauscht auf AM-35A	
29	42076		M-30 getauscht auf AM-35A	
30	42086		M-30 getauscht auf AM-35A	
31	42096		M-30 getauscht auf AM-35A	
32	42106		M-30 getauscht auf AM-35A	
33	42017		AM-35A	
34	42027		AM-35A	
35	42037	2 blau	AM-35A	
		1942		
36	42047		ASch-82	
37	42057	6 rot	AM-35A	
38	42067	7 rot	AM-35A	
39	42077	10 rot	AM-35A	
40	42087		AM-35A	
41	42097	9 blau	AM-35A	
42	42107	4 rot	AM-35A	
43	42018	5 blau	AM-35A	
44	42028	9 rot	AM-35A	
45	42038	11 rot	ATsch-30B	Truppen-erprobung
46	42048	ohne	AM-35A	
47	42058		ASch-82	Werkerprobung
48	42068		AM-35A	
49	42078	6 blau	AM-35A	
50	42088		AM-35A	
51	42098	3 blau	AM-35A	
52	42108	8 blau	AM-35A	
53	42019		AM-35A	
54	42029		ATsch-30B	
55	42039		ATsch-30B	
		1943		
56	42049		ASch-82	
57	42059		ASch-82	
58	42069		ASch-82	
59	42079		ASch-82	

Lfd. Nr.	Werknummer	Bordnummer Jahr	Triebwerke	Bemerkungen
60	42 089		ASch-82	
61	42 099		ASch-82	
62	42 109		ASch-82	
63	42 110		ASch-82	
64	42 210		ASch-82	
65	42 310		ASch-82	
66	42 410		ASch-82	
67	42 510		ASch-82	
68	42 610		ASch-82	
69	42 710		ASch-82	
70	42 810		ASch-82	
71	42 910		ASch-82	
72	421010		ASch-82	
73	42 111		ASch-82	
		1944		
74	42 211		ASch-82	
75	42 311		ASch-82	
76	42 411		ASch-82	
77	42 511		ASch-82	
78	42 611		ASch-82	
79	42 711		ASch-82	
80	42 811		ASch-82	
81	42 911		ASch-82	
82	421011		ASch-82	
83	42 112		ASch-82	
84	42 212		ASch-82	
85	42 312		ASch-82	
86	42 412		ASch-82	
87	42 512		ASch-82	
88	42 612		ATsch-30B	Variante »ON«
89	42 712		ATsch-30B	Variante »ON«,
90	42 812		ATsch-30B	staatliche Erpro-
91	42 912		ATsch-30B	bung

Gebaut wurden 91 Serienflugzeuge und 2 Prototypen. Die Serienflugzeuge wurden mit folgenden Triebwerken ausgeliefert:

AM-34FRNW und Zentrallader AZN-2	5
AM-35	8
AM-35A	21
M-40	4
M-30	15
ASch-82	34
ATsch	4.

20 Flugzeuge wurden nachträglich auf Triebwerke AM-35A umgerüstet, davon

4 mit AM-35FRNW
  und Zentrallader AZN-2
8 mit AM-35
3 mit M-40
5 mit M-30.

Die Serienproduktion lief mit Unterbrechungen von 1939 bis 1944. Nach Jahren wurden ausgeliefert:

1939–1940	18 Flugzeuge
1941	17 Flugzeuge
1942	20 Flugzeuge
1943	18 Flugzeuge
1944	18 Flugzeuge

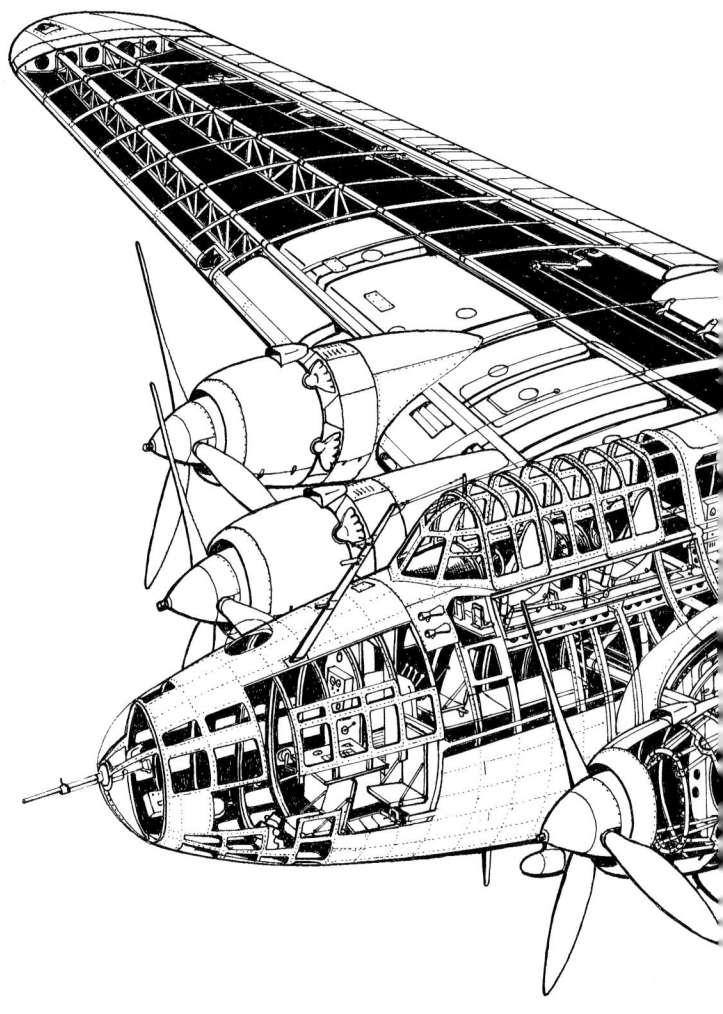

In dieser Darstellung einer Pe-8 mit luftgekühlten Doppelsterntriebwerken ASch-82 mit neuer Rumpfnase ist die Konstruktion der Zelle gut zu erkennen. Der Rumpf besteht aus dem Vorderteil F-1, das bis zum vorderen Tragwerksholm reicht. Am hinteren Holm beginnt das Teil F-3 und das letzte Teil F-4 bildet den Heckstand. Die Rumpfteile sind in Halbschalenbauweise mit 4 Holmen gebaut. Verbunden sind die hinteren Teile an den 4 Holmen untereinander und auch mit dem Rumpfabschnitt zwischen den beiden Fachwerkholmen des Tragwerks, der konstruktiv zum Tragflächenmittelstück gehört, daß auch die inneren Triebwerke aufnimmt. Das Vorderteil F-1 ist mit dem Tragflächenmittelstück auch an den Stringern, an insgesamt 11 Punkten, verbunden. Die Tragflächenaußenstücke beginnen unmittelbar nach den inneren Triebwerken. Das Fahrwerk und die Landeklappen werden durch ein elektro-hydraulisches System gesteuert. Zeichnung M. Meyer

Totalverluste der Pe-8

Anmerkungen
Fett gedruckte laufende Nr.
   Verlust während eines Kampfeinsatzes
Buchstabe **J**
   Abschuß durch Jagdflieger
+ vor dem Namen
   Ereignis nicht überlebt

Nach damals gültigen Definitionen war:
ein ABSCHUSS: ein Flugzeugverlust infolge
   direkter Waffenwirkung.
eine KATASTROPHE: ein Flugzeugverlust
   mit Todesfolge für Besatzungsmitglieder.
eine HAVARIE: ein Flugzeugverlust,
   den alle überlebten.
Wenn ein Flugzeug zerstört, aber eine
   Reparatur möglich war, galt dies als BRUCH.

Im Folgenden weitere Informationen zu den einzelnen Ereignissen, soweit sie vorhanden bzw. noch nicht im vorstehenden Text enthalten sind:
Nr. 12
Katastrophe bei Iwanowo. Die gesamte Besatzung kam um.
Nr. **13**
Notlandung wegen Kraftstoffmangels auf dem Rückflug vom Einsatz. Das Flugzeug wurde von der Besatzung verbrannt.
Nr. 14
Ausfall von 2 Triebwerken.
Nr. 15
Katastrophe in Kasan.
Nr. **16**
Katastrophe beim Rückflug vom Kampfeinsatz. Bei Aleksin im Gebiet Tula kollidierte die Pe-8 bei sehr schlechtem Wetter in einer Kurve mit einem Telegrafenmast.
Nr. 17
Nach einem Angriff auf Danzig in der Nacht zum 28. Mai 1942 war die Maschine durch Flak-Einwirkung beschädigt worden. Zum Werkstattflug nach der Reparatur startete das Flugzeug ohne Kraftstoff – der Techniker hatte vergessen zu tanken, die Piloten hatten nicht hinterfragt. In 40–50 m Höhe blieben die Triebwerke stehen, und der Bomber landete im Wald. Der Bordtechniker wurde vom Tribunal verurteilt. Kommandant A. A. **Kurban** wurde als Staffelkommandeur abgelöst. Er verließ die Division und arbeitete wieder als Erprobungsflieger.
Nr. 24
Nach Schmierstoffverlust entzündete sich das 2. Triebwerk, und die linke Tragfläche geriet in Brand. Hptm. **Masalew** führte beim Dorf Igumiko bei Ramenskoe eine Notlandung durch. Dabei kamen er und Oblt. P. S. **Kucharenko** ums Leben.

Nr.	Datum	Ursache	Geschwader	Werknr.	Kommandant	Opfer
			1940			
1	Dez.	Katastr.	14.	4116	?	6 Tote
			1941			
2	22. 06.	Bomben	14.			
7	11. 08.	Abschuß	432.	42045	Tjagunin	5 Gefallene
8	11. 08.	Katastr.	432.	42046	Jegorow	6 Gefallene
9	11. 08.	Abschuß	432.	42026	+Panfilow	6 Gefallene 3 Vermißte
10	11. 08.	Notldg.	432.	42036	Wodopjanow	alle überlebt
11	11. 08.	Notldg.	432.	42016	Kurban	alle überlebt
12	16. 10.	Katastr.	432.	4222	+Fedorenko	11 Gefallene
13	29. 10.	Notldg.	432.	42025	Peregudow	alle überlebt
14	08. 11.	Havarie	432.	4224	Tjagunin	alle überlebt
			1942			
15	31. 03.	Katastr.	746.	42055	+Ugrjumow M. M.	7 Gefallene
16	03. 05.	Absturz	746.	42017	+Jegorow	10 Gefallene
17	29. 05.	Havarie	746.	42035	Kurban	alle überlebt
18	Juli	Havarie	746.	4227	?	alle überlebt
19	20. 07.	Absturz	746.	42106	+Bidny	8 Gefallene
20	22. 08.	abgeschrieben		42026		
21	22. 08.	abgeschrieben		42096		
22	28. 08.	?	746.	42086	+Kirjanow	6 Gefallene
23	30. 08.	Notldg.	890.	42018	Kubyschko	alle vermißt
24	13. 09.	Katastr.	890.	42027	+Masalew	2 Gefallene
25	28. 10.	Katastr.	25.	42015	Ponomarenko	5 Gefallene
26	01. 12.	Katastr.	890.	42068	+Pachomtschik	8 Gefallene
			1943			
27	09. 02.	Abschuß J	746.	42107	Ischtschenko	1 Gefallener
28	13. 03.	Havarie	890.	42087	?	
29	05. 04.	Katastr.	890.	42108	Djatschenko	6 Gefallene
30	13. 05.	Abschuß	890.	42037	Sukorkin	3 Gefallene
31	31. 05.	Havarie	890.	4215	Belkow	alle überlebt
32	09. 06.	Abschuß	890.	42048	Rodnych	6 Vermißte
33	23. 06.	Abschuß	890.	42079	Schamrai	6 Gefallene 4 Vermißte
34	15. 07.	Abschuß J	890.	42069	Suschin	7 Gefallene
35	21. 07.	Abschuß J	746.	42049	Ugrjumow A. S.	12 Gefallene
36	21. 07.	Abschuß	746.	42058	Ponomarenko	alle zurück
37	21. 07.	Abschuß J	890.	42109	Wicharjew	3 Gefallene

Für Nr. 2 (22. 06. 1941, Bomben, Geschwader 14.): Durch die Angriffe der Luftwaffe am ersten Kriegstag gingen folgende Flugzeuge verloren: 4211, 4213, 4219, 4220, 4223

Nr. 26

Beim Rückflug vom Angriff auf den Bahnhof Sytschewo entzündete sich die Enteisungsflüssigkeit für die Luftschraube des 3. Triebwerks. Sicherheitshalber stellte man das Triebwerk ab, aber die Tragfläche brannte trotzdem. Bei der Notlandung auf einem Wald kamen u. a. um: Kommandant Major Nikolai Iwanowitsch **Pachomtschik**, Copilot Pawel Fjodorowitsch **Remisow** und Navigator Filipp Georgjewitsch **Sewastjanow.**

Nr. 27

10 km nordöstlich von Dimitrow wurde die Pe-8 um 17:15 Uhr bei guter Sicht von einem eigenen Jäger (Jak-7) abgeschossen. Dabei kam Georgi Petrowitsch **Boitschenko** ums Leben. Der Jagdflieger hatte geglaubt, eine FW-200 vor sich zu haben.

Nr. 28

Bei der Rückkehr von einem Probeflug nach dem Wechsel aller vier Triebwerke fiel in 6 300 m die Kraftstoffzufuhr des 3. Triebwerkes aus. In 3 000 m geriet das 2. in Schwingungen, und in 500 m verlor das 1. Triebwerk stark an Leistung. Bei der Notlandung auf dem Wald bei Jegorewsk wurde die Pe-8 zerstört. Schuld an der Havarie war der Bordtechniker.

Nr. 29

Beim Kampfstart zum Angriff auf Gomel sank die Pe-8 aus 15–20 m Höhe über der Moskwa und schlug auf dem anderen Ufer auf. Nach einer Rutschstrecke von 250 m explodierte eine FAB-500, wonach das Flugzeug noch einmal 500 m durch die Luft geschleudert wurde. Schuldig war der Copilot, der beim Start die Gashebel nicht festgehalten hatte und die Triebwerke deswegen ihre Leistung verringerten. Beim Zurückgehen der Gashebel bildeten sich wie üblich starke Flammen am Auspuff, die sich im Wasser des Flusses spiegelten. Oblt. **Djatschenko** glaubte deswegen, es würde brennen, und er wollte landen.

Nr. 31

Beim Kampfstart wurde die Pe-8 im Heck von einer Jak-7 gerammt. Der Pilot des 429. IAP PWO (Jagdfliegergeschwader der Luftverteidigung) versuchte nach schweren Beschädigungen notzulanden.

Nr. 40

Beim Flug zum Ziel fielen in der 50. Flugminute erst das 3. und dann das 4. Triebwerk aus. Danach brach Feuer aus. Die Besatzung sprang ab. Die Pe-8 schlug 55 km südwestlich von Kaluga auf.

Nr. 42

Nach dem Bombardement der auf Leningrad feuernden Festungsartillerie bei Bessabotny wurde die Pe-8 von einem Jäger in Brand geschossen. 22 km südwestlich Krasnogwardejsk schlug der Bomber auf. Zu den sieben Vermißten gehören u. a. Kommandant Major Nikolai Andrejewitsch **Jermakow**, Copilot Ult. Lew Semjonowitsch **Fridman**, Bombenschütze Ult. Iwan Charlamowitsch **Klotschkow**. Vier Besatzungsmitglieder kehrten in ihr Geschwader zurück (zwei am 2. Oktober 1943, einer am 25. Oktober 1943, einer am 27. Mai 1945).

Nr. 43

Beim Einsatzstart fielen zwei Triebwerke aus. Beim Notabwurf der Bomben wurde von deren Explosionen das eigene Flugzeug beschädigt und geriet in Brand. Die Notlandung erfolgte 2 km südlich von Bykowo. Die Pe-8 verbrannte.

Nr. 44

Beim Flug zum Ziel brach am 2. Triebwerk Feuer aus. Die Pe-8 stürzte 20 km nordwestlich von Tula ab.

Nr.	Datum	Ursache	Geschwader	Werknr.	Kommandant	Opfer
38	23. 07.	Abschuß **J**	890.	42019	Nemkow	2 Gefallene 6 Vermißte
39	29. 07.	Katastr.	890.	42110	+Kanarski	11 Gefallene
40	19. 08.	Havarie	890.	4212	?	alle überlebt
41	28. 08.	Abschuß **J**	890.	42510	Wicharjew	5 Gefallene
42	16. 09.	Abschuß **J**	890.	42097	Jermakow	7 Vermißte
43	07. 10.	Notldg.	746.	42066	Selenski	alle überlebt
44	22. 10.	Absturz	25.	42077	Tschurilin	?
45	?	Havarie		ANT-42	?	
	1944					
46	27. 02.	Abschuß	25.	421010	+Ugrjumow A. S.	alle vermißt
47	31. 03.	Abschuß **J**	890.	42098	Kokerew	alle vermißt
48	04. 05.	Katastr.	890.	42078	Marusitschenko	1 Toter
49	28. 06.	Abschuß **J**	890.	42211	Makarenko	alle überlebt
50	28. 06.	Abschuß	25.	42088	Sugak	?
51	13. 07.	Havarie	890.	4214	Otkidatsch	alle überlebt
52	27. 07.	Abschuß	25.	42028	Choroschilow	?
53	02. 08.	Abschuß	25.	42512	Grjasnow	7 Gefallene
	1945					
54	12. 09.	Katastr.	25.		Ischtschenko	11 Tote
55	?	Katastr.			Jemeljanow	alle tot
	1947					
56	07. 06.	Notldg.			Tscherewitschny	alle überlebt
	?					
57		Notldg.			Swonarjew	alle überlebt

Nr. 48

Zur Erprobung von Fotobomben FOTAB-100-60 wurden diese aus 2 000 m Höhe einzeln abgeworfen. Die 4. explodierte um 21:35 Uhr, aber unmittelbar unter der Bombenluke, worauf auch die Pe-8 sofort explodierte.

Nr. 51

Auf dem Rückflug vom Einsatz mit beschädigtem Flugzeug hatte die Besatzung Orientierungsverlust. Beim Landeanflug auf den Zentralflughafen Gomel fuhr die Landeklappe nicht aus. Dadurch setzte die Pe-8 200 m vor der sowieso zu kurzen Landebahn auf. Die Maschine, die auch den Namen »Eisbär« trug, wurde zerstört, die meisten Besatzungsmitglieder erheblich verletzt.

Am Kriegsende vorhandene Pe-8

Nr.	Werknr.	Bemerkung
1	4202, 385	Der Dubleur war grundüberholt und danach ohne Camuflage mit einer zivilen Bemalung und Sternen an die Truppe zurückgegeben worden.
2	4218	gefechtsbereit
3	4221	
4	4225	stand im Werk Nr. 22 zur Grundüberholung
5	42076	gefechtsbereit
6	42057	stand im Werk Nr. 22 zur Grundüberholung
7	42067	
8	42038	
9	42029	
10	42039	
11	42059	
12	42089	
13	42099	
14	42210	
15	42310	
16	42410	
17	42610	
18	42710	
19	42810	
20	42910	
21	42111	
22	42311	
23	42411	
24	42511	gefechtsbereit
25	42611	gefechtsbereit
26	42711	
27	42811	gefechtsbereit
28	42911	
29	421011	
30	42112	gefechtsbereit
31	42212	gefechtsbereit
32	42312	gefechtsbereit
33	42412	gefechtsbereit
34	42612	vermutlich nicht an die Truppe ausgeliefert
35	42712	vermutlich nicht an die Truppe ausgeliefert
36	42812	vermutlich nicht an die Truppe ausgeliefert
37	42912	vermutlich nicht an die Truppe ausgeliefert

1934

27. Juli

A. N. **Tupolew** erteilt im ZAGI den Auftrag, mit Untersuchungen für einen neuen Bomber zu beginnen.

29. Juli

Das neue Projekt erhält die Bezeichnung ANT-42.

01. Dezember

In Leningrad wird der Sekretär der Leningrader Parteiorganisation S. M. **Kirow** ermordet. J. W. **Stalin** unterschreibt einen Erlaß über Sondergerichtsbarkeit. Beginn der großen Säuberungswellen in der Sowjetunion.

27. Dezember

Der Rat für Arbeit und Verteidigung der UdSSR beschließt die Entwicklung der ANT-42.

1935

In den Luftstreitkräften beginnt die Formierung strategischer Armeen Besonderer Bestimmung (AON).

Januar

Die WWS präzisieren für die ANT-42 ihre technisch-taktischen Forderungen.

18. Mai

Das größte Flugzeug der Welt, die ANT-20, geht nach einer Kollision in der Luft verloren. Die Katastrophe behindert die Arbeiten an der ANT-42.

02. Dezember

Eine staatliche Kommission bestätigt die Attrappe der ANT-42.

1936

17. Juli

Beginn des Putsches in Spanien. Deutschland und Italien unterstützen die Putschisten, Frankreich und die Sowjetunion die Regierung der Republik.

August

Beginn der großen Schauprozesse in Moskau.

09. November

Die ANT-42 wird aus der Montagehalle gerollt.

25. November

Antikominternpakt zwischen Deutschland und Japan.

26. Dezember

Erstflug des Prototyps ANT-42.

1937

20. März

Die Werkerprobung der ANT-42 wird ohne Zwischenfälle beendet.

11. Mai

Amtsenthebung von Marschall **Tuchatschewski**. Beginn der Beseitigung der Führungskader der Roten Armee.

Mai

Nach einer Bruchlandung muß das Flugzeug zur Reparatur ins Werk.

12. Juni

Nach einem Schnellprozeß werden acht der höchsten Militärs des Landes hingerichtet.

01. August

Die Reparatur der ANT-42 ist beendet.

11. August–28. Oktober

Staatliche Erprobung der ANT-42. Erster Flug mit arbeitendem Zentrallader am 11. August.

21. Oktober

A. N. **Tupolew** wird verhaftet.

29. Oktober

W. M. **Petljakow** wird verhaftet.

06. November

Beitritt Italiens zum Antikominternpakt.

Dezember

A. D. **Loktionow** wird Chef der Luftstreitkräfte der Roten Armee. Er löst Ja. I. **Alksnis** ab, der verhaftet wurde.

1938

06. März–30. April

Gemeinsame Erprobung Industrie/Streitkräfte der ANT-42.

13. März

»Anschluß« Österreichs an Deutschland.

20. April

Die ANT-42 wird in die Bewaffnung der Roten Armee aufgenommen und erhält die Truppenbezeichnung TB-7.

Mai

Die ANT-42 Dubleur ist fertiggestellt.

Juni

Die Konstrukteure treffen in Kasan ein, um die Serienproduktion der TB-7 vorzubereiten.

26. Juli

Erstflug der ANT-42 Dubleur.

28. Juli–01. August

Werkerprobung der ANT-42 Dubleur.

29. Juli

Japan provoziert bei Changkufeng im Grenzdreieck Korea, Mandschurei und Sowjetunion einen schweren Grenzzwischenfall mit der Sowjetunion. Am 9. August treibt die Rote Armee die Japaner bei den Kämpfen am Chassan-See über die Grenze zurück. In Moskau wird eine Gruppe hoher Militärs erschossen.

11. August–28. Dezember

Gemeinsame Erprobung Industrie/Streitkräfte der ANT-42 Dubleur.

29. September

Die Münchener Konferenz beschließt die Abtretung der sudetendeutschen Gebiete an Deutschland.

29. September–26. März 1939

Gemeinsame Erprobung Industrie/Streitkräfte der ANT-42.

1939

11. Januar

Das Volkskommissariat für Luftfahrtindustrie wird geschaffen. Erster Volkskommissar wird M. M. **Kaganowitsch.**

Februar

Unter Leitung **Stalins** findet im Kreml eine Beratung aller in der Luftfahrt Verantwortlichen statt. Eine Reihe wichtiger Beschlüsse wird gefaßt.

15. März

Einmarsch deutscher Truppen in die »Tschechei«.

11. Mai

Beginn des japanischen Angriffs auf die Mongolei am Fluß Chalchin Gol. Die Rote Armee kämpft auf mongolischer Seite. Im August erleidet Japan bei Nomonhan eine schwere Niederlage. Am 19. September wird zwischen den drei beteiligten Staaten der Friedensvertrag unterschrieben.

20. Mai
Beginn der deutsch-sowjetischen Gespräche.

August
Britisch-französisch-sowjetische Militärverhandlungen in Moskau.

24. August
(23. August in Deutschland)
Unterzeichnung des deutsch-sowjetischen Nichtangriffspaktes mit geheimem Zusatzprotokoll über Aufteilung Polens und Interessengebiete in Osteuropa (Hitler-Stalin-Pakt).

27. August
Ansprache **Hitlers** vor Gauleitern, in der er deutlich macht, daß die Vereinbarung mit **Stalin** nur Mittel zum Zweck sei.

01. September
Angriff der Wehrmacht auf Polen. Beginn des Zweiten Weltkrieges.

03. September
Großbritannien und Frankreich erklären Deutschland den Krieg.

17. September
Sowjetischer Einmarsch in Polen.

28. September
Deutsch-sowjetischer Grenz- und Freundschaftsvertrag.

September
Die ersten 2 TB-7 werden an die Luftstreitkräfte, dem 14. Schweren Bombenfliegergeschwader in Kiew-Borispol, geliefert.

19. November
Ja. W. **Smuschkewitsch** wird Chef der Luftstreitkräfte der Roten Armee.

30. November
Angriff der Roten Armee auf die Karelische Landzunge. Beginn des Sowjetisch-Finnischen Krieges.

14. Dezember
Die Sowjetunion wird aus dem Völkerbund ausgeschlossen.

1940
10. Januar
A. I. **Schachurin** wird neuer Volkskommissar für Luftfahrtindustrie.

13. März
Unterzeichnung des sowjetisch-finnischen Friedensvertrages in Moskau.

09. April
Beginn der deutschen Besetzung von Dänemark und Norwegen.

10. Mai
Beginn des deutschen Westfeldzuges.

28. Mai
W. M. **Petljakow** wird zu 10 Jahren Haft mit Verlust der Bürgerrechte auf 5 Jahre verurteilt. Zwei Tage später wird das Urteil rechtskräftig.

Mai
Regierungsbeschluß über die Wiederaufnahme der TB-7-Fertigung.

10. Juni
Kriegseintritt Italiens an der Seite Deutschlands.

12. Juni
Sowjetisches Ultimatum an Litauen. Bis zum 17. Juli werden Litauen, Estland und Lettland von der Roten Armee besetzt.

28. Juni
Die Rote Armee besetzt Bessarabien und die nördliche Bukowina.

21. Juli
Hitler erteilt den Auftrag an das Heer, einen Operationsplan für einen Ostfeldzug vorzubereiten.

25. Juli
Der Oberste Sowjet der UdSSR beschließt die vorzeitige Entlassung von W. M. **Petljakow**. Zwei Tage später wird er aus dem Moskauer Butyrka-Gefängnis entlassen.

31. Juli
Hitler gibt der militärischen Führung seinen bestimmten Beschluß bekannt, 1941 einen Angriffskrieg gegen die Sowjetunion zu führen.

August
P. W. **Rytschagow** wird Chef der Luftstreitkräfte der Roten Armee.

27. September
Abschluß des Dreimächtepaktes zwischen Deutschland, Japan und Italien.

August/Oktober
Luftschlacht um England.

05. November
Die AON werden aufgelöst und die Fernbombenfliegerkräfte des Hauptquartiers (DBA) geschaffen. Sie bestehen zu diesem Zeitpunkt aus 5 Korps mit 13 Divisionen und 2 147 Bombern.

12./13. November
Besuch **Molotows** in Berlin.

18. Dezember
Hitler unterschreibt die »Weisung Nr. 21. Fall Barbarossa« zum Angriff auf die Sowjetunion. Der Abschluß der Vorbereitungen ist zum 15. Mai 1941 befohlen.

Dezember
Die Luftstreitkräfte verlieren die erste TB-7 durch eine Katastrophe.
Insgesamt wurden 18 TB-7 an die WWS ausgeliefert.

1941
I. Quartal
Die ersten TB-7 mit Dieseltriebwerken M-40 und M-30 werden fertiggestellt.

06. April
Beginn des deutschen Balkanfeldzuges.

April
Nach der Katastrophe vom Dezember wird im 14. TBAP die Gefechtsausbildung mit TB-7 wieder aufgenommen.
Neuer Chef der Luftstreitkräfte der Roten Armee wird P. F. **Shigarjow.**

13. Mai
Erlaß **Hitlers** über die Einschränkung der Kriegsgerichtsbarkeit beim Feldzug gegen die Sowjetunion.

Mai
Insgesamt 27 TB-7 sind ausgeliefert.

06. Juni
Das Oberkommando der Wehrmacht befiehlt für den bevorstehenden Krieg, die politischen Kommissare der Roten Armee »grundsätzlich sofort mit der Waffe zu erledigen« (Kommissarbefehl).

22. Juni
Deutschland greift die Sowjetunion an.
Die TB-7 in Kiew-Borispol werden bombardiert. Mindestens 5 Maschinen werden dabei total zerstört.

27. Juni
Das Politbüro beschließt den Plan zur Evakuierung der Luftfahrtindustrie.

29. Juni
Das Zentralkomitee der KPdSU erklärt die Verteidigung gegen die deutsche Invasion zum »Vaterländischen Krieg«.

03. Juli
Stalin tritt seit Kriegsbeginn erstmalig

öffentlich in Erscheinung. Er hält eine Rundfunkrede.

06. Juli

Auf Befehl des Nationalen Verteidigungskomitees beginnt die Formierung des 412. Fernbomben-Fliegergeschwaders aus den vorhandenen TB-7. Zum Geschwaderkommandeur wird Oberst V. I. **Lebedjew** ernannt.

16. Juli

In der Roten Armee werden Kommissare eingesetzt.

19. Juli

A. N. **Tupolew** wird freigelassen.

J. W. **Stalin** wird Volkskommissar für Verteidigung.

21. Juli

Erster massiver Bombenangriff der Luftwaffe auf Moskau. Die Angriffe werden in den folgenden Nächten fortgesetzt.

27. Juli

In seinem Befehl Nr. 1 formiert Oberst **Lebedjew** die ersten TB-7-Besatzungen.

08. August

Stalin wird Oberster Befehlshaber der Bewaffneten Kräfte der UdSSR.

09. August

Befehl **Stalins** über die Bildung der 81. Bombenfliegerdivision. Zum Kommandeur wird M. W. **Wodopjanow** ernannt. Das 412. Geschwader erhält die Nummer 432 und wird in die 81. Division eingegliedert. Basis des Geschwaders ist Kasan.

10. August

Start zum ersten Einsatz des Geschwaders. Angriffsziel ist Berlin.

17. August

Oberst A. Je. **Golowanow** wird neuer Kommandeur der 81. Division.

28. August

2 TB-7 fliegen den zweiten Einsatz dieses Typs.

05. September

Das 432. Geschwader ist in Wsegodotschi bei Kowrow stationiert.

18. September

Die sowjetische Garde wird geschaffen.

29. September–01. Oktober

Moskauer Konferenz der Vertreter der UdSSR, der USA und Großbritanniens.

13. Oktober

Die Wehrmacht besetzt Kaluga. Mit zwei TB-7 wird der erste Tagangriff dieses Typs auf die Truppen in der Stadt geflogen.

28. Oktober

Bei Kuibyschew werden sowjetische Fliegergenerale ohne Urteil hingerichtet.

07. November

Start einer TB-7 zum Angriff auf Danzig. Auf dem Rückflug wird die Maschine in Brand geschossen und fliegt nach dem Absprung der Besatzung allein weiter. Die selbst gelandete Maschine wird wieder repariert.

Parade auf dem Roten Platz.

Der Präsident der USA erweiterte den Lend-Lease-Act auf die Sowjetunion.

30. November

Die 81. Division wird in die 3. Bombenfliegerdivision umgebildet, aus den Luftstreitkräften ausgegliedert und dem Obersten Hauptquartier direkt unterstellt.

05. Dezember

Beginn der sowjetischen Offensive vor Moskau.

07. Dezember

Japan überfällt den Militärstützpunkt der USA in Pearl Harbor. Beginn des Krieges im Pazifischen Ozean.

08. Dezember

Kriegserklärungen zwischen Japan und Großbritannien/USA. Der Zweite Weltkrieg wächst in den globalen Krieg über.

11. Dezember

Kriegserklärungen zwischen Deutschland/ Italien und den USA.

12. Dezember

Das 432. Geschwader erhält die neue Nr. 746.

Dezember

Offiziell wird die Herstellung der TB-7 eingestellt. Trotzdem wird in Kasan der Bomber weitergebaut.

1942

01. Januar

Deklaration der Vereinten Nationen in Washington.

12. Januar

Bei einer Flugzeugkatastrophe kommt Chefkonstrukteur W. M. **Petljakow** ums Leben.

16. Januar

Hauptmann **Puusepp** überführt eine neue TB-7 aus Kasan nach Kowrow. Flugzeit 2:10 Stunden.

25. Januar

Beisetzung W. M. **Petljakows** in Kasan.

23. Februar

24. Jahrestag der Gründung der Roten Armee. 3 kurz vor dem Krieg verhaftete Fliegergenerale werden ohne Urteil hingerichtet.

05. März

Beschluß des Nationalen Verteidigungskomitees über die Reorganisation der Fernbombenfliegerkräfte des Oberkommandos in eine neue Teilstreitkraft, die Fernfliegerkräfte, und ihre Herauslösung aus den Luftstreitkräften. Zum Befehlshaber wird Generalleutnant der Flieger A. Je. **Golowanow** ernannt. Das TB-7-Geschwader wird in die Fernfliegerkräfte übernommen.

18. März

Das 746. Geschwader wird aus der 3. Division ausgegliedert und als Geschwader z. b. V. **Stalin** persönlich unterstellt.

01. April

Neue Basis des 746. Geschwaders ist Kratowo bei Moskau.

11. April

Generalleutnant der Flieger A. A. **Nowikow** wird Befehlshaber der Luftstreitkräfte der Roten Armee.

28. April

Eine TB-7 startet zum ersten Flug nach Großbritannien und landet am nächsten Morgen in Tealing bei Dundee.

19. Mai

Eine TB-7 startet zum Flug nach Washington und damit ersten Atlantiküberquerung dieses Typs.

21. Mai

Auf der Basis des 746. Geschwaders wird die 45. Division z. b. V. der Fernfliegerkräfte gebildet. Das zweite TB-7-Geschwader der Division erhält die Nummer 890. Divisionskommandeur wird Oberst V. I. **Lebedjew.** Zum Kommandeur des 746. Geschwaders wird Oberstleutnant N. D. **Jegorow** und zum Kommandeur des 890. Geschwaders Major A. P. **Lebedjew** ernannt.

30. Mai

Der Präsident der USA F. D. **Roosevelt**

empfängt um 15 Uhr Ortszeit die TB-7-Besatzung Major **Puusepps.**

12. Juni

Das sowjetisch-englische und das sowjetisch-amerikanische Kommunique über die Eröffnung der Zweiten Front in Europa 1942 wird veröffentlicht.

13. Juni

Die TB-7 kehrt von ihrem Flug in die USA nach Moskau zurück.

15. Juni

Erster Einsatz der TB-7 im Bestand der Division.

20. Juni

Die ersten Flieger der TB-7 werden als Helden der Sowjetunion ausgezeichnet.

III. Quartal

Die Herstellung der TB-7 wird offiziell wieder aufgenommen.

28. Juli

Stalin unterzeichnet den Befehl Nr. 227, bekannt als Befehl »Kein Schritt zurück«.

26. August

5 TB-7 starten zu einem Angriff der Fernfliegerkräfte auf Berlin.

29. August

5 TB-7 starten zu einem Angriff der Fernfliegerkräfte auf Berlin. Eine TB-7 muß nach Feindeinwirkung auf deutschem Territorium notlanden.

06. September

Die TB-7 wird umbenannt in Petljakow Pe-8.

13. September

Pe-8 nehmen an einem Angriff auf Bukarest teil.

09. Oktober

In der Roten Armee werden die Kommissare abgeschafft.

Oktober

E. K. **Puusepp** wird Kommandeur des 890. Geschwaders der 45. Division.

November

W. A. **Abramow** wird Kommandeur des 746. Geschwaders der 45. Division.

19. November

Beginn der sowjetischen Offensive in der Stalingrader Schlacht.

IV. Quartal

Die erste Pe-8 mit Doppelsterntriebwerken ASch-82 wird fertiggestellt.

1943

27. Januar

A. S. **Dodonow** fliegt als erster Pe-8-Kommandant seinen 100. Kampfeinsatz.

Januar

Der Kommandeur des 890. Geschwaders, E. K. **Puusepp,** wird zum Oberstleutnant befördert.

14. März–23. April

Zum drittenmal fliegt eine Pe-8 nach Großbritannien.

25. März

A. S. **Dodonow** und M. W. **Rodnych** werden Helden der Sowjetunion.

26. März

Der Chef des Stabes der Fernfliegerkräfte M. I. **Scheweljow** wird zum Generalleutnant der Flieger befördert.

27. März

Der Befehlshaber der Fernfliegerkräfte A. Je. **Golowanow** wird zum Generaloberst der Flieger befördert.

28. April

Im 5. und vorläufig letzten Angriff auf Königsberg in der Nacht zum 29. April wirft eine Pe-8 erstmalig eine 5-Tonnen-Bombe im Einsatz ab.

26. Juni

Oberst S. I. **Tschernoussow** löst Oberst S. I. **Prijesshew** als Chef Politverwaltung der Fernfliegerkräfte ab.

05. Juli

Beginn der Schlacht bei Kursk.

Juli

Die Zivilluftflotte (AEROFLOT) wird dem Befehl der Fernfliegerkräfte unterstellt.

21. Juli

In der Nacht zum 21. Juli werden 3 Pe-8 abgeschossen. Es sind dies die größten Verluste während einer Einsatznacht.

28. Juli

N. A. **Ischtschenko** und S. F. **Uschakow** werden als Helden der Sowjetunion ausgezeichnet.

04. August

Der Befehlshaber der Fernfliegerkräfte A. Je. **Golowanow** wird zum Marschall der Flieger ernannt.

17. September

Die Stadt Brjansk wird während der Brjansker Operation befreit.

Durch entsprechenden Befehl des Volkskommissars für Verteidigung wird einer Reihe Einheiten der Fernfliegerkräfte der Ehrenname »Brjansk« verliehen. U. a. wird das Geschwader Oberstleutnants **Puusepp** als 890. Brjansker Geschwader der Fernfliegerkräfte geehrt.

18. September

A. W. **Wicharjew** wird Held der Sowjetunion. Das Mitglied des Kriegsrates der Fernfliegerkräfte G. G. **Gurjanow** wird zum Generalleutnant der Flieger befördert.

19. September

Während der Duchowschtschinsko-Demidowsker Operation wird die Stadt Duchowschtschina befreit. Im Befehl des Obersten Befehlshabers spricht er u. a. der 45. Fernfliegerdivision Dank aus.

20. September

Befehl des Volkskommissars für Verteidigung über die Aufnahme des 746. Geschwaders in die Garde und seine Umbenennung in das 25. Gardegeschwader der Fernfliegerkräfte.

26. November

Im Verlauf der Gomeler-Retschiner Operation wird die Stadt Gomel befreit. Mit Befehl des Obersten Befehlshabers wird u. a. der Division des Generalmajors der Flieger **Lebedjew** der Name 45. Gomeler Division der Fernfliegerkräfte verliehen.

28. November–01. Dezember

Teheraner Konferenz der Regierungschefs der USA, Großbritanniens und der UdSSR.

1944

10. Januar

Beginn der Formierung eines dritten, des 362. Geschwaders in der 45. Division.

27. Januar

Die Blockade Leningrads wird endgültig durchbrochen.

06. Februar

In der Nacht zum 07. Februar nehmen 16 Pe-8 an einem Angriff auf Helsinki teil. Dabei wird letztmalig die 5-Tonnen-Bombe eingesetzt.

27. Februar

Alle einsatzbereiten Pe-8 nehmen am Angriff auf Helsinki teil. Eine Pe-8 wird in dieser Nacht abgeschossen. Die Besatzung fällt.

---

01. März

Erklärung der UdSSR »Über die sowjetisch-finnischen Beziehungen« mit den Bedingungen für einen Friedensvertrag.

18. April

Generalmajor der Flieger N. W. **Perminow** wird neuer Chef des Stabes der Fernfliegerkräfte.

27. Mai

Für seine Verdienste bei der Befreiung von Orjol wird dem 25. Gardegeschwader der Ehrenname »Orjol« verliehen.

30. Mai

Neue Basis der 45. AD ist Olsufjewo bei Smolensk.

05. Juni

Die USA informieren die Sowjetunion über ihre Entscheidung, entgegen früheren Erklärungen, keine B-29 zur Verfügung zu stellen.

06. Juni

Landung der alliierten Truppen in der Normandie. Eröffnung der Zweiten Front in Europa.

28. Juni

Während der Bobruisker Operation wird die Stadt Ossipowitschi befreit. In einem Befehl des Obersten Befehlshabers wird den an der Befreiung beteiligten Kräften der 45. Division der Fernfliegerkräfte Dank ausgesprochen.

01. Juli

Die Stadt Borissow wird befreit. Im Befehl des Obersten Befehlshabers wird u. a. der 45. Fernfliegerdivision Dank ausgesprochen.

06. Juli

Das 362. Geschwader mit B-25 fliegt seinen ersten Kampfeinsatz.

01. August

In der Nacht zum 2. August fliegen Pe-8 ihren letzten Kampfeinsatz. Es ist ein Angriff auf den Hafen von Riga.

19. August

Der Befehlshaber der Fernfliegerkräfte A. Je. **Golowanow** wird zum Hauptmarschall der Flieger befördert.

Das Mitglied des Kriegsrates der Fernfliegerkräfte G. G. **Gurjanow** wird zum Generaloberst der Flieger befördert.

Der Chef des Stabes der Fernfliegerkräfte N. W. **Perminow** wird zum Generalleutnant der Flieger befördert.

August

Die 45. Division wird auf den Flugplatz Balbasowo bei Witebsk verlegt.

22. September

Tallinn wird befreit. Im Befehl des Obersten Befehlshabers wird den beteiligten Kräften der 45. Division der Fernfliegerkräfte Dank ausgesprochen.

15. Oktober

Im Verlaufe der Rigaer Operation wird die Stadt Riga endgültig befreit. Den an der Operation beteiligten Kräften der 45. Division der Fernfliegerkräfte wird im Befehl des Obersten Befehlshabers vom 13. Oktober Dank ausgesprochen.

Dem 362. Geschwader der 45. Division von Oberstleutnant **Iljuchin** wird der Ehrenname 362. Rigaer Geschwader der Fernfliegerkräfte verliehen.

17. Oktober

In Ostpreußen überschreitet die Rote Armee die Grenze zu Deutschland.

November

E. K. **Puusepp** wird zum Oberst befördert.

06. Dezember

Die Fernfliegerkräfte werden als Teilstreitkraft aufgelöst und als 18. Luftarmee in die Luftstreitkräfte eingegliedert. Befehlshaber bleibt Hauptmarschall der Flieger A. Je. **Golowanow.**

IV. Quartal

Die Produktion der Pe-8 wird beendet. Als letzte Version war das bewaffnete Reiseflugzeug Pe-8 ON fertiggestellt worden.

1945

04.–11. Februar

Konferenz von Jalta der Regierungschefs der UdSSR, der USA und Großbritanniens.

23. März

Die 45. Division ist in Baranowitschi (Belorußland) stationiert. Das 25. GwAP verbleibt allerdings in Balbasowo.

30. März

Im Verlauf der Ostpommern Operation hat die Rote Armee Danzig befreit. Im Befehl des Obersten Befehlshabers wird u. a. der 45. Bombenfliegerdivision der 18. Luftarmee Dank ausgesprochen.

März

Die Flugerprobung der Flügelrakete »10X« beginnt. Als Trägerflugzeug werden u. a. Pe-8 eingesetzt.

09. April

Im Verlauf der Königsberger Operation ist die Festung Königsberg gefallen. Im Befehl des Obersten Befehlshabers wird u. a. der 45. Bombenfliegerdivision der 18. Luftarmee Dank ausgesprochen.

21. April

Erstmals seit 1942 fliegen Piloten der 45. AD wieder über Berlin.

25. April

Sowjetische und amerikanische Truppen treffen an der Elbe zusammen.

01. Mai

Die 45. AD fliegt ihren letzten Kampfeinsatz.

02. Mai

Berlin ist gefallen. Im Befehl des Obersten Befehlshabers wird der 45. Bombenfliegerdivision der 18. Luftarmee Dank ausgesprochen.

08. Mai

Deutschland kapituliert.

09. Mai

Von Baranowitschi fliegen 18 Pe-8 nach Moskau. In der Nacht nehmen sie am Siegessalut teil, der aus Flugzeugen über Moskau abgefeuert wird.

10. Mai

Angehörige der 45. Division fliegen nach Berlin, um sich die besiegte Hauptstadt anzusehen.

01. Juni

Basis der 45. AD ist wieder die Garnison Baranowitschi.

28. Juni

Als 4. Geschwader wird das 45. Gardegeschwader auf TB-3 in die 45. Division eingegliedert.

06. August

Atombombenabwurf auf Hiroshima.

08. August

Kriegserklärung der UdSSR an Japan.

09. August

Atombombenabwurf auf Nagasaki.

02. September

Kapitulation Japans. Ende des Zweiten Weltkrieges.

12. September

In Moskau-Bykowo stürzt eine Pe-8 wegen Flügelbruchs ab.

15. Dezember

Das 25. Geschwader wird umbenannt in 203. Orlowsker Garde-Bombenfliegergeschwader.

IV. Quartal

Das 890. Brjansker Bombenfliegergeschwader wird aufgelöst.

1946

In der Polarluftflotte beginnt der Einsatz von Pe-8.

15. März

Aus dem Volkskommissariat für Luftfahrtindustrie wird das Ministerium für Luftfahrtindustrie gebildet. Zum ersten Minister wird M. W. **Chrunitschew** berufen.

22. April

Der Oberbefehlshaber der Luftstreitkräfte A. A. **Nowikow** wird verhaftet.

24. April

Erstflüge der ersten sowjetischen Strahljäger Jak-15 und MiG-9.

April

Aus der 18. Luftarmee werden die Fernflieger (DA) formiert und aus den Luftstreitkräften ausgegliedert. Erster Befehlshaber der DA ist Hauptmarschall der Flieger A. Je. **Golowanow.**

II. Quartal

Angesichts schwerer, erfundener Vorwürfe wegen Hochverrats begeht M. M. **Kaganowitsch** Selbstmord.

Der ehemalige Volkskommissar für Luftfahrtindustrie A. I. **Schachurin** wird verhaftet.

Nowikow, Schachurin und weitere Verantwortliche der Luftfahrt des Landes werden auf Grund erfundener Anschuldigungen zu langjährigen Haftstrafen verurteilt.

Oberbefehlshaber der Luftstreitkräfte der Roten Armee wird K. A. **Werschinin.**

18. August

Zum »Tag der Luftflotte« werden in Moskau drei Pe-8 ausgestellt.

III. Quartal

Die Pe-8 wird außer Dienst gestellt. 15 Maschinen werden an Erprobungsinstitute abgeliefert, der Rest wird zerstört.

1947

7. Juni

Die Pe-8 CCCP-H395 wird bei einer Notlandung in der Arktis zerstört.

Juli

Der strategische Bomber Tu-4, der Nachbau der B-29, wird erstmalig der Öffentlichkeit demonstriert.

1948

11. April

Wahrscheinlich erstmalig landet eine Pe-8 auf dem Eis des Arktischen Ozeans.

14. Juli

Erstmalig startet von einer Pe-8 das Forschungsflugzeug »5«. Diese Experimente werden bis zum Juni 1949 fortgesetzt.

1949

16. Mai

Um 19:05 Uhr Moskauer Zeit überfliegt die Pe-8 CCCP-H419 den Nordpol. Nach dem Flug von 17:27 Stunden Dauer landet die Maschine in Moskau.

September

Explosion der ersten sowjetischen Atombombe.

Oberbefehlshaber der Luftstreitkräfte der Roten Armee wird Marschall der Flieger P. F. **Shigarjow.**

1950

Nach falschen Anschuldigungen wird der Marschall der Flieger S. A. **Chudjakow** hingerichtet.

1952

01.–03. September

Eine Pe-8 transportiert einen Hubschrauber Mi-1 in den Arktischen Ozean.

1953

01. März

Stalin erleidet einen Insult.

05. März

Der Tod **Stalins** wird bekanntgegeben.

Mai

Die Verurteilung A. A. **Nowikows** wird aufgehoben.

02. Juni

A. A. **Nowikow** wird rehabilitiert.

29. Juni

Hauptmarschall der Flieger **Nowikow** wird Befehlshaber der Fernflieger.

August

Nach seiner Haftentlassung und Rehabilitierung wird A. I. **Schachurin** Stellvertretender Minister für Luftfahrtindustrie.

1955

09. April

Das Militärkollegium des Obersten Gerichts der UdSSR beschließt, das Urteil gegen W. M. **Petljakow** aufzuheben, da kein Verbrechen vorlag. Damit ist er voll rehabilitiert.

Verzeichnis verwendeter Literatur

1 — Allgemeine Literatur

Барашев П. В краю большой медведицы. — М., Молодая гвардия, 1954. — 132 с.

deutsch: Baraschew, P. „Im Reich des großen Bären"

Бардин В. И. и др. Полярный круг. — М., Мысль, 1980. — 279 с.

deutsch: Bardin, W. I. u. a. „Der Polarkreis"

Гай Д. И. Профиль крыла. — М., Московский рабочий, 1981. — 192 с.

deutsch: Gai, D. I. „Flügelprofil"

Галлай М. Л. Третье измерение. — М., Советский писатель, 1973. —336 с.

deutsch: Gallai, M. L. „Die dritte Dimension"

Морозов С. Они принесли крылья в Арктику. — М., Мысль, 1979. — 173 с.

deutsch: Morosow, S. „Sie trugen die Flügel in die Arktis"

Морозов С. У последних параллелей. — М., Воениздат, 1956. — 244 с.

deutsch: Morosow, S. „Bei den letzten Breitengraden"

Хоробрых А. М. Главный маршал авиации А. А. Новиков. — М., Воениздат, 1989. — 287 с.

deutsch: Chorobrych, A. M. „Hauptmarschall der Flieger A. A. Nowikow"

Шелест И. И. Дни и ночи напролет. — М., Воениздат, 1991. — 336 с.

deutsch: Schelest, I. I. „Tag und Nacht hindurch"

Шелест И. И. Крылатые люди. — М., Московский рабочий, 1980. — 248 с.

deutsch: Schelest, I. I. „Leute mit Flügeln"

2 — Memoiren

Голованов А. Е. Дальняя бомбардировочная... — Журнал Октябрь №№ 7/69, 5/70, 9 и 11/71, 7/72. — М.: Издательство Правда.

deutsch: Golowanow, A. Je. „Fernbombenflieger"

Новиков А. А. В небе Ленинграда. — М., Наука, 1970. — 307 с.

deutsch: Nowikow, A. A. „Am Himmel Leningrads"

Пусеп Эндель. На дальних воздушных дорогах. — М., Воениздат, 1975. — 184 с.

deutsch: Puusepp, Endel „Auf fernen Luftstraßen"

Пусеп Э. К. Тревожное время. — Таллин, Ээсти Раамат, 1975. — 328 с.

deutsch: Puusepp, E. K. „Bedrohliche Zeit"

Скрипко Н. С. По целям ближним и дальним. — М., Воениздат, 1981. — 350 с.

deutsch: Skribko, N. S. „Gegen Ziele ferne und nahe"

Стефановский П. М. Триста неизвестных. — М., Воениздат, 1968. — 304 с.

deutsch: Stefanowski, P. M. „Dreihundert Unbekannte"

Ушаков С. Ф. В интересах всех фронтов. — М., Воениздат, 1982. — 176 с.

deutsch: Uschakow, S. F. „Im Interesse aller Fronten"

Ушаков С. Ф. Во имя победы. — М., ДОСААФ, 1987. — 142 с.

deutsch: Uschakow, S. F. „Im Namen des Sieges"

Шахурин А. И. Крылья победы. — М., Политиздат, 1990. — 302 с.

deutsch: Schachurin, A. I. „Flügel des Sieges"

Штепенко А. П. Так держать. — М., Воениздат, 1951. — 210 с.

deutsch: Schtepenko, A. P. „Weiter so"

Яковлев А. С. Цель жизни. — М., Политиздат, 1987. — 511 с.

deutsch: Jakowlew, A. S. „Ziel des Lebens"

3 — Sachbücher

Андрей Николаевич Туполев. Грани дерзновенного творчества. Под ред. Свищева Г. П. — М., Наука, 1988. — 248 с.

deutsch: „Andrej Nikolajewitsch Tupolew. Höhen kühnes Schaffens"

Бочкарев П. П., Парыгин Н. И. Годы в огненном небе. М., Воениздат, 1991. — 320 с.

deutsch: Botschkarjow u. Parygin „Jahre am flammenden Himmel"

Волков Ф. Д. Взлет и падение Сталина. — М., Спектр, 1992. — 336 с.

deutsch: Wolkow, F. D. „Aufstieg und Fall Stalins"

Волкогонов Д. А. Триумф и трагедия. В 2-х книгах. — М., Агенство Печати Новости 1989. — 304 с.

deutsch: Wolkogonow, D. A. „Triumph und Tragödie"

Кожевников М. Н. Командование и штаб ВВС Советской Армии в Великой Отечественной войне 1941—1945. — М., Наука, 1985. — 287 с.

deutsch: Koshewnikow, M. N. „Führung und Stab der Luftstreitkräfte der Sowjetarmee im Krieg 1941—1945"

Муравьев В. К. Испытатели ВВС. — М., Воениздат, 1990. — 301 с.

deutsch: Murawjow W. K. „Erprobungsflieger der Luftstreitkräfte"

Розанов Г. Л. Сталин—Гитлер. — М., Международные отношения, 1991. — 224 с.

deutsch: Rosanow G. L. „Stalin—Hitler"

Самолетостроение в СССР (1917—1945). Под ред. академика Г. С. Бюшгенса. Издательский отдел ЦАГИ, 1992. — 435 с.

deutsch: „Der Flugzeugbau in der UdSSR (1917—1945)"

Советские военно-воздушные силы в Великой Отечественной войне 1941—1945 гг. Под ред. Руденко С. И. — М., Воениздат, 1968. — 452 с.

deutsch: „Die sowjetischen Luftstreitkräfte im Großen Vaterländischen Krieg 1941—1945"

Цыкин А. Д. От „Ильи Муромца" до ракетоносца. — М., Воениздат, 1975. — 251 с.

deutsch: Zykin, A. D. „Von der ‚Ilja Muromez' zum Raketenträger"

Шавров В. Б. История конструкций самолетов в СССР 1938—1950 гг. — М., Машиностроение, 1988. — 568 с.

deutsch: Schawrow, W. B. „Die Geschichte der Flugzeugkonstruktionen in der UdSSR 1938—1959"

4 — Unveröffentlichte Archivmaterialien

Archiv des ANTK „A. N. Tupolew" in Moskau — Museum „A. N. Tupolew"

АНТК им. А. Н. ТУПОЛЕВА, г. Москва

Музей Андрея Николаевича Туполева

— Самолет АНТ-42
  Документальная история самолета, январь 1956. — 28 л.
  Инв. № 40.

Archiv des Museums der Luftstreitkräfte der RF in Monino, Moskauer Gebiet

МУЗЕЙ ВВС РФ, г. Монино, Московской обл.

— Техническое описание к самолету 42 107, часть 1-ая
  Инв. № 8035.

— Техническое описание к самолету 42 055, часть 3-я
  Инв. № 8034.

Zentralarchiv des Verteidigungsministeriums der RF in Podolsk, Moskauer Gebiet

(Liste ausgewählter Dokumente des Fundus 20 109)

Центральный Архув Министерства Обороны Рф, г. Подольск, Московской обл.

(Избранный перечень документов фонда 20 109)

- Дело „Боевой путь 45 тяжело-бомбар-
  дировочной авиационной Гомельской
  дивизии в Великой Отечественной войне“,
  271 лист.
- Журнал боевых действий дивизии за
  период 2. 7. 42 г. — 30. 10. 42 г., 89 л.
- Дело „Материал подготовки и итогов
  полета на Берлин — Кенигсберг“, 26, 27
  августа 1942 г., 32 л.
- Дело „Сведения дивизии и частей
  о выполнении боевых задач“ за период
  1. 1. 43 г. — 1. 10. 43 г., 23 л.
- Материалы боевых вылетов дивизии за
  январь 1943 г., 127 л.
- Материал боевых вылетов дивизии на
  дальние цели за период 12. 4. 43 г. до
  25. 4. 43 г., 151 л.
- Переписка с промышленностью по
  испытанию самолета Пе-8 с 9. 2. 43 г. по
  20. 3. 43 г., 9 л.
- Отчеты об испытании образца серийной
  турели, установленной на Пе-8 45 АДДД
  в феврале 1944 г., 12 л.

Verzeichnis der Abkürzungen

AD	aviadivisiâ	Fliegerdivision
ADD	Aviciâ Dal'nego Dejstviâ	Fernfliegerkräfte
AFA	aviacionnyj fotoapparat	Luftbildkamera
AGOS	otdel aviacii, gidroaviacii i opytnogo stroitel'stva	Abteilung Luft-, Wasserluftfahrt und Versuchsbau
AM	Aleksandr Mikulin	Abk. für Triebwerke des A. A. Mikulin
An	Antonov	Abk. für Flugzeuge des O. K. Antonow
AN	aviacionnyj neftjanoj	Luftfahrtdiesel
ANT	Andrej Nikolaevič Tupolev	Abk. für Konstruktionen des A. N. Tupolew
AON	Armiâ osobogo naznačeniâ	Armee zur besonderen Verfügung
AP	avtopilot	Autopilot
AP	aviapolk	Fliegergeschwader
APRZ	aviacionnyj pelengator	Funkpeiler
Ar	Arhangelskij	Abk. für Flugzeuge des A. A. Archangelski
ASch	A. D. Švecov	Abk. für Triebwerke des A. D. Schwezow
ATsch	A. D. Čaromskij	Abk. für Triebwerke des A. D. Tscharomski
AZN	agregat central'nogo nadduva	Zentrallader
B	Boeing	Abk. für Flugzeuge der Boeing Corporation
B	bomber	Bombenflugzeug
BNK	benzonasos	Benzinpumpe
CCCP	Soûz Sovetskih Socialističeskih Respublik	Abk. Äquivalent für UdSSR, Kenner für Zivilflugzeuge
ChAI	Har'kovskij aviacionnyj institut	Luftfahrtinstitut Charkow
D		Abk. Äquivalent für Deutschland, Kenner für Zivilflugzeuge
DA	Dal'nââ Aviaciâ	Fernflieger
DB	dal'nyij bombardirovŝik	Fernbombenflugzeug
DBAD	dal'nebombardirovočnââ aviadivisiâ	Fernbombenflieger-division
DFS		Deutsche Forschungsanstalt für Segelflug
DH	De Havilland	Abk. für Flugzeuge der Firma De Havilland
DIS	dal'nij istrebitel' soprovoždeniâ	Begleitjäger
Do		Abk. für Flugzeuge des C. Dornier
E	eksperimental'nyj	Versuchsmodell
FAB	fugasnaâ aviacionnaâ bomba	Fliegersprengbombe
FOTAB	fotoaviabomba	Fotobombe
FRN	forsirovannyj s reduktorom i neposredstvennym vpryskom	forciert mit Getriebe und Direkteinspritzung
FW		Abk. für Flugzeuge der Firma Focke-Wulf
GKO	Gosudarstvennyj Komitet Oborony	Staatliches Verteidigungs-komitee
GS	generator samolotnyj	Flugzeuggenerator
Gw AP DD	gvardejskij aviapolk dal'nego dejstviâ	Gardegeschwader der Fernfliegerkräfte
H	N	Kennung für Flugzeuge der Polarluftflotte
He		Abk. für Flugzeuge des E. Heinkel
Hptm.		Hauptmann
I	istrebitel'	Abk. für Jagdflugzeug
IAP PWO	istrebitel'nyj aviapolk protivo-vozdusnoj oboronny	Jagdfliegergeschwader der Luftverteidigung
IPM	ishodnyj punkt maršruta	Ausgangspunkt der Streckenberechnung
Jak	Âkovlev	Abk. für Flugzeuge des S. A. Jakowlew
Jer	Ermolaev	Abk. für Flugzeuge des W. G. Jermolajew
Ju		Abk. für Flugzeuge der Firma Junkers
KB	konstruktorskoe bûro	Konstruktionsbüro
KG		Kampfgeschwader
KGB	Komitet Gosudarstvennoj Bezopasnosti	Komitee für Staats-sicherheit
KOSOS	konstruktorskij otdel sektora opytnogo stroitel'stva	Konstruktionsabteilung im Bereich Versuchsbau
KPdSU(B)		Kommunistische Partei der Sowjetunion (Bolschewiken)
KPM	konečnyj punkt maršruta	Endpunkt der Strecken-berechnung
LII	lëtno-ispytatel'nyj institut	Flugerprobungsinstitut
Li	Lisunov	Abk. für Flugzeuge des B. P. Lisunow
Lt		Leutnant
M	motor	Abk. für Triebwerk
MAB	mostovaâ aviabomba	Brückenbombe
MAP	Ministerstvo aviapromyšlennosti	Ministerium für Luftfahrt-industrie
Me		Abk. für Flugzeuge des W. Messerschmitt

MG		Maschinengewehr
Mi	Mil'	Abk. für Hubschrauber des M. L. Mil
MiG	Mikoân i Gurevic	Abk. für Flugzeuge der A. I. Mikojan und M. I. Gurewitsch
MW	Možarovskij i Venevidow	Abk. für Waffenstände der G. M. Mosharowski und I. W. Wenewidow
NIAT	Naučnyj Institut Aviacionnoj Tehnologii	Wissenschaftsinstitut für Technologie des Flugzeugbaues
NII	Naucno-issledovatel'skij institut	Wissenschaftliches Forschungsinstitut
NKAP	Narodnyj Komissariat Aviacionnoj Promyšlennosti	Volkskommissariat für Luftfahrtindustrie
NKID	Narodnyj Komissariat Inostrannyh Del	Volkskommissariat für internationale Angelegenheiten
NKO	Narodnyj Komissariat Oboronny	Volkskommissariat für Verteidigung
NKOP	Narodnyj Komissariat Oboronnoj Promyslennosti	Volkskommissariat für Verteidigungsindustrie
NKWD	Narodnyj Komissariat Vnutrennih Del	Volkskommissariat für Innere Angelegenheiten
Obstl		Oberstleutnant
OFAB	oskoločno-fugasnaâ aviabomba	Spreng- und Splitterbombe
OKB	opytnoe konstruktorskoe bûro	Versuchskonstruktionsbüro
Olt		Oberleutnant
ON	osobogo naznačeniâ	besonderer Bestimmung
OTU	Operational Training Unit	Einsatztrainingseinheit
PARM	peredvižnye aviaremontnye masterskie	mobile Fliegerreparaturwerkstatt
PB	pikirovšik Berieva	von P. L. Berijew in Auftrag gegebener Sturzkampfbomber
Pe	Petlâkov	Abk. für Flugzeuge des W. M. Petljakow
Po	Polikarpov	Abk. für Flugzeuge des N. N. Polikarpow
PT	parovaâ turbina	Dampfturbine
R	reduktor	Untersetzungsgetriebe
R	regulator oborotov	Drehzahlregler
RNII	reaktivnyi NII	Forschungsinstitut für reaktive Bewegung
RRAB	rotativno-rasseivaûŝaâ aviabomba	Rotations-Verstreuungsbombe
RSB	radiostanciâ bliznââ	Nah-Funkstation
RSD	radiostanciâ dal'nââ	Fern-Funkstation
RSPK	radiostanciâ-polukompas	Funkhalbkompaß
SAB	svetâŝaâ aviabomba	Leuchtbombe
SchKAS	Spital'nyj/Komarickij aviacionnyj skorostrel'nyj	MG der B. G. Schpitalny und I. A. Komarizki
SchWAK	Spital'nyj/Wladimirov aviacionnyj krupnokalibernyj	schweres MG der B. G. Schpitalny und S. W. Wladimirow
SOK	zavod opytnyh konstrukcij	Werk für Versuchskonstruktionen
Su	Suhoj	Abk. für Flugzeuge des P. O. Suchoj
TASS	Telegrafnoe Agenstvo Sovetskogo Soûsa	Fernmeldeagentur der Sowjetunion
TB	tâžëlyj bombardirovŝik	Schweres Bombenflugzeug
TBAB	tâžëlyj bombardirovočnyj aviapolk	Schweres Bombenfliegergeschwader
TIS	tâžëlyj istrebitel' soprovozdeniâ	Schweres Begleitjagdflugzeug
TK	turbokompressor	Turbokompressor
TMS	telemetričeskij samolet	ferngesteuertes Flugzeug
Tu	Tupolew	Abk. für Flugzeuge des A. N. Tupolew
UBT	universal'nyj Beresina tâžëlyj	schweres Universal-MG des M. J. Berjosin
UdSSR		Union der Sozialistischen Sowjetrepubliken
Ult		Unterleutnant
USA	United States of America	Vereinigte Staaten von Amerika
V		Vergeltungswaffe
WA	vozdušnaâ armiâ	Luftarmee
WAP	vylivnoj aviacionnyj pribor	Behälter mit brennbarer Flüssigkeit
WISch	vint izmenâûŝegosâ šaga	Verstelluftschraube
WNOS	služba vosdušnogo nablûdeniâ, opoveŝeniâ i svâsi	Luftraumbeobachtungsdienst
WWS	Voenno-vozdušnye sily	Luftstreitkräfte
ZAB	zažigatel'naâ aviabomba	Brandbombe
ZAGI	Central'nyj Aerogidrodinamičeskij Institut	Aero- und Hydrodynamisches Zentralinstitut
ZIAM	Central'nyj Institut Aviacionnogo Motorostroeniâ	Zentralinstitut der Flugmotorenindustrie
ZKB	Central'noe Konstruktorskoe Bûro	Zentrales Konstruktionsbüro

Verzeichnis der Personen

Iwanow 58
Iwanow, Wladimir Viktorowitsch 116
Iwaschtschenko, Arefi Nikitowitsch 59, 78, 120, 127, 128, 151

Jakir, Iona Emmanuilowitsch 18
Jakowlew, Alexander Sergejewitsch 64
Jakowlew, Wladimir Michailowitsch 37
Jarzew, Leonid Georgijewitsch 138
Jastreb 128, 151
Jazun, Jewgeni Pawlowitsch 193
Jeger, Sergej Michailowitsch 200
Jegorow, Konstantin Petrowitsch 43, 51, 222
Jegorow, Nikolai Dementjewitsch 78, 227
Jemeljanow, Alexej Iwanowitsch 182, 183, 223
Jeremenko, T. F. 92
Jermakow, Nikolai Andrejewitsch 223
Jermolajew, Wladimir Grigorjewitsch 152
Jewdokimow, W. P. 101

Kabanow, Alexander Iwanowitsch 41
Kaganowitsch, Lasar Moisejewitsch 33
Kaganowitsch, Michail Moisejewitsch 29, 30, 37, 41, 225, 230
Kalinin, Michail Iwanowitsch 105
Kaminski, Michail Nikolajewitsch 118, 134, 162, 199
Kanarski, Arkadi Gawrilowitsch 124, 125, 223
Kanter, Ilja Judowitsch 101
Karagodow, Michail Sergejewitsch 78, 138
Karpow, Ju. N. 61, 62
Kaschkow, A. I. 78, 93
Kawerin, Michail 41
Kerber, Boris Lwowitsch 11
Kiritschenko, P. Ja. 51
Kirjanow, Iwan Pawlowitsch 78, 222
Kirjuschenkow, P. I. 78
Kirow, Sergej Mironowitsch 9, 225
Kirpitschew, M. W. 29
Kissiljow, Stanislaw Iwanowitsch 52
Klimow, Wladimir Jakowlewitsch 11
Klotschkow, Iwan Charlamowitsch 223
Kobsarjew, Alexander Alexandrowitsch 63
Kokerew, Timofej Petrowitsch 137, 138, 223
Kokkinaki, Wladimir Konstantinowitsch 92
Koletschko, Michail Akimowitsch 78, 92–94
Komarizki, Irinarch Andrejewitsch 213
Kondorski, Boris Michailowitsch 11, 200
Kondratjew, Boris Kirillowitsch 90, 94, 120, 127, 134, 139
Kononenko, Michail Iwanowitsch 114, 151
Kork, Awgust Iwanowitsch 18
Koroljow, Georgi Nikitowitsch 33
Korotajew, Iwan Maximowitsch 192, 194
Korotajew, J. G. 125
Kornejew, Michail Nikiforowitsch 102

Koshin, Dimitri Michailowitsch 70, 71
Kotin, Konstantin Lasarewitsch 132
Kotow, Ilja Spiridonowitsch 195
Kotyrew, Michail A. 78, 90
Kowalenko 36
Kowaljow, A. 132
Krasilnikow 161
Krawtschenko, Alexej Iljitsch 94
Krysin, Michail Michailowitsch 53
Kubyschko, Boris Afanasjewitsch 78, 90, 91–94, 106, 222
Kubyschko, W. A. 52, 53
Kucharenko, Pawel Stepanowitsch 222
Kuebart, Jörg 206
Kuibyschew, Walerian Wladimirowitsch 19
Kuksin, Oleg Archipowitsch 189, 192, 194
Kulkow, P. M. 78
Kunakow 194
Kurban, Alexander Alexandrowitsch 43, 45, 48–52, 55, 60, 78, 222
Kurizki, A. W. 54
Kurokin, Wassili Wassiljewitsch 132
Kusmin, M. A. 37
Kusnezow 161
Kusnezow, Alexander Alexejewitsch 190, 192
Kusnezow, Nikolai Gerassimowitsch 44
Kutai, Georgi Iwanowitsch 83
Kutjawin 110
Kyrillow, Georgi Alexandrowitsch 52

Lapin, M. Ja. 161
Laptschinski, Alexander Nikolajewitsch 34
Lawotschkin, Semjon Alexejewitsch 29
Lawrowski, Wsewolod Timofejewitsch 78, 120, 139, 162
Lebedjew, Alexander Makarowitsch 54, 56, 78, 85, 93, 123, 126
Lebedjew, Alexander Pawlowitsch 78, 227
Lebedjew, Viktorin Iwanowitsch 41, 43, 44, 49, 52, 56, 57, 59–69, 77, 78, 80, 90, 91, 106, 107, 111, 120, 125, 127–129, 138, 151, 160, 161, 227, 228
Lebedjew, W. S. 210
Legkostup, Miron Jefimowitsch 78, 85–89, 93, 105, 116, 123, 136
Lemeschew, Sergej Jakowlewitsch 117
Lenin (Uljanow), Wladimir Iljitsch 8
Lewanewski, Sigismund Alexandrowitsch 117
Lisatschow, Iwan Sergejewitsch 36, 43, 56, 62, 78, 130, 139, 166
Lisizin, Iwan Wassiljewitsch 52
Litwinow, Maxim Maximowitsch 74, 75
Ljubogoschtschew 78
Ljulka, Archip Michailowitsch 29
Loktionow, Alexander Dimitrijewitsch 36, 57, 225
Losjukow, Prochor Alexejewitsch 182

Lylin 161
Lysakow 85
Lyschenko 54, 55

Maiski, Iwan Iwanowitsch 68
Makarenko, Stepan Michailowitsch 36, 78, 85, 86, 110, 130, 138
Malenkow, Georgi Maximilijanowitsch 45
Malinin, Wladimir M. 52
Malyschew, Nikolai Jossifowitsch 41
Mamsurow 151
Marjamow, Israil Emanuilowitsch 33
Markow, Iwan Wassiljewitsch 18, 19, 36, 41, 69, 160
Marusitschenko, Konstantin Iwanowitsch 151, 154
Masalew, Pjotor Alexandrowitsch 56, 78, 222
Masjuk, Fjodor Dimitrijewitsch 68, 101
Maslennikow, Witali Iwanowitsch 192
Masuruk, Ilja Pawlowitsch 190
Matwejew, W. N. 11
Maximow, S. G. 54
Mejerson, Solomon Moisejewitsch 11
Menshinski, Wjatscheslaw Rudolfowitsch 19
Messerschmitt, Willy 95
Metlo, Andrej Makarowitsch 33
Mikulin, Alexander Alexandrowitsch 11, 19
Mjasischtschew, Wladimir Michailowitsch 11
Modestow, Nikolai Iwanowitsch 120, 130, 137
Moissejew, W. D. 78, 94
Molodtschi, Alexander Ignatjewitsch 51
Molotow (Skrjabin), Wjatscheslaw Michailo- witsch 33, 34, 41, 57, 66, 70–77, 226
Moltschanow, Georgi Pawlowitsch 48, 49
Mosharowski, Georgi Mironowitsch 42, 43
Moskalenko, Pjotor Pawlowitsch 192
Muchanow, Sergej Kornejewitsch 70

Nasarow, Alexander Jakowlewitsch 94
Naumenko 36
Nefedow, Pjotor Afanasjewitsch 94
Nemkow, Wladimir Alexandrowitsch 78, 123, 223
Nesterenko, Maria Petrowna 57
Neswal, Jossif Fomitsch 11, 16, 18, 19, 20, 29, 32, 34, 36, 37, 41, 61, 103, 130, 143, 187, 196, 200
Newentschanny 134
Nikitin, Igor Pawlowitsch 101
Nikolajew, Juri Iwanowitsch 78, 107, 108, 110, 125, 129, 151
Nikolajew, Wladimir Wassiljewitsch 96, 98, 113, 117–119, 126
Nisowzew, Boris Pawlowitsch 70, 120, 149
Nisowzew, G. 141
Nobile, Umberto 152
Nosatsch, L. Ja. 37

Führungstabelle
des Kampfeinsatzes
in der Nacht vom 27. zum 28. März 1943

Spalte 1: Laufende Nummer
Spalte 2: Flugzeug- und Bordnummer
Spalte 3: Funkrufzeichen
Spalte 4: Besatzung (Kommandant/Navigator)
              Otkidatsch/Tkatschenko
              Suschin/Rubinstein
              Kanarski/Moisselew
              Djatschenko/Tschumakow
              Olejnikow/Sinizyn
              Obuchow/Kononenko
              Tschurilin/Wladimirow
              Ischtschenko/Wassiltschenko
              Sukorkin/Turkowski
Spalte 5: Startzeit
Spalte 6: Zeit des ersten Funkkontaktes
Spalte 7: Überflug des Streckenausgangspunktes (Zeit/Höhe)
Spalte 8: Überflug Ljudinowo (Zeit/Höhe/Geschwindigkeit)
Spalte 9: –
Spalte 10: Zeit der Ankunft über dem Ziel
Spalte 11: Empfangener Funkkod
Spalte 12: Entschlüsselte Meldung für Hauptziel Gomel
Spalte 13: Entschlüsselte Meldung für Reserveziel
Spalte 14: Überflug Shisdra (Zeit/Höhe/Geschwindigkeit)
Spalte 15: –
Spalte 16: Überflug des Streckenendpunktes (Zeit/Höhe)
Spalte 17: Zeit für die Anflugfreigabe
Spalte 18: Zeit für die Landefreigabe
Spalte 19: Zeit empfangener Meldungen
Spalte 20: Inhalt empfangener Meldungen
Spalte 21: Zeit vom Stab gesendeter Informationen
Spalte 22: Inhalt vom Stab gesendeter Informationen
Spalte 23: Landezeit
Spalte 24:
Bemerkung bei laufender Nummer 9: Beim Anlassen der Triebwerke
Undichtigkeit am Wasserkühler des 2. Triebwerks.

ТАБЛИЦА
управления боевым вылетом
в УО46 с „27" на 28.3.1943г.

№№ п/п	№ Корабля	позывные	ЭКИПАЖ	Взлет	Установление связи	ИПМ	Людиново		Район цели	Кодированный текст	Основная Цель г. Гомель
1 1	385	фы	Откидач Ткаченко	18.57	18.58	1930 Н=2800 W=260 без облачно дымка	2015 Н=5400 W=260 Обл.4-58. дымка V=2-3км		21.25 Н-1550 обл 10 Нижний 700-600м Брянск 22.23 Н-5500	18.791.81 23.12-4500 31-15 91-07.01.10 51-12.00.12	2
2 3	42098	фн	Кр.Сушин Рубинштейн	19.04	19.05	1932 Н=2700 W=215	2034 Н=5000 W=230 Iпо расчету времени			18.720.73 3800.81 23.01.23.07 23.10. 31-02 91-000600 51-Нет	
3 ★	4/212	фг	Канарский Моисеев	19.11	19.10	1937 Н=1500 W=200 Все в порядке авт. часть исправна					
4 8	420108	фо	Дьяченко Чумаков	19.13	19.14	1944 Н=2500 W=250	2041 Н=4700 W=260 все в порядке		21.43 23.0.3 (Брянск)	18.791.3500 81.23.10 31-08 91-03.01.00 51-04.05.04	
5 6	42078	фм	Олейников Синицын	19.16	19.23	1945 Н=1600 W=220	2044 Н=4000 W=270		39	71.09.81 21.45.21.52 31-05. 91-01.00.00.11 51-03.00.00	21.45-21.52 основная цель Н-900м попадание 5 попадал - 1 ПВО - зен и Ист. Кан. прож.
6 7	42067	йц	Обухов Кононенко	19.20	19.23	1945 Н=1700 W=220	2044 Н=4500 W=260			18.720.81 23.20.31.04 91- Нет 51-12.00.10	
7 10	42077	йф	Чурилин Владимиров	19.26	19.30	1942 Н=2500 W=240 без облачно все в порядке	2048 Н=4000 W=260 Обл.108 все в порядке		22.45	18.720.73 44.81.22.47 23.03.31.03 91-0001.00 51-04.00.00 52.98.	
8 6	42057	йр	Ищенко Васильченко	19.25	19.33	1949 Н=1800 без облачно V=16км	2046 Н=4300 W=260 Обл.95. Н=нижн. Над 4500				
9 2	42037	фз	Сукоркин Турковский							При запуске моторов потек водяной радиатор 2-ого мотора	